Couvertures supérieure et inférieure manquantes

AU FIL DES JOURS

EUGÈNE FASQUELLE, ÉDITEUR, 11, RUE DE GRENELLE.

OUVRAGES DU MÊME AUTEUR
DANS LA **BIBLIOTHÈQUE-CHARPENTIER**
à 3 fr. 50 le volume.

La Mêlée sociale, (7⁰ mille) . . . . 1 vol.
Le Grand Pan (5⁰ mille) . . . . 1 vol.
Les plus forts, roman contemporain (6⁰ mille) . . 1 vol

Il a été tiré de cet ouvrage :
15 exemplaires numérotés, sur papier de Hollande
et 5 exemplaires numérotés, sur papier Japon.

PARIS. — IMP. F. IMBERT, 7, RUE DES CANETTES.

GEORGES CLEMENCEAU

AU
FIL DES JOURS

PARIS
BIBLIOTHÈQUE-CHARPENTIER
EUGÈNE FASQUELLE, ÉDITEUR
11, RUE DE GRENELLE, 11

1900
Tous droits réservés.

AU FIL DES JOURS

Comme un collier de joyaux rares dont le fil rompu laisse lentement tomber des gouttes de lumière, la vie égrène nos jours. Heureux ou malheureux, brillants d'espoir ou voilés de tristesse, les soleils se succèdent emportant de nous quelque chose qui ne doit pas revenir, tandis que nous regardons passer la fortune des heures dans l'attente d'un nouveau soleil. Demain ! Demain ! crie la foule haletante. Demain arrive pour nous enlever un peu plus de nous-mêmes. Demain s'enfuit, laissant les déceptions s'aligner en cortège, et déjà d'autres clameurs invoquent le prochain jour. La vie passe. La bienveillante mort recueille joies et misères. L'oubli se fait pour d'autres renaissances.

En ce vertigineux passage, la variété de l'univers, éternellement renouvelée, déroule ses spectacles. Notre regard se perd au delà des mondes visibles emportés avec nous dans l'infini du temps et de l'espace. Et quand nous ramenons les yeux sur le globe minuscule où l'incompréhensible sort fixa l'éclair de notre insignifiance, nous n'admirons pas moins la destinée.

*

Quel emploi de nous-mêmes ? Admirer, observer, comparer, déterminer des rapports, et puis, pour qui veut dépasser ce tâtonnement de connaissance, rêver, les yeux ouverts, lancer dans l'insondable au delà l'hypothèse consolatrice des faibles ou l'induction expérimentale qu'affronte l'impavidité des forts, enfin, faire un retour sur soi, s'accommoder aux faits inévitables, préparer des éventualités de modifications possibles pour une adaptation meilleure d'humanité, se donner à cette œuvre, sortir de soi, idéaliser, aimer, agir, mettre l'action au-dessus de la clameur des foules, au-dessus du résultat tangible d'un jour, confronter sa volonté avec les lois impassibles des choses, et, ainsi, prendre rang parmi les forces conductrices des mondes : tel est le cycle offert à notre activité par la chance de naître.

L'œuvre paraît assez belle, quoique prise en dédain par ceux qui n'exigent pas moins du destin que l'éternité du bonheur, et croient achever cette conquête par des rites capables de fléchir l'Inflexible. C'est que l'orgueil de vivre est incommensurable, c'est qu'il nous plaît de rapporter à nous, fragments infimes, l'infinité des phénomènes, c'est qu'il nous vient une folie de demander des comptes aux énergies universelles qui n'ont d'autre raison d'être que d'être, c'est que nous nous arrogeons le privilège du pessimisme ou de l'optimisme suivant que nous jugeons l'univers fait ou non à nos fins, comme si nos sensations de vivre, variables avec l'heure, tantôt bonnes et tantôt mauvaises, se pouvaient additionner en un livre de *doit* et *avoir*! Le cerf est optimiste détruisant d'innombrables existences avec l'herbe de sa pâture. Il devient pessimiste dès qu'il a la dent du tigre sur lui, et le fauve, à son tour, sent son optimisme fléchir au choc de la balle ennemie. Ni les gémissements du cerf n'arrêteront le tigre, ni les hurlements du tigre le chasseur. Même vanité de nos lamentations articulées — prose ou poésie — même inutilité de nos sollicitations enfantines de miracles. Il faut subir la loi : voilà le dernier mot de la sagesse humaine. Les Dieux eux-mêmes de l'Olympe étaient sous la fatalité.

Que savoir de cette loi? Comment s'y adapter pour en atténuer une part de préjudices, pour s'en approprier une part d'avantages, et conduire jusqu'au bout, dans le moindre mal, l'épisode surprenant de vivre. Là-dessus toutes les facultés de l'homme se donnent carrière. La science scrute le monde, dévoile chaque jour quelque chose des mystères, les philosophes construisent des systèmes, les génies dogmatisent, les foules, soumises ou révoltées, suivent en des détours obscurs — vers un but ignoré — des conducteurs aveugles se répétant des mots de passe dont le sens profond leur est inconnu. Et de tout ce tumulte de sensations, de pensées, de besoins, d'intérêts contradictoires, dans la confusion des gestes et des cris, des paroles de mensonge et de vérité, des protestations de haine et d'amour, se fait une évolution de vie en lumière, en justice, en beauté.

Pour le bien, pour le mal, pour le faux, pour le vrai, l'homme suggestionne l'homme, l'assiège de toutes les tentations de savoir et de faire. Bonnes ou mauvaises, toutes les puissances du monde se disputent l'esprit humain en qui le pire et le meilleur sont manifestés tour à tour. Qu'on se réjouisse de l'homme ou qu'on s'en lamente, le problème est de le mouvoir en ses formes d'évolution plus ou moins rapides, plus ou moins heureuses. C'est l'œuvre de l'esprit éveillant l'esprit à la connaissance, le suggérant de son exemple, l'inquiétant de ses doutes, l'enthousiasmant de ses espérances de justice et de vérité. Que les porteurs de dogmes, que les débitants d'absolu s'en affligent, cela n'arrêtera pas le développement d'humanité pensante. Chaque jour plus d'esprits s'émeuvent, chaque jour plus d'hommes arrivent à plus de vie. Qu'importent les vains efforts? Pour quelques germes qui naîtront, la terre se couvre de semences. Semons l'idée à pleines mains: l'erreur et la vérité ne pourront pas croître de même.

Notre époque, il est vrai, manque de bienveillance pour « l'idéologie ». Il faut l'en plaindre et passer outre. L'évolution humaine ne se fait point d'une progression continue. Il y a des temps d'idéalisme, des temps d'action, des temps de régression provisoire. Aujourd'hui, nous n'idéalisons ni nous n'agissons guère : car agir sans avoir idéalisé d'abord, c'est s'agiter vainement. L'absolutisme gouvernemental et religieux, voilà ce que des Français nous recommandent, en contradiction de l'esprit français, cependant que nos politiciens, sans idées directrices, sans hautes passions, sans caractère, sans volonté, se dépensent en intrigues, se perdent en lâchetés, s'annihilent dans le conflit général des impuissances. Et le peuple, d'instinct plus que de pensée, le peuple qui ne sait auquel de ses prophètes entendre, le peuple de qui ils réclament la parole de salut et qui l'attend d'eux à son tour, le peuple prompt à les accuser du mal qu'il se fait à lui-même, le peuple bon et implacable tout à la fois, tout à la fois innocent et responsable de ses malheurs, s'égare aux promesses trompeuses de ses prétendus sauveurs.

Contempler ce spectacle et demeurer impassible, quel homme de cœur y pourrait consentir? Non, non. Toute âme haute veut être de la mêlée. Chacun, pour peu qu'il sente en lui de vie, veut apporter sa parole, son acte, son effort. Les époques les plus troublées, sont encore des combats d'idéal, même en leurs plus mauvais jours, c'est-à-dire une action vers une humanité meilleure. Car l'homme, qu'il se connaisse ou qu'il s'abuse sur lui-même, qu'il serve l'idée ou qu'il erre, rêve d'ennoblir son jour de vie par une énergie de beauté. Il veut laisser de sa force parmi les forces environnantes, il prétend marquer de son empreinte quelque chose. Il veut agir.

Agir! obsession de ceux qu'émeuvent plus ou moins confusément les grands problèmes! Le conquérant croit que l'action c'est de faire tuer des hommes en tas pour annexer les survivants à son domaine de tyrannie — et les acclamations des peuples et la servilité de l'histoire semble confirmer cette vue de barbarie, — le gouvernant croit que l'action c'est d'interdire des choses, l'administrateur de réglementer, le parlementaire de parler, la foule de se révolter ou d'obéir. Il commence à se découvrir qu'il n'y a d'action sur les hommes que de la pensée. Qui pense publiquement agit : car la suggestion seule est efficace, toute entreprise d'imposer demeurant vaine. Voilà pourquoi le plus modeste effort de penser et de dire peut être supérieur en résultat au plus bruyant tapage. Qui sait ce que peut éveiller de l'esprit, la plus obscure tentative de comprendre. C'est l'excuse de ces notes hâtives sur des sujets divers, au jour le jour.

« Le sage, dit Épicure, réalise des poèmes: il n'en compose pas. » Qu'est-ce à dire? Réaliser en soi son poème, le vivre pour soi seulement sans prendre la peine de l'exprimer en formules communicatives? Misérable sagesse d'impuissance, lorsqu'on sait qu'il n'y a pas de réalisation complète sans la « composition » nécessaire au parfait achèvement! L'*Odyssée* est d'Ulysse et d'Homère, quels qu'aient été, dans la réalité ces personnages. Ulysse a vécu son poème, mais il l'a fortement « composé » par l'action d'une volonté persistante aux prises avec des puissances ennemies. Homère l'a formulé, mais j'ose dire qu'il ne l'a pas moins « réalisé » qu'Ulysse lui-même en le vivant dans la composition de sa pensée. Que serait devenue l'odyssée du roi d'Ithaque si Ulysse ne l'avait suffisamment « composée » pour en suggérer la réalisation à ses compagnons d'aventures? Que serait devenue l'*Odyssée* d'Homère si « le vieillard aveugle » n'avait assemblé les formules qui « réalisent » le poème? Quel homme d'action, quel poète pourra « réaliser » sa poésie sans la « composer » par le moyen des gestes comme Ulysse, des paroles comme Homère?

Donc, laissons là le misérable effort de vivre pour nous seuls notre poésie. « Composons » nos poèmes, petits ou grands, suivant nos facultés de sentir et de dire, car c'est le seul moyen de les « réaliser » totalement. Une vie est une œuvre d'art. Il n'y a pas de plus beau poème que de vivre pleinement. Echouer même est enviable, pour avoir tenté. Par les rues, par les routes, par les chemins du ciel et de la terre les spectacles de l'être s'offrent à nos regards avec les chances de pensée et d'action qui en dérivent. Comme les Olympiens au fronton de Phidias, embrassant d'un coup d'œil tout le poème de la vie entre Hélios qui surgit de la mer et Séléné qui s'y plonge, l'homme se dresse auguste dans un temps de lumière, capable de se mesurer avec les puissances du monde, digne de prendre rang parmi les Dieux d'un jour.

G. C.

CHAPITRE PREMIER

PAR LES ROUTES

PAR LES ROUTES

I

La roulotte.

A l'entrée du village, un vieux pont bossu de pierres noirâtres franchit d'un saut la rivière qui s'étale en nappe frétillante sur un joli fond de cailloux blancs. Un large bouquet d'aunes, au tournant de la route, étend sur les nénuphars endormis à fleur d'eau, l'ombre épaisse de ses feuilles lustrées. Poissons, petits et grands, flânent nonchalamment, au soleil, bouche bée, en l'attente de quelque mouche étourdie. De l'autre côté des arches égayées de lycopodes et de pariétaires, une grosse poutre de chêne en travers du courant fait un golfe tranquille aux lavandières qui, d'un bras vigoureux, battent des mesures de galop sur les paquets de linge ruisselants. Un peuple de canards et d'oies circule, très affairé, barbottant, appelant, querellant, pour la leçon de vie d'une jeunesse ignorante de la rôtissoire. A quatre pas de là, un petit cap boueux forme une mare chaudement colorée de purin, où les bœufs, au retour du travail, les vaches après la pâture, viennent souffler, baver et boire. Les chevaux, les mulets, sous les coups de talon, s'avancent jusque dans le courant, faisant de leurs sabots, jaillir, à grand tapage, de hautes gerbes blanches. Des cavaliers aux lavandières, c'est un échange de quolibets, de propos hasardeux qui s'achèvent parfois dans les éclats de rire et les cris, par quelque brève poursuite close d'une rude embrassade.

C'est là, un beau soir de juillet, au milieu du carrefour — dit, en Vendée, *quéru* — qui sépare le pont des premières maisons du village, qu'on vit dévaler et finalement s'arrêter une roulotte très vieille et très misérable, grande caisse carrée de planches disjointes sur deux roues basses qui n'avaient pas leur compte de rayons. Cela avait été peint peut-être. Des traces de goudron, des taches brunes ou verdâtres pouvaient attester une ancienne splendeur. Mais, quelle qu'eût été sa gloire, la roulotte qui fit lever le nez aux batteuses de lessive était visiblement arrivée au terme de son existence.

Un vieil âne pelé, cagneux, genoux tremblants, yeux éteints, sanglé d'étranges cordages, cahotait cette chose par les chemins. Ce fut lui qui décida de s'arrêter en ce lieu, séduit par la fraîcheur de l'eau, ou peut-être par les éclats de voix humaine qu'il prit bonnement pour une invitation amie. La bête donc fit halte, de son gré, sans aucun avis de la rêne absente, et la machine disloquée, tout d'un coup immobile, demeura plantée là, sous les regards de tous.

Rien n'avait bougé du dedans. A l'avant, par l'unique ouverture, on apercevait deux mains brunes crispées et l'épaisse tignasse grise d'un homme dormant sans doute face au plancher. Dans le fond, un vague amas de choses incertaines. Les plus hardis gamins qui se hasardèrent jusqu'à l'âne ne purent rien découvrir du spectacle de foire que d'abord ils avaient rêvé.

Cependant, l'arrêt subit n'avait point éveillé le dormeur. La nuit venait doucement, les brouettes chargées de linge passaient, les troupeaux rentrant à l'étable saluaient de leurs beuglements les dernières lueurs du jour, et ni l'homme ni la bête n'avaient pris le parti de bouger.

Le paysan ne s'étonne pas de si peu. Il vit concentré sur sa terre, n'aimant, ne connaissant que son bœuf et sa récolte. Le reste ne fixe guère que d'imparfaites sensations. Dans l'impuissance de concevoir d'autre amour que de la terre appropriée, il hait le mendiant comme un être contraire aux lois de l'humanité, nécessairement funeste à tout ce qui travaille et possède. L'ambulant surtout lui est ennemi. Un homme sans attache de foyer, sans pays connu, lâché de par le monde à la recherche du hasard, comme les primitifs ancêtres des émigrations instinctives, lui paraît le fléau des sédentaires. Et, trop souvent, des actes de maraude qui ne sont pas beaucoup plus graves que ceux que l'homme des champs se permet parfois vis-à-vis de son voisin, mais qui le révoltent particulièrement quand il en est victime, aggravent en lui l'horreur de ce *plus petit* dont, au dire du fabuliste, il nous arrive d'avoir besoin quelquefois.

Cela suffit à expliquer pourquoi nul villageois ne prit garde au bohémien de la roulotte, sinon pour barrer plus solidement, au soir, la porte de sa grange. Ceux dont l'intrus arrêta, pour un moment, l'attention, se dirent simplement : « Il est saoûl » et rentrèrent en tranquillité chez eux.

Le lendemain, dès l'aube, les hommes qui passaient la faux sur l'épaule remarquèrent que l'âne, la roulotte et son habitant ne grouillaient pas plus qu'une souche. L'âne seulement s'était couché pour se soulager des brancards, maintenant arcboutés au sol. Mais quand le soleil eut monté et que tout le village eut constaté l'immuable fixité du dormeur le garde champêtre arriva qui secoua le roulottier de Bohême. On s'aperçut alors que rien ne le pouvait réveiller, par la raison qu'il était mort.

On le tire par les épaules, on le retourne, on le palpe : il n'a point de blessure. Deux bouteilles d'eau-de-vie, dont l'une à moitié vide, témoignent d'un récent excès de libation d'où sera résulté quelque coup d'apoplexie. Tandis qu'on raisonne là-dessus, un cri surgit d'un amas de guenilles au fond de la carriole, et l'on aperçoit un enfant de trois ou quatre ans, type accompli de la race gitane, comme le vieux qui gît dans la poussière.

Le petit diable noir, ébaubi, depuis le matin demeurait coi. Mais tout ce bruit finit par vaincre sa stupeur, et le voilà maintenant qui roule jusqu'aux brancards avec des piaillements de jeune chat sauvage. On le met sur ses pieds, on lui pose cent questions à la fois. Tout le village fait cercle autour de la roulotte. M. le maire, fort important, va, vient, donne des ordres que chacun exécute d'entrain avec la joie d'une curiosité à satisfaire. C'est un universel émoi dans un pays où rien n'arrive que des mariages, des naissances, ou des morts, généralement escomptés d'avance. Tandis qu'on va chercher la gendarmerie à trois kilomètres de là, le vieil âne pelé, qui seul paraissait insensible aux surprises fixées en ce lieu par sa fantaisie, se voit dételer, puis remiser avec le cadavre dans la plus prochaine écurie.

Les commères, cependant, se sont passé le marmot, outrageusement nu sous ses loques, et, après l'avoir apaisé, — non sans peine, car il s'attache, en hurlant, au cadavre, — cherchent à provoquer, entre deux sanglots, quelque intelligible réponse. Peine perdue, le petit ne comprend ou ne veut pas comprendre. Les mots qu'il articule sont incompréhensibles. Le curé, survenu, déclare que c'est de la *langue d'Egypte*, peut-être.

Enfin, voici les gendarmes. Les poches du mort sont fouillées. Un couteau tout neuf, — volé, sans doute, dit le garde champêtre, — des ficelles, et puis, dans un semblant de portefeuille, un papier jaune, crasseux, déchiré en quatre par des plis de cinquante ans qui ont emporté le nom du titulaire. Un timbre de sous-préfecture, une griffe de commissaire de police, tout cela de l'autre bout de la France.

— Videz la roulotte, ordonne le brigadier.

Ce n'est pas long : quelques chiffons s'étalent

sur la route, suivis d'un petit lingot d'étain avec des outils d'étameur. Dans une caisse, sous un lot de pommes de terre, deux poules — volées sûrement, comme les bouteilles, prononce tout d'une voix, le peuple assemblé. C'est tout : d'argent, point de trace. Conclusion : c'est un voleur, puisqu'il n'a point de monnaie, et n'a pu, par conséquent, se procurer honnêtement les biens dont on le trouve possesseur. A ce moment, chacun de manifester le plus profond dégoût, et, comme on a tout vu de ce qui se pouvait voir, la foule se disperse au milieu des conjectures mais dans un sentiment d'unanime réprobation contre le mécréant qui vient de rendre son âme au diable.

Le maire, resté seul avec ses gendarmes, désire expédier l'affaire vivement, car il a des travaux à surveiller qui l'appellent. Il est convenu qu'on fera venir le médecin pour constater le décès, et que, dans les délais légaux, « *le voleur* » — c'était son unique nom désormais — serait mis dans un trou du cimetière, le plus éloigné possible des honnêtes chrétiens possédant quelque terre au soleil. Le curé veut bien prier pour lui, mais non l'enterrer suivant le rite, car on ne vit jamais gitano à la messe, et celui-là est un païen sans aucun doute. Au bon Dieu d'éclaircir les mystères de cette âme.

Quant à l'enfant, la loi a prévu son cas : l'hospice est là pour le recevoir. Dès ce soir, le brigadier l'emmène au chef-lieu de canton. Il sera demain, avec une médaille matricule à son cou, le compagnon d'autres petits misérables qui ont eu le tort de naître sans en avoir reçu le droit des autorités établies. L'âne ne vaut pas sa pitance, la roulotte est hors d'usage : on en fera ce qu'on voudra, faute de savoir chez quel notaire se trouve le testament du mort.

Le garde champêtre déclare qu'il veut bien prendre la bête, pour se dédommager de *sa peine*. La roulotte, où l'on a réintégré *le mobilier*, si j'ose profaner ainsi ce mot, reste là à la grâce de Dieu. Tout est fini. Les gendarmes sont partis avec l'enfant qui ne cesse de crier, le maire est à ses affaires, et « *le voleur* », étendu tout de son long dans une stalle d'écurie, attend paisiblement la pioche du sacristain.

C'est alors que commença le miracle de la roulotte abandonnée. Magie, devrais-je plutôt dire, car les puissances célestes sont manifestement étrangères à ce qui se passa. La roulotte, sans son âne, faisait triste figure. Mais l'âne sans sa roulotte devint plus lamentable encore. Une paralysie se déclara. Sur quoi l'équarrisseur vint l'abattre, et l'emporta après avoir dûment payé le prix de la carcasse et de la peau au nouveau *propriétaire*.

Seule au monde désormais, la roulotte, complice des méfaits du maudit, inerte au milieu du *quéru*, demeura pour nos bons villageois un objet d'horreur et de dégoût. Les enfants eurent défense de s'en approcher. On leur en conta de telles histoires, que le plus hardi ne se serait pas risqué à pénétrer dans l'intérieur de ce « *gîte du Diable* ». Personne, d'ailleurs, n'y touchait, et c'est bien la merveille, car, trois jours après, une bourrasque d'orage ayant mis la machine sens dessus dessous, on découvrit avec surprise que tout le bagage du *voleur* s'était évaporé.

Plus de poules, ni de bouteilles, ni de réchaud, ni de traces du reste. — « Le Diable a tout emporté », dit philosophiquement le villageois. Et, vraiment, j'aime mieux admettre cette explication que de supposer un seul instant nos paysans capables d'avoir nuitamment dérobé le bien mal acquis du *voleur*.

Seulement, le prodige n'en resta pas là. La roulotte, replacée sur ses roues flageolantes, se mit à voyager maintenant, soit que la pente du terrain l'entrainât, soit qu'un esprit funeste la poussât aux abîmes. Une nuit, elle traversa le pont sans que personne ait jamais pu dire comment, et alla s'échouer, à dix mètres de là, dans un fossé où elle demeura le flanc ouvert.

Cela déjà peut paraître étrange. Ce n'est rien en comparaison de ce qui s'ensuivit. Un matin, voilà qu'il manque un brancard, et le lendemain c'est une roue. Le démon, sans doute reprenait son bien par morceaux. Le plus étonnant, c'est qu'après l'événement des poules et des bouteilles « *volées* » subitement disparues, quand la roulotte se fut couchée dans son fossé pour mourir, le village, jusque-là si bavard sur ce refuge du Diable, cessa tout à coup d'en parler. Il n'était homme ni femme qui ne passât vingt fois le jour devant le pitoyable débris. Nul n'y prenait garde. Personne ne semblait rien voir. Les lavandières, du matin au soir, avaient l'objet devant les yeux. Pas un mot. Un enchantement peut-être le leur rendait invisible.

Ainsi, lorsqu'un brancard, puis une roue disparurent, personne n'en fit la remarque, soit pour accuser son voisin, soit pour se défendre du larcin. Ce que voyant, le Malin continua son œuvre. L'autre roue suivit, puis l'autre brancard. Et comme nos gens aveuglés continuaient de ne rien dire, copeau par copeau, en quelques semaines, la roulotte dépecée du Méchant, s'effondra, s'éparpilla, s'évanouit. De vieux restes de ferraille, qui marquaient l'endroit où elle avait été, disparurent à leur tour, et il sembla que l'aventure se fût à jamais effacée de la mémoire des hommes.

Pour tout dire, je sais bien qu'on a prétendu que chacun avait tiré de la roulotte quelque chose. Il est vrai que le paysan ne néglige rien, et que même un bout de planche pourrie se garde précieusement pour l'âtre de la veillée. Mais quant à croire que la roue rafistolée de la brouette du cantonnier venait de l'engin du démon, et que la vieille ferraille de la machine gisait sous des troncs d'arbres, dans l'atelier du charron, je ne saurais m'y résoudre. Et puis, qui insinuait cela? Des gens qui n'avaient rien pris? N'était-ce pas plutôt qu'ils regrettaient de s'être laissé devancer? Encore le disaient-ils tout bas, alléguant qu' « il ne faut pas se faire d'ennemis ».

Quoi qu'il en soit, le village avait retrouvé sa paix, quand on vit, au bout de six semaines, apparaître une femme étrangement tannée, d'âge incertain, loqueteuse, boîtant, qui venait réclamer des nouvelles de son père et de son enfant. Le maire, fort courtois, lui fit connaître que l'ancien était au cimetière et le petiot à l'hospice. Incidemment, il révéla que l'âne « dont on avait, *par son ordre*, pris le plus grand soin », était mort tout à coup. Sur quoi, la moricaude partit, après force remerciements, au grand soulagement des villageois, ennuyés de cette importune présence.

Par malheur, elle revint huit jours après, avec l'enfant sur un autre âne pelé, fait à l'image exacte du premier. C'était le même peut-être. Le diable a tant de tours dans son sac! Cette fois, elle voulait sa roulotte. La face rougeaude du maire se rembrunit soudain. Sa voix devint sévère. Quelle roulotte? Il n'y avait pas de roulotte. Prétendait-elle appeler de ce nom je ne sais quelle caisse informe sur des semblants de roues, que la tempête avait emportée dans les champs?

— Je veux ma roulotte, objecta la femme, devenue mauvaise à son tour.

Alors la colère du maire éclata.

— D'abord, je n'ai pas ta roulotte. Va la chercher ailleurs. Et d'une forte bourrade, il poussa la réclamante dehors.

La bohémienne comprenant que quelqu'un du village devait loger son carrosse, s'en fut de porte en porte répétant à chacun : « Le maire a dit que vous aviez ma roulotte. » A ces mots, ce fut un cri d'universelle fureur. Que voulait cette bohémienne, avec sa roulotte que personne n'avait vue ni ne connaissait. C'était la fille du « *voleur* » qui volait les pommes de terre dans les champs, les poules dans les fermes, les bouteilles dans les cabarets. Et tous de lui montrer le poing, de lui crier quelque injure.

Enfin quelqu'un trouvant l'argument : « *Hou! Hou! Faut chasser la voleuse!* »

— C'est ça, faut chasser la voleuse, reprit la foule en chœur. Ici les chiens. Tayaut à la voleuse!

Et sous les coups de pied et sous les coups de poing l'âne prit une sorte de trot, et comme la gitane, boitant, s'efforçait de le suivre, ce fut un vacarme d'enfer aux talons de « *la voleuse* ». Nul qui ne jurât qu'elle lui avait volé ses pommes de terre et ses poules, et ses bouteilles. Et les chiens d'aboyer, et les enfants de hurler : « *Tayaut à la voleuse?* »

Alors « *la voleuse* », vaincue, se résigna. D'un bond, elle fut près de l'enfant tout en cris de terreur, et, fuyant bravement sa honte, elle dévala, claudicant, vers le pont qui avait vu la mort du père, et de l'âne, et de la roulotte elle-même.

Alors le peuple eut pitié. On ne lui donna pas de coups, on ne lui jeta pas de pierres. On l'accompagna seulement avec des malédictions et des cris jusqu'au passage de la rivière. Et quand elle fut de l'autre bord, comme la route pitoyable la protégeait de son tournant, les aboiements et les cris cessèrent peu à peu, et bientôt elle n'entendit plus que les mots : *Voleuse! Voleuse!*

Ce lui fut un soulagement. Elle embrassa le petit qui lui rit au milieu des larmes, et stupide, presque heureuse, s'en alla, boitant, vers l'achèvement des destinées.

II

Mademoiselle Stéphanie

Au temps de ma première enfance, la royauté de mon village appartenait sans conteste à Mlle Stéphanie. Cette souveraineté, comme on pense, était purement morale, Léopold Lacour n'ayant pas encore installé dans la loi l'*humanité intégrale* qui doit doubler du despotisme féminin la tyrannie masculine.

Mlle Stéphanie n'en était pas moins reine, de son autorité personnelle. Non par sa beauté, car elle était bossue, difforme, déhanchée, jaune comme un coing, sous le petit serre-tête de soie noire plaqué de dentelle blanche. Non par sa bonté, car elle était trop fastueuse pour avoir le temps de s'occuper des pauvres autrement que par l'entremise de M. le curé. Non plus par sa science, car elle ne savait pas lire. Pour dire la chose d'un mot, elle régnait simplement par la puissance de l'argent. Et pourtant, il s'en fallait qu'elle fût la plus riche du bourg. Seulement, elle dépensait sans compter, et si cela lui valait le mépris discret des vieilles familles bourgeoises qui s'honorent d'accumuler, elle y gagnait la considération du populaire qui veut être ébloui.

Mon village, cependant, n'est pas de ces pays perdus qui s'ébahissent de rien. Si vous venez visiter *les rochers*, je vous montrerai certain chêne vert au pied duquel deux chouans furent authentiquement fusillés pendant *les guerres*... du moins, c'est la légende. Et, tandis que vous serez sur la hauteur, je vous ferai voir parmi les genêts et les chênes, les maisons blanches de Réaumur, où naquit le fameux fabricant de thermomètres qui n'inventa pas l'échelle centigrade. On n'en impose pas aisément à des gens qui se vantent de pareils souvenirs.

Ce n'est pas tout. Il est bon que vous sachiez encore que, dans ce coin de Vendée, un souffle poétique passe on ne sait comment aux chemins creux bordés de hautes futaies. Vous pouvez lire au cimetière — or sur marbre noir — la poésie que composa l'officier de santé sur la mort de sa fille, et vous aurez la joie, passant devant la fontaine, d'y déchiffrer l'inscription suivante :

> Du superbe Hélicon découlait Hippocrène.
> N'étant point celle-ci, je suis une fontaine
> Qui doit au sieur Bruneau sa nouvelle beauté :
> Maire, il me rebâtit pour plus d'utilité.

En fasse autant qui pourra. Et pourtant, il y a mieux encore. Il était presque de mon village, le vice-président du Comice agricole qui, en 1848, bien avant Marx, Lasalle, Jules Guesde et Thivrier, aborda de front la question sociale, et la résolut en ces simples vers :

>   ... Il faut que l'on s'entr'aide.
> L'un cultive la terre, et l'autre la possède.

Que pense de cette trouvaille ton socialisme agraire, ô Jaurès !

Ces brèves explications, pour mieux mettre en relief la merveilleuse puissance qui fit régner Mlle Stéphanie sur un tel peuple. Le cas est d'autant plus notable que rien ne parut désigner d'abord la rustique souveraine pour ces hautes destinées. Elle était née visiblement vieille fille, tordue, dès le premier jour, en colimaçon. En outre, elle était pauvre, très pauvre, bien qu'appartenant à la petite bourgeoisie du lieu, aux confins de la plèbe paysanne dont elle garda toujours la coiffe.

Dans une petite maison toute fleurie de mousses et de joubarbe, elle vivait solitaire, au coin de la place de l'Église. Tout le jour, clouée sur sa chaise par l'horrible boiterie, elle regardait, de sa fenêtre, vivre le monde qui lui était fermé. Que de fois, passant dans les villages, n'ai-je pas vu de ces blanches têtes ridées à l'entre-bâillement du rideau, curieuses de la vie lointaine ! Les pieds sur la chaufferette, devant le petit guéridon où s'entassent fils, aiguilles, ciseaux, pelotons de laine, la vieille, cousant, tricotant, ravaudant, interroge de l'œil les mouvements du dehors, raisonne de la charrette qui passe, du troupeau retardataire, d'un passant inattendu. Etroit horizon, suffisant à qui sent la cage terrestre se rétrécir jusqu'aux limites prochaines du tombeau. Mais la femme, peut-être, fut jeune : elle aura vécu en des parties de joies ou de souffrances. Pour Mlle Stéphanie, rien.

Elle vivait là, depuis toujours, immobile, acceptant le sort, ne souhaitant pas plus des jambes que des ailes, ni bonne ni méchante, par impuissance de rien faire, s'amusant aux scandales du jour, dont elle tenait répertoire, et ne médisant jamais du prochain que pour se distraire. Le dimanche, elle roulait, on ne sait comment, à l'église où elle avait sa chaise. Après l'office, les visites se succédaient. Tout un clan de vieilles filles.

L'Empire, avec ses grandes tueries, a beaucoup fait pour la virginité bourgeoise qui ouvre, dit-on, à deux battants les portes du ciel. Mon village, en ce temps, était encombré de vierges inutilisées. On m'assure qu'il s'est rattrapé depuis. C'était Mlle Roy qui m'enseigna l'art de la lettre moulée. après avoir été l'austère initiatrice des deux générations précédentes. C'était Mlle Soulet qui promenait par les routes une large face couperosée battue des grandes ailes d'une coiffe en forme de roue. C'étaient surtout les Dames Bruneau, les cousines du *rebâtisseur* de la source qui n'est pas Hippomène : Henriette, confite de piété bilieuse, Julie éclatant de dévotion sanguine ; l'une triste et muette, nasillant de-ci de-là quelque aigre propos, l'autre donnant libre cours aux intempérances de sa belle humeur.

Tout ce monde qui, dans l'ignorance de la vie,

avait des partis pris sur tout, se tenait étroitement accroché par les communs préjugés qui faisaient à ses yeux tout le prix de l'existence. On s'aimait en surface, sinon en profondeur. C'est un bien à ne point dédaigner. Tous les gestes, toutes les inflexions de voix de la bonhomie, de l'affectueuse bonté se trouvaient là en pleine lumière, achevés dans l'ombre de traits de dureté qui sont restés dans ma mémoire. A certains jours, on se réunissait pour la partie de loto, où j'étais fier de jouer mon rôle, surtout à cause de biscuits dont j'ai le grand regret que la fabrication soit perdue. La société se complétait d'une autre vieille fille, sourde-muette, paysanne celle-là, qui gagnait sa vie en cousant, et dépensait son maigre salaire en offrandes à tous les saints du paradis, devant les images de qui elle gesticulait ses prières avec d'inconscients aboiements qui me faisaient peur.

Ainsi vivait Mlle Stéphanie, ne regrettant rien, n'espérant rien ; heureuse, je pense . Et voilà que justement quelque chose lui vint qu'elle n'attendait point. Ce fut un héritage : cent mille francs, qu'un arrière-grand-oncle lui légua pour faire pièce à ses héritiers qui l'avaient trop bien soigné, pensait-il, pour être désintéressés.

Quel événement dans ce village ! Pour une année entière, toutes les langues furent aux champs. Seule, Mlle Stéphanie soutint le coup sans broncher. Deux mois durant, elle demeura campée sur sa chaise, toujours surveillant la place de l'Eglise, mais lançant sur le monde des regards de revanche dont s'inquiétaient ses amies.

Le curé, du premier jour, était accouru, singulièrement épris du loto tout à coup. On était justement en marché avec Rome pour un lot de reliques, à l'occasion desquelles s'élevait une chapelle supplémentaire. Hélas! on n'avait encore que deux bras de saint avec un pied au bout : une misère. En y mettant le prix, on obtiendrait le crâne peut-être, et les côtzs. Quelle gloire ! On ferait des miracles, sûrement. Mais il fallait de l'argent. Où le prendre ? Mlle Stéphanie écoutait sans mot dire, et, semant son carton des haricots qui servaient de jetons, maintenant criait *quine* à chaque coup. Un bonheur ne vient jamais seul.

Cependant, voici Mlle Stéphanie qui abandonne son modeste abri. En huit jours, les vieilles murailles sont tombées sous la pioche, et bientôt une magnifique maison neuve s'élève avec un perron sur la place, orné d'une rampe de fer venue, dit-on, de Paris. C'est la folie du règne qui commence. Il y avait, dans cette femme ignorée, du Napoléon, sans les excès de Sarah Bernhardt. Sourdement enragée d'inaction, elle voulait maintenant éblouir, dominer. Et elle éblouit, et elle domina. Son univers, par bonheur plus petit que celui du Corse, lui suffit. Premier avantage sur l'homme d'Austerlitz, d'avoir compris que l'empire de Charlemagne et la place du village sont tout juste de même importance, vus de la voie lactée. Enfin, par une grâce du sort, elle évita Sainte-Hélène, et, faute du *b-a, ba*, ne nous laissa point de mémoires.

Un abattis de masures fit à la maison neuve un assez grand jardin, où l'artichaut, le dahlia, l'œillet de Chine et le chou mêlaient l'utile à l'agréable. Un beau poulailler peint en vert étala cette inscription en lettres d'or : *Petits oiseaux, bénissez le Seigneur.* Ni poules ni propriétaire n'auraient su lire ce pieux avis. Pourtant, sous la bénédiction divine, les poules prospéraient, associées à l'humanité dans l'acte d'universelle adoration, jusqu'au jour où l'appétit de l'adorateur le plus fort venait à bout de l'autre.

Dans son jardin, Mlle Stéphanie, aidée d'une béquille, prit l'habitude d'une marche sautillante, et, brave désormais, se risqua dehors. O surprise, ceux qui, jadis, se moquaient d'elle, ne riaient plus maintenant. Beaucoup même trouvaient que son déhanchement n'était pas sans grâce. Il est vrai qu'une certaine croix de diamant, dont l'apparition bouleversa le village, se balançait à son cou. Miracle de la piété diamantée.

D'autres étonnements nous étaient réservés. Au lieu de recevoir dans sa chambre à coucher, comme tout le monde, et de garder son salon clos pour sauvegarder la fraîcheur des fleurs artificielles qui font, sous le globe de verre, l'ornement de l'obscurité, Mlle Stéphanie s'installa dans un grand salon tout en lumière, affrontant l'église et regardant de haut la place et les humbles demeures d'alentour.

Et que vit-on dans ce salon, je vous prie ? Un faisan doré, empaillé, reposant sur un meuble étrange, sorte de grande caisse d'acajou d'où s'échappait une manivelle. Or, sachez que ce meuble n'était autre chose qu'un orgue de Barbarie. Mlle

Stéphanie s'était révélée musicienne, et, sans qu'il fût besoin de professeur, elle s'installait devant sa machine, et, toutes fenêtres ouvertes, inondait son peuple d'harmonie. C'était une joie de la voir à son engin de musique, très grave, sans un sourire, claudicant de la main après la manivelle, dans un balancement de tout l'informe corps, regardant sauter le faisan que les trépidations de l'appareil mettaient en danse. Avouez que ce n'est pas là un spectacle ordinaire.

Une voiture attelée de deux petits chevaux bretons mit le comble à l'ébahissement public. Des grelots partout, avec des claquements de fouet commandés au cocher quand on traversait le village. L'Empereur, dans son grand Paris, faisait comparativement moins de tapage avec son canon des Invalides. Chacun fait le bruit qu'il peut.

Le couronnement suprême fut le don de vitraux à l'église, avec un panneau spécial où figurait l'image de la donatrice. Non plus contrefaite et disgracieusement torse, mais droite à souhait, et rose de jeunesse sous le petit bonnet blanc. Il fallait l'entendre dire, en montrant l'image : « *Vous voyez, c'est bien moi.* »

De ce coup, l'opposition s'effondra, et « l'opinion publique » fut conquise sans retour.

Et puis, tout aussitôt, par un trait de philosophie bien rare, Mlle Stéphanie, jugeant son ambition satisfaite, mourut. *Son église* lui fit de pompeuses funérailles.

Malheureusement, l'inventaire révéla qu'en dix ans elle avait mangé tout l'héritage, et devait même près d'une autre centaine de mille francs. Que nous importe, à nous ? Le bon Dieu avait son vitrail, et, malgré la facture impayée, je veux croire qu'il lui aura plu là-haut d'utiliser les aptitudes de Mlle Stéphanie en l'attachant au service des orgues célestes qui règlent l'harmonie des choses.

III

Joseph Huguet

Des artisans villageois que j'ai connus, aucun n'a laissé dans mon esprit un plus vivant souvenir que Joseph Huguet, le tisserand du petit bourg vendéen où je m'ébattais dans la joie des vacances.

Je n'ai besoin que de fermer les yeux pour voir se dresser devant moi un grand gaillard, superbement musclé, dont la face rose et blanche, allumée de deux prunelles bleues, flambait en radieuse barbe d'or. Jamais homme ne parut moins adapté à son œuvre. Je l'aurais compris bûcheron, aux prises avec les grands chênes; carrier, faisant éclater les rochers; charretier, soulevant la lourde roue de l'ornière; laboureur, ouvrant la terre aux moissons. Un destin contraire l'avait emprisonné dans l'étroite tanière qu'emplissait de sa lourde armature le métier gémissant.

Joseph n'en souffrait point en apparence, et ne semblait point regretter les rudes combats de la terre pour lesquels un sort malicieux l'avait si bien doué. Tout le jour, attaché aux poutres mouvantes dont l'alternance entrecroisait la trame et la chaîne en œuvre symbolique de vie, l'homme, parmi les plaintes de la corde et du bois, sans jamais perdre haleine, chantait. J'ignore ce qui le mettait en joie. Peut-être, le monotone labeur achevé, sa vie s'échauffait-elle des rustiques embrassements de quelque gaillarde amie fleurant le genêt ou l'étable? Peut-être aussi dépensait-il simplement en éclats d'harmonie le supplément d'énergie dont le métier n'avait que faire. Ce qui est certain, c'est que la *baraque* tout entière vibrait, de l'aube au coucher du soleil, d'une éternelle chanson.

Une étrange *baraque*, c'était. Dans un pâté de masures, deux trous noirs : la « chambre » et « l'atelier », séparés par un étroit corridor aboutissant, d'une part, à la route, et de l'autre bout, à une petite cour boueuse, fermée d'un escalier de pierre, dont le palier se couronnait bizarrement de la margelle d'un puits. Poules, pigeons, lapins, cochon même, vivaient là fort unis, ayant pour principale joie de l'existence, avec la maigre pitance du jour, la bruyante cascade d'eau claire dont les régalait de temps à autre, du haut de son puits, la grande Victoire.

Joseph au métier et sa mère, Victoire, dans la *chambre*, ne quittant le rouet ou la quenouille que pour les soins du ménage : ainsi se passait la vie.

Ils s'aimaient bien tous deux. Lui, gars vigoureux, exubérant; elle, longue forme vide et décolorée, sans voix, sans geste, sans regard. Pour unique horizon la serge verte des deux grands lits, la suie de l'âtre et les vitres ternies d'où lui venaient de vagues lueurs du monde. L'œil fixé sur le sol de terre battue, elle filait, écoutant chanter *l'autre*, qui lui versait à plein bord l'âpre vin de sa primitive poésie. Les poules elles-mêmes, charmées, comme de la lyre d'Orphée, arrivaient une à une, avançaient la tête d'un mouvement admirateur, risquaient une patte et, sous prétexte de musique, finalement s'enhardissaient à becqueter quelques débris autour des jupes de Victoire, sans omettre jamais l'incongruité ordinaire.

Cependant, le métier, de l'autre côté du couloir, battait la mesure aux envolements des sonorités bruyantes où s'épandait l'âme du tisserand. Comment ne pas m'arrêter, quand dévalant de l'escalier — après un caillou dans le puits — je traversais l'obscur passage où s'accomplissaient tant d'incompréhensibles choses ?

Victoire, muette, avec sa quenouille et ses poules, ne me tentait guère. Joseph me saluait d'un bonjour, et j'avais tôt fait de me couler entre la muraille et le cadre du métier jusqu'au siège où trônait mon ami, plein de gais propos. Une odeur de colle de pâte aigrie régnait dans ce domaine. Parfois, le tisserand, armé d'un grand pinceau, se laissait glisser à terre, interrompait sa chanson — car nul ne saurait chanter à quatre pattes — pour engluer ses fils de chaîne qui, paraît-il, aimaient ce badigeon. Puis, les navettes, envolées de la main, se croisaient comme de blancs oiseaux sous la trame ; les pieds battaient la mesure, et la chanson, sur l'aile du fuseau, mettait l'air en joyeuse rumeur.

Une image d'Épinal représentant la Vierge en conversation hasardeuse avec une blanche colombe, sous le regard de saint Joseph, tout de pourpre et d'or, faisait l'ornement du lieu. L'esthétique du bon tisserand et sa religion même, je crois, n'allaient pas au delà. Le culte de la nature était figuré par un pot de basilic sur l'appui de la petite fenêtre cintrée. Quelquefois, je recevais le cadeau d'un petit brin fleuri qui gardait un pénétrant parfum de colle moisie. Durable souvenir du tisseur de toile et de son métier.

Ai-je besoin de dire que Mme de Pompadour n'eût pu faire aucun usage de la toile que fabriquait mon ami? C'était une sorte de sparterie rugueuse d'une belle couleur de pain de son. Le paysan fait de cette confortable « berne », qui serait pour tout autre une étrille, les délices de ses nuits. En vérité, l'artisan qui ourdit le tissu où l'homme de labeur, à bout de forces, endort sa fatigue et sa peine, où il s'enveloppera pour le grand sommeil, peut se vanter de n'avoir point fait œuvre vaine. Ainsi pensait peut-être Joseph Huguet, le tisserand du *Bocage*, propriétaire de quelques « journaux » de vigne, content de lui, content de peu, content de tout.

Ainsi je le retrouvais, chaque année, heureux de vivre, promenant éternellement ses regards de sa toile à son basilic, de son saint Joseph à la grande Victoire, ne paraissant pas juger qu'il y eût rien à reprendre dans la vie.

Et puis, la forme usée de la grande Victoire insensiblement s'atténua, s'effaça, se dissipa sans bruit, comme un vague fantôme. Aux vacances, je ne la trouvai plus. Pour dire vrai, Joseph chantait toujours. C'est la loi de la vie. Victoire eût attendu la mort sans trouver un sourire, s'il lui fût arrivé de mettre son enfant au tombeau. Il chantait, lui, l'oublieux. Je le vis même danser sur la Grand Place, un jour de foire, et embrasser furieusement sa danseuse au commandement du violoneux : « Aiguisez vos dames ». Ce même jour, il fit le pari d'aller s'asseoir à la table du maire, qui donnait un gala. Il se présente, il conte ingénument l'aventure, s'excuse sur la gaieté du vin blanc, dit qu'il voudrait gagner son pari — non pour l'enjeu, mais pour l'honneur — et finit vraiment par se faire inviter, comme il avait dit. Un an après, on en riait encore. Privilège de ces heureux pays où rien n'arrive.

Quelque chose cependant arriva, sur quoi Joseph ne comptait pas. C'est un changement dans nos manières de vivre et de faire, qu'on est convenu d'appeler *Progrès*. On s'en félicite très fort dans les livres. Le fait pourtant, dans la vie réelle, ne va pas toujours, sans déboires. Quand on dit à Joseph que le *Progrès* amènerait bientôt au village des toiles plus fines que les siennes et à meilleur compte, il déclara bien haut que personne ne pouvait tisser mieux que lui, et qu'il ne redoutait nulle concurrence. L'événement lui donna tort. La machine, tueuse d'hommes, faisait son œuvre. Les toiles arrivèrent, moins solides peut-être, moins rudes aussi, et surtout moins coûteuses. Par bonheur, la vieille bourgeoisie rustique, se défiant des nouveautés, d'abord garda ses commandes au tisserand. Mais l'entêtement le plus obstiné finit par céder devant l'évidence trop claire, surtout quand l'intérêt se met du côté de la raison. Le bon Joseph, qui n'avait pour lui que le sentiment, vit en quelques années sa belle clientèle décroître et tomber à néant.

Il ne chantait plus, l'artisan tapageur. Ce que la mort de la grande Victoire n'avait pu faire, le *Progrès* l'avait soudainement accompli. Joseph, silencieux désormais, s'acharnait sur son métier, tissait à des prix ridicules, non par besoin — car un héritage lui avait apporté quelque bien — mais par point d'honneur, et parce qu'en dehors de sa toile il n'avait aucune utilisation possible de son esprit et de ses bras.

J'avais grandi. Il vieillissait. « Comprenez-vous ça, monsieur, le *Progrès*? disait-il avec rage. Pour faire de la mauvaise marchandise, on ruine les bons ouvriers. Ceux qui m'enlèvent mon travail aujourd'hui n'ont pas besoin de rire. Le *Progrès* leur enlèvera leur travail un jour. Ça sera bien fait. C'est moi qui serai content. » Et, s'égayant par avance de la misère des autres, il éclatait en hoquets de rire furieux, accompagnés de jurons et de cris.

Je notai l'inquiétante fixité du regard, les pommettes saillantes, la face amaigrie, le tremblement nerveux de la mâchoire, l'interminable répétition des mêmes mots, des mêmes phrases, de malédiction au *Progrès*. J'aurais voulu le consoler. Mais comment? La vieille servante qui prenait soin de lui, me dit qu'il ne dormait plus. Il se levait la nuit, parlait tout haut, comptait les pièces de toile entassées faute d'acheteurs.

Tout le jour, il était à l'ouvrage. Mais il lui arrivait de s'embrouiller maintenant, de gâter des pièces, dont nul n'avait que faire, d'ailleurs. C'était alors d'effroyables scènes. Il se voyait persécuté par les démons, agents du *Progrès*. Il menaçait de tout casser, de tout brûler; il jetait la toile à la rue. Accès de folie furieuse qui, souvent, nécessitèrent l'intervention des voisins.

Enfin, il parut se calmer. Les crises avaient cessé. L'homme, subitement vieilli, hâve, épuisé, se montrait docile et soumis comme un enfant. Sur un seul point on le trouvait intraitable : il continuait de tisser du matin au soir...

Quand je revins, après dix-huit mois d'absence, je trouvai le spectre de Joseph acharné sur le métier, lançant la navette et poussant la pédale avec la régularité mécanique des anciens jours. Rien de changé, sinon l'homme devenu fantôme. L'œil bleu brillait encore dans l'ébouriffement des poils gris. Le propos incertain décelait une notion vague des choses. Mais la main ni le pied ne tremblaient, et le tisserand, vainqueur du *Progrés*, sur son fidèle métier d'antan tissait son reste de vie. *Point de fil à la navette*, il est vrai. Partant, inutile labeur. Mais qu'importe? Le métier battait-il moins régulièrement? L'ouvrier mettait-il moins de lui-même dans l'ouvrage?

Vous l'auriez dit fou, peut-être? Insensé, vousmême. Regardez autour de vous, voyez ces hommes qui s'épuisent en pénibles efforts. Combien prodiguent leur force, consument le meilleur de leur vie à lancer d'un geste obstiné *la navette sans fil* sous la trame, fiers de l'œuvre accomplie, infatués, tout d'inconscience et de vantardise ! Joseph Huguet, du moins, ne disait mot. Si vous jugez que c'était raison dans sa déraison, que de déraison dans la raison des autres !

IV

Au bord de l'eau

Le Lay est un petit fleuve de Vendée qui glisse en serpentements paresseux des collines du *Bocage* jusqu'à la mer. Une eau lente et triste, teintée d'argile jaune, sommeille parmi les prairies, les bois, les rochers. Les déchirures profondes du granit ou du schiste, les cirques des montagnes boisées, les grands pâtis herbeux semés de genêts d'or où ruminent les troupeaux roux, le fouillis d'aunes et de chênes qui se tendent les bras d'une rive à l'autre, mettent à chaque détour des joies nouvelles de lumière au miroir de l'eau nonchalante parmi les joncs et les nénuphars. C'est un rare plaisir d'errer à l'aventure sur la rivière déserte, forçant ou arrêtant la rame suivant le caprice de l'heure, dans le silence éloquent des choses qu'interrompt parfois l'appel criard des geais ou le bruyant plongeon des poules d'eau.

Dérivant à la fortune du gouvernail, la toute blanche *Ophélie* souvent nous emportait parmi les herbes et les fleurs de rivière en dépit des souches profondes ou des branchages à fleur d'eau. Nous allions, sans parler, sans penser, éblouis de l'éclair bleu du martin-pêcheur, ou, le doigt sur la détente, amusés des petits cul-blanc qui planent en papillons d'acier, ou se promènent avec des airs d'échassiers lilliputiens sur le sable. Quand l'écluse arrêtait *Ophélie*, elle se laissait bonnement porter par dessus le barrage pour faire un joli plongeon blanc dans l'écume, de l'autre côté de la chaussée, et le vagabondage recommençait sur l'eau jusqu'au premier moulin.

Ces petits moulins, très vieux, très fatigués, avec des rictus de lézardes et des plaques de mousses et des touffes de pariétaires, coupent d'une agitation de vie la douce sauvagerie des tranquilles vallées. La grande roue ruisselante scande sourdement les rumeurs du travail, les mulets passent, sous le fouet, chargés de farine, faisant claquer le caillou du sabot, des troupes de canards conduits par des oies tiennent un parlement sur l'eau et pérorent tous à la fois : c'est la civilisation retrouvée. Quelques coups d'aviron, la grande paix de la nature retombe à nouveau sur le fleuve, et les rives muettes bientôt ne renvoient plus de loin en loin que l'aboiement du chien de berger ou le beuglement du taureau à ses génisses.

Entre le moulin de *la Place* où l'eau s'étale en estuaires de sable, et le moulin de *la Rochette* adossé au rocher dans le fourré du bois, très glorieux d'un petit pont de pierre en dos d'âne qui offre au passant la sécurité d'une promenade sur un toit, vivait, il y a quelques mois à peine, le paysan dont je veux dire l'histoire. C'était un grand diable droit et mince, en figure de planche, dont la minuscule tête glabre et jaune avec de petits yeux en vrille s'emmanchait d'un long cou sur un long corps. De tels hommes, à l'ordinaire, ayant de trop grands leviers sont longs à se mouvoir. Jean-Joseph pourtant ne s'embarrassait point de ses membres. Solidement planté sur une large base, il arpentait d'un pied ferme et la nuit et le jour, les « chemins creux » coupés de fondrières qui dévalaient des plateaux cultivés à la sauvage solitude de la rivière.

Pourquoi cet homme actif, courant le pays à toute heure, fréquentant les foires du « Bocage » et de la « Plaine », piquant même parfois une pointe sur le lointain « Marais », s'était-il venu terrer en ce lieu, voilà ce que l'on ne saurait dire. Il ne semblait pas que sa vie privée eût rien à cacher, car à la campagne où, *tout se sait* — on le prétend du moins — le ménage de Jean-Louis n'était l'objet d'aucun propos malveillant. Trente années durant, j'ai passé là, m'arrêtant pour un verre d'eau, une tasse de lait, ou même pour rien, recevant grand accueil à cause d'une vieille histoire d'ulcère guéri, coup d'éclat du jeune carabin, sans qu'aucun signe m'ait jamais averti qu'*il y avait quelque chose.*

Le logis était simple et propre. Le mobilier du paysan : lit à colonnes, très haut, avec le bandeau de serge verte, armoire et buffet luisants de cire, table bien frottée, vaisselle de chaudrons récurés, des poules et des canards jusque sous les chaises. Une ménagère avenante, toujours fort affairée, s'empressait, offrait tout son bien, prenait à témoin l'univers que je lui avais sauvé la vie. Le potager fleuri présentait pour ornement principal, à l'entrée, le vase familier de la nuit renversé sur un piquet, en belle place d'honneur. C'est, je pense, une coutume antique, car je l'ai retrouvée jusqu'en Gallicie, au jardin du bon curé Ruthène de Busk, qui voulut bien confier sa grande pipe à la garde de l'humble récipient pour me faire visiter son église.

Devant la porte de Jean-Louis, le haut talus de futaies resserrait l'étroite vallée, enfouissait d'ombre l'humble toit, le séparait du reste du monde tout aussi bien que le fleuve qui, à cent pas de là, derrière l'étable, bordait la petite prairie vallonnée. Un autre ménage appuyait, au mur mitoyen, sa toute pareille demeure. Des petits fermiers dont on ne parlait pas. Comme voies de communication, rien que « le routin » qui suit l'eau, et le chemin d'exploitation des bois, un ravin de roche et d'argile où la solide roue d'ormeau tantôt s'empêtre et tantôt se brise. Je ne compte pas le bateau plat amarré à la souche d'aune, qui ne servait que pour la pêche, car la vieille gentilhommière, qui se dressait sur l'autre rive, barrait la route par ses prairies encloses en manière de parc jusqu'à l'eau.

Qu'est-ce donc que Jean-Louis pouvait faire en cet endroit? Pas de l'agriculture assurément. Ce qu'il possédait de terres était loué par parcelles à « divers », comme dit M. le notaire. Deux ou trois vaches, autant de cochons, donnaient assez d'ouvrage à la « bourgeoise », qu'on voyait tous les vendredis au marché avec son panier d'œufs, de beurre et de volailles. Jean-Joseph n'était pas né cultivateur. Le bon Dieu, semblait-il, l'avait créé pour le commerce. Le commerce d'un riverain du Lay est assez différent de celui de la rue de la Paix. Pourtant, c'est du commerce tout de même. Acheter et vendre en retenant quelque chose entre ses doigts, voilà toute l'affaire. C'est bien ce que faisait notre homme. Le bétail, le bois, les grains, les fourrages, quelques lots de terre à l'occasion, offraient un assez vaste domaine à son activité de trafiquant.

On ne prétendait point qu'il eût amassé de grands profits au négoce, mais il passait pour « honnête » ou bien traité de la fortune, si vous aimez mieux : aux champs comme à la ville, c'est tout un. « Son billet était bon ». Cela suffit.

Je le rencontrais par les chemins, « touchant » devant lui quelque bête. Nous échangions des propos sur le marché qu'il venait de conclure. Il évaluait le bénéfice attendu, qui ne paraissait point exorbitant, car il ne s'épargnait guère. Son grand art était d'acheter et de revendre, séance tenante, en foire, moyennant un petit bénéfice. Beaucoup de paysans font ce trafic qui demande avec quelque hardiesse, une généreuse dépense de paroles arrosées de bière aigre, ou des liqueurs multicolores nées de l'invasion du phylloxéra. Si l'on est favorisé de la chance, on peut arriver ainsi à gagner de cinq à vingt francs dans sa journée. Ce n'est pas trop, en raison de l'aléa et du labeur. On ne devient pas millionnaire à ce jeu.

Jean-Louis jouissait d'un bon crédit, achetait bien, payait comptant ou signait parfois des valeurs que le « banquier » du chef-lieu ᴅnton, un ancien notaire qui s'était fait escompteur, disait excellentes. Mais voici qu'un matin le « banquier » meurt, et Jean-Louis, sans plus attendre, se jette à l'eau avec une pierre au cou. On découvre alors de nombreuses traites portant, avec la signature de Jean-Louis, celles de grands propriétaires du voisinage. Seulement, ces dernières étaient fausses. Jusqu'à quel point le « banquier » avait-il pu s'y tromper — l'imitation étant des plus grossières — on n'eut pas lieu de le rechercher, en raison de la double mort. Ce qui demeura hors de conteste, c'est que le bon commerçant Jean-Louis était un avéré filou, un escroc, un faussaire. Les langues là-dessus eurent carrière, comme on pense.

Mais le plus surprenant fut d'apprendre que le *krach* de Jean-Louis dépassait la centaine de mille francs. C'est là qu'est le véritable prodige. Où était passé cet argent ? On se le demande encore. Jean-Louis ne spéculait point, et n'avait d'ailleurs aucun moyen de jouer à la Bourse. De mauvais marchés sur les bois ou le bétail auraient pu emporter quelques billets de mille francs tout au plus. Une vie d'homme ne pourrait suffire à creuser, par ce moyen, un tel déficit. Le cabaret ne se prête point aux extravagances de la *Maison d'or*, et les plaisirs de l'amour facile se soldent au village, de menus présents peu coûteux. En fouillant la vie de Jean-Louis, on découvrit bien quelques irrégularités que l'imagination s'efforça de grossir. Mais qu'est-ce que cela auprès de l'extravagante dépense qu'il faut bien supposer, malgré l'impossibilité d'en retrouver les éléments !

On allégua l'hypothèse de quelque crime caché, compliqué de chantage. Cela ne reposait sur aucun fait connu. Un seul point reste acquis. Dans un trou perdu que le fleuve avec le rocher gardent du monde et de ses tentations, le plus obscur paysan a pu vivre un demi-siècle de fraudes, de ruses et de mensonges, sans qu'un seul de ses compagnons d'alentour ait jamais rien soupçonné des dessous terribles de cette sombre vie. Tout se sait au village? Alors, dans quel gouffre a-t-il jeté ses cent mille francs, ce trafiquant de foire, à la blouse rapiécée, acheteur de vache ou de cochon, que chaque nuit ramenait au creux de son ravin? Quel besoin de fête l'a pris? Comment l'a-t-il pu satisfaire? Au prix de quelles angoisses? Quand je le voyais le dimanche tendre sa « bourolle » aux anguilles ou jeter de son bateau le filet, parfois j'enviais la paix de son horizon borné, ses faciles joies, son bonheur. Et la destinée, déchirant les voiles, me montre, dans ce cadre de vie tranquille, une âme tragiquement tourmentée de passions inconnues, torturée, affolée, se débattant dans le crime sans autre issue que le désespoir et le final plongeon dans l'eau noire.

Quand j'entends pérorer sur l'innocence des champs et les frénésies de la ville, il m'arrive de penser que l'homme est un en des milieux divers, et que ses apparences changeantes sont surtout des attitudes variées de l'universelle contention dans la recherche précipitée des jouissances où se dissipe follement notre capacité de bonheur.

V

Le buisson qui marche

Depuis le jour où la forêt de Birnam se mit en mouvement contre Macbeth, on a rarement signalé des arbres ou même de simples arbrisseaux en voyage. Le chêne et le roseau, pliés par la tempête, n'ont d'autre ambition que de tenir bon dans le sol, chacun suivant ses moyens, et de pousser bravement vers le ciel aussi haut que les pourra lancer la sève nourricière. Attachés à leur bonne planète, fidèles à la motte de terre où le conflit des choses a fixé le germe chanceux, ils font d'un berceau de hasard leur éternelle patrie. Et si c'est infériorité chez eux de ne pouvoir lui prodiguer leurs mensonges d'amour, que l'avantage d'une immuable constance leur soit au moins reconnu sur l'imparfaite créature supérieure dont ils humilient la capricieuse mobilité.

Nager, ramper, voler, courir, c'est du végétal perfectionné qu'on nomme l'animal, à ses degrés divers. L'ancêtre impassible des forêts regarde passer ces fils inquiets, affolés, tout à la fois déprédateurs et proies fuyantes. Pourquoi les envier ? Tandis que les troupes voyageuses de la terre, de l'air et de l'eau peinent à grands cris pour écraser le faible où pour échapper au fort, la mousse et l'ormeau, sans manifestations bruyantes, suivent même loi, même destin.

Non qu'ils soient immobiles, pourtant. Dans les orbites mouvants des champs toujours nouveaux de l'espace, la terre emporte tout son peuple, plante tranquille et bête agitée. Mais tout être organisé mû d'une impulsion personnelle de vie, complique ce chemin d'une course au bien-être qui, insensible ou échevelée, trace un équivalent sillon dans l'infini. Si, au soir de notre vie, nous pouvions découvrir dans l'espace le sillage de nos déplacements dans l'espace, que de surprises en l'inextricable complication des lacets, des crochets, des détours. Cela paraîtrait d'un fou, et peut-être serait-ce raison de le croire.

L'arbre, moins compliqué, plus naïf, pique droit dans le sol pour la sève de la vie, et, cherchant l'air et la lumière, s'élance dans le ciel bleu. Seulement, le sol et le ciel ne sont pas toujours libres au point précis où le vent de hasard a déposé la graine. Le grand conflit vital tend à les rendre indisponibles tout au contraire. Alors, de sa racine et de sa branche, il faut que la tige nouvelle contourne les obstacles et se fraye une voie vers la vie. Ainsi toute la nature végétante — chêne, arbrisseaux, plantes annuelles ou vivaces — s'efforce, se tourmente, se torture dans l'atmosphère ou sous le sol, pour être, pour croître, pour finir. Ainsi la plante, comme l'homme lui-même, se met en mouvement pour chercher la vie, pour trouver la mort.

Course silencieuse et lente où tout concurrent tâche à devancer l'autre, non moins dramatiquement que dans le tumulte humain.

Telle est l'explication du « chemin creux » de Vendée, où se rencontre « le buisson qui marche ». L'heureuse terre qui fait l'extrémité occidentale du continent d'Europe n'a connu que par de vagues contre-coups le lointain refoulement des invasions, les agitations de l'histoire, les mouvements de l'humanité industrialisant le sol que le paysan vendéen s'obstine à retourner, suivant la tradition des ancêtres, sans pensée de progrès.

Dans un tel pays, les chemins ne sont point établis en vertu d'une vue de l'esprit, pour relier suivant les méthodes de l'art villages, hameaux, fermes, ou lieux de culture. C'est l'instinct primitif qui a fait la voie là où elle se trouve encore. Le piétinement des anciens a tracé le sentier que de nouveaux venus ont élargi de leurs troupeaux, de leurs charriots, pour un agrandissement de culture En ces temps, les domaines se limitaient vaguement, la terre étant moins précieuse. Point d'École polytechnique, partant point de tracasseries certaines pour un bien douteux. Le maître prenant tout le surplus de vie, pourquoi s'imposer l'effort d'une production supérieure ? Dans quel but améliorer ce qui ne récompenserait pas le travailleur ? Les hommes passaient obscurs, à peine pensants, creusant d'une lourde semelle de bois la route argileuse que ravinait l'hiver sans réparations possibles, préparant des jours meilleurs sans le savoir.

Ainsi se faisait « le chemin creux », témoin des

âges passés. Nos lois modernes l'auront bientôt fait disparaître à son tour. Quand je revois le pays natal, je retrouve de blanches routes rigides là où je connus de verdoyantes fondrières, de sombres futaies, de mystérieux détours. C'est la civilisation meurtrière qui détruit implacablement les antiques vestiges où nous entrevoyons, vivant encore, le passé momifié dans les livres.

« Cependant, le « Bocage » gardera longtemps encore quelques-uns de ses « chemins creux », rivières caillouteuses ou cloaques de boue dominés de talus, où huit bons bœufs font péniblement cahoter sous l'aiguillon pressant la lourde charrette qui penche. Au sommet du talus, en bordure, les « têtards » tourmentés, évidés, bossués, figés en contorsions de souffrances sous la frondaison que la serpe abat tous les cinq ans pour les flambées de l'hiver.

Le grand buisson de ronces court sous les branches, accompagnant le chemin jusqu'à la coupée des barrières. Seulement, pourquoi, contrairement à l'usage, l'arbre n'est-il pas en pleine haie? Pourquoi ce large « routin », qui permet à l'homme des champs de passer à pied sec, tandis que ses bêtes pataugent en contrebas dans la bouillie ocreuse et s'éclaboussent à plaisir? C'est que le buisson a marché. Si l'homme qui l'a planté pouvait surgir des âges disparus, il vous dirait qu'arbres et ronces furent fichés de compagnie en limite du champ, et s'ébahirait de leur séparation merveilleuse.

L'entrecroisement des racines coupant de mille

pièges « le routin » battu des sabots vous dit l'histoire. L'argile compacte du chemin repoussait toute vie, qu'appelait, avec le soleil, la terre labourée du champ. Alors, ronciers et futaie se sont mis en marche vers la lumière, vers le sol nourricier. Mais d'un pas inégal. Embarrassé de sa grandeur, le chêne-roi s'est courbé, a dépêché les longues raracines heurtées du passant. Le roncier tumultueux, plus agile, l'a bientôt devancé, faisant serpenter vers la vie ses lianes heureuses, tandis que mourait sous l'arbre la primitive frondaison. Les voilà séparés à jamais, les compagnons des premiers jours, et si le bûcheron, d'âge en âge, content de la ramure des « têtards » n'a que faire du tronc, les témoins seront là pour dire le buisson voyageur.

Qu'importe au rustique passant qui se hâte vers la charrue, l'étable ou le foyer? Il vit dans le miracle de la terre, sans le comprendre, sans le voir. Enfoncé dans sa glèbe, il répète l'effort lent des ancêtres, sans autre attente que de l'aliment quotidien, sans autre espoir que des jours succédant aux jours jusqu'à ce que la terre, sa victime, fasse de lui sa proie. Que sait-il? sinon que le blé germera, mûrira après les façons données, si la gelée, la grêle ou le vent ne l'arrêtent.

Est-ce miracle? est-ce loi naturelle? Il ne sait, n'en a cure. Que cache le miracle ou que cache la loi? Il ignore jusqu'à la question même, remplaçant les croyances du passé par les gestes machinés de l'Eglise, vains simulacre d'une foi disparue. Que veut-il? il se le demande à peine, engagé, dès sa naissance, dans une antique routine d'action qui le dispense de volonté, et lui montre toute initiative nouvelle comme un danger, comme un malheur.

Enraciné dans sa terre, comme les buissons du « chemin creux », quelque pousse inconsciente vient de lui, qui va vers une lumière plus grande, vers une vie meilleure. Semblable au roncier qui voyage, il paraît immobile à qui ne dispose que d'une existence pour le regarder. Pourtant, la reculée des âges, par les témoins de l'histoire, atteste qu'il a marché, qu'il marche toujours, et que la même loi d'évolution qui fait avancer le buisson, entraîne le primitif automate aux lumières de pensée, à la vie d'action consciente de justice et de bonté progressives. Cela semble prodige à qui, oubliant d'où sortirent les grands apôtres d'humanité, n'aperçoit dans l'homme rudimentaire que d'obscures idées vagissantes. C'est prodige, en effet.

Ce fut prodige aussi quand Macbeth, confiant dans la parole des ténèbres, joyeusement cria ; « Je ne puis être vaincu que si la forêt de Birnam marche sur Dunsinane. » Alors, levant les yeux, il aperçut l'immense buisson qui venait avec l'armée de Malcolm.

Maîtres des hommes, bourgeois républicains ou monarques, qui croyez léguer à vos fils le droit de bûcheronner dans le taillis humain, sachez que derrière l'horizon immobile, une fatalité pousse le buisson qui marche à la conquête de sa terre, au plein développement de sa puissance de vie.

VI

Un sauvage

Une lande oubliée parmi les bois et les cultures. Deux croupes de verdure s'affaissent en un morne vallon de glaise rougeâtre où s'endort l'eau boueuse des petites mares luisantes. Parmi les algues et les joncs, des mouches d'eau s'ennuient, faute de poisson gourmand, rident de leurs longues pattes agiles la pellicule irisée que la lourde bulle, gonflée de la décomposition des vies, apporte des profondeurs aux régénérations du soleil. Dès les premiers cailloux qui se rencontrent, le ruisseau se réveille et chante d'une voix vieillotte, puis glisse vers d'autres sommeils, fuit vers d'autres chansons.

Cependant, sur les plateaux de gazon, dans les herbes sauvages, les fougères, les genêts, la frondaison des vieilles souches où chacun taille à sa guise. Oies, moutons, vaches, ânes, cochons, promènent leurs appétits divers, grognant, brayant, beuglant, bêlant, criant, avec du vague à l'âme, après quelque chose qui manque : interrogations incomprises, auxquelles répondra tôt ou tard le couteau qui s'aiguise au delà de l'horizon.

En bordure, de grands trous de carrières pour le caillou des routes. Plus loin, en haut relief sur le ciel gris, des bouquets touffus, effleurés déjà de l'automne, des « embauches » où, par la seule vertu de l'herbe, s'engraissent les blancs « charolais ». Des champs fertiles, d'heureux villages, toute cette nature enfin que l'homme façonna pour son usage, rangée curieusement autour de la terre vierge d'atteinte humaine, dernier vestige, en nos pays, des libres végétations de la planète insoumise. Bien communal, indivise propriété du pauvre, domaine désolé des troupeaux de misère, sauvagerie civilisée où errent ceux des nôtres que la civilisation montante a le moins *désauvagés*.

Il se rencontre encore en France de ces territoires dédaignés, laissés à l'abandon, qui servent de points de repère pour mesurer l'effort des anciens sur le sol ingrat qui garde de leur vie. La lande où m'amena l'imprévu d'une chasse à l'aventure offre ce caractère que la force d'attraction de la sauvagerie s'y est exercée avec assez de puissance pour appeler de nos lointaines frontières ce qui subsiste parmi nous de l'humeur farouche des aïeux, et reconstituer le sauvage, dans la mesure où le permet notre tyrannie policée.

Un pli de terrain me met à l'improviste devant une flaque argileuse où la plus décharnée lavandière échappée des landes de Macbeth agite follement d'informes haillons savonnés de boue. Nulle sorcellerie pourtant n'est apparente. Rien du chaudron classique où l'on voit bouillir le foie d'enfant nouveau-né avec les yeux de crapaud et les langues de vipère dans le poison des herbes arrachées sous les rayons de la lune à minuit.

Tout au contraire, à deux pas de là, une jolie enfant de trois ou quatre ans surveille un gros bébé flasque et mou, étalé sur la fougère, lequel ne fut pas mouché, je pense, depuis qu'il a vu le jour. Une quenouille de lin ébouriffée sous un bonnet terreux, avec un petit nez retroussé plein de malice, des yeux de charbon, de belles joues mordues du soleil, voilà la jeune Lucie dont ma destinée fut d'être l'ami pendant toute une heure. Une poule jaune, cherchant des vers, était visiblement de la famille. Un petit garçon de dix ans avec une chèvre blanche tourmentaient, chacun à sa façon, le buisson voisin.

Surpris du tableau, j'avançais, sans que poule, enfants, ni batteuse de boue, prissent garde à ma venue. Une curiosité, pourtant, m'arrêta, et ne sachant trop de quel propos solliciter l'attention de mes compagnons de rencontre, je posai la question de savoir où se trouvait le prochain verre d'eau. La lessiveuse, alors, cessant d'agiter ses guenilles, se leva brusquement, et je vis une petite chose parcheminée, sans âge, sans couleur, sans regard et sans voix, qui, d'un geste, me fit signe de la suivre. J'obéis, devenu muet à mon tour. Et voilà que la petite et le bébé, et la poule nous accompagnent, à travers les ronces, jusqu'au creux d'une ancienne carrière, à cent pas de là, où se révèle à moi la hutte de Robinson.

C'est une construction de terre et de branchages, comme celles que durent inventer nos antiques parents au sortir des cavernes primitives, si bien fondue de glaise avec le terrain d'alentour que, sans le trou noir de l'entrée, on ne s'aviserait pas, d'abord, qu'un troglodyte vit là. Devant sa porte, le sauvage, assis sur une souche, panse sa jambe saignante, blessée par un éclat de caillou sans doute, car la petite masse, à ses pieds, le révèle casseur de pierres. La femme, d'une voix saliveuse d'édentée, explique à son homme ma requête :

— « Entrez », fait l'autre, noblement.

J'entre, en effet, et je me trouve assis sur un petit banc boiteux à côté d'un homme roux, de quarante ans peut-être, dont le visage énergique et souriant m'invite à l'hospitalité de sa demeure.

La demeure est rustique. Un petit rectangle de palissades adossé au rocher, et coiffé de la double visière d'un toit de broussailles terreuses dont deux solides branches de chênes, fichées dans le sol, supportent le faîte.

Un coup d'œil, suffit pour l'inventaire. Tout au fond, un grabat de paille, enfermé de planches, va d'une paroi à l'autre, occupant la moitié de *la chambre*. Quelques bûches dressées en forme de pieds l'élèvent légèrement au-dessus du sol. Des manières de couvertures faites de lambeaux divers, cousus bout à bout, lui donnent une apparence de lit. C'est là que toute la famille s'aligne côte à côte pour la nuit. Deux vieilles caisses sont, avec le banc, l'unique mobilier. L'une, debout, simule l'armoire ; l'autre, gueule béante, contient de vagues outils avec un chou. Un poêle de la dimension d'un chapeau fume pour une cuisine inconnue. Les haillons pendent du toit entre deux cuillers. De ci de là, des fragments de plats. Sur *l'armoire*, un verre où quelques brins de réséda attestent, jusque dans le dénuement du nécessaire, l'invincible besoin du superflu.

— Vous vous étonnez de ma demeure, fit le Robinson qui s'amusait de ma surprise. Je ne suis pas si mal ici que vous pensez. Nous dormons bien dans notre lit tous ensemble. Je n'ai que quatre enfants, parce qu'il en est mort trois. La mère de ma femme habitait avec nous. Un matin nous l'avons trouvée morte. Elle n'avait pas fait une plainte. Il y a un mois de cela.

Et il reprit avec orgueil : « Nous avons changé la paille. »

C'était au lendemain de la grande bourrasque qui avait fait tant de dégâts par toute la France. Un ruisseau filtrant du toit, près du lit, avait cascadé sur le sol. L'homme vit un reproche dans mon regard.

— C'est la tempête, observa-t-il. Je vais arranger ça. Venez voir le malheur.

Et nous voilà, en trois enjambées, occupés à considérer le toit fait de fagots sur lesquels s'étalent des chiffons recouverts d'argile. Quelques pois d'Espagne vivent là-dessus. C'est le jardin. L'orage, qui a déraciné des chênes, à peine l'a marqué d'une éraflure.

Nous sommes retournés à notre banc et nous causons maintenant en amis. La femme, le bébé, la poule qui les suit comme un chien, sont retournés au lavoir. Lucie, déjà curieuse, demeure avec nous. Elle a, d'ailleurs, conçu la pensée de m'éblouir de ses richesses. Je la vois fouiller dans la paille et m'apporter une petite boîte de fer-blanc contenant quelque verroterie noire. Au fond de la boîte, une déchirure qui est ingénieusement bouchée d'un clou. La petite semble prendre un plaisir extrême à ôter et remettre ce clou. Enfin, elle me montre orgueilleusement une poupée de porcelaine, de la longueur d'un demi-doigt, qui fut décapitée jadis par je ne sais quelle révolution, ce qui ne l'empêche pas de s'appeler Joséphine. Il n'y a point d'enfant royal qui soit plus fier de ses coûteux jouets que Lucie de ces deux merveilles. Le père aussi paraît content que ses enfants déjà connaissent les multiples joies de la terre.

Mais n'avais-je pas demandé à boire?

— Je ne bois jamais d'eau, dit l'homme avec un sourire d'excuse pour l'insolence d'un tel luxe.

Sur quoi, il me tend une cruche où macèrent des quartiers de pommes sauvages. C'est son vin. J'esquisse un mouvement de buveur, tandis que mon hôte, heureux, observe qu'il n'y a rien de plus rafraîchissant.

— Je bois aussi beaucoup de thé, ajoute-t-il. Oh! pas de *votre thé de jardin*. Non, du thé rouge. Je fais sécher du poivre d'eau. En infusion, c'est excellent. J'y ajoute de la verveine « pour ma hernie », car j'ai attrapé un effort en portant des sacs de farine aux moulins de Corbeil. « L'indicible mépris du sauvage pour « le thé de jardin » et sa joie du bienfait des herbes de la lande ne se peuvent décrire.

— Vous avez travaillé aux moulins de Corbeil? D'où venez-vous donc?

— Je suis Alsacien, monsieur. Le hameau où je suis né est juste de ce côté de la frontière française. Mais le reste de la commune est en pays conquis. J'ai tiré au sort en France, et j'ai été réformé. Seulement, pendant ce temps-là, les Prussiens m'inscrivaient sur leurs livres avec une dizaine de mes camarades, parce que j'étais porté sur le registre des naissances qu'ils avaient entre leurs mains. Un jour que j'étais allé au pays, les *casques à pointe* sont venus pour me prendre. Je me suis enfui la nuit, pieds nus, dans la neige. J'ai été sauvé par un forestier français qui m'a donné des vêtements et réchauffé chez lui.

Ma femme est venue me rejoindre. Nous avons travaillé, dans les Vosges, dans la Drôme, aux tissages, aux filatures. Ah! j'en gagnais de l'argent... des 90 francs par mois... Mais, voyez-vous, il y a des ouvriers qui ne sont pas raisonnables. On conduit deux métiers. On peut bien faire ça. Seulement il y a des gars qui sont plus forts que les autres. Ils ont proposé au patron de conduire trois métiers, pensant qu'ils gagneraient plus d'argent. Le patron a bien voulu. Mais quand il a vu qu'ils pouvaient, et qu'ils gagnaient des 110 francs, des 115 francs, il a dit : « *Ça n'est pas raisonnable.* » C'est vrai que c'était beaucoup. Alors il a diminué les salaires, et moi qui ne pouvais pas conduire trois métiers, je ne gagnais plus pour les enfants. Alors je suis parti. Ce n'était pas difficile de trouver d'autres ouvriers. Il n'en manquait pas qui attendaient à la porte.

C'est alors que je suis allé aux moulins de Corbeil où j'ai attrapé un effort. Il a bien fallu que je devienne casseur de pierres puisque je ne pouvais pas faire autre chose. Encore faut-il que je sois assis pour travailler maintenant. Le pierre est dure, ici. C'est la plus dure, la pierre du Morvan. J'ai 4 fr. 50 pour extraire un mètre cube et le casser. J'ai gagné ainsi 410 francs l'année dernière. Pour sept personnes, ce n'est pas trop. Seulement, je ne peux pas payer de loyer, voilà pourquoi j'ai bâti cette cabane. D'ailleurs, les paysans ne se soucient pas de me loger parce que je suis *étranger*. Ils ne sont pourtant pas méchants. Il y a des fermiers qui m'aident. *Dans la Saône-et-Loire*, où je m'étais bâti une hutte comme celle-là, on ne me payait que 2 francs pour le mètre cube, et je gagnais plus parce que la pierre est plus tendre.

L'ouvrage a manqué. Il a fallu partir. Je ne me trouve pas trop mal ici. Il y en a de plus malheureux que moi. Quelquefois il passe *des pauvres* qui me demandent à gagner quelques sous en cassant de la pierre. Je leur tire un mètre cube ou deux. Je suis encore assez riche pour leur donner ça. Et puis je suis mon maître...

Quand les enfants seront grands, on essayera de retourner à l'usine. Ça ira s'ils trouvent du travail. En attendant, ils vont à l'école. D'abord, les autres les battaient parce qu'ils ne sont pas d'ici. J'étais obligé d'aller les chercher sur la route. Maintenant, ils sont tous amis.

Une heure durant, j'écoutais ce doux sauvage, d'énergie si tranquille, dire de quelles souffrances il faisait son bonheur, et de quels tourments son espérance. Ses yeux brûlaient de volonté, mais la voix demeurait calme, un peu chantante. Ni plainte, ni récrimination d'aucune sorte. Il riait, le païen, en me contant que deux sœurs étaient venues le relancer dans son désert pour se plaindre qu'on l'eût vu travailler le dimanche. « Mes bonnes sœurs, leur avait-il dit, donnez-moi seulement les vingt sous de ma journée et je vous promets de me reposer tout à mon aise. » Le marché ne fut point conclu. L'homme n'en avait pas l'air autrement surpris.

J'abandonnai à ses obscures joies le troglodyte heureux dont M. le maire, le lendemain, me confirma de tous points l'histoire.

Notre civilisation peut-elle se réjouir de ces cruels bonheurs nés de l'antique levain de la sauvagerie des ancêtres ? La grâce des champs apaise les pires misères. N'attendons pas, dans la facile acceptation des maux d'autrui, que le nombre dise à l'élite : Comptons.

actions les classes de civilisation affinée essayent de déterminer la contagion de ces mœurs policées qui sont l'orgueil de nos villes.

Voici, par exemple, l'industrie nourricière qui est une des ressources du pays où m'a jeté le hasard d'un déplacement de chasse. Sans reprendre les développements de Rousseau, ne peut-on simplement poser la question de savoir quel plus parfait appât de démoralisation que le salaire qui détourne la femme du soin de son propre enfant pour faire profiter un autre de sa substance et de sa tendresse achetées. Il faut tromper les animaux, recourir à mille ruses pour accroître d'un nouveau-né, la jeune famille en émoi. Ces façons ne sont point nécessaires avec l'espèce humaine. Il suffit de payer. On paie, et la petite créature vagissante, arrachée du sein maternel, va faire l'apprentissage de la question sociale auprès du biberon de lait aigri, prodigue d'entérites et de diarrhées mortelles, tandis que la tendre maman réchauffe de baisers achetés, amuse de caresses à tant par mois, le nourrisson étiolé à qui son lait généreux doit rendre la force et la vie.

Cette prostitution du corps et de l'âme n'est peut-être pas moins infâme que l'autre. La société les encourage, les exploite l'une et l'autre pour en faire ses vertus. Mais l'achat de la mère, payé des tortures de l'enfant, est, sans contestation possible, un des plus grands crimes qui soient. L'excuse du besoin, de l'intérêt ultérieur de l'enfant provisoirement condamné, n'est qu'une des formes de la grande accusation d'ensemble contre l'ordre social.

Qu'est-ce autre chose que l'esclave d'Amérique

VII

Joyeuse rupture

L'histoire que je vais dire, toute de simplicité villageoise, ne prouve rien et ne veut rien prouver. Les mœurs de nos campagnes, pour être assez différentes des tableaux de Jean-Jacques, offrent encore sur l'hypocrisie des villes l'avantage d'une candeur brutale où l'âme se voit à plein comme sur un théâtre. A chacun de tirer l'enseignement des choses. Si le rustique nous choque à certains jours par l'étalage grossier de sentiments ou d'instincts qui nous rappellent trop bien l'humble origine de nos ancêtres des forêts, le citadin, par ses odieux mensonges de vertu, n'aboutit souvent qu'à nous rendre indulgents pour l'heureux cynisme des sauvageries primitives.

D'ailleurs, quelles leçons viennent de la ville aux champs? Je ne parle pas de la morale officielle — religieuse ou laïque — qui se débite par tranches en des lieux appropriés où chacun vient s'approvisionner des formules nécessaires pour recouvrir d'un manteau de décence les actes ingénus que peut suggérer la passion, l'intérêt, le besoin. Non. Je demande seulement par quelles d'il y a trente ans, cette femme palpée, questionnée, soumise à tous les examens, qui vient offrir, avec son corps d'épouse, son cœur de mère à toutes les surenchères. Suivant le jugement des médecins et l'appréciation des intéressés, elle aimera cet enfant ou cet autre. Il n'y a que le sien même qui lui soit interdit. Celui-là, dès le premier vagissement, paiera le crime de naître, et le Dieu bon qui ne refuse point la mamelle aux petits de la bête sauvage, lui témoignera son amour des hommes par l'épreuve de l'innocente chair livrée d'abord aux plus implacables combats de la vie.

Aux petits des oiseaux, il donne la pâture,

dit le poète attendri. Petits enfants, que n'êtes-vous vautours !

Quels sentiments obscurs s'agitent tout au fond de la mère vendue ? Elle aime parfois ce morceau de ses entrailles, et j'en ai vu pleurer quand on le leur arrachait. Et puis le temps — cruel ou bon, je ne sais — verse ses trésors d'oubli sur toutes choses. Il est si loin celui qui est *l'autre* maintenant — *le vrai*, pourtant. Il est si près l'usurpateur candide, reconnaissant du service rendu sans savoir à quel prix, se trompant naïvement de mère, aimant à faux avant d'avoir ouvert les yeux à la lumière, rencontrant le mensonge aux premiers gestes de vie, et payant en toute sincérité de même monnaie. Comment ne se ferait-il pas d'étrange confusion dans l'âme incertaine de ces tristes mères de chair menteuse ! Elles prennent le deuil avec le *maître*, et n'ont pas le droit de renoncer aux habits de gaieté si leur propre enfant vient à mourir de ce qui fait vivre l'enfant d'un autre. Elles l'ont tué : il faut rire à l'innocent complice, il faut le faire prospérer du sacrifice de la petite victime. N'est-ce pas le commun spectacle de tous les jours ? Quelle révolte de l'âme, qui soudainement ferait la lumière dans ces monstrueux détours !

Par bonheur ou malheur, un engourdissement se fait des fibres douloureuses, et l'âpre quête du gain accapare insensiblement tout ce qui reste des facultés de l'être. Est-ce donc à ceux qui veulent et font par milliers de telles créatures, de leur jeter le mépris pour leurs sentiments d'esclaves et les mœurs de bêtes dénaturées qui s'ensuivent !

Tout ceci pour expliquer, dans la mesure où je le puis, la petite Morvandiotte, Victorine Desbœufs, que je vis danser, hier, à sa noce. Une sorte d'avorton de femme flétri, macéré, dans on ne sait quoi d'innommable. Une face falote de vieux plâtre délavé avec des taches de faux rose jetées comme aux hasard là où on ne les attend pas, mâchoire malsaine et dégarnie, toujours bâillante pour le rire, yeux de brebis hébêtée qui voit sans regarder. Peut-être vingt ans. Peut-être quarante. Ainsi m'apparut Victorine, il y a deux jours, quand elle vint, avec sa maman, prendre les convenances de M. le maire pour l'heure de son mariage.

D'un style tout différent, Mme Desbœufs mère. Une brune virile et sèche aux cheveux noirs, au nez crochu, avec le regard tour à tour obscènement soumis ou flambant de toutes les révoltes de l'enfer.

— Oui, monsieur, j'ai élevé seize enfants. J'en avais déjà quatre quand mon homme est mort. Ensuite, il m'en est venu trois. Avec neuf nourrissons que j'ai pris, cela fait le compte. Et tout ça vivant, il a fallu travailler.

Elle ne dit pas de quel genre de travail. Chacun le sait du reste, au village. Les nourrissons de l'Assistance publique expédiés de Paris, les petites victimes que les nourrices renvoient de là-bas dès qu'elles se sont placées, prolétariat vagissant qui se contente de peu et sur lequel il faut tondre la part de vie de ceux qui le font presque vivre, voilà la notable ressource de beaucoup de familles. Il ne faut pas que l'enfant meure tout à fait : la pension cesserait. Mais s'il était trop abondamment pourvu, où serait le gain des nourriciers? On cherche un équilibre entre ces deux pôles. Pour éviter l'excès de prospérité, on tombe parfois dans le mal contraire. Des enfants obstinés veulent vivre. L'ordre social a besoin d'eux pour ses profondeurs. Et puis ces gens ne sont pas méchants de nature. La femme Desbœufs, me dit-on, est une excellente mère. C'est une nature de laitière qui s'attache à tout ce qui mord le pis, sans y regarder de trop près.

Maintenant il faut tout dire. Le biberon est d'un rapport inférieur. Et comment allaiter si l'on n'enfante tout d'abord? Puisque l'enfant est une richesse, venez petits enfants. Ils viennent en effet, et le secours même modique, des papas de rencontre n'est pas un appoint négligeable. Telle fut au grand jour la vie de la veuve Desbœufs, la femme aux seize nourrissons. L'âge venant, elle eut besoin d'aide, il est vrai. Mais ses filles, reconnaissantes, lui apportèrent avec empressement le concours sur lequel son zèle infatigable était en droit de compter. Tout le monde s'y mit d'une ardeur extrême. La jeune fiancée Victorine, déjà mère d'une petite fille de quatre ans, allaite, à la veille de ses noces, un bébé de trois mois. Sa sœur cadette *attend son petit* dans huit jours. Personne ne boude dans cette vaillante famille.

Pour ce qui est de la morale, le mariage de Victorine atteste à quel point on s'empresse de se mettre en règle avec elle, quand, par chance, l'occasion s'en présente. Le père du bébé de trois mois fut déjà sur le point d'épouser. Il reconnaissait naturellement les deux enfants en tas. Mais le service militaire survint, et tout ce que put retenir Victorine des promesses oubliées fut une belle robe de laine, qui témoignait à tous des intentions provisoirement honnêtes de son infidèle.

D'ailleurs, pendant que le soldat oublieux servait la patrie, un autre amoureux se présenta. Un homme sérieux, celui-là, que n'effrayait point la taille arrondie — négligée du fantassin volage. Tout comme l'autre, il reconnaissait les œuvres de ses prédécesseurs, les hommes, en ces contrées heureuses, ayant la paternité aussi large que les femmes la maternité. « *Ça roula* » pendant un an, comme dit Victorine, puis quand le petit pioupiou eût trois mois, on pensa de part et d'autre que le temps était venu des justes noces. Le fiancé n'était pas le premier venu, grâce à une « *héritation* » de trois mille francs en beaux écus. Il était propriétaire d'une maison, « et je lui ai vu, dit la belle-mère, huit cent francs dans la main ». Trois robes et des souliers pour Victorine, sans parler d'une bague presque en or, une robe pour la mère Desbœufs, *une serviette* pour chaque enfant, furent le fonds de la corbeille. On ne fait pas mieux les choses.

Bans publiés, maire et curé prévenus, repas de noces servi, invités alignés en file, musique en tête, Victorine, toute parée, s'avance au détour du chemin et ne voit rien venir. Point de fiancé. C'est l'*héritation* qui cause cette disgrâce. Une honnête famille ne voit point partir ainsi trois mille francs sans protester. Aurait-on semé des *doutes* sur Victorine? Je ne sais. Mais la mère Desbœufs accourue chez son futur gendre, trouve, pour tout vestige d'épouseur, les habits de noces dont une belle-sœur refuse de se dessaisir sous prétexte qu'on lui doit vingt francs. Deux invités qui la suivent font une perquisition et découvrent l'amoureux de Victorine caché dans un toit à poulets. On l'en tire, il secoue ses plumes, et, pressé de questions, déclare qu'il aime mieux ne jamais se marier que de donner les vingt francs réclamés. On approuve le sentiment, et on persuade au récalcitrant que le maire et le curé auront pour agréable de le marier tout en duvet de poule, au sortir de son édredon. Voilà nos gens en route pour la fête. Mais, au détour d'un bois, l'homme fait un plongeon dans le taillis, et, cette fois, adieu la noce et les noceurs.

Quand Victorine et ses invités apprirent la nouvelle, ce fut, comme on pense, une grande rumeur. Que sert de se lamenter, cependant? Après avoir un peu crié, on causa, et, après avoir causé, on convint qu'il n'y avait pas lieu de se désespérer de l'aventure. N'était-ce toute l'histoire du soldat qui avait promis, lui aussi, le mariage, et n'avait pas tenu sa foi? Cela n'avait pas empêché Victorine, tout *embarrassée* qu'elle fût, de trouver un amoureux. Il en restait d'autres. Aujourd'hui elle avait de beaux habits, une table bien servie, des amis venus pour la fête, des violons et des cornemuses. Laisserait-on perdre cette rare occasion de joie? Non, vraiment. Et d'un commun accord on décida de célébrer les épousailles aussi gaiement que s'il y avait eu des épousés. Il y en eut d'ailleurs vraisemblablement, car, vingt-quatre heures durant, sans s'inquiéter de la nuit ni du jour, on fit une merveilleuse ripaille. Tout était payé, chacun n'avait qu'à étendre la main. Aussi prit-on tout ce qui se laissa prendre. Les invités de l'époux en déroute, comme de l'épouse manquée, ne perdirent ni morceau, ni lampée, ni danse. Victorine se trémoussa comme un diable, de toutes les façons connues, et la mère Desbœufs, suivie de sa famille, donna le bon exemple. On s'emplit de mangeaille, et de vin, et de rires, et de baisers sonores. Le vilain boudeur fût sorti de son poulailler pour embrasser Victorine qu'elle n'y eût seulement pas pris garde. Seul, le bébé de trois mois éprouva peut-être quelques mécomptes. Tout le monde ne peut pas être heureux à la fois.

Quand on eut abusé de toutes les joies, on s'alla

coucher je ne sais comment, et je ne serais pas surpris que Victorine eût trouvé, tout en dormant peut-être, l'occasion de nouvelles accordailles.

Voilà toute l'histoire. N'ai-je pas dit qu'elle ne prouvait rien ni ne prétendait rien prouver?

Le lendemain, j'eus le plaisir de voir Victorine et sa maman chez M. le maire.

— Le soldat m'avait fait du chagrin, dit-elle, à cause que j'avais eu *des affaires* avec lui. Pour celui-là, ça m'est bien égal. Il ne disait jamais rien, et, *quoique ça roulait* depuis un an, *je ne le connaissait pas plus que ça.*

— Enfin, tu as toujours trois robes, dit la mère.

VIII

Les étrennes des petits bâtards

C'est la nouvelle année, la pierre scellée sur les mécomptes du passé, l'ouverture d'espérance sur les mirages de l'avenir. L'homme s'arrête, comme à l'un de ces moments de l'histoire, dont parle Bossuet, d'où l'on embrasse toute une période des temps révolus, et, sans s'attarder à un trop consciencieux examen du bien et du mal qui font la trame des choses vécues, cherche à s'alléger des années par l'illusion d'un recommencement.

De cette volonté du nouveau, de ce parti pris d'espoir convenu, vient l'universelle joie, factice ou sincère, décrétée par la coutume des hommes à une heure d'horloge déterminée. L'enfant, de belle ignorance, n'a besoin que d'un prétexte de bonheur, quitte à faire son tourment plus tard du gaspillage des réalités. Ce prétexte, le premier jour de l'An l'apporte, et ce n'est point un bien qu'on puisse dédaigner, car la contagion de joie gagne insensiblement de la jeune candeur ébahie à l'âme appesantie du jour.

Telle me paraît l'actuelle philosophie du boulevard, où, dans le papillotement des inutiles choses, infiniment précieuses, dans le bruit des propos sans but et des rires sans cause, je vois rejaillir aux visages tourmentés de la vie un peu de l'éclat rayonnant des jeunes regards.

Pourquoi donc ces spectacles de félicité bruyante me ramènent-ils au contraste des souffrances que ne peut apaiser la convention du plaisir commandé par l'usage. Même ce bonheur d'un jour — pur de tout mal puisqu'il n'est fait d'aucune souffrance d'autrui — ne va pas sans une peine secrète quand on le rapporte à la dolente misère dont le beau tapage du boulevard n'empêche pas le cri d'arriver jusqu'à nous. La joie, même fondée sur rien, rend meilleur. On donne. Mais quoi ? De l'argent ! Quand donc comprendrons-nous que ce n'est pas assez ?

Oui, de l'argent, c'est bien, c'est très bien. Des vêtements, du charbon, des bons de fourneaux. Que sais-je? Mais tout cela n'est que le nécessaire d'un jour, le moyen de parer aux plus criantes souffrances. Pourrions-nous moins faire, sans nous mépriser nous-mêmes, sans nous exposer à tomber victimes de la révolte des misérables? Et si le mal est déjà trop grand que nous sommes encore hors d'état de restreindre, pourquoi l'aggraver des maux que nous déchaînons de notre volonté? Pourquoi le formidable appareil légal qui protège notre égoïsme dans la tranquille jouissance des sentiments anti sociaux, laisse-t-il si peu de place à l'acte de générosité sociale, à l'effort désintéressé pour conformer l'ordre public, dans la mesure de ce qui est dès à présent possible, au soulagement des misères voulues par des lois implacables?

Nous sommes prodigues de bons conseils. Aux vertus que nous exigeons des déshérités, quel millionnaire serait capable d'être un va-nu-pieds? On parle plus respectueusement aux forts. C'est eux, pourtant, qu'il faudrait d'abord convaincre, puisqu'ils détiennent tous les moyens d'action par qui la société se pourrait faire moins dure, plus clémente.

Une excellente lettre, que je reçois d'une abonnée du *Journal* m'inspire ces pensées, au dernier jour de l'année finissante. Je ne saurais mieux faire que de mettre le document sous les yeux des lecteurs.

21 décembre 1896.

Monsieur,

Votre plume est si française, elle traduit des idées si vaillantes, — si nettes et si pleines de bon sens, — que je ne saurais m'adresser mieux, pour défendre les intérêts de pauvres gens qui ne les peuvent défendre eux-mêmes.

Ne devons-nous pas utiliser ce grand courant qui nous pousse à réclamer réparation des injustices pour valoir quelque bien aux malheureux?...

Profitons du courant, monsieur. Que votre humanité réponde à mon appel, et j'aurai l'espoir du succès, dans un avenir prochain.

Il s'agit de ces déshérités — illégaux de naissance — des *enfants naturels dans le cas du service militaire*. Une femme veuve, dont le fils aîné est enfant naturel, ne peut obtenir pour ce fils, le bénéfice de soutien de famille, c'est-à-dire la dispense de deux années sur les trois que comporte le service militaire obligatoire.

J'habite la campagne pendant plusieurs mois de l'année, et là, je suis constamment en rapport avec les ouvriers et les paysans; ils ont mes sympathies, et, comme ils le sentent bien, ils me donnent leur confiance.

Que de récits de misère j'ai entendus ainsi, et que de résignation j'ai vu !

Mais pour en revenir à notre sujet, vous savez, monsieur, qu'à la ferme et au village, on abandonne rarement l'enfant naturel, « le bâtard », comme ils disent encore.

Dans la contrée où je réside, je vois ces petits *illégaux* élevés, soit par la fille-mère, soit par la famille de la fille ; ils sont traités avec humanité presque toujours, et bien souvent avec tendresse.

Quant au père... c'est ici comme partout et comme toujours. Il profite d'être dit « inconnu ».

Or voici ce que j'ai vu maintes fois — et revu au dernier automne — relativement à ces pauvres femmes veuves, ayant un fils aîné, enfant naturel :

La fille-mère trouve assez fréquemment à se marier, et le mari tolère à la maison la présence du « bâtard » ; sa mère l'élève parmi les petits qui surviennent (et dont il est la bonne d'enfant), jusqu'à l'époque de sa première communion.

Alors, il est loué comme berger ou petit valet dans une ferme, et la mère touche les « gages ». Sur ces entrefaites, la mère devient veuve et elle continue à toucher les « gages » de son aîné... car, la seconde nichée restant à élever, le « bâtard » devient le soutien de famille.

Cet état de choses prend fin le jour du départ du conscrit ; bien souvent, ce jour-là tous les petits ne sont pas encore à même de « gagner leur vie » ; la mère est devenue vieille avant l'âge, épuisée par le travail et la misère. « Elle n'en peut plus », dit-elle, et ce départ est un vrai désastre, qui la laisse, ses enfants et elle, sans aucune ressource !

Je prie mes amis, en ce moment-ci, de faire des démarches pour obtenir le retour, dans ses foyers, d'un de ces braves garçons, qui a déjà fait près de quatorze mois de service militaire.

Mes amis réussiront-ils ?... Le soldat en question est l'aîné de cinq enfants et, la mère ayant été veuve au bout de cinq années de ménage, c'est lui qui a rempli les *charges* de soutien de famille, telles que je les ai notées plus haut.

Actuellement, sa mère et son jeune frère sont malades,

sans ressources, et de trois sœurs placées comme servantes, deux seulement sont à gages, la plus jeune ne gagne que son entretien.

Ce que je vous expose ici est fréquent.

Sans parler de la fille-mère qui n'a pas trouvé un mari et qui, seule, élève bravement son garçon et en fait un bon travailleur. J'en connais plusieurs de celles-là.

J'ai pensé à vous signaler le fait, monsieur, et à vous solliciter en faveur de ces pauvres braves gens, dont personne n'entend la plainte et qui sont d'autant plus intéressants.

Voudrez-vous, monsieur, plaider leur cause? Je crois cette cause digne de votre talent, et votre talent digne de la bonne action!

Veuillez, agréez, etc.

X.

Que pourrais-je ajouter à cette belle plaidoirie, puissante non par l'art, mais par l'exposé tout nu des misères sociales que l'homme crée de sa seule volonté. L'honorable lectrice du *Journal* a fait tout simplement ce qu'il y avait de mieux à faire. Elle a mis la plaie à découvert, et dit à chacun de nous : *Voyez.*

Nous voyons. Nous voyons l'enfant puni pour la faute des parents, et, malgré la perversion d'accoutumance qu'a pu laisser en nous la légende biblique, rien ne paraît plus choquant à la conscience droite, alors surtout que l'odieuse iniquité n'est imputable qu'à nous-mêmes.

C'est pour *décourager le vice*, nous dit-on, qu'on fait à l'enfant né hors mariage une situation d'irrémissible déchéance. Singulier moyen que de frapper l'innocent, au moment même où l'on absout le coupable, en refusant la recherche de la paternité — *même dans le cas de viol*. Qu'on lise là-dessus le beau livre de mon regretté maître et ami, Emile Acollas. Il me sera permis d'en citer au moins le magnifique exorde :

> J'élève la voix pour un des intérêts de justice et d'humanité les plus considérables de ce temps ; je me présente au nom de toutes les femmes abusées, entraînées ou éblouies que précipitent de fausses promesses, l'illusion de leur propre cœur, l'enivrement de la jeunesse, les suggestions de la misère, la lâcheté, l'ignominie du vice pauvre ou opulent, poussant du pied ce qu'il a flétri, je me présente au nom de *cinquante mille enfants* naissant chaque année privés d'état civil, le plus grand nombre par le crime de leurs parents, aidé de la complicité de la loi ; les autres par la volonté directe de la loi même, qui s'impose. Je viens demander à la société de proclamer que, dans l'union accomplie en dehors de son institution, l'homme a sa part de responsabilité ; de reconnaître, de garantir à *cinquante mille enfants* le droit à une assistance indispensable à notre indigence native, le droit d'être nourris, élevés, développés d'esprit, de cœur par ceux dont ils tiennent la vie, le droit de n'être point fatalement les victimes préférées de la misère, des infirmités, de la mort, le droit de ne point peupler de préférence les bagnes, le droit de ne point monter de préférence sur les échafauds. Je viens réclamer la réformation d'une de nos plus grandes iniquités sociales, une iniquité que ne commettent au même degré ni l'Angleterre, ni la Prusse, ni l'Autriche, ni la Russie ! la suppression d'un de nos périls, l'effacement de notre législation civile du honteux article qui interdit la recherche de la paternité, et, dans une société fille de la Révolution, met plus de *quinze cent mille Français*, pour le hasard de leur naissance, hors la loi, hors le droit !

Telle est, en effet, la question générale qui se pose à travers le cas particulier qui m'est soumis par la lettre qu'on a lue. De grands efforts ont été faits déjà pour le redressement du tort de tous contre l'enfant isolé sans défense. Efforts impuissants jusqu'à cette heure.

« *La grande maladie de l'âme*, dit Tocqueville, *c'est le froid.* » Aux maux inévitables de la nature, l'homme implacable ajoute son mal, et, pouvant corriger sa faute, refuse. Il faut que la raison inerte s'anime du *cœur chaud* pour la réparation des souffrances gratuitement déchaînées. Le jour approche, semble-t-il, puisque les particuliers, cédant à l'impulsion de générosité, entrent dans la lutte, à leur tour, après les professionnels de la parole et de la plume. J'accueille donc comme une espérance la noble manifestation de ma lectrice amie.

Au lieu d'aborder le problème d'ensemble, comme fait nécessairement l'écrivain, acceptons la collaboration spontanée qui nous vient du public, et qu'un député, qu'un ministre prenne l'initiative du projet de loi qui peut, en deux lignes de texte, adoucir la souffrance imméritée qu'une injuste disposition légale fait peser sur plus de vingt mille familles.

Aujourd'hui même, tout le monde officiel va ridiculement s'affubler des costumes chamarrés d'or si chers à Philippe Crozier, pour s'entre-congratuler en cérémonie. Quel changement si, au lieu de se réjouir de rien du tout, ils avaient à se féliciter de quelque chose! Quel miracle surtout, si les félicitations, au lieu de leur venir d'eux-mêmes, leur venaient de la foule. Un mouvement de *cœur chaud* suffirait.

Une voix généreuse s'élève pour réclamer l'allègement des lois iniques contre d'innocentes victimes. Ecoutez-les, seigneurs de la République qui marchiez si fièrement jadis dans votre rêve de justice. Inaugurez d'un acte juste votre règne de la nouvelle année, et tout en semant les croix et les places, comme d'usage, laissez tomber de vos mains nouvellement gantées les étrennes des petits bâtards.

CHAPITRE II

PAR LES RUES

PAR LES RUES

I

Le rayonnement de Paris

Comme la source de chaleur et de lumière, le foyer d'art et de pensée rayonne à travers l'espace. Tout groupement d'hommes s'efforçant aux œuvres de civilisation projette de l'esprit humain autour de soi. Et l'active suggestion, partout répandue, éveille, de contact en contact, les énergies dormantes, se propage, se disperse, s'épuise dans l'inertie des choses. C'est le rayonnement d'humanité, plus ou moins puissant, plus ou moins durable, suivant les temps, suivant les lieux.

Des villes du passé ont rayonné sur tous les continents : Athènes, Rome, Jérusalem, dont l'activité n'est pas encore épuisée. De nos jours, Londres, Berlin, New-York, Paris lancent des rayons de vie jusqu'aux plus lointaines distances. Londres envoie ses colons, ses trafiquants, ses oisifs par toute la terre, fait triompher sa langue et ses mœurs. Berlin, fertile en émissaires aussi, a le prestige des victoires, New-York des millions. Comment Paris, sans émigrants, sans millionnaires voyageurs, et, pour le moment sans victoires, peut-il exercer sur la pensée des hommes, par d'insaisissables recours, une action supérieure à celle des villes concurrentes ? En vain l'universelle diffusion du savoir par tant de moyens nouveaux semble faire toutes chances égales. Paris demeure comme la miraculeuse source de sensations, d'idées, dont chacun veut le bienfaisant émoi. Ses amis le célèbrent, ses ennemis l'outragent : tous, conscients ou non, soumis ou révoltés, subissent une influence de Paris.

Quelle histoire, de la *Chère Lutèce* de Julien au Paris de la Révolution française ! « Un îlot jeté sur le fleuve qui l'enveloppe de toutes parts avec des ponts de bois qui y conduisent des deux côtés », c'est « la *Ville des Parisiens* ». « Comme c'est une île, les habitants sont forcés de puiser leur eau dans le fleuve, dont l'eau est agréable et limpide. » « Il y pousse de bonnes vignes, qu'on entoure, aux froids, d'un manteau de paille. L'hiver y est doux : Cependant le fleuve parfois charrie, comme des plaques de marbre, des carreaux blancs de glaçons, semblables à la pierre de Phrygie. » Voilà tout ce que peut dire du Paris d'alors l'empereur païen qui l'aime. La ville ne rayonnait guère au iv⁰ siècle de notre ère. Que l'hellénisme eût miraculeusement triomphé, par un désespéré retour de vie, qui sait ce que Julien eût fait de son îlot de la Seine, d'où pouvait jaillir peut-être un renouveau de Grèce en terre gauloise ?

Mais l'avenir était au Christ, et, déjà dans l'esprit des hommes, s'élaboraient les rudiments de Notre-Dame. Et puis, à l'ombre même des grandes tours chrétiennes, l'esprit humain, passagèrement détourné de l'antique source de pensées, y revenait d'une force invincible, par les sursauts préparatoires de la grande Renaissance. Abailard entraîne les foules au cri de la raison souveraine. Et, de la parole de Paris, Arnaud de Brescia va révolutionner Rome elle-même. Albert-le-Grand qui laisse son nom au carrefour où il commentait Aristote (1), Roger Bacon, Raymond Lulle, Dante lui-même, veulent l'épreuve de l'Université de Paris.

La belle dispersion de la Renaissance révèle en ses multiples foyers l'irrésistible puissance de l'esprit comprimé. Tout flambe, tout rayonne, tout brûle. C'est le magnifique incendie de sensations et de pensées. Paris, cependant, exerce lentement l'attraction dont son Louvre a gardé le témoignage, en attendant l'heure de manifester sa propre vertu d'élaboration et de rendre en fécondité merveilleuse le plein développement des forces acquises. La cour, centre de toute vie raffinée, promène ses plaisirs aux châteaux de la Loire. En réaction parisienne contre cette France nomade, l'hôtel de Rambouillet s'institue arbitre du goût, et bientôt Versailles, un faubourg de Paris, se pare d'une fleur de civilisation policée dont s'étonnent les rois et les peuples de la terre.

Ce n'est là qu'un prélude à de plus hautes destinées. Le XVIIIe siècle, curieusement parisien par

(1) Magister Albertus, Maubert.

les commodités qu'offre la ville au libre commerce des esprits, entreprend d'émanciper la pensée, et, plus tard, d'affranchir l'homme lui-même. Tandis qu'ailleurs, les peuples, repliés sur eux-mêmes, subissent passivement la destinée mauvaise, ou se débattent au hasard contre les maux du temps, une idée se fait jour que l'homme divers est *un* dans ses données maîtresses, et que le problème humain doit être abordé scientifiquement d'ensemble. Cette idée, c'est l'idée de Paris, lieu et rencontre de tous les Français en quête d'autrui, en quête d'eux-mêmes, bientôt carrefour des esprits tendus vers l'universelle lumière.

Car, à la seule annonce de l'audacieuse prétention de révéler l'homme à lui-même, l'humanité d'Occident tout entière a tressailli, et tous les yeux maintenant sont tournés vers l'inouï laboratoire où de téméraires génies veulent préparer l'homme juste et libre qui sera. A peine les encyclopédistes ont-ils mesuré leur audace aux proportions de l'entreprise, que déjà le peuple de Paris, élève empressé des grands maîtres, prétend traduire en actes la révolutionnaire leçon. La Révolution française parle, agit, de sa ville lance au monde stupéfait la parole et l'action. Ce seul mot : *les Droits de l'homme*, a fait relever toutes les têtes. Lafayette rapporte d'Amérique la victoire qu'y envoya la France, et voilà la grande bataille du Paris de la Révolution française contre la coalition de toutes les choses passées.

On sait le reste, les grandeurs de Paris, ses humiliations, ses misères, jusqu'à l'effroyable coup d'il y a vingt-cinq ans. Paris, cette ville par qui je suis Français, disait Montaigne, devenu « le *café de l'Europe* » de l'abbé Galiani, proposé par le bon Prussien Anacharsis Clootz pour « *la commune centrale de la planète* », malgré ses abandons, malgré les cruelles revanches des fatalités passagèrement vaincues, demeure, suivant le mot d'Anacharsis, comme une magnifique *assemblée nationale des peuples d'Occident.*

Tout change, tout évolue, il faut grandir toujours pour garder son rang dans le monde. Que faisons-nous du glorieux passé ? Sa puissance fut telle que Paris garde encore, au plus loin de la terre, le meilleur de son prestige. Il est vrai que nous avons mesuré

A la hauteur des bonds la profondeur des chutes.

Mais, du moins, nous avons tenté, et nous ne répudions rien des ambitions généreuses. C'est assez pour que s'oriente encore vers nous l'aimant des belles espérances. Ainsi le veut la tradition de Paris — et, par Paris, de la France — dont semblaient nous détourner les tentations d'égoïsme, nées de la défaite d'un jour.

Nous régnons, nous rayonnons encore par le goût, par les arts, par la vigueur, par la clarté de la pensée. Paris tient toujours en ses mains la clef des victoires suprêmes. Ferme en sa passion de beauté, de justice, d'universelle délivrance, qu'il attende, inébranlable, le triomphe d'humanité qui sera, pour une si noble part, la gloire de la ville humaine.

II

L'Empire d'Allemagne tombe

Les Allemands viennent de fêter, à grand bruit, la capitulation de Sedan. Ils fêteront, dans deux mois, la capitulation de Metz, et dans cinq mois, la capitulation de Paris. Prussiens, Bavarois, Saxons, vainqueurs et vaincus de Sadowa, ont célébré, dans la bière et la fumée des lampions, la victoire commune contre la France de Napoléon III.

Sans doute, Guillaume II se voit obligé de tenir son peuple en haleine, de militariser les âmes comme les corps, de nous montrer, sans cesse, douloureux et saignants de l'incurable blessure de l'Alsace-Lorraine, pour susciter, dans chaque foyer d'Allemagne, la crainte conseillère de soumission muette et d'enrégimentation mécanique sous le sabre de l'empereur. Mais il faut que nous le sachions bien, le sentiment du peuple allemand lui-même se prête d'une façon merveilleuse à cette impériale exploitation du patriotisme germain. Malgré les protestations honorables de la plupart des chefs socialistes, on peut affirmer, je crois, que c'est bien l'âme allemande, elle-même, dont l'exultation intime s'est révélée par ces innombrables manifestations qui ont mis en fête jusqu'au dernier village de l'Empire.

Qui a vu les paisibles buveurs allemands des villes autrichiennes se transformer tout à coup, par la vertu du bleuet subitement arboré, en foules germanisantes, débordant de candide insolence; qui a traversé, comme moi, tous ces villages pavoisés s'emplissant à la nuit, de feux de bengale et de fusées; qui a vu, même au courant du train, défiler ces processions de petites filles fleuries, de gamins portant le drapeau de l'Empire; qui a vu, passer le soldat raidi sous l'aigle impériale, fier de la machination savante calculée pour extraire de lui le maximum de meurtre réalisable par le *progrès moderne*; qui a vu nos gémissantes villes d'Alsace-Lorraine cyniquement illuminées de la main des vainqueurs — suprême insulte aux muettes douleurs des vaincus — celui-là n'a pu s'empêcher de sentir qu'une volonté profonde se dégageait de ce peuple dont la vertu présente, comme la faiblesse future, est de laisser le sentiment dans le rêve pour ne se confier dans la vie qu'à la brutalité de la force.

Faut-il le dire, c'est peut-être l'homme de guerre dont l'attitude m'a paru la moins provocante. Mais les lourdes brutes bedonnantes à la face mauvaise, les vieilles affalées arborant rageusement le bleuet en souvenir des temps où elles réclamaient, avec le bombardement de Paris, les bijoux de pillage tachés de sang français, les jeunes blondes poétiques dont l'œil bleu d'acier dit la candeur implacable, m'ont frappé comme révélant en elles par la commune flamme du regard, le sentiment commun d'une race froidement violente.

L'Europe paraît avoir été désagréablement surprise de cette explosion de fureur triomphante. Après avoir tout fait pour pénétrer l'Allemagne de l'orgueil de sa suprématie continentale, les puissances, grandes ou petites, nous ont donné trop de raisons de nous étonner de leur surprise. Il y a — aux yeux de l'Allemagne du moins — autre chose dans les victoires de 1870 que l'avantage d'un peuple refoulant son adversaire jusqu'à des limites plus ou moins prudemment déterminées. Qui donc l'ignore?

C'est la malédiction des triomphes de la force de ne laisser de place dans l'âme du vainqueur que pour l'aveugle foi dans les solutions de violence. Voilà pourquoi le peuple allemand s'est trouvé condamné à cette conception barbare de l'hégémonie militaire, qui met le Continent sous sa loi. L'Autriche, plus humiliée dans la paix que par la défaite, s'est laissée lourdement enchaîner: consolée peut-être par le spectacle du fils de Victor-Emmanuel domestiqué dans l'attente des reliefs du grand fauve. La Russie, qui a tant contribué à faire l'Europe actuelle, a reconnu son erreur. Mais la force démesurée qu'elle a laissé croître, veut grandir encore et ne s'arrêtera pas sur un froncement de sourcils. L'Angleterre, sous couleur de civilisation biblique, se prépare aux conquêtes dont l'impuissance des nations continentales, réciproquement annihilées l'une par l'autre, lui fournira des occasions nouvelles.

Et c'est dans ce désordre, dans cette anarchie des pouvoirs d'en haut, préparatoire des grands carnages militaires, c'est dans la mouvante confusion des esprits d'en bas ballottés entre le besoin primordial de sauvegarder l'indépendance nationale et l'impérieux désir d'une amélioration sociale dont la formule n'est pas encore clairement dégagée, qu'une phalange macédonienne de quatre millions d'hommes se constitue au centre de l'Europe pour assurer par la force brutale la domination d'une race qui combine étrangement, avec les instincts brutaux de l'ancienne barbarie, les procédés les plus raffinés du meurtre de scientifique civilisation.

Un pareil événement dépasse de beaucoup la portée du triomphe momentané d'un peuple sur un autre. Napoléon menaçant ostensiblement tout le monde, a vu tout le monde se dresser contre lui, et, sept ans après Iéna, le coup de massue de Leipzig fracassait le monstrueux édifice. Le Prussien, raisonnant, prend le temps pour collaborateur, et, plus redoutable par sa patience que le dominateur latin par ses coups d'audace, se prépare à jouer, au jour marqué par le destin, la formidable partie dont l'Europe tout entière est l'enjeu. Les moyens d'action sont rassemblés et perfectionnés chaque jour avec un art admirable, tandis que l'unanime élan des manifestations du *Sedantag* montre que le moral de la nation n'est pas moins bien adapté à la réalisation de l'entreprise.

Pendant ce temps, nous nous épuisons dans les dissensions civiles, nous gaspillons l'or et le sang de la France, et tandis que l'Empire allemand, si fertile en colons, se garde des aventures coloniales, nous perdons une armée pour des conquêtes dont le sort se jouera dans les plaines mêmes de la mère-patrie.

J'en étais là de mes réflexions sur les *fêtes de Sedan*, quand, levant les yeux, je vis flamboyer au soleil, en grandes lettres d'or, cette inscription inattendue : L'Empire d'Allemagne tombe.

Oui, tout au cœur de Paris, devant moi, sous mes yeux, un monument s'élève, familier à chacun de nous, où le destin ironique a permis que la main orgueilleuse du soldat d'Austerlitz ait gravé sur le marbre, pour l'enseignement des générations futures, la vérité de 1805, devenue, par l'éclatant démenti de l'histoire, comme la dérision de l'éphémère domination du plus grand génie militaire.

Le hasard de la promenade m'amène au pied de l'arc-de-triomphe du Carrousel, que l'ancienne grille des Tuileries protégeait autrefois contre la fréquentation de Paris, et qui, placé en dehors des voies de la foule affairée, n'est encore accessible qu'aux badauds errant à l'aventure. Sous l'Empire j'admirais l'imposante raideur des cavaliers de fer et d'or tout droits sur leur monture « *placée* », qui devant chaque arcade latérale, gardaient l'homme aveuglé du mot d'ordre que *l'autre* avait laissé là pour témoigner de son rêve à ceux qui viendraient s'accouder aux fenêtres du vieux palais.

Que de fortunes diverses! Les chevaux de Saint-Marc désertant la grande Victoire de bronze pour retourner piaffer majestueusement dans la radieuse lumière de la basilique byzantine où les jeta le désastre du monde antique. Les bas-reliefs de l'histoire, imbécilement arrachés par la Restauration, replacés plus tard. Et puis, le César rêveur, hypnotisé de ce mot fatidique : L'Empire d'Allemagne tombe, toujours présent à ses yeux, s'élance, soudainement désorbité, vers ce Sedan qui le veut et le gardera. Les cavaliers éblouissants, en faction devant la porte triomphale du palais déjà condamné, se précipitent derrière le maître, et se ruent à la charge héroïque autant qu'inutile, qui, suivant le chef même qui la commanda, ne coûta pas un seul homme à l'ennemi. Enfin, le palais brûle, et, dans le fracas de la fusillade, avec lui toute une longue histoire s'écroule.

Cependant, l'impassible monument des triomphes impériaux voit ces choses, et survit, sans blessure apparente, aux désastres qui l'ont menacé de si près. Sous le crépitement des balles, ou dans le rougeoiement de l'incendie, heurtée des soldats de l'empereur allemand devant qui Paris affamé ouvre ses portes, la vaine plaque demeure, continue de clamer son mensonge lapidaire. Aujourd'hui, l'herbe pousse où fut le palais des rois, le pierrot fait son nid dans le chapiteau de bronze des colonnes de marbre rose, Paris passe là-bas, distrait, affairé, vaguement inquiet du César germain qui tient dans sa main la paix et la guerre, et le marbre exaspérant, entre le Gambetta de la Défense nationale et la statue de l'Alsace vaincue, rabâche éternellement dans le désert sa rengaine de démence : L'Empire d'Allemagne tombe. Qui croire, maintenant, si les pierres elles-mêmes se mettent à mentir d'une si tranquille effronterie ?

Je sais bien qu'il y a l'autre arc-de-triomphe, le *grand*, qui dit toute l'épopée impériale, et qui, bien que les Allemands vainqueurs aient défilé sous sa voûte, garde intactes des pages qu'aucune catastrophe nationale ne pourrait anéantir. C'est qu'il enregistre des victoires sans commentaires, et que Paris, fût-il cent fois détruit, Iéna n'en serait pas, pour cela, rayé de l'histoire.

Le monument du Carrousel, plus ambitieux, a voulu parler, proclamer aux générations futures les résultats obtenus. Et voilà justement que la parole formulée devient, à quelques années de date, par le dérisoire contraste avec la réalité vivante, la plus éclatante démonstration de l'impuissance de ces triomphes militaires qu'on se proposa de glorifier.

L'enseignement pourrait n'être pas perdu si l'homme n'était plus apte à comprendre la leçon de son voisin que la sienne. Cette redoutable frontière du Rhin, où la poussée des peuples vers l'Ouest reçoit le choc en retour des antiques invasions arrêtées par l'Océan, est comme le livre ouvert de l'histoire. Plaines, fleuves, montagnes, y disent les carnages du passé. Attendent-ils donc les massacres de l'avenir? Oui, si nous ne rejetons bien loin l'antique idée de domination latine sur la terre allemande. Oui, si les vainqueurs de 1870 refusent la réparation de l'inoubliable violence faite aux peuples d'Alsace-Lorraine.

O vous qui avez pris Paris, et qui revenez le

voir, le *Bœdeker* à la main, allez lire la pierre du Carrousel, et tâchez de la comprendre. N'avez-vous pas son pendant à Berlin ? Apprenez ce que valent ces fastueuses proclamations du droit du plus fort.

Vous avez fait votre unité nationale intangible. Mais cédant à l'impulsion des âges, il vous a plu d'y joindre un lambeau de France en manière du trophée. C'est un crime de la force, voilà tout, et ni vos processions, ni vos pétarades n'y peuvent rien changer. Voilà pourquoi c'est vous qui avez besoin aujourd'hui de l'enseignement du marbre laissé par le conquérant effondré.

Votre grand Gœthe, qui fut aussi de nos envahisseurs, eût l'âme soudainement illuminée de l'éclair de Valmy. Faudra-t-il d'autres canonnades encore pour nous prouver à tous qu'Austerlitz, Iéna, Sedan ont la même leçon ?

Chacun prétend fixer l'histoire, arrêter le destin au passage. De brèves années s'écoulent. Que reste-t-il de ces folies ? Si le droit outragé, la raison méconnue, la sagesse honnie doivent tromper notre espérance, comme ne l'annoncent que trop clairement vos manifestations guerrières, alors, hommes allemands, que le marbre du Carrousel patiente, et qu'il attende son jour.

Et pourtant deux grands peuples rivaux, dignes de se comprendre, pouvaient noblement se faire une meilleure destinée...

III

Un Pendu

« Un épicier de la rue des Trois-Frères, M. Legay, vient d'être trouvé pendu dans son magasin. Son commerce allait assez mal depuis quelques années, Il était en retard de plusieurs termes. Son propriétaire l'a fait saisir, et c'est en apprenant que tout ce qui lui appartenait allait être vendu que le malheureux Legay résolut de se donner la mort. »

Voilà le fait divers que je lis, à Carlsbad, dans les journaux de Paris. Ce drame banal, si fréquent dans une société prospère, n'a sans doute attiré l'attention de personne, habitués que nous sommes à tenir pour fatal l'écrasement des faibles — rançon inévitable, en effet, de ce triomphe insolent des forts dont notre civilisation se pare. D'un geste, d'un mot, les plus pitoyables exprimeront qu'ils compatissent, et puis c'est tout. Que peut-on faire de plus? Maintenant qu'il est trop tard, chacun de nous se sent capable d'un effort de secours au profit du pendu d'hier. Que ferions-nous si celui qui sera le pendu de demain venait frapper à notre porte pour la pièce d'or exigée du propriétaire?

Il n'y a point de chance que la mort du pauvre Legay, ressemblant à tant de centaines, à tant de milliers d'autres, impressionne assez vivement les esprits pour nous décider à la réforme de l'ordre social ou simplement à la réforme de nous-mêmes, ce qui est au fond la même chose. Tout demeurera comme devant, je le sais bien, et les badauds qui admireront le cortège du tsar ne se demanderont point ce qui se cache sous le clinquant dont ils s'émerveillent. C'est pourquoi, au lieu de prêcher ridiculement sur des choses que chacun *sait*, mais qu'un très petit nombre d'hommes ont le fâcheux privilège de *sentir*, je me propose de dire en toute simplicité deux mots de ce bon Legay que j'ai beaucoup connu, et pour qui j'avais conservé des sentiments de cordiale amitié, bien que je ne l'eusse pas vu depuis plus de dix ans peut-être.

Les Legay étaient ce qu'on est convenu d'appeler de petites gens, de toutes petites gens. Deux êtres inoffensifs qui tenaient aussi peu de place dans la vie qu'il est possible à des vivants. L'homme était Belge, on ne sait ni pourquoi ni comment. Une bonne grosse face joufflue de blond avec des yeux rieurs et une moustache délavée qui n'aurait pas effrayé un pinson. La femme, petite, sèche et ridée montrait deux grands yeux de brebis qui voit le loup. Tels je les voyais deux ou trois fois la semaine dans cette petite boutique de la rue des Trois-Frères, où quatre personnes ne tenaient pas à l'aise. Choux, carottes, navets s'étalaient sur des planches ou sur le sol, avec d'autres herbes de la saison. On eût dit deux de ces bons lapins jaunes des Flandres en un confortable terrier de bombance. De bombance, pourtant, il n'était point question. On gagnait vaille que vaille des fractions de centimes sur l'oseille et la laitue, et avec cela l'on faisait des sous pour vivre, ou même des pièces d'argent pour le propriétaire.

Je voyais entrer et sortir des ménagères. A peine échangeait-on quelques mots : des demandes sur la santé, le rhume ou le mal de dents, parfois une plaisanterie discrète, un petit rire tout bas, comme par crainte d'effrayer le timide conil en son trou. Ce n'était pas un lieu où l'on s'attardât, ce magasin de commerce si différent de celui de M. Chauchard. D'abord, il n'y avait pas de place, et je ne suis pas sûr qu'on y eût rencontré plus d'une chaise. Et puis ce ne pouvait pas être un centre de nouvelles. En revanche, on y sentait tant de simplicité et de *bonne bonté* qu'on n'achetait pas, je pense, pour un sou de persil aux Legay sans les quitter ami.

Pour tout dire, il y avait quelque chose de remuant et de vivant dans la maison. C'était une gamine aux belles joues roses qui me sautait au cou quand j'arrivais. Elle se rattachait vaguement aux Legay par les mots de parrain et de marraine. En réalité, c'était une orpheline qu'ils avaient adoptée. Un pauvre trouve toujours un plus pauvre que soi, pour se faire une joie de le secourir. Sur le trottoir, assise entre le potiron et les pommes de terre, ou grimpant au comptoir, bousculant les balances, culbutant les petits paquets de papier jaune, la petite n'aurait pas demandé mieux que de mettre la révolution au logis. Mais on la laissait faire, et faute d'être grondée, elle était bien obligée, se sentant souveraine, de revenir d'elle-même à la paix du parrain et de ses poireaux.

La cuisine consistait en un petit poêle au milieu d'un corridor qui reliait la boutique à une sorte de niche tout juste assez grande pour l'emplacement d'un lit. Tel était le logis. Pour la chambre de l'enfant, c'était moi qui la fournissais. Car si vous vous demandez ce que j'allais faire deux fois la semaine en ce lieu, il faut que je vous fasse connaître comment je me trouvais sous la dépendance de Legay, concierge de l'immeuble s'il vous plaît. C'est tout simplement que j'avais au rez-de-chaussée, sur la petite cour, les deux chambres de mon dispensaire, dont l'une, le soir venu, faisait un magnifique dortoir pour la petite reine des chicorées et des barbes de capucin.

Legay, concierge, ressemblait aux fonctionnaires de ce nom dans les Champs-Elysées comme à M. Chauchard, en boutiquier : de très loin. Je ne vis jamais de cordon. Il fermait, sans doute, la porte le soir, et les retardataires le réveillaient le soir en frappant à l'auvent. Le cas, j'imagine, était rare. En ce temps, Montmartre était encore une petite province. L'immeuble n'avait que de petits logements pour les plus modestes ménages. Jamais il ne fut de demeure plus paisible. Le plus bruyant locataire, sans contredit, c'était moi, avec ma clientèle d'éclopés, de souffreteux et de misérables de toutes les misères. Cependant tout ce monde, il faut le dire, se montrait réservé, et jamais je n'entendis une parole haute. Quelquefois la queue refluait dans la rue quand la salle d'attente et la courette débordaient. Cela gênait un peu le potiron et les pommes de terre. Mais on se tassait entre amis, et si Legay apercevait un vieux ou quelque enfant en trop mauvais point, il offrait sa chaise, et venait me prévenir qu'il y avait lieu de faire un tour de faveur.

Quand la politique survint, Legay se trouva l'ami des membres des comités divers. Il parut se plaire en leur compagnie, car c'était pour lui un plaisir de prendre sa part de l'espérance de ces temps et de souhaiter bon succès à son locataire. Cependant, il n'était pas de la paroisse, et sa qualité de Belge l'obligeait à renfermer sa tranquille ardeur au plus profond de lui-même.

Comment n'ai-je rien dit encore de M. Lechanteur, notre propriétaire? C'était notre ami à tous, un vieux brave homme, un peu fatigué, que le ménage Legay tenait en vénération particulière. Le *proprio*, qui logeait dans son immeuble, surveillait de près ses intérêts, comme il était naturel, mais il s'apitoyait au contact des pauvres gens, et vivait en relations de bonne amitié avec le petit peuple abrité sous son toit. La mère Legay surtout l'avait en affection, et s'il était malade, l'excellente femme perdait la tête et n'entretenait pas ses clients d'autre chose. On lui parlait oignon, elle répondait fièvre, et toute son occupation était de chercher dans sa boutique des herbages ou des épices dont elle prétendait faire des remèdes « à la mode de son pays »

Les Legay étaient-ils pauvres? J'avoue à ma honte, que je ne m'étais jamais posé la question. Il suffisait de regarder l'orpheline pour voir qu'elle ne manquait de rien. Les deux vieux étaient d'aspect prospère, et si gais, et si tranquillement bons et *chauds*, que la sensation ne me vint jamais qu'ils pussent être mordus par l'inquiétude du lendemain. Le commerce, en ce temps, prospérait sans doute, mais de cette prospérité dont se contentent les malheureux, et qui consiste tout juste à ne pas les faire mourir de faim. Point de réserves, point de capitaux à la Banque : c'était une grande faute. Jamais, pendant plus de dix ans, mon ami Legay ne me parla de ses affaires, ni me demanda rien pour lui, alors qu'il ne cessait de demander pour les autres. Je le voyais vivre en camarade avec son propriétaire, je pensais que la gratuité de la boutique représentait au moins ses appointements de concierge, et voyant la petite bravement parée aux jours de fête, je m'imaginais absurdement qu'il y avait là quelques ressources personnelles. Je me disais : « On est riche quand on n'a pas de besoins », et je passais.

La vie m'emporta vers les félicités de l'Hôtel-de-Ville et du Palais-Bourbon. Ne pouvant suffire à tout, et les quémandeurs de la politique faisant tort aux malades, j'abandonnai le dispensaire. Mais pendant de longues années, je revis souvent l'humble famille toujours contente, semblait-il, au milieu de ses feuilles potagères. L'enfant grandissait : si bien qu'un jour elle m'annonça son mariage, et vint me faire, quelques semaines plus tard, une visite officielle avec son mari. Elle était trop heureuse elle-même, pour qu'il lui fût possible de douter du parfait bonheur du *parrain* et de la *marraine*. Deux ou trois fois elle monta les escaliers de *La Justice* pour me dire bonjour. Les nouvelles de la rue des Trois-Frères étaient toujours excellentes. Tant de choses m'appelaient ailleurs ! Je ne revis plus les deux vieux que j'aimais bien. Paris rapproche, et Paris sépare. On aime et on abandonne à la fois.

Et voici qu'à Carlsbad, ma pensée bien loin de la rue des Trois-Frères, je reçois brusquement des nouvelles de mon vieil ami par les journaux. Il s'est pendu, faute de pouvoir, *pour la première fois*, payer son terme. Sourde et paralysée, à moitié morte, la mère Legay reste toute seule dans la rue, et la petite mariée, que je vis si pimpante, où est-elle ? Qu'est-il donc arrivé ?

Il est arrivé que les ménagères ne vont plus aux petites boutiques, hélas ! D'autres Legay les sollicitent avec des voitures roulantes. Les grands marchés les appellent et les gardent pour un gain de quelques centimes indispensables avec des salaires qui baissent et des impôts qui montent. Voilà pourquoi les petits boutiquiers, dont ces centimes étaient la vie, sont obligés de se pendre, vu la difficulté pour eux de devenir actionnaires du *Printemps* ou du *Louvre*. Le *proprio* Lechanteur est mort, et il paraît que sa simple commisération bourgeoise ne faisait point partie de l'héritage. Saisir Legay, vendre ses quatre choux-fleurs avec son comptoir et sa balance, cela paraît une farce quand on y pense. Mais c'est une farce meurtrière. Le vieux n'a pas voulu voir ça. Il n'a pas appelé la petite au secours, qui serait venue, j'en suis certain. Il ne m'a pas fait un signe, à moi dont il ne pouvait douter. Il n'a rien dit à sa vieille, et tout seul, dans la nuit, tâtonnant aux murs de la chère boutique dont on l'aurait chassé le lendemain, l'âme en douleur de mort, il s'est serré autour du cou la ficelle de ses paquets. Il a pris le bon parti, cet homme qui jamais ne fit de mal à créature vivante, car, sans le secours du hasard, le sort de la vieille sera pire.

L'Assistance publique secourt seulement, parfois, qui le demande. Et comment? Quelqu'un se serait rencontré d'ailleurs pour dire : « C'est un Belge », et personne n'aurait eu l'idée de répondre : « C'est un homme ». Ne disons rien du propriétaire; il faut le plaindre beaucoup plus que son pendu. Je ne crois point du tout à la prochaine suppression de la propriété individuelle. Mais, tandis qu'aujourd'hui l'intérêt de la propriété passe avant le souci de la vie humaine, je crois que le jour doit venir où une révolte de conscience nous obligera de subordonner le fait propriété au principe supérieur de la vie intangible. Ce sera une grande révolution sociale. Pour en arriver là, il faut, paraît-il, que notre propriété, comme la divinité barbare, soit repue d'hécatombes.

Legay vient de se pendre. A qui le tour?

IV

Monsieur Chandeleur

C'est dans la cour du Lycée de Nantes que je fis la connaissance de M. Chandeleur, une grande cour bordée d'arcades, où s'ouvraient les portes des classes marquées de numéros indicateurs. Cinq minutes avant le coup de l'heure, les élèves se groupaient dans leurs quartiers respectifs, observant avec des commentaires exempts de bienveillance la promenade des professeurs en robe noire.

Le père de Jules Vallès, en ce temps, nous initiait aux beautés de la grammaire latine, nous faisant congrûment tenir par les oreilles le loup classique de Lhomond. Il n'y avait point que les oreilles du loup qui fussent dolentes en cette affaire, le professeur de cinquième ayant la caresse dure. Le latin n'y gagnait rien, ni l'amour de l'enfance pour des humanités si bourrues.

Donc, un matin de mai, nous accompagnions des sarcasmes ordinaires les déambulations du maître exécré, quand apparut, au portique d'entrée, un grand vieillard courbé conduisant un gamin que nous reconnûmes bientôt pour *un nouveau*. A notre extrême joie, il arriva que ce *nouveau* fut nôtre, car le vieux, d'un pas tranquille, l'amena jusqu'à nous, et, s'inclinant en manière de salut :

— Mes enfants, dit-il, voici mon fils, Jacques Chandeleur, qui vient suivre les classes avec vous. Allons, Jacques, dis bonjour à tes petits amis.

Les « petits amis » s'étaient reculés sans mot dire, observant avec un sourire contraint les gaucheries du *nouveau*, embarrassé d'une grande casquette de paille qu'il tenait à la main. Cette casquette, jusqu'aux vacances, fit la joie du lycée. Elle venait, disait-on, des colonies. Sous nos climats, en effet, il ne s'était rien vu de pareil. Imaginez une grande galette plate à la mode russe (déjà !), surmontée d'une sorte de pomme d'où jaillissaient deux glands de paille en pendeloques. Ce jour-là, nous n'eûmes d'yeux et de discours que pour la casquette, devenue l'occasion de nombreux pensums. Il suffit, à la sortie, de quelques coups de pied pour la faire rouler en soleil flambant jusque dans la rue. Le divertissement des deux glands tournant en girandoles d'or fut le succès de la journée.

Chose étrange, le *nouveau* ne se tira point mal de ce pas. Après les inévitables gourmades, il fut reconnu *qu'il n'avait point peur*. Et comme il prit la tête de la classe, il conquit le respect de tous. Et comme il était bon garçon, il eut, malgré sa casquette, l'amitié de quelques-uns. Assis à côté de lui, je devins son camarade. Il m'expliqua que sa casquette, autrefois, était pour le dimanche, mais qu'il devait la porter tous les jours maintenant, « parce qu'elle était devenue trop petite ». C'est pourquoi il préférait la tenir à la main. Ce point réglé, nous devînmes bons amis, et je fus admis dans la famille Chandeleur. Alors, je connus M. Chandeleur, dont, aux premiers jours, la casquette coloniale avait détourné ma vue.

Ce qui frappait d'abord dans M. Chandeleur, c'était un air de grande bonté. Un beau sourire éclairait la face glabre. Deux grands yeux gris très doux invitaient la confiance et la retenaient. Une voix bien timbrée, pateline, faisant publiquement montre à tous de cette bienveillance banale commune aux gens d'église. L'homme aimait les enfants et s'en faisait aimer, s'associant à nos jeux, nous invitant aux promenades, nous contant cent histoires dont il paraissait s'amuser autant que nous.

Il habitait, au quatrième étage d'une haute maison de pierre, sur le quai de la Fosse, tout à côté de celle où fut signé l'édit de Nantes, un grand appartement tout nu, au sol carrelé, avec de larges baies de lumières sur la Loire, où les lourds navires ventrus déchargeaient dans des odeurs de mélasse et de goudron, mille choses étranges venues *des îles*. Nous eûmes là de beaux jours.

Tout au contraire de son époux, Mme Chandeleur, outrageusement boiteuse, la tête enveloppée d'un serre-tête à carreaux, avait le parler bref, incisif, et dardait d'une face jaune poilue un regard flambant noir qui nous terrifiait. Bonne, au fond, mais virile, et d'opinions décidées. Elle ne sortait jamais à cause de son infirmité choquante, résultat d'une chute de cheval, au temps de sa grandeur. Elle avait apporté d'un premier mariage avec un gros marchand de bois d'Angers un assez beau douaire à son second mari qui n'en tirait point avantage, satisfait de la modeste situation de greffier de la justice de paix,

Il avait été autrefois je ne sais quoi, presque notaire, puis s'était trouvé impliqué, j'ignore comment, dans un procès qui l'avait mené en Cour d'assises. Là, son innocence avait été reconnue, proclamée, et il avait romanesquement épousé la femme dont le témoignage l'avait sauvé de l'infamie. Ils vivaient tous deux, revenus du monde, étrangers aux choses du dehors, pauvres de richesse inemployée, limitant leur train de maison à la vieille bonne autoritaire qui, suivant la patriarcale tradition nantaise, était connue de la ville sous le nom de *Marie Chandeleur*.

Pour aimer quelqu'un, ils s'étaient avisés d'adopter un enfant pris à l'hôpital d'Angers. C'était mon ami à la casquette de paille. Ils l'aimaient beaucoup, mais chacun différemment.

Mme Chandeleur, qui se trouvait avoir reçu une assez forte culture, s'éprit tardivement d'une folle ambition pour son Jacques. L'enfant, d'intelligence facile, fut surchargé de leçons et de lectures plus ou moins sagement distribuées. On le fit ambitieux par doctrine, et, bon garçon, il se laissa faire. A quatorze ans, il était pénétré de Balzac, et assurait gravement qu'il saurait combiner Rastignac et Maxime de Trailles pour parvenir. M. Chandeleur s'amusait beaucoup de ces façons où sa femme voyait l'indice des grandeurs futures. Celle-ci, voltairienne, athée même peut-être, professait qu'il faut croire en Dieu, parce que c'est

« utile dans le monde ». C'était sa réponse anticipée à M. Jules Lemaître.

M. Chandeleur, lui, croyait tout de bon, mais en égoïste, sans s'inquiéter du salut des autres. Si Mme Chandeleur et son Jacques devaient aller en paradis, tant mieux, sans doute, mais l'idée ne venait pas à notre dévot de leur offrir le soutien de sa foi. Tous les matins, dans l'église Saint-Nicolas, il assistait à la messe de six heures. On le voyait passer, place Royale, ayant en main un petit sac de cuir noir qui ne le quittait jamais. Il y avait là des reçus de la Banque, des titres de propriété, toute sa fortune. Il déposait le sac sur la dalle et s'agenouillait devant sa richesse, priant Jésus ou Mammon, on ne sait : les deux, peut-être.

Car, il faut bien que je l'avoue, M. Chandeleur était d'une avarice rare. La piété, la chasse aux petits oiseaux et l'amour sordide de l'argent se disputaient son âme. Le ménage n'avait pas moins de vingt-cinq mille livres de rente. En dépensait-on deux ? Ce n'est pas sûr. Sourdement, la puissance d'accumulation faisait son œuvre. Si Jésus-Christ avait seulement mis un denier au compte de chacun de nous à la Banque de France de son temps, nous enfoncerions tous ce gueux de Rothschild, et la question sociale serait résolue. Sans viser à de tels résultats, M. Chandeleur amassait d'incalculables sommes que les intérêts composés grossissaient démesurément. Sa femme, qui eût été plutôt d'humeur libérale quand la générosité pouvait servir l'ambition, laissait faire, puisque c'était pour Jacques. Cependant, quelquefois il fallut livrer de véritables batailles pour l'équipement matériel et moral du futur Rastignac. Celui-ci me conta même qu'un jour Mme Chandeleur exaspérée, osa braquer un revolver sur son timide conjoint qui s'évanouit de peur tout de son long sur le carreau. L'avarice, en terreur, cédait, puis reprenait ses droits.

Rien, d'ailleurs, n'attestait la richesse, sauf quelques fermes à la porte de Nantes, près du lac de Grandlieu. C'est là qu'à certains jours, sous couleur de visites aux fermiers, M. Chandeleur se livrait au désordre de la chasse aux petits oiseaux. Ce diable d'homme avait un don. Il ne s'était pas plutôt fourré entre les lèvres certain os de poulet creusé en guise de sifflet qu'il lui sortait du gosier tout un bruit de volière. Aussitôt, des quatre coins de l'horizon, toute la faune emplumée d'accourir en troupes piaillantes. Le miroir offrait sa tentation perfide, et dès qu'un vol rasait la terre, le grand filet rabattait prestement la bande palpitante dans les mailles. En ce sport, M. Chandeleur était passé maître. D'une plaine toute nue, il faisait surgir, au sifflement de ses appeaux, des nuages noirs de petites choses ailées, stupidement empressées à son piège. C'était, après le plaisir d'amasser, la plus grande joie de sa vie.

Le croirait-on, le gibier même eut parfois la puissance de reléguer au second plan, pour un moment, la question d'intérêt financier. Je le vis un jour s'interrompre vingt fois au cours d'une admonestation menaçante à un paysan déprédateur, pour citer au passage les noms des oiseaux qui traversaient le ciel, et en tirer des conclusions sur la chasse du lendemain. Le pillard, ce jour-là, se tira d'affaire à bon compte. Mais l'avare avait des revanches. Je n'en sais pas de plus belle que l'aventure du chemineau.

J'accompagnais un soir M. Chandeleur au bord du lac, où, suivant l'exemple du père Grandet, il visitait ses peupliers. Un chemineau nous demanda l'aumône.

— Un sou, s'exclame M. Chandeleur, d'une voix pitoyable. Vous en parlez vous, d'un sou, mon ami, comme si on n'avait qu'à le prendre. Eh bien ! où est-ce que je le prendrais, moi, ce sou-là ? Vous ne savez donc pas que tout le monde est dans la misère, par ici ? Tout a manqué. La gelée, la grêle et le soleil n'ont rien laissé aux pauvres gens. Qu'allons-nous devenir ? Au lieu de nous demander de l'argent, il faudrait nous en apporter. C'est ça qui nous ferait plaisir.

Le chemineau, honteux de sa demande indiscrète, considérait l'habit rapiécé de M. Chandeleur, ma blouse terreuse, mon feutre misérable, et tout à coup, prenant un grand parti :

— Ah ! ben. Je savais pas, moi, mon vieux. Je suis pas ben riche non plus. Mais si vous voulez, je peux encore faire ça.

Et la main décharnée, sous une horrible souquenille, tendait à M. Chandeleur une pièce de deux sous.

Celui-ci rougit jusqu'aux oreilles. Etait-ce plaisir d'artiste au triomphe de sa ruse, ou ennui d'avoir, en ma présence, forcé le stratagème ? Toujours est-il qu'un remords le prit, et la conversation se termina par l'offre d'un morceau de pain et d'un verre de vin dont se régala le mendiant devant l'âtre, ébahi d'avoir voulu mettre deux sous dans la main de l'homme que le fermier appelait *notre maître*.

Cette histoire m'est revenue soudain, hier, au Bois de Boulogne, rencontrant la veuve de Jacques Chandeleur en calèche armoriée. Un très jeune vicomte, de vicomté démunie, occupe, maintenant, la place de mon ami. La vicomtesse, passablement fanée, me parut très fière, sous ses cheveux jaunes, fidèlement couvée de son petit gentilhomme soumis. J'admirais fort les vues de la Providence, qui marqua ce but à l'inutile vie du bon avare nantais. Que n'avais-je mon chemineau d'il y a quarante ans, pour achever de l'éblouir des écus de M. Chandeleur au passage ?

V

A une qui s'ennuie...

Mademoiselle,

Sur un mot d'un de mes articles, vous avez décidé, me dites-vous, de me prendre pour médecin consultant de votre état d'âme. En conséquence de quoi il vous a plu de m'exposer votre cas avec une liberté d'autant plus grande que je ne vous connais pas et que vous avez le ferme propos de ne me rencontrer jamais. Cette condition est, en effet, nécessaire pour que je vous puisse répondre avec une entière franchise. Et je m'expliquerai d'autant plus volontiers devant les lecteurs du *Journal*, ainsi que vous m'y conviez, que votre mal se rencontre chez d'autres personnes qui ont, comme vous, le malheur de penser trop et de ne pas sentir assez.

Vous me confiez que vous avez trente ans, et que, sans être jolie, vous êtes « assez » agréable. Je vous accorderai même, si vous voulez, que vous êtes laide, pour simplifier le problème. Vous avez « une fortune très suffisante », vous vivez avec votre vieille maman que vous aimez bien, vous lisez, vous allez au théâtre « et même encore dans le monde » où des messieurs très bien vous *font la cour pour votre argent*, vous essayez des costumes rue de la Paix, vous allez au Bois et vous vous ennuyez « *insupportablement* ».

Tout cela est fort bien, et rien ne paraît plus ordinaire. Ce qui n'est pas commun, c'est que les victimes de cette situation enviée aient la pensée de s'en plaindre, et de chercher le moyen de vivre d'autres plaisirs. L'entreprise d'ailleurs n'est pas aisée, et suivant le cours habituel des choses, il y a apparence que vous vous marierez sur le tard avec un *clubman* fatigué qui vous fera connaître de nouveaux ennuis, de nouveaux dégoûts, et qu'après être tombée, en désespoir de cause, dans les bras de l'Église enrichie de vos dons, vous finirez saintement, en édifiant votre paroisse du repentir des fautes que vous n'aurez pas commises.

Cette fin a ses avantages, je ne dois pas vous le dissimuler. Vous vivrez sans secousses, sans émotions de tragédie, monnayant votre inutile existence en actes d'automatisme social, suivant les sentiers battus à l'usage de votre classe, infiniment respectée de tous ceux qui vous ennuieront et que vous ennuierez.

Or, il arrive que c'est cela précisément qui vous effraye. Vous voulez *vivre par vous-même, pour vous-même*. C'est tout un programme d'action. Il n'y manque que le motif, l'impulsion, et voilà ce que vous cherchez.

La question est de savoir si, ayant enfin découvert cette force motrice, vous êtes capable d'en faire usage. Dans les communes voies de l'ordre social, tous ceux qui s'abandonnent à la routine ordinaire obtiennent sans peine toute la somme de bonheur négatif que peut dispenser le monde. Si ces joies ne vous sont pas suffisantes, avant de les quitter apprenez que, pour les autres, la vie est un combat, et que vivre de soi c'est lutter, c'est souffrir. Que diriez-vous s'il vous arrivait de reconnaître que ce qui vous a fait probablement défaut jusqu'ici, c'est la capacité de souffrance ?

Ah ! vous voulez *vivre* ? C'est-à-dire apparemment prendre votre part des félicités humaines, et vous dépenser en quelque façon qui vous donne la satisfaction de vous-même ? La société ayant été faite par les hommes à leur avantage, toute tentative de vie personnelle est rendue pour la femme singulièrement malaisée. Voyons, cependant, ce qu'il vous est permis d'espérer.

On vous a appris, je n'en doute pas, que la principale occupation de la femme, c'est l'amour, et que son grand moyen, c'est la beauté. Or, comme il se trouve justement que vous n'êtes point belle (j'y tiens, n'est-ce pas ?) votre vie vous paraît ratée, et, en dehors de votre fortune que vous refusez d'offrir en pâture aux appétits des épouseurs, vous vous jugez dépourvue d'abord de vos possibilités d'action dans la sphère de vie où vous êtes née.

S'il en était ainsi, la plupart des femmes seraient, en vérité, de misérables créatures, car la recherche de l'amour est à peu près universelle, tandis que la beauté est un assez rare privilège. Par bonheur, il en va d'autre sorte. Les femmes les plus belles sont peut-être les plus convoitées, non pas nécessairement les plus aimées, et partant les plus heureuses. Ouvrez l'histoire, puisque la lecture vous est amie, ou, plus simplement, regardez autour de vous.

La contre-épreuve, d'ailleurs, n'est pas moins décisive. Allez à la cour d'assises, et voyez pour quelles femmes des hommes, affolés par une passion sans frein, oublient tout devoir, tout honneur, commettent des actions honteuses pour lesquelles ils ne semblaient pas nés. Ce ne sont pas le plus souvent des modèles de beauté, tant s'en faut, et le juge, étonné, parfois se demande où est l'attrait funeste qui précipita dans l'abîme des malheureux trop faibles pour résister à l'incompréhensible charme. C'est qu'il y a *l'âme*, mademoiselle, si vous me permettez d'appeler de ce nom le rayonnement de toutes les forces de l'être, c'est qu'il y a le don de soi, c'est que, heureux ou malheureux, innocent ou pervers, il y a l'amour.

Ainsi je suis conduit à ce que je veux vous dire. Ce n'est pas la beauté qui vous manque pour l'amour, c'est tout simplement l'oubli de vous-même dans un autre, c'est-à-dire l'amour lui-même. L'unique préoccupation où vous êtes de tout ramener à vous, de vous absorber dans la contemplation de votre être, de vous garder uniquement pour vous-même, est cause que vous vous gardez pour rien, et comme il vous reste, par malheur, assez de sens pour vous en rendre compte, vous en dépérissez d'ennui. Je vous plains.

Y a-t-il un remède à cette maladie? Oui, sans

doute. Mais il ne suffit pas de le reconnaître. Encore faut-il qu'il ne vous manque ni la volonté nécessaire pour l'expérience, ni l'obstination de la résistance aux déboires.

Naturellement, malgré votre « âge avancé », vous connaissez principalement la vie par vos lectures. Ce n'est guère. Shakespeare et Gœthe, que vous citez, valent surtout par l'observation profonde. Je crains qu'il ne vous soit difficile d'en juger. C'est très bien de les lire. Encore faut-il les *sentir*, vibrer avec eux, et, pour cela, posséder d'abord cette faculté d'émotion désintéressée qui vous manque précisément. Pourquoi, ne regardant que vous, trouveriez-vous dans la fiction du livre l'émoi vers autrui, que ne vous donne pas la réalité de la vie ?

> Comment, disaient-ils,
> Sans philtres subtils
> Etre aimés des belles ?
> Aimez, disaient-elles.

Voilà tout le secret. Il n'y en a pas d'autre. Interprétez seulement ce vieil adage dans son sens le plus large. Si, comme il peut arriver, les formes et procédures de notre amour humain ne sont point votre affaire, ne vous en effrayez pas outre mesure. A chacun de se développer suivant son tempérament. Il n'est point nécessaire, pour vous, d'aimer, précisément un amoureux, si votre pente ne va pas de ce côté. Il vaudrait mieux qu'il en fut autrement, parce qu'il y a les enfants. Mais ce n'est pas obligatoire. Ce qui est absolument indispensable, c'est d'aimer quelque chose, de sortir de vous-même, de vous donner en quelque façon. Laissez-vous prendre par quoi que ce soit en dehors de vous-même. Sympathisez, compatissez. C'est aimer.

Alors vous sentirez la vie, et vous en jouirez par le bien que vous en tirerez pour d'autres, et le grand miracle se produira qui fera rejaillir sur vous, en contentement de soi, le bien sorti de vous sans espoir de retour. Vous aimerez, vous serez trahie peut-être, mais la trahison ne pourra vous déconcerter puisque vous n'attendrez de récompense que de vous-même. Vous souffrirez, d'une souffrance qui vous fera plus indulgente, meilleure, et ce légitime paiement des joies intimes de votre âme ne vous fera pas regretter le bonheur égoïste sans souffrances ni plaisirs, qui fait votre prodigieux *embêtement* d'aujourd'hui.

Car vous ne vous ennuierez plus. Vous aurez vécu, vécu pour quelque chose, ce qui est la plus noble manière de vivre pour soi. L'idée ne vous viendra point alors de chercher la formule de votre pessimisme, qui n'est actuellement que le juste mécontentement de vous-même. Quel que soit l'état de vos croyances, vous penserez tout au fond de votre âme : « J'ai fait ce que j'ai pu », et vous attendrez sans crainte les conséquences. Et si vous n'attendez rien, que le repos après l'effort, si vous regardez assez haut pour que la récompense divine vous paraisse, comme la récompense terrestre, une injure, vous vous endormirez en paix dans la fierté du bon labeur.

Tout ceci, je le crains, ressemble fort à un sermon, et j'en suis bien étonné quand je considère le sermonneur. J'ai voulu répondre sérieusement, mademoiselle, à une lettre sérieuse où j'ai reconnu l'accent d'une sincérité.

J'aurais pu remplacer tout ce fatras de prêcheur par une simple parole. Il aurait suffi de vous dire : « Quoi! vous vous ennuyez, vous jugez la vie odieuse, faute d'un assez noble emploi! Ouvrez les yeux, regardez autour de vous, comparez-vous, si vous l'osez. Et quand vous aurez vu le mal, et quand vous aurez entendu le cri de la douleur, et quand vous aurez senti en vous la puissance de secours, dites-moi si vous aurez le courage de me regarder en face et de me répéter cette lamentable question : « *Que faire ?* »

En m'excusant de ce long discours, je ne puis m'empêcher, mademoiselle, de souhaiter, en manière d'adieu, qu'un peu de souffrance, par le besoin de compassion, vous fasse compatissante en retour. Il vous a manqué jusqu'ici l'occasion de la douleur. Patience. Le temps y pourvoira.

J'ai bien l'honneur, etc.

VI

Le Pain de Mme X...

J'aime à noter les traits de mœurs de mes contemporains. L'hypocrisie individuelle ou sociale n'est jamais si grande qu'elle réussisse à dissimuler tout à fait les sentiments de nature que notre éducation de conventions chrétiennes nous porte moins à détruire qu'à cacher au plus profond de nous-mêmes.

Quoi qu'il nous plaise d'étaler de nos vertus, il vient de nous des actes plus ou moins réfléchis, qui déterminent, en contradiction flagrante avec les paroles sur lesquelles nous voulons être jugés, la réalité crue de notre âme. Prêtez l'oreille aux discours : ce ne sont, de l'Eglise ou du Parlement aux propos des salons ou de la rue, que manifestations exquises d'humaine charité. Ouvrez les yeux : malgré l'accoutumance qui nous rend acceptables des actions qui seront choquantes pour nos neveux, — comme nous sommes blessés nous-mêmes des gestes des anciens, — vous serez frappé de l'incroyable écart entre la vie parlée et la vie vécue.

A propos des massacres d'Arméniens, M. Urbain Gohier, dans une suggestive brochure qui affecte la forme d'une lettre du sultan au signataire de cet article, s'est plu à opposer aux atrocités turques, — dont nous sommes horrifiés, parce qu'elles viennent d'autrui — le continu déploiement de barbarie que nous dénommons civilisation chrétienne, ordre social, paix de douceur et de bonté. Le tableau, trop véridique, hélas ! nous fait bondir. Et cependant, qu'y voyons-nous, sinon des faits que nous avons peut-être platoniquement déplorés, à notre heure, mais que les porte-paroles du temps, s'accordent à couvrir d'un voile discret d'indulgence.

Les courses de taureaux sont un spectacle révoltant pour la sensibilité du Nord, mais le Midi s'en repaît. Et les mêmes gens qui se soumettent sans mot dire aux tracasseries d'une centralisation que l'anglo-saxon ne pourrait supporter sans révolte, mettent audacieusement la loi et le Gouvernement en échec pour le simple plaisir de voir couler le sang. Pendant ce temps, le Parisien, à qui son préfet de police interdit sévèrement d'aller voir éventrer un cheval d'un coup de corne, ou tuer le taureau d'un coup d'épée, se délecte sous le bienveillant regard de ce même fonctionnaire, au spectacle du forain de Montmartre qui mange des rats vivants.

La foule qui bave de joie à voir pendre au mufle de la brute humaine les entrailles déchirées de la bête criante ne me paraît pas — peuple ou élite désœuvrée — d'un raffinement délicat. Pourtant, ce n'est là, à tout prendre, qu'un sursaut maladif de l'ancestrale férocité dont la loi s'imposa d'abord à nos premiers parents. Et beaucoup de ceux qui se récrient justement à cette sauvagerie, parce qu'ils ont l'horreur physique du sang et parce qu'une faiblesse ne leur permet pas de supporter les convulsions de la douleur *vue*, pourront commettre de sang froid des actes non moins cruels, décelant même peut-être un cœur pire que celui du sauvage qui s'amuse aux cris de sa victime et partage avec quelque affamé les reliefs d'un anthropophagique festin.

Mme X..., par exemple, dont je veux dire l'aventure, n'aurait pas pu, j'imagine, supporter le spectacle du mangeur de rats sans s'évanouir en cérémonie, et, si quelqu'un s'est trouvé pour lui proposer la partie, je ne doute pas qu'elle ait manifesté son sincère dégoût par de petits cris d'élégante indignation. La vérité est pourtant qu'aucun des barbares dont elle répudie l'ignoble amusement ne serait peut-être capable de l'acte odieux, déshonorant, que la chronique des mois passés met à son compte.

Mme X... assistait à la fête d'aristocratie mêlée qu'un jeune gentilhomme donna cet été, en notre bois de Boulogne, pour célébrer sa conquête de l'Amérique millionnaire. La fête sur l'herbe fut, dit-on, fort belle. Mme X..., toutefois, la trouva gâtée par la fraîcheur du gazon, cruelle aux pieds déshabitués des neiges du Nouveau-Monde. Il faut un tabouret à Mme X..., et vingt habitués de ses dîners — car c'est à son cuisinier que l'on rend visite — partent en quête de la chose. Mais dans un tel encombrement de luxueux superflu, c'est justement le nécessaire qui manque. Pas de tabouret. Rien même qui puisse en tenir lieu. Que faire ? Mme X... a une idée. Des corbeilles de pain circulent. Elle saisit une de ces grandes miches rondes, dont la croûte dorée tente la misère de nos rues, et triomphalement l'installe sous ses pieds. Une belle occasion de s'enrhumer perdue.

On ne dit pas quelle fut l'attitude de la jeunesse à la boutonnière fleurie, dont le secours avait été vainement réclamé. Quelques-uns peut-être eurent le triste courage de rire. Mais la plupart, j'en suis sûr, ne purent s'empêcher de ressentir l'outrage de ces deux bottines crottées, piétinant, souillant, malaxant en pâte terreuse le pain que viendra mendier demain la longue file hâve dont la vie languit et s'effrite faute du nécessaire.

C'est un réconfort pour moi de penser que Mme X... n'est pas Française. Elle était pauvre, dit-on, avant d'épouser le vieux mari dont les millions ouvrirent à sa rusticité les portes de nos aristocratiques demeures. Il faut l'en plaindre davantage. Quoi de plus triste que cette forfanterie d'ingratitude envers les bons enseignements de l'expérience de misère ! Les parvenus ont de ces fanfaronnades par lesquelles ils pensent s'égaler aux aristocrates qui s'infligent l'humiliation de les accueillir. Mme X... a cru sans doute accomplir un acte d'énorme *chic*. Elle a seulement fait preuve d'outrageuse insolence envers le peuple qui lui fait la grâce de l'hospitalité dont elle abuse. Dans cette foule disparate, je cherche qui eût été capable d'une action si parfaitement indigne, et je ne crois pas qu'il fût aisé d'en trouver d'autres que la triste héroïne de cette honteuse aventure.

Le pain, madame, est une chose sacrée. Non pas seulement, comme on vous l'a dit sans doute, lorsque la main du prêtre, ayant tracé des signes mystérieux sur la pâte l'a pénétrée de la divine essence, mais parce que c'est de la vie, de la vie d'homme en puissance, et que l'humanité, avare, s'en mesure parcimonieusement à elle-même le bienfait. Le pain, c'est la clef de la civilisation commençante, le fondement du foyer, la délivrance de l'esprit affranchi de la servitude du besoin. Votre religion, dont vous pratiquez les rites sans les comprendre, célèbre magnifiquement, en des cérémonies où vous passez aveugle et sourde, la découverte merveilleuse par laquelle l'humanité demeure et grandit. Le pain azyme des Juifs, l'hostie du catholique, le pain de communion du Réformé, que disent-ils, sinon le grand mystère de la planète alimentant de sa substance, en cycle d'évolution, la créature en qui se meut un peu de l'âme totale des choses?

« *Notre Père, donnez-nous notre pain quotidien* », dit votre prière, ô chrétienne. Absurde formule pour vous, dont la fonction sociale serait moins de recevoir le pain que de le donner au lieu de le jeter dans la boue. Il faudrait deux prières, voyez-vous. L'une pour les pauvres : « *Donnez-nous* ». L'autre pour les riches : « *Père, faites-nous la grâce de donner.* » Car donner, c'est rendre, madame, et, ne rendant pas, vous volez.

Avez-vous donc oublié le temps où votre condition vous mettait dans le cas de réfléchir sur ce fait lamentable que l'humanité laborieuse ne produit pas assez de blé, ne fabrique pas assez de pain pour tous les hommes qui ont faim ? Cela s'appelle la question sociale dans tous les mondes, l'ancien et le nouveau. L'Angleterre l'a résolue par le *Work-House*. La créature humaine sans nourriture entre en prison, de sa volonté, vend sa liberté pour un morceau de pain, quitte, quand le poids des murs devient trop lourd, à reprendre sa liberté... au fond de la Tamise. Le reste de l'Europe, et l'Amérique aussi, soutiennent doctrinalement que la mort est préférable. On meurt donc en bonne logique. Le charbon, l'eau, la corde, le revolver ou la colonne Vendôme apportent la solution requise. Lisez cela dans votre journal, quelques colonnes plus loin que la *Chronique de l'Élégance*. Vous verrez là ce qui arrive faute d'un morceau de pain.

Cela vous expliquera comment l'anarchiste Barrucand que vous n'aurez point vu à la fête du Bois de Boulogne, en est arrivé à proposer le *pain gratuit*. On nous dit que c'est impossible. Quel dommage ! Si le Christ, revenant, trouvait sa chrétienté occupée à démontrer que la créature humaine qui n'a pas de quoi acheter du pain doit mourir, il en serait assez étonné, je pense.

L'état d'âme est, en effet, curieux chez des gens qui proclament leur droit légal d'acheter tout le pain de nos boulangeries pour le jeter aux poissons de la Seine. Ils ne le font pas, je m'empresse de le dire. Ils n'ont même aucune envie de le faire, car il n'y gagnerait rien, et leur âme vaut mieux que la légalité qui en sort. Entrez dans nos maisons, madame, et, du palais à la chaumière, on vous enseignera le respect du pain, on vous dira qu'il est aussi condamnable de prendre la vie en bloc que de la détruire lentement, de volonté préméditée, en refusant à son semblable la subsistance nécessaire.

« Ne gaspillez pas le pain ! » telle fut la parole des anciens, dont les mœurs, pourtant, nous semblent implacables. Ce mot d'ordre, nos aïeules nous l'ont transmis, et, en attendant le jour de l'universel apaisement des estomacs et des cœurs, nous le transmettrons *religieusement* à nos enfants.

Voilà pourquoi, madame, rien ne nous paraît si répugnant que votre exploit de mêler la boue et le sable au pain des affamés. Marie-Antoinette d'Autriche paya cher une fâcheuse plaisanterie sur la brioche qu'elle recommandait aux misérables manquant de pain. Vous, madame, vous ne serez punie que par la dénonciation publique de votre crime. C'est assez.

Avez-vous lu un roman de Feuillet qui s'appelle *Monsieur de Camors*. Il y a là un gentilhomme qui, au sortir d'une *fête*, s'amuse à faire ramasser un louis d'or dans le ruisseau par un pauvre avec les dents. Il en reçoit un grand soufflet. Il suffirait aujourd'hui de le montrer du doigt. Tel est le progrès, chez nous.

VII

Cheval de retour.

Un de mes amis, avocat de son métier, reçut hier la visite d'un petit homme barbu, d'aspect à la fois lamentable et résolu, serré dans une triste souquenille, déchiré, crotté, sans chemise, mais qui, se campant tout droit sur son siège, et nerveusement saccadé, lui tint, moi présent, le langage que je vais rapporter :

« Monsieur, je me nomme T... J'arrive de Nouvelle-Calédonie. Je suis un forçat libéré. J'étais clerc de notaire à X... Dans un accès de vivacité, j'ai tué ma maîtresse, et le jury du Loir-et-Cher m'a condamné à cinq ans de travaux forcés. C'est très dur le bagne : plus dur encore qu'on ne croit à Paris. Cependant on y mange à peu près, et beaucoup de Parisiens n'en sont pas là.

« Ma conduite en Nouvelle-Calédonie fut si bonne qu'après deux ans et demi on me fit remise de ma peine : cela, sans protection aucune, puisque je n'ai ni parent, ni ami. C'est M. Carnot qui m'a gracié. Vous voyez que les journaux ont bien raison de faire son éloge. Peu de temps après ma mise en liberté, on me remettait encore mes cinq années d'interdiction de séjour. Voici les pièces à l'appui de mon dire.

« Sans ressources, j'ai naturellement pensé à me faire une situation là-bas. J'ai cherché du travail. Mais, quand on n'a pas de capitaux la vie est impossible en Nouvelle-Calédonie. La main-d'œuvre abonde en raison de la grande quantité de forçats libérés. Et pour aggraver encore cette situation, on a importé un millier de Chinois qui vivent de trois cuillerées de riz et se louent pour quinze francs par mois.

« J'ai donc résolu de revenir en France, et après m'être muni des documents que voici établissant ma condamnation, mes grâces successives, ma bonne conduite persistante, j'ai été embarqué à destination de Brest.

« Arrivé à Brest, je me présente à la sous-préfecture. Je raconte mon histoire au sous-préfet, qui me reçoit très bien et me donne des bons de nourriture. Je crois que c'est un brave homme. Il me conseille de me rendre à Paris, où l'Assistance publique, dit-il se chargera de me donner des secours.

« J'arrive à Paris. Je vais tout droit à l'Assistance. Là, on me dit d'aller à la Mairie de mon arrondissement. J'explique que je n'ai pas d'arrondissement. L'employé répond : « Tout le monde a un arrondissement. Autrement vous seriez un vagabond, et alors c'est l'affaire de la police. Nous ne secourons pas les vagabonds. »

Au hasard, je vais à la Mairie du huitième parce que je pensais que c'était la plus riche. Je demande le maire. On me dit qu'il est malade, et on me donne son adresse. Je vais chez lui. On me refuse sa porte, mais j'insiste tellement qu'il finit par me recevoir. Je lui raconte mon histoire. Il a l'air aussi d'un bien brave homme, celui-là. « Allez à la Mairie, me dit-il, voilà un mot pour mon adjoint ».

Je vais voir l'adjoint, qui est un homme très bien. Il me dit : « Vous n'avez pas six mois de domicile dans l'arrondissement, je ne peux rien vous donner. L'autre jour j'ai fait donner un secours à un homme qui n'avait pas six mois de domicile, et j'ai eu des histoires sans fin. Je ne peux plus rien faire maintenant. Voilà deux francs de ma poche. Allez donc voir M. Bérenger qui s'occupe d'institutions de secours. »

« Je ne me décourage pas, et je vais voir M. Bérenger. C'est un homme pressé. Cependant il m'écoute très obligeamment, et me donne un mot pour une Société de secours, *l'Assistance par le travail*. Je me rends à l'adresse indiquée, on me donne des bons de pain et un bon de travail. Je vais bien vite au bureau où l'on distribue le travail. Mais là, on me fait remarquer qu'il y a écrit sur le bon : *valable pour les personnes de 13 à 18 ans*. Moi, j'ai 46 ans. Ça ne pouvait pas me servir. Ce n'était pas leur faute à ces gens. Tenez, le voilà, le bon.

« On me conseille alors de me faire inscrire dans les Mairies pour les jours où la Ville prend des ouvriers supplémentaires. Je me fais incrire dans quatre Mairies. Mais, dans chaque Mairie, on me dit de revenir quand il tombera de la neige. Alors, moi qui n'ai pas de domicile et qui suis à peine vêtu, il faut que je souhaite de la neige. Il en est bien tombé ce matin. Assez pour geler. Pas assez pour balayer. Tous les ennuis.

« Dans une Mairie, j'ai raconté mon histoire à un monsieur qui paraissait très bon. Il m'a donné une pièce avec un mot de recommandation pour M. Chincholle, du *Figaro*, et pour un rédacteur du *Temps*. M. Chincholle, bien complaisant, me remet une lettre pour un rédacteur de la *Patrie*. Celui-ci me dit qu'on pourra peut-être me prendre comme crieur à la fin du mois. Le rédacteur du *Temps* me donne un billet pour la maison Dufayel, où l'on me reçoit avec beaucoup de bienveillance. Je raconte que je suis un forçat libéré, que j'ai tout intérêt à bien me conduire, car au moindre écart on m'arrêterait immanquablement. On m'écoute très bien et l'on me dit : « Revenez à la fin du mois, nous vous prendrons peut-être. »

« Il fallait manger en attendant. Un homme me dit d'aller à la *Maison du Peuple* où il y a des soupes. J'y vais. Je trouve deux braves gens très bien disposés. Seulement ils se mettent à me parler politique. Je me dis : « Ça doit être des anarchistes. Il y a de la police là-dedans. » (*Textuel.*) Quand on saura que je suis un ancien forçat, on m'arrêtera. C'est sûr. Et me voilà reparti, crevant de faim.

« Ne sachant plus que faire, je me rends au premier commissariat de police et je demande qu'on m'arrête. J'explique mon affaire au commissaire, je lui montre mes pièces. En voilà un brave homme. Il me dit qu'il ne veut pas m'arrêter, il me console, il me fait passer la nuit dans son poste où il y avait un poêle, et, au matin, il me donne des bons et un franc de sa poche. Oui, c'est un brave homme, et les *sergots* ont été très bons aussi. Ils ne sont pas bien riches non plus, et ça *trime...*

« Le soir, vers sept heures, il me restait douze sous. Je n'avais pas dîné, je ne savais pas où aller coucher. Partout on me demandait vingt sous pour un lit. Je rencontre aux Halles un malheureux qui mangeait des pommes de terre frites. J'en achète, moi aussi, pour deux sous, et je lui demande s'il connaît un endroit où l'on couche pour dix sous. Il me répond que oui, et il m'emmène au diable, dans le haut de Belleville. C'était un grand dortoir d'une quarantaine de lits. Je me suis bien couché, mais je n'ai pas pu dormir tant on faisait de bruit. La moitié des gens étaient ivres. Les uns chantaient, les autres se disputaient. Il y avait à côté de moi un homme qui a sangloté toute la nuit. J'étais si triste que je n'ai pas eu le courage de lui demander pourquoi. Ça ne pouvait servir à rien, n'est-ce pas ? A cinq heures du matin, l'air n'était plus respirable et l'odeur était horrible. Je suis parti. La petite pluie fine qui tombait m'a fait plaisir.

« Le logeur à qui j'ai demandé ce qu'il fallait faire, m'a dit : « Pourquoi n'allez-vous pas voir des avocats » ? Alors je suis venu chez vous ? Qu'est-ce que vous pouvez me dire ? Qu'est-ce qu'il faut faire pour travailler, pour manger, pour dormir ? Tenez, en arrivant à Brest, j'ai trouvé une lettre de l'avocat qui m'avait défendu : « Voilà ce qu'il me dit :

« J'apprends avec plaisir que vous êtes libéré. Tâchez de vous réhabiliter par le travail. Renoncez à l'idée de redevenir clerc de notaire, comme autrefois. Faites n'importe quoi. En vous conduisant bien, peu à peu vous vous réhabiliterez. » C'est tout ce que je veux. Mais comment faut-il faire, pour « *faire n'importe quoi ?* »

Jamais ne fut posée question plus embarrassante. Malheur à qui ne rentre pas dans les cadres prévus de l'organisation sociale. On a oublié le cadre des libérés. En Amérique, un fonctionnaire spécial est chargé de leur faciliter la rentrée dans la vie d'ordre et de travail. Chez nous, rien. Songez à l'odyssée de ce misérable dont le crime a son excuse peut-être et qui, en tout cas, a payé sa dette. Il ne récrimine pas. Il n'a rencontré que des braves gens. Tous impuissants.

Muni d'une bonne pièce, il nous quitta, plein d'une admirable confiance, déclarant que nous l'avions sauvé, prêt à recommencer ses pérégrinations douloureuses dont il ne s'étonnait qu'à demi. J'ignore ce qu'il adviendra de ce vaincu. Mais qui de mes lecteurs ne comprend maintenant comment on fait pour contraindre les criminels libérés à la récidive ?

P. S. — Je lis dans les journaux qu'on a trouvé, la nuit dernière, un homme mort de froid dans les fortifications. C'est peut-être mon clerc de notaire. Pauvre *cheval de retour !*

VIII

Accidents de Justice.

Il y a quelque temps, un habitant d'Angers, nommé Alphonse Paul, fut arrêté à Ancenis et conduit entre deux gendarmes à Nice, où le juge d'instruction l'accusait d'un détournement de 500,000 francs au préjudice du Crédit Lyonnais. L'inculpé, comme toujours, protestait de son innocence, mais l'on n'en fait point accroire là-dessus aux sévères magistrats chargés d'administrer la justice de la République française.

Cependant, quand l'homme fourré d'hermine fut en présence de son criminel en blouse, il fut bien obligé de reconnaître qu'il y avait erreur sur la personne, et que le Paul mandé de si loin n'était point celui dont il avait besoin pour faire un exemple, comme on dit. Le brave homme — c'est du juge que je parle — fut, je n'en doute pas, fort ennuyé de la méprise, et je ne serais point surpris qu'il eût fait poliment quelque allusion à cet état d'âme. Seulement, il arriva que l'innocent — je désigne ainsi l'homme qu'on venait de promener en menottes, d'étape en étape, d'un bout de la France à l'autre — fut encore plus fâché de l'aventure.

Il n'en fit point l'observation, je pense, car s'il avait manifesté quelque mouvement de mauvaise humeur, à l'égard du magistrat sur son siège, celui-ci — tenu de faire respecter la magistrature — se fût vu dans l'obligation de le renvoyer en prison pour lui apprendre à être honnête homme malgré les juges. Peut-être notre Paul pensa-t-il qu'une dépêche télégraphique au parquet d'Angers aurait suffi pour éclairer le juge de Nice sur les doutes qu'il avait. En homme sage il garda cette remarque pour lui, et fit bien. Moyennant quoi le magistrat, indulgent, permit qu'on le déposât de façon civile dans la rue, où, reprenant ses esprits, le voyageur malgré lui put réfléchir à son aise sur l'ennui de vivre dans la même République qu'un juge de jugement précipité.

Malheureusement, les réflexions de cette sorte, fort curieuses en soi, ne suffisent pas à tirer d'affaire un misérable, vivant au jour le jour dans le pays d'Anjou, qui se voit, sans un sou vaillant, abandonné par la justice de son pays sous les palmiers de la promenade des Anglais. De Nice à Angers, c'est un voyage qu'on peut faire en train de luxe sans trop d'ennuis. Quand on a le gousset vide, c'est tout autre chose. Et le bon juge, qui ne s'était pas avisé du télégraphe, n'avait pas eu l'idée que son innocent criminel fût embarrassé de retenir un wagon-lit pour son voyage de retour.

La société représentée par ses fonctionnaires peut arracher un homme à son foyer, le traîner, la chaîne aux mains, pendant trois cents lieues de route et l'abandonner, nu comme ver, sur les chemins. Là s'arrête le devoir de protection sociale, et si le vagabond — la victime du juge n'a pas d'autre qualité désormais — tente de mendier pour vivre, la gendarmerie de tout à l'heure doit lui mettre derechef la main au collet et le réintégrer sous les verrous.

Oserai-je le dire ? Paul n'hésita pas à violer cette loi de sauvegarde chrétienne. Il mendia, le malheureux, et les gendarmes, bons, lui firent la grâce de ne pas s'en apercevoir. D'exercer son métier, il ne pouvait être question. Il avait été garçon de collège à Montargis, à Meaux, et, depuis quelques années, il faisait le métier de colporteur. Or, il n'y a point de collège sur les grandes routes des Alpes-Maritimes et pour vendre du fil et des aiguilles il faut d'abord en acheter. C'est à quoi n'avait point songé le juge.

L'infortuné — c'est du vagabond que je parle, et non du juge — mendia donc effrontément en dépit des lois de la République, et trouva même des gens pour le secourir. Il parvint ainsi jusqu'à Marseille. Là, fort en peine, il eut l'idée de se présenter à l'autorité militaire. Sujet belge, il avait en effet servi à la Légion étrangère et pouvait montrer d'assez beaux états de service. Après avoir fait la campagne de 1870-1871, il s'était distingué dans le Sud-Oranais et au Tonkin. Son bulletin de réforme portait la mention suivante : « Quatorze ans de service, onze campagnes, neuf blessures et quatre décorations, réformé numéro un. » Cela n'est pas mal pour un vagabond. Aussi le général Canonge, commandant la 58ᵉ brigade, voulut-il bien remettre à son ancien compagnon de guerre une petite somme de 45 francs et demander pour lui une passe gratuite au chef de gare de la ligne Paris-Lyon-Méditerranée. Par les étapes de Gannat, Montluçon, Châteauroux, Tour et Saumur, Paul rejoignit Angers où il arriva sans ressources. On le trouva mendiant. Le préfet, mis au courant de l'histoire, lui accorda un secours. Peut-être pourra-t-il reprendre son commerce. Le juge aura de l'avancement. Si Paul était né bossu, disqualifié par conséquent pour le service militaire, il aurait été innocent tout de même, mais, le secours du général Canonge manquant, il aurait probablement fini au fond de la rade de Marseille. Notre justice a de ces exigences.

Un autre juge dont il faut se garder, c'est celui qui vient d'*oublier* un détenu pendant sept mois à Mazas. Qui aurait cru qu'on put oublier un détenu en prison comme une paire de gants dans sa poche? Il n'y a rien de plus facile, nous explique *le Temps*, car ils ne sont « *que six magistrats* » chargés de s'occuper de l'affaire. Le mandat d'arrestation est d'abord libellé et signé suivant les règles de l'art. Le petit parquet, diligent, fait l'effort d'envoyer le susdit mandat au parquet général, lequel en donne reçu et expédie l'ordre d'envoi à Mazas. Ce reçu et cet ordre ont été retrouvés, dans le cas dont il s'agit. C'est donc le parquet de la cour qui a commis « *l'erreur* », suivant le mot du président des assises, car le prévenu était à sa disposition, et « *à la disposition de nul autre* ».

C'est ici justement que l'histoire devient curieuse.

Le substitut chargé de cette branche du service, est, paraît-il, « une sorte de chef de bureau » ayant *une quarantaine d'employés sous ses ordres.* Les pièces concernant Vigerie — c'est le nom de l'oublié — furent dûment placées dans une chemise sur laquelle on inscrivit, avec le nom du juge d'instruction qui le reçut en pâture, la mention : « *En fuite* », qui le classait parmi les contumaces.

Plus tard, Vigerie est arrêté, et on l'envoie dans toutes les formes à Mazas. Mais les quarante et un fonctionnaires du parquet, qui avaient apparemment d'autres soucis, oublient de remplacer les mots « *En fuite* » par l'inscription : « *Détenu* », et le substitut ayant l'habitude « *de signer sans lire* », nous dit-on, Vigerie, emprisonné, se met à dormir du sommeil de l'Injuste dans le carton des contumaces.

Ici, j'éprouve le besoin de reproduire le texte même du *Temps* : « Vigerie passa, à son tour, dans les mains du substitut, du conseiller rapporteur et du président de la chambre des mises en accusation, *soit trois magistrats qui du dossier ne regardèrent que la couverture*... et le renvoyèrent sans débat devant la cour d'assises. Et pareillement, à la cour d'assises, *le représentant du Ministère public et le président sur le simple vu de cette couverture expédièrent l'affaire en un clin d'œil,* et, suivant l'usage, le maximum fut prononcé » contre cet étrange contumace qui se trouvait sous la main du juge.

Au bout de six mois, un huissier se présenta à son domicile pour lui signifier sa condamnation à dix ans de réclusion. C'est alors qu'apparut le *Deus ex machiná* sous les traits d'un concierge sauveur qui ne craignit pas de révéler aux gens de justice le grand mystère de la présence de Vigerie à Mazas. On s'empressa de refaire au contumace malgré lui un autre jugement qui ne le taxait plus qu'à un an de prison. « Il aurait pu être innocent, dit le *Temps*, et combien de temps serait-il resté à Mazas sans la présence d'esprit de son concierge ? »

Cette collaboration providentielle des concierges avec notre magistrature ne va pas sans inconvénients. On nous dit, il est vrai, que « *des précautions* sont prises pour éviter d'aussi regrettables bévues ». Jugez de ce qui pourrait advenir faute de ces efficaces précautions.

Il paraît d'ailleurs que la principale *précaution* sur laquelle on compte, c'est que le prévenu a le droit d'indisposer contre lui le juge de qui dépend son sort par des réclamations que le magistrat ne manquera pas d'estimer intempestives et de lui faire payer en conséquence. Cette organisation de garanties judiciaires me semble plutôt remonter à l'âge de la pierre éclatée.

Le Temps est mieux inspiré lorsqu'il conclut qu' « avec notre hiérarchie de fonctionnaires *il n'y a plus de responsabilité nulle part* » et que « *la centralisation c'est l'irresponsabilité* ». Je me souviens d'avoir dit quelque chose de semblable autrefois à la tribune, à propos précisément de la réforme de la magistrature, et d'avoir été, pour cela, malmené d'importance par les amis du *Temps* et par *le Temps* lui-même. L'histoire de Paul et celle de Vigerie sont à la vérité plus éloquentes que tous les discours du monde. Mais j'attendrai, pour prendre au sérieux les réformes administratives du *Temps* que ses amis profitent de leur passage au pouvoir pour nous donner des satisfactions qui ne soient pas de simple littérature.

J'ai signalé, il n'y a pas très longtemps, le cas d'un jeune détenu oublié six semaines au cachot par un fonctionnaire qui est une des gloires du parti modéré. Je n'ai pas remarqué que l'*accident* soit devenu l'occasion d'aucun projet de réforme. En revanche, le coupable — je parle du fonctionnaire — fut, peu après, promu à l'un des postes les plus élevés de l'Etat.

IX

« Je suis là ».

Nous avons, dans nos murs, un Congrès pénitentiaire international. C'est une réunion de fonctionnaires qui ont besoin d'être décorés et de braves gens qui s'ennuient chez eux. On y trouve aussi quelques philanthropes innocents, et même des jeunes réformateurs qui veulent faire leur chemin. Cela fait le plus aimable assemblage, et si notre système de répression n'y gagne rien, au moins trouvons-nous dans ce concours de bonnes volontés solennelles l'occasion d'exercer royalement l'hospitalité républicaine.

Nous avons logé notre congrès au Collège de France, dans nos plus beaux Gobelins. Le garde-meuble a fait les frais de l'installation : c'est tout dire. Salle du congrès, salles de sections, secrétariat, avec abondante distribution de papier à en-tête, salon de lecture confortablement aménagé, etc., etc. On y trouve jusqu'à des images qui donnent, sans qu'il soit besoin de se déranger, l'idée de la somptuosité intérieure de nos maisons centrales. De grands stéréoscopes donnent l'illusion de la réalité, et pour ceux qui ne craignent pas de faire le voyage, le grand amphiteâtre de la Sorbonne offre, à quelques mètres de là, le joujou de maisons de force en relief. Un reporter nous dit que ces petites constructions de carton piquées de boulingrins en soie effilochée sont de l'effet le plus plaisant du monde et inspirent à nos congressistes des facéties sur le bonheur des condamnés. On a aussi, je pense, organisé sur quelque table, avec ces petits plats de bois colorié qui font la joie des enfants, une fidèle représentation des menus variés de ces maisons de plaisirs.

Ces ingénieuses dispositions auront pour effet d'abréger les travaux du Congrès en le dispensant de ces visites ridicules où notre administration pénitentiaire exhibe ses merveilles, à peu près comme Potemkin réjouissait la grande Catherine en voyage de ses villages d'opéra-comique.

Quoi qu'il en soit, on s'est mis au travail. Et d'abord un ministre, si j'ai bonne mémoire, a souhaité la bienvenue à nos hôtes et dévoilé au regard de tous, les bonnes intentions qui rampent au fond de son cœur. Cette formalité remplie, on s'est partagé la besogne. Un premier groupe, d'une centaine de personnes, a visité la Conciergerie, le Panthéon, les Invalides, puis s'est rendu à Sèvres, sur un bateau où le déjeuner était servi. Je n'ai pas besoin de vous dire que la question pénitentiaire a fait l'objet des études les plus approfondies dans le cachot de Marie-Antoinette et devant le tombeau de Napoléon Ier, comme aux fraternelles agapes égayées des coteaux de Meudon.

Le second groupe, plus hardi, s'est répandu

dans Fontainebleau. Les fresques du Primatice, et les carpes de François Ier sont remarquablement discrètes sur le régime cellulaire, mais la forêt n'est pas sans avoir un mot à dire sur l'ennui des détentions prolongées.

D'ailleurs, avant d'arriver à Fontainebleau, il y a la station de Melun : vingt minutes d'arrêt, buffet et visite aux prisonniers. Ce sont les détenus de Melun qui impriment le compte rendu du Congrès. Une visite de politesse était de rigueur.

Il ne faut pas croire, d'ailleurs, qu'on se soit borné à ces études péripatétiques. Le Congrès a délibéré suivant les formes établies. Il a commencé par écarter avec dédain six volumes *in-folio* où le gouvernement japonais avait eu la bonté de consigner l'histoire de son régime pénitentiaire *depuis deux mille ans*. On a jugé que cela était sans intérêt. Ah ! s'il avait été question de la manufacture de Sèvres... Ce travail accompli, on a donné une pensée aux détenus. J'emprunte au journal le *Temps* la joyeuseté suivante :

Dans la deuxième section. — questions pénitentiaires, — la discussion a porté sur cette question:

« Les détenus ont-ils droit au salaire ? Ou bien le produit du travail doit-il être employé d'abord à couvrir les dépenses d'entretien de tous les condamnés de même catégorie, sauf à attribuer à chacun d'eux une part fixe de ce produit et à donner, à titre de récompenses, des gratifications aux plus méritants ? »

M. Stevens pense que, si le détenu doit son travail à l'Etat, celui-ci à son tour lui doit une rémunération. Telle n'est pas l'opinion de M. Puibaraud qui a fait triompher son avis. « Les condamnés, dit M. Puibaraud, sont pour le budget de l'Etat une source considérable de dépenses et le droit au salaire est cause de la situation financière des établissements pénitentiaires dont le budget est en constant déficit. Il faudrait mettre en commun les salaires et les affecter au budget de la prison. »

M. Bouillard fortifie l'argumentation de M. Puibaraud des explications suivantes. Dans la pratique, le libéré fait de son pécule le plus déplorable usage ; en quelques jours il le dissipe de la pire façon. On ne peut nier, d'autre part, qu'à l'approche des temps rigoureux, une affluence de prévenus se presse devant les tribunaux, où ils vont chercher une condamnation capable de les mettre à l'abri.

A Poissy — complète M. Laguesse — certains détenus obtiennent des salaires qui vont jusqu'à 5 fr. par jour ; la situation des détenus est parfois meilleure que celle des gardiens.

Les deux résolutions suivantes ont été finalement adoptées à *l'unanimité* :

« 1° Le détenu n'a pas droit au salaire.

« 2° Il existe pour l'Etat un intérêt à donner une gratification au détenu. »

Si vraiment les congressistes ont donné dans cette bourde *du détenu de Poissy qui gagne cinq francs par jour et se trouve dans une meilleure situation que son gardien*, c'est qu'ils ont l'âme bonne. Voilà un criminel dont on ferait bien de vérifier le budget entre deux visites aux palais nationaux.

En tout cas, nous voilà maintenant dotés d'une réforme. Le condamné doit être désormais considéré comme n'ayant *aucun droit* à la partie la plus minime de son salaire. (Cela a été voté à l'unanimité). Si on ne le met pas dehors sans un sou, pour l'obliger à voler dès sa sortie de prison, c'est par pure grandeur d'âme. M. Bouillard a constaté que les libérés dépensaient très mal leur argent. Après cinq ans de prison, on voit en effet, de ces gens faire *une ribotte*, au lieu de consacrer leurs économies à quelque fondation pieuse au Sacré-Cœur. N'est-ce pas incroyable ? Donc, *dans ton intérêt*, le gouvernement va te vider les poches, mon garçon. Et maintenant, tire-toi d'affaire : le bon préfet de police te regarde. Si tu veux écouter le conseil de M. Bouillard, retourne devant les tribunaux *chercher une condamnation capable de te mettre à l'abri.*

Une autre question à résoudre était celle-ci : *Quelle serait la manière la plus efficace de prévenir la mendicité et le vagabondage des mineurs?* M. Georges Rocher n'a pas d'hésitation. Il propose tout simplement de caserner les enfants du peuple à l'école primaire, comme on fait des petits bourgeois au collège. *L'internat scolaire*, telle est le nom de la réforme proposée. Que dire à M. Rocher sinon qu'il me paraît dans la bonne tradition administrative. Quand le procès de l'internat bourgeois a été fait depuis si longtemps avec tant d'autorité, comment se soustraire à l'idée de l'étendre aux fils des travailleurs manuels ? Je compte sur M. Rousselle et sur Mme Pognon, pour éclairer à cet égard le jeune sous-préfet du ministère qui, d'ailleurs, n'aura pas perdu son temps car sa brochure, *imprimée aux frais de l'Etat par les détenus de Melun*, lui vaudra certainement d'être bien noté.

Quand le congrès aura mis au point les réformes que je viens d'indiquer, il se réunira une seconde fois pour entendre Yvette Guilbert, et s'ajournera à l'année prochaine en quelque autre puissante capitale. Les artistes s'en réjouiront plus que les détenus. On ne peut pas satisfaire tout le monde à la fois.

Si je parle du Congrès pénitentiaire avec une pleine liberté d'esprit, ce n'est pas que j'aie toujours été étranger à ces joyeuses réunions. Pourquoi ne l'avouerais-je pas? J'ai brillé, en mon temps, au Congrès de Rome et j'ai jeté le plus vif éclat sur le Congrès de Saint-Pétersbourg. Pas personnellement, je dois le reconnaître, mais par mon délégué, M. le Directeur des Services pénitentiaires de la République française, qui tenait de ma passivité je ne sais quel mandat non défini.

C'était au temps de mes folles grandeurs, quand j'exerçais ce souverain pouvoir qui excita l'animadversion des hommes. Un ministre que je n'avais pas renversé, voulant m'éblouir, me dit un jour entre deux portes : « Je vous ai nommé membre de la Commission Supérieure des prisons. » Cet homme étrange se nommait Allain-Targé.

Il allégua pour s'excuser que j'avais fait sur la question des récidivistes des discours trop justifiés par l'événement. La raison me parut bonne, car j'avais surtout défendu les idées de mon excellent maître et ami Emile Acollas dont la République a toujours refusé de faire un conseiller d'Etat par la raison que c'était un des plus remarquables théoriciens du droit qui ait vécu. Un grand radical qui fut ministre, et même président du conseil, recula d'horreur à cette seule pensée, et lui préféra je ne sais quel fonctionnaire qu'un sénilité précoce avait mis hors d'état de continuer plus longtemps *ses services*. Cependant, par une faveur qui fit scandale, nous avions obtenu pour Acollas une place d'inspecteur des prisons. Ces postes sont généralement réservés à des fonctionnaires fatigués, parfaitement étrangers à la question pénitentiaire. Acollas, qui ne remplissait pas du tout cette condition, prit ses fonctions au sérieux, rédigea de remarquables rapports qui dorment dans la poussière, se fit détester de ses chefs comme « *un gêneur* », et devint la bête noire du service. Il s'en consolait en d'interminables causeries où il exposait ses plans de réforme, et daubait ferme — on peut le croire — sur ministres et directeurs. Quand je lui annonçai la *nouvelle distinction* dont je venais d'être honoré, il éclata de rire et me dit ces simples paroles : « *N'achète pas encore ton uniforme.* »

En effet, je n'achetai pas d'uniforme. Mais je me rendis très exactement à la première convocation. Dans une grande salle tendue de vert, des hommes austères, décorés jusqu'au menton, causaient familièrement entre eux de toutes les questions susceptibles d'intéresser des fonctionnaires qui ont voué leur existence au bien public. Ce qui frappa surtout mon attention, ce fut la magnifique pendule en bronze doré qui présidait aux délibérations de ces hommes. Le sujet n'en est pas banal. On y voit le duc d'Orléans expirant au milieu des siens, à la suite de l'accident de Neuilly. On vient de saigner le blessé que cette médication achève. Cependant, tout, dans son attitude, indique visiblement qu'il recommande à son fils, suivant la parole historique, *de rester le serviteur passionné de la Révolution*. La princesse Hélène de Mecklembourg, — rêveuse et obstinée, en bonne Allemande — semble promettre que son fils, le comte de Paris, et toute sa descendance demeureront fidèles au souvenir des immortels principes de Philippe-Egalité. Enfin le roi Louis-Philippe, ferme comme un roc, dit clairement d'un geste énergique : JE SUIS LA !

Ce groupe inoubliable n'est jamais sorti de ma mémoire. Deux Républiques et un empire ont passé sur lui sans l'atteindre, et de toutes les paroles que j'ai recueillies dans cette auguste enceinte, une seule m'a paru forte et vraie, celle du bronze muet de la royauté bourgeoise : *Monarchie, Empire ou République, je suis là*.

Enfin la délibération s'ouvrit et je vis bientôt que le beau bronze d'or n'avait pas menti. Un long discours de M. le Directeur. M. le Directeur est terriblement loquace. Je serai bref, dit-il en commençant. Sa brièveté fut d'une heure. Il dit les mérites de la Commission, et nous fit la biographie du vieux Schœlcher qu'il s'agissait de nommer président. Il avait fait une villégiature aux bains de mer avec Schœlcher, et cet événement prenait, à ses yeux, une importance historique. Son discours fini, Schœlcher, bien vieux, nous fit une pénible allocution, et M. le Directeur demanda tout aussitôt la parole.

Une autre heure de concision verbeuse. On était au cœur du sujet, il s'agissait d'une prison cellulaire construite, par enchantement, à l'éloquente voix de M. le Directeur, comme autrefois les remparts de Thèbes à la musique d'Amphion. L'histoire des architectes, la qualité des briques, le miraculeux mortier, tout y passa. Je cherchais Martin-Nadaud et sa truelle : je ne vis qu'un ancien préfet de police de Mac-Mahon qui écarquillait les yeux. Les autres dormaient, ou tout au moins rêvaient les yeux fermés. Seul, Louis-Philippe, sur son socle, tenait bon, et c'est tout ce qu'il fallait. Des plans étaient étalés sur la table. On nous dit l'épaisseur des murs, la canalisation du gaz et des eaux, la plomberie, les serrures, et j'eus le temps de compter tous les coups de balai qui se donneraient par la suite des âges.

Tout finit, heureusement, et quand M. le Directeur fut à bout de salive, Schœlcher tressautant à la cessation du bruit, leva la tête et, dans un silence de mort, dit, ironiquement peut-être : « *Qui est-ce qui demande la parole ?* » Ce n'était pas moi, certainement, ni personne, d'ailleurs. « *En ce cas, les propositions de M. le Directeur sont adoptées*, conclut le président, *et je lève la séance.* »

— *Pardon*, dis-je à mon voisin, M. Michaux, directeur des Colonies, qui, tout réactionnaire et clérical, faisait volontiers parade d'un scepticisme aussi spirituel que cynique, *est-ce qu'ici on s'occupe quelquefois des prisonniers ?*

— *Quelquefois*, fit le bon fonctionnaire, *mais rarement.*

On rit beaucoup, et l'on se sépara en se promettant de recommencer.

Ce qui est incroyable, c'est que j'eus la constance d'assister deux fois encore à des réunions de ce genre.

Un jour, M. le Directeur allait partir pour le Congrès pénitentiaire de Saint-Pétersbourg. Vous devinez quelle affaire. Toute l'histoire des tsars y passa. Je ne fus pas sans m'étonner de voir la République française aller chercher des exemples de justice répressive dans le pays du knout et des déportations sans jugement. M. Michaux, à qui je confiai discrètement ma surprise, me répondit gouailleusement :

— Les détenus n'y gagneront rien, mais qu'est-ce qu'ils gagnent à ce que nous faisons ici ? Cet argument me fit rester coi.

M. le Directeur partit, non sans avoir exposé, deux heures durant, ce qu'il dirait et ce qu'il ne dirait pas. Louis-Philippe, attentif, continuait de commenter toutes ces paroles, du geste d'un homme qui a pris possession du présent et de l'avenir. Non content de partir, M. le Directeur revint : ce qui nous valut une interminable oraison sur les conséquences de son voyage au point de vue de l'équilibre européen.

La même comédie se renouvela pour le Congrès pénitentiaire de Rome. Mais, cette fois, j'eus la sagesse de rester chez moi. Ai-je besoin de dire que, pendant ce temps, les détenus de Melun ne discontinuaient pas d'imprimer, en de magnifiques volumes, — aux frais du bon contribuable de France, — la complète relation des gestes et paroles de notre délégué et de ses congénères ? Est-ce pendant un de ces Congrès qu'un jeune détenu fut oublié pendant six semaines au cachot ? Ce serait une excuse.

Il est inutile d'ajouter, n'est-ce pas? que la Commission supérieure des prisons poursuit ses curieux travaux sous l'œil vigilant de Louis-Philippe, qui continue de rassurer tout ce monde de son éloquent : *Je suis là*.

Il n'a pas besoin d'ajouter : *J'y reste*. On le voit bien.

X

Au Congrès d'Anthropologie criminelle

Enfin, voici donc un Congrès qui se réunit pour autre chose que de fournir à ses membres l'occasion de faire un voyage de plaisir et de se casser réciproquement l'encensoir sur le nez. Je veux parler du Congrès d'anthropologie criminelle de Genève, où nous venons d'entendre quelques paroles qu'il est bon de méditer.

C'est d'abord M. Fernand Théry, professeur de droit criminel à Liège, qui présente un rapport concluant à l'interdiction de l'emprisonnement cellulaire pour certains détenus dont ce mode de répression favorise les penchants criminels — ceux notamment qui sont affectés d'obsessions morbides. Il est évident que pour cette catégorie de condamnés — il faudrait dire plus justement de malades — la solitude ne peut qu'aggraver le développement et l'intensité de l'idée fixe. Le travail en société et au grand air, suggérant, à tout moment, des pensées différentes, ne peut que gêner le retour de l'obsession et en affaiblir la puissance.

On ne peut qu'approuver. Seulement, si l'on veut bien y réfléchir, la doctrine de M. Fernand

Théry entraîne d'assez graves conséquences. L'emprisonnement cellulaire fut, en son temps, un très remarquable progrès. L'affreuse promiscuité des prisons accroissait au delà de toute mesure, par l'inévitable contagion, l'infection sociale résultant de toutes les pourritures individuelles. Aucune guérison n'était possible en un tel milieu, et le triste délinquant occasionnel, sentant le retour impossible, trouvant d'ailleurs chaque jour fortifiés en lui les funestes penchants qui l'avaient conduit à sa faute, sortait de là prêt à tout, criminel endurci avant le crime.

Il s'en faut de beaucoup, hélas! que notre système pénitentiaire doive être dès aujourd'hui tenu pour exempt du reproche de conduire à de tels résultats. La fréquence des récidives — malgré la loi ridicule et, d'ailleurs inappliquée, dont je n'ai pu empêcher le vote — atteste les énormes défectuosités de notre système de répression. J'ai dit et écrit là-dessus beaucoup de choses sans résultat, et je ne m'en étonne point, car lorsqu'une société est incapable de réformes urgentes dans l'intérêt des braves gens, comment céderait-elle aux mouvements de pitié, de justice pour le rebut social : criminels, petits ou grands, de tous les crimes.

Ce que je veux remarquer en ce moment, c'est que nos politiques et nos administrateurs, faute d'un grain de science et de philosophie, n'ont rien trouvé de mieux que de passer d'un extrême à l'autre. Après avoir défendu jusqu'au bout l'idée que la promiscuité était un mal nécessaire, ils se sont tout à coup chaussés de cette fantaisie que l'emprisonnement cellulaire était l'universel remède, le dernier mot de la science pénitentiaire. On a écrit là-dessus mille sottises. Je n'ai pas besoin de dire que les fonctionnaires fourbus dont on fait chez nous des directeurs de l'Administration pénitentiaire ne connaissant pas, en général, le premier mot de la question, s'enthousiasment d'abord de la cellule à outrance et la prônent à titre de panacée. Quand j'étais membre de la Commission supérieure des prisons, nous avions un directeur qui ne put jamais élever son esprit plus haut que le dénombrement des cellules dont il gratifiait son pays.

On commence pourtant à s'apercevoir que c'est ânerie pure. Il n'y a pas plus de remède universel en médecine psychique, c'est-à-dire cérébrale, que dans la thérapeutique des autres organes. On ne guérit pas les gens atteints d'infirmité morale en les enfermant tous ensemble. On ne les guérit pas davantage par cela seul qu'on les isole. C'est une utile précaution contre la contagion, voilà tout. Mais il ne suffit pas d'éviter la contagion, il faut *guérir* dans la mesure où le permettent et la nature du sujet et l'état de nos connaissances. Longtemps on crut que châtier c'était guérir, ou tout au moins tenter la guérison. Cette thérapeutique simpliste de l'âme est aujourd'hui dépassée. C'est la médecine des temps où l'on chassait le démon du corps des malades à coups de bâton. Un notable progrès fut réalisé quand l'asile d'aliénés fut séparé de la prison. Une autre conquête d'humanité s'ensuivit le jour où Pinel fit tomber les fers des mains des malheureux maniaques. Nos enfants, je l'espère, rougiront de nos prisons comme nous avons honte des hospices d'avant Pinel.

C'est encore un Belge, M. Isidore Maus, chef de bureau au Ministère de la Justice à Bruxelles, qui, après M. Théry, a prononcé sur cette question la parole décisive : « Quand les tribunaux seront convaincus de la nécessité *de juger l'homme, non le délit*, quand l'enquête sur la personnalité, les antécédents et le milieu de l'inculpé, complétée au besoin par l'examen médical et les recherches sur son hérédité, les aura mis à même de le connaître et de le comprendre, il faudra encore qu'ils trouvent, dans la législation répressive, les mesures appropriées à l'état de chacun... Le régime des peines devrait donc être réformé dans le sens d'une répression moins abstraite, plus personnelle, plus humaine. »

Là est, en effet, tout le principe d'un régime pénitentiaire scientifique chez les nations civilisées. Les abstractions chimériques nous ont fait assez de mal. Il est temps de revenir aux simples réalités. La science a depuis longtemps démontré la fausseté de l'hypothèse d'un prétendu fluide dénommé *lumière, chaleur, électricité*, etc., etc., pour ramener notre vue sur des *corps lumineux, chauds ou électrisés*. Ainsi du domaine tout entier de la connaissance.

Qu'est-ce qu'*un délit en soi ?* Nous ne voyons, nous ne connaissons que des *délinquants*, des hommes diversement mus par des causes variables vers des actes incompatibles avec un état régulier de vie sociale. En leur appliquant le même traitement systématique, d'après des catégories abstraites, nous faisons comme le médecin qui, sous prétexte que le même organe est atteint, traiterait d'identique façon toutes les maladies de la jambe, par exemple. Ainsi faisait la médecine des primitifs. Ainsi font encore les sorciers guérisseurs des peuplades sauvages. Nous commençons à distinguer. C'est un grand point.

Veux-je donc dire qu'il faut se garder des catégories? Tout au contraire. Car la science n'est à la bien prendre, qu'un vaste classement, et l'esprit humain manifeste son activité en des données qui se doivent ramener par l'observation à des types communs. Que seront nos catégories de criminels? Je n'ai pas à me prononcer sur ce point entre M. Lombroso et M. Garofalo qui se sont efforcés, au Congrès, d'élucider contradictoirement la question. Garofalo, chef du département législatif du Ministère de la Justice à Rome, repousse, très justement à mon avis, la distinction de Lombroso entre *les criminels nés* et *les criminels d'occasion*. « Il ne s'agit, dit-il très bien, que de différences et de degrés. Les deux éléments, la nature de l'individu et la circonstance extérieure conspirent toujours d'une manière plus ou moins forte dans chaque criminel... En partant de l'idée que chaque vrai criminel est toujours moralement un être inférieur, sans quoi il ne pourrait pas commettre de crimes, il s'agit de préciser la spécialité de son défaut moral, c'est-à-dire les sentiments et les énergies qu'il n'a pas, et les instincts malfaisants qui le dominent — que ces instincts soient héréditaires et irréductibles, ou qu'ils aient été acquis dès l'enfance ou à l'âge du développement physique et moral de l'individu. »

A ce point de vue, il est intéressant de donner brièvement le classement proposé par M. Garofalo :

Première catégorie. — *Les assassins*, dont l'acte est caractérisé par le but exclusivement égoïste, l'absence complète de provocation de la part de la victime et la cruauté de l'exécution.

Deuxième catégorie. — *Les violents*, auteurs de crimes ou délits contre les personnes, qui agissent ou bien par un sentiment *ego-altruiste* (préjugé d'honneur, de politique, de religion), ou bien par l'impulsivité du tempérament, par l'excitation des boissons alcooliques, par réaction contre une injure.

Troisième catégorie. — *Les improbes* ou voleurs de profession.

Quatrième catégorie. — *Les cyniques*, qui recherchent la satisfaction d'une passion honteuse.

« En s'appuyant sur cette classification, conclut M. Garofalo, ne pourrait-on donner à la science pénale une base expérimentale, et adapter à chacun de ces types criminels le traitement nécessaire en vue de le rendre inoffensif ? »

Lombroso, de son côté, vante le *nourrissonnage moral*, c'est-à-dire l'éducation du premier âge dans un milieu aussi sain que possible. Et il ajoute : « Pour ce qui est des peines, on doit les varier suivant l'âge, le sexe et l'espèce des criminels en ayant surtout sous les yeux le dédommagement des victimes et l'amélioration des criminels par le travail, *car la prison telle qu'elle existe actuellement coûte aux honnêtes gens sans améliorer le criminel.* »

L'important, c'est que le principe des catégories psychiques soit admis. Le reste s'ensuivra de nécessité. C'est le diagnostic précédant le traitement. Remèdes généraux par catégories, dispositions spéciales pour les cas particuliers, isolement des uns, groupement temporaire de quelques-uns suivant qu'il peut résulter du travail associé une influence salutaire, comme dans les cas que j'ai cités d'abord. Travaux de mine ou agricoles, colonisation, *probation system*, tels sont les principaux procédés de redressement recommandés par Lombroso, auxquels il faut ajouter bien entendu les formes diverses de prédication morale. Cela ne ressemble que de fort loin à notre Nouvelle-Calédonie où nous faisons marchandise des prisonniers, en vendant leur travail à vil prix aux propriétaires de mines ou aux entrepreneurs d'industries qu'il plaît à l'Administration de favoriser.

Il y a au Ministère des Colonies des dossiers fort instructifs à cet égard, dont un député curieux pourrait utilement secouer la poussière.

J'en ai dit assez pour faire saisir toute l'importance des conclusions du Congrès d'anthropologie criminelle qui se rapprochent singulièrement de *la prison-hospice* de mon maître et ami Emile Acollas. Un jour, le juriconsulte philosophe, se présentant à la députation, mit ce mot dans une de ses affiches que je découvris, il m'en souvient sur les murs de l'Institut. Comme je m'étais arrêté pour lire, survint un bon bourgeois, officier de la Légion d'honneur, académicien, j'aime à le croire. Il voulut lire aussi du haut de sa cravate. Mais le mot *prison-hospice* l'arrêta net. « *Tiens, un fou!* » dit-il, et il passa.

Le Congrès d'anthropologie criminelle n'aura pas ratifié ta sentence, ô homme d'importance épanouie. Mais le dernier des membres du Congrès, scrutant ton âme aujourd'hui, aurait le droit de s'écrier : « *Tiens, un sot!* »

XI

Le droit de grâce.

Je parle pour un mort, le soldat Chevalier, fusillé à Alger. Je parle pour la foule muette des petits troupiers qui, aujourd'hui, s'acheminent, sans le savoir, vers le poteau fatal, pour ces enfants inconnus que la Patrie prendra pour sa défense et que, pour une gourmade, un jour, elle enverra peut-être au peloton d'exécution.

Chevalier, pris en faute, avait été puni par son caporal. Il proteste et injurie son supérieur. Nouvelle punition. Il se retire à la chambrée, et, un instant après, voyant passer le caporal, il s'élance sur lui et lui donne quelques coups de poings. Poursuivi pour voies de fait envers un supérieur *en dehors du service avec préméditation* (une préméditation d'un quart d'heure), il est condamné à mort.

Alors commence le calvaire.

Il attend *soixante-quinze jours* une grâce certaine, m'écrit son avocat, M⁰ Kampmann, du barreau d'Alger. La veille, il apprend qu'un autre militaire, condamné à mort pour avoir égorgé son camarade de lit, vient d'être commué. Le lendemain, on lui apprend qu'il va mourir. Il pleure d'abord, et, reprenant courage, meurt héroïquement. La foule a protesté bruyamment lors de la *parade* d'exécution. N'y a-t-il rien à faire contre ces choses atroces? Les Conseils de guerre sont assez humains et appliquent avec répugnance une loi barbare. C'est toujours à eux que l'on s'en prend, sans songer qu'ils ne peuvent souvent que l'appliquer strictement. Mais que dire de celui dont l'unique attribution personnelle est de tempérer la rigueur de nos lois, et qui en use de cette façon? Voilà, depuis deux ans, la cinquième ou la sixième exécution de ce genre. Cela passe presque inaperçu.

« N'y a-t-il rien à faire? » demande l'honorable avocat. Si. Il y aurait beaucoup à faire pour humaniser le Code militaire, et le Code criminel, et le Code civil aussi. Si. Il y aurait beaucoup à faire. Mais on ne fait rien. Et nos législateurs, tout occupés de devenir ministres, ou, par les ministres qu'ils soutiennent, de gaver les électeurs influents pour assurer leur réélection, n'ont pas le temps de s'occuper de ces choses.

Autrefois, nous étions en monarchie, et quand le mal devenait trop manifeste, *si le roi le savait*, comme disait le proverbe, il y avait réparation. Seulement le roi ne le savait jamais, circonvenu par ceux qui profitaient du méfait, et ayant intérêt lui-même à ne pas le savoir, car les satisfaits n'avaient pas de peine à lui persuader que les mécontents en voulaient à son trône et à sa personne.

Aujourd'hui, nous sommes en République, et le résultat n'a pas changé. C'est que les satisfaits se sont formés en syndicat anonyme, avec un chef de leur espèce, élu tous les sept ans, et qu'ils ont recommencé à leur profit le petit jeu de la monarchie : « Gavons-nous d'abord et gavons nos amis. Il n'y a que les ennemis de l'ordre social pour se plaindre ». Si bien que ce mirifique régime parlementaire et toutes ces belles choses flamboyantes sur nos murs, qui devaient faire régner l'éternelle justice parmi les hommes, n'ont désastreusement abouti qu'à changer les formes et les noms de la permanente exploitation de tous par quelques-uns.

Comment les maîtres du jour trouveraient-ils le temps de s'occuper d'un petit soldat qu'on fusille, quand ils ont des mouvements de préfets à faire pour se préparer des élections profitables ? Qu'est ce que c'est que ça, Chevalier ? diront-ils. Un soldat qui a frappé son supérieur ? Eh bien ! Il doit mourir. On l'a tué, dites-vous ? C'est parfait. La discipline l'exige. Vous vous plaignez ? Vous êtes donc un ennemi de l'armée ? Vous ne voulez donc pas que la France se défende ? Nous sommes des patriotes, monsieur.

Vous êtes des farceurs. Pour défendre la France, il n'est pas nécessaire que les soldats s'entre-fusillent en temps de paix. Vous le savez fort bien. Ce que vous demandez à l'armée de défendre, c'est l'état de choses dont vous profitez, tout simplement. Et, comme vous espérez vous concilier les forts par une protection draconienne, vous laissez lâchement massacrer les faibles entre deux discours sur les Droits de l'homme et la Révolution française. On a fusillé beaucoup de Chevalier sous l'Empire, moyennant quoi nos grands chefs militaires, à qui vous élevez des statues, nous ont conduits tout droit à Sedan et à Metz. Vous les glorifiez, cependant, et vous les continuez soigneusement dans leurs successeurs pour bien attester qu'il s'agit de tout autre chose que de la patrie à sauver. C'est pourquoi la logique veut que les petits pioupious continuent de tomber sous les balles de leurs compagnons de misères.

Les torts des soldats, écrit M. Alphonse Humbert, dans *l'Éclair*, nous les connaîtrons toujours, on les mettra toujours sous nos yeux, et plutôt grossis qu'atténués. Les torts des chefs, comment les connaîtrons-nous ? Qui les constaterait ? Le Conseil de guerre ? Le Conseil de guerre ne consent jamais à les voir. Et il pousse ce refus de faire justice aux inférieurs, parfois jusqu'au cynisme le plus révoltant. Un mois avant que le soldat Chevalier fût exécuté pour avoir bousculé un caporal, une brute d'adjudant avait sauvagement tué de trois coups de fusil un pauvre diable de clairon qui se livrait à quelque escapade. Le Conseil de guerre a acquitté l'assassin. (1)

De quelque nom qu'on appelle le régime où se passe ces choses, comment veut-on qu'il en puisse résulter de l'amour pour les institutions, du respect pour les hommes qui les mettent en œuvre ?

Il est vrai que dans tous les pays du monde, l'homme honteux de l'atrocité de ses lois, et sentant le besoin, au moins par forme de décence, d'en corriger la cruauté, a voulu mettre au-dessus de la commune règle de sauvagerie une chance aléatoire pour les victimes de son iniquité : jugement de Dieu, droit de grâce, un hasard de bonté en atténuation de la loi barbare. Par les progrès du temps, de réforme en réforme, ce droit de grâce

---

(1) Est-il besoin de dire que ces lignes furent écrites longtemps avant l'affaire Dreyfus ? M. Alphonse Humbert depuis...

en est arrivé à résider dans un bon bourgeois, pas philosophe, mais pas méchant non plus, qui, n'ayant pas même éprouvé l'accident de naître quelque chose ou quelqu'un, est supposé participer vaguement de l'obscure pitié des foules.

Vraiment, c'est une royale couronne qui fut ainsi posée sur un front plébéien. Ce chef de peuple n'est pas responsable du mal que font des lois qu'il n'a pas délibérées. Il peut revendiquer le mérite du bien venu de lui seul. La vie et la mort sont entre ses mains. Il dépend d'une inspiration de son cœur d'arrêter le cours impitoyable de la loi, et de faire une sauvegarde — même au plus criminel — de sa main étendue. Sa conscience est le grand lieu d'asile, où tout ce qui gémit sous l'injustice d'un droit extrême peut trouver un refuge. Il est là, dans son palais, bien renté, bien gardé, parmi les adulations de la courtisanerie républicaine qui ne diffère de l'autre que par la cohue. Encensé par tous les grands besogneux, pour qui sa signature représente des places, des grades, des honneurs, il pourrait mépriser ces gens qui demain lui jetteraient de la boue s'il était à terre. Hélas ! Il préfère les croire sur parole, et s'imaginer comme celui d'Austerlitz ou de la Sainte-Ampoule qu'il est Majesté, sérieusement.

Pauvre homme. Un *protocoleur* le dresse pour ce métier ridicule, l'affuble de chamarrures dans la mesure où il l'ose, le promène, l'exhibe, en fait parade avec le Russe ou le Siamois, qui lui donnent du « *frère* ». Il est « *bœuf gras* », le pauvre. Et si la fantaisie lui venait de rechercher en lui-même le bon bourgeois qu'il fut avant ces grandeurs, il ne retrouverait plus qu'une sangle rouge avec une étoile d'émail sous les rouages précieusement huilés qui tiennent lieu d'esprit et de cœur.

Alors on vient lui dire : « Il y a là Chevalier qui attend de vous la vie ou la mort ». Qu'est-ce que cela peut lui faire? Chevalier, pour lui, c'est un grand pli de papier chamois, avec du barbouillage officiel dedans. La chose est là sur sa table. Il la voit le matin, l'après-midi, le soir. Il s'y habitue. D'autres plis s'entassent sur celui-là. Il en signe à ses moments perdus. Car il faut bien quelquefois s'asseoir, pour le repos des heures de grande exhibition. Il prend un pli, celui qui se présente. Comme c'est gros ce dossier. Faut-il lire tout cela? Que de notes, que de griffonnages! Allons, lisons, c'est le devoir. Ah bien! non. On n'en finirait pas. Tant de gens y ont passé, que ce doit être bien. Signons. A un autre.

Et Chevalier, sous le tas, attend toujours. Ce papier, sous d'autres papiers pareils, savez-vous ce que c'est? C'est un homme qui, du trait d'encre qui sortira de cette plume, recevra la vie ou la mort. C'est un homme qui attend la chance heureuse d'un accès de bonne humeur, ou malheureuse d'un moment de colère. C'est un homme que, *depuis soixante-quinze jours*, vous tenez dans son cachot suant la mortelle agonie. C'est un homme qui ne fut condamné qu'à mort, et à la peine de qui vous ajoutez une torture infinie. Le *gracieur* sans grâce ne le sait même pas. Le dossier est le premier du tas maintenant. Si on ne lui vole pas son tour, il faut qu'on l'ouvre. Pas aujourd'hui. Il y a chasse à Rambouillet dans les tirés du Roi. Demain. Malheur ! une mauvaise nuit dispose mal à la clémence. Comment, on n'en a pas fini avec ce Chevalier ? Qu'est-ce qu'il a fait ? Frappé son supérieur ? Et la discipline dont je suis le gardien, et la France dont je suis le défenseur ? A mort ! Et puis, n'oubliez pas que demain le Ministre de la Justice est de la chasse de Marly. Y a-t-il encore quelque paperasse à signer ? Qu'on en finisse avec tous ces grimoires !

C'est fait. L'électricité, franchissant la mer, a porté la nouvelle. Chevalier tombe mort, pour une bourrade à son caporal. L'adjudant acquitté pour avoir tué le clairon aurait pu commander le feu. Le soldat qui avait égorgé son camarade de lit aurait pu creuser la fosse. Trois exemples de *Justice républicaine !*

Et maintenant, allez demander à ce malheureux — c'est du Président que je parle — ce qu'il pense du sublime discours de Portia sur la grâce « qui bénit celui qui donne et celui qui reçoit ». Il ne sait pas ce que c'est. Il mourra sans le savoir. Dites-lui de consulter les penseurs, de lire, d'apprendre. Il n'a pas le temps. On a préparé des actes pour lui, avant qu'il ait eu les moyens d'en déduire pour lui-même les raisons. Donc, il agit à tort et à travers, par méthode administrative. Le bon Dieu, s'il existe, se reconnaîtra là-dedans. Il y a eu d'ailleurs un prêtre pour expliquer cela à Chevalier en personne.

Ah ! oui. J'oubliais le prêtre. Il apporte la grâce, lui, après la fusillade, comme entrée de jeu de la bonté suprême. Complice, ce ministre d'un Dieu qui a dit : « Tu ne jugeras pas, tu ne tueras pas. » Il regarde juger — si ce mot peut être applicable — il regarde tuer, et ne dit rien. Car, s'il se levait parmi ces fusilleurs, bourreaux malgré eux, s'il montrait sur le gibet infamant son Dieu qui fut tué par jugement d'injustice, s'il leur disait : « Où prenez-vous le droit de donner la mort? » qui sait s'il ne se ferait pas, de ce jour, par le porte-parole de Jésus, une révolution de bonté?

Allons, prêtre, puisque nous sommes impuissants, nous, n'invoquant que le sentiment, la raison, parle au nom de ton Dieu, victime des plus forts. Voilà dix-huit cents ans que je t'attends.

XII

Histoire d'un pioupiou.

Le petit pioupiou de vingt ans, installé dans une garnison de l'Est, avait vu son baraquement de la frontière subitement décimé par l'épidémie d'influenza. Infirmeries et hôpitaux encombrés, l'autorité militaire n'avait eu d'autre ressource que d'expédier en convalescence chez leurs parents les soldats qui pouvaient supporter le voyage. C'est ce qui fait qu'un beau matin, le fantassin blême et tremblant la fièvre se présenta, déplorable à voir, au logis paternel. Il est peut-être absurde d'envoyer *en convalescence* des gens qui sont au début d'une maladie grave. Mais quels que soient la science et le dévouement des médecins militaires, les parents ne chicanent pas là-dessus quand leur situation leur permet de recevoir au logis et de soigner eux-mêmes l'enfant. D'ailleurs pour le cas d'épidémie infectieuse, comme celui dont il s'agit, l'évacuation des casernements et le licenciement des malades sont les mesures à recommander.

Notre petit pioupiou, confortablement installé dans sa chambre, soigné par un des premiers médecins de Paris, ingurgitait d'énormes doses de quinine sans pouvoir enrayer l'accès quotidien qui le laissait sans force et sans réaction de vitalité. Enfin, au bout de quelques jours, un phlegmon profond du cou se déclara et suivit une marche si rapide que le professeur Labbé, mandé en toute hâte, dut pratiquer séance tenante une incision de dix ou douze centimètres de longueur pour aller débrider jusque dans les régions intramusculaires les tissus en voie de transformation inflammatoire. L'opération réussit grâce à l'habileté du maître et aux soins qui ne furent pas ménagés. Mais, après de longues semaines, le malade, qui pouvait enfin justifier son titre de convalescent, se trouva dans le plus fâcheux état d'anémie compliqué d'accès intermittents qui ne voulaient pas lâcher prise.

Il fut expédié aux champs, aux côtes de l'Océan, sans succès. La fièvre persistait, et le petit soldat émacié continuait de dépérir malgré les ressources de la thérapeutique moderne. Chaque mois, il se présentait à la place Vendôme, où, à la seule vue du sujet, un sursis nouveau était accordé sans qu'il fût besoin de procéder à l'examen médical. Les choses en étaient à ce point. L'anémie était à peu près stationnaire et la fièvre ne se montrait plus qu'à des intervalles éloignés, quand l'autorité militaire, fatiguée d'une si longue succession de congés, jugea bon d'expédier son malade à l'hôpital du Val-de-Grâce, *en observation.*

Je ne blâme point cette résolution, car il peut être nécessaire de faire constater officiellement par des juges qualifiés l'état de santé d'un soldat dont la convalescence se prolonge au delà des termes ordinaires. Je remarque seulement qu'un tel examen, dans un cas d'anémie prolongée, ne demande qu'un temps très court, et qu'il est inutile de faire payer à l'Etat des frais de journée très élevés pour l'hospitalisation d'un homme qui ne demande qu'à se soigner chez lui. La question est d'autant plus grave que l'hôpital n'est pas un bon séjour pour un anémié, un fiévreux plus exposé que tout autre à fournir un favorable terrain de culture aux germes infectieux qui abondent nécessairement en ce lieu.

Au bout de deux visites, l'opinion du major était faite, et le médecin en chef survenant ne put que confirmer le diagnostic mentionné par le bulletin du malade : « *Anémie consécutive de phlegmon profond du cou* ». Rien à faire qu'à prolonger le congé. C'est la décision qui fut prise, et il suffit de *trois semaines* pour que les pièces nécessaires fissent le laborieux voyage du faubourg Saint-Jacques à la place Vendôme et de la place Vendôme au faubourg Saint-Jacques.

Pendant ce temps, le pioupiou, coiffé de la calotte blanche, perdu dans la longue tunique flottante, promenait son ennui dans les paisibles cours. Pour toute distraction, des visiteurs qui passent avec des petits paniers gonflés d'innocentes friandises, le malade appelé s'empressant au-devant de l'aubaine, le groupe morne des délaissés qui, n'attendant personne, jalousent le camarade chanceux, le raillent, l'interrogent, profitent d'une générosité toujours prête. L'infirmier passe. Une sœur l'arrête un instant pour lui donner un ordre et disparaît dans un tintement de clefs dansantes. Des politiques en rang serré sur des bancs écoutent la lecture du journal à haute voix. D'autres se promènent lentement sous les arbres, au long des tristes parterres, enviant la luxuriante verdure du *jardin des sœurs* interdit.

Le nouveau venu, le premier jour, prend intérêt à ces manèges. Et puis, l'éternelle répétition fatigue inexprimablement la pensée. Que faire au milieu de ces traînantes douleurs quand on ne leur peut apporter que le tribut de son mortel ennui ! C'était le cas de mon petit soldat qui, sans l'amusement de *l'Histoire du Consulat et de l'Empire* dont je lui fis présent, eût vu, je n'en doute pas, son anémie s'aggraver encore par l'absurdité de son emprisonnement en des mots où se réunissaient toutes les *contre-indications* désirables. Il le savait, il le sentait, mais n'avait pas même la force de réagir par quelque parole de colère, par un appel de liberté. Depuis quinze jours, il tournait la monotone meule, accomplissant les choses dites à l'heure marquée, attendant sans pensée le congé qui ne venait pas. Rien en lui du rebelle et du mécontent. La caserne l'avait plié, il obéissait comme à la caserne, sans se poser jamais l'irrespectueux *pourquoi* que ne permet pas le régiment.

Soir et matin, la sœur disait la prière, et mon soldat, quoique parpaillot, levait sa calotte, observait une attitude respectueuse pour ne choquer personne. Quelques-uns, après la sœur, répétaient chaque phrase à voix haute, d'autres marmottaient vaguement des paroles confuses pour faire montre de piété sans se fatiguer l'esprit, les sceptiques remuaient les lèvres seulement, et de toutes ces manifestations, feintes ou sincères, se faisait un bourdonnememt confus dans lequel le Créateur des mondes avait à débrouiller le mensonge et la foi.

Seul, l'incroyant pioupiou, calme, ennuyé, ne desserrait pas les dents. La sœur au bout de quelques jours, eut connaissance de la chose. Comment pouvait-elle, courbée dans la prière, savoir exactement ce que faisait chacun autour d'elle, quels hommes étaient dressés à l'espionnage, je ne sais. Toujours est-il que des regards irrités apprirent bientôt au jeune soldat qu'il avait encouru le mécontentement de la pieuse surveillante. Il ne s'en troubla point, observant le règlement de son mieux.

Mais cette absence de foi inertement affirmée était en vérité trop choquante pour la fille de Dieu. Un jour elle marcha droit au coupable :

— Mon enfant, voici un livre de piété à l'usage du soldat. Lisez-le, *vous en avez besoin*.

— Je vous remercie, ma sœur, je n'en aurais que faire.

— Vous ne pouvez pas me le refuser.

— Je vous demande la permission de ne pas le prendre.

Un silence. Un pâle éclair de colère béate, et la sœur, décontenancée de tant d'audace, tourna brusquement le dos, se disant tout bas :

« Je ne m'étais pas trompée, c'est Satan »,

Pauvre Satan, quand tu es dans la culotte d'un pioupiou, il n'y a pas besoin d'eau bénite pour venir à bout de toi.

J'ai dit que le convalescent du Val-de Grâce observait avec soin le règlement. Mais il n'y a pas de bonne volonté qui tienne quand on a mécontenté le Seigneur ou quelqu'un des siens. Le lendemain de la scène que j'ai dite, la sœur était au chevet du pioupiou :

— Vous êtes allé à la toilette avant de faire votre lit. Le règlement dit qu'il faut faire le lit d'abord.

— Ma sœur, je fais ainsi depuis quinze jours, et personne ne m'a jamais rien dit.

— Vous n'en êtes que plus coupable. Quatre jours de diète.

Quatre jours de diète, infligés par une sœur *de charité*, de sa propre autorité, *en dehors de l'autorité médicale*, à un malade de vingt ans, dont le bulletin porte la mention : *Anémie consécutive de phlegmon profond du cou*. Qu'en dites-vous, chrétiens qui, pour sauver les âmes en dépit d'elles-mêmes, approuvez qu'on aggrave, au nom du Christ, l'anémie d'un anémié ? Est-ce pour défendre la patrie que nous donnons nos enfants à l'armée ? ou bien vont-ils au régiment pour être livrés par des chefs impuissants ou encapucinés à la pieuse férule de la propagande ? Pourquoi la sœur, sous prétexte de soins que donnent en réalité le major et ses aides, essaierait-elle de convertir le malade, et non le malade la sœur ? Quelle punition pour le soldat qui offrirait d'Holbach ou Büchner aux méditations de la religieuse ? Le cas ne se présente pas, sans doute, parce que la masse indifférente est terrorisée par l'arbitraire d'une malheureuse sectaire qui ouvre ou ferme à son gré le couvercle de la gamelle, et que le plus audacieux ne peut opposer à ses entreprises qu'une résistance passive. Mais excuser une tyrannie sur ce qu'elle est trop forte pour permettre les protestations, c'est peut-être abuser de l'ironie, même sous notre République bénie.

Les médecins ne peuvent pas ignorer ces choses. Ils les tolèrent. Il leur en cuirait, sans doute, s'ils s'avisaient de défendre leurs patients contre le zèle pieux qui se plaît à empirer la maladie qu'on leur demande de guérir. Le ministre, professionnel ou laïque, n'a garde de mettre le pied dans cette fourmilière, et le Parlement laïcisateur ne va pas faire de peine au ministre pour un vulgaire pioupiou. On en a tué l'autre jour quelque milliers à Madagascar sans que personne ait voulu savoir comment ni pourquoi. Là, au moins, on ne les torturait pas de propos délibéré sous prétexte de charité, comme faisait la bonne sœur du Val-de-Grâce. Mettre un soldat à l'hôpital parce qu'il est anémique, et le faire tirer à hue et à dia par le médecin qui le réconforte et par la sœur qui le débilite demeure une pratique étrange. J'en fus fort irrité quand l'événement se produisit, et je voulus faire quelque tapage. Mais le pioupiou me représenta que je n'aboutirais qu'à aggraver son cas. Je me bornai donc à des manifestations secrètes d'anticléricalisme en apportant du chocolat à mon affamé. Vous excuserez ma faiblesse, ô ma sœur, quand vous saurez que c'était mon fils. Si vous aviez engendré de votre chair quelque mioche piaillant, vous n'auriez jamais eu le cœur de priver un enfant, un malade, de nourriture.

XIII

Les deux patries.

Saviez-vous, qu'il y a différentes sortes de patries ? J'en avais conçu le soupçon à voir certaines gens exploiter ce mot sans autres talents que de cabotinage. M. Georges Deloison, qui est un psychologue, vient de tirer l'affaire au clair. En cherchant tout au fond de son âme, cet honorable avocat, qui exerce entre deux plaidoiries la fonction de propriétaire, a découvert une patrie de briques et de moellons qu'il recommande, en effusions lyriques, aux plus chaudes manifestations de nos émotions affectives. Ecoutez l'hymne du patriotisme foncier tel que l'entendit le 29 mars dernier la Chambre syndicale des propriétés immobilières de la Ville de Paris :

» Nous sommes tous ici de la même patrie, *non pas de celle, volage et légère, que le moindre orage fait fuir et disperse aux quatre coins du monde, mais de* CETTE PATRIE DES PROPRIÉTAIRES FONCIERS, *stable, attachée à la glèbe et à la pierre,* partageant les bons comme les mauvais jours du pays, et *constituant la véritable force* et la véritable richesse de la France ».

Les applaudissements de la Chambre syndicale des propriétés immobilières de la Ville de Paris ayant souligné ce morceau, il y a lieu pour nous, de méditer sur un document où se montre à plein l'état d'âme de cette importante fraction de nos contemporains. Si M. Georges Deloison a fait imprimer son discours, c'est apparemment qu'il l'a cru digne de la mémoire des hommes. Je ne suis point à cet égard d'un autre avis que le sien. Faut-il rappeler que le conférencier *est président de l'Union des chambres syndicales des propriétés bâties de France, et président du conseil judiciaire du Syndicat des propriétés immobilières de la Ville de Paris*? Ai-je rêvé que l'assemblée générale du Syndicat fut présidée par M. Pouillet, le distingué bâtonnier de l'ordre des avocats? M. Georges Deloison n'est-il pas un des membres les plus actifs de cette *Union libérale* qui compte M. l'avocat Barboux au premier rang de ses augures, et ne l'avons-nous pas vu discourir quelque part en province sous la présidence de son maître?

Il faut bien croire qu'un tel homme, recommandé d'un si haut patronage, ne dit rien au hasard. C'est une parole autorisée qui proclame, au nom du parti qui est le parti Deloison, que nous sommes pourvus au moins de deux patries, l'une *volage et légère*, etc., l'autre *stable, qui est la véritable force de la France, la patrie des propriétaires fonciers*. La patrie des propriétaires distincte de la patrie des locataires, n'est-ce pas tout justement le thème des socialistes-révolutionnaires? Ce sera la gloire de M. Deloison d'avoir enfin réconcilié, dans une affirmation commune des conditions d'une patrie, la révolution sociale et le parti conservateur, jusque-là divisés en apparence sur cette primordiale question.

Je me demande seulement si, comme d'autres innocents génies, l'orateur des propriétaires a bien mesuré du premier coup toute l'étendue de sa découverte. S'il n'y a de véritable patrie que *la patrie des propriétaires fonciers*, les simples locataires, qui n'ont à revendiquer que *la patrie volage et légère*, peuvent sans inconvénient se désintéresser de la défense d'un territoire qui ne leur est de rien. Il n'importe guère, sans doute, car de pareilles gens, sans patrie tangible, fuieraient de toute évidence, au premier coup de canon. Par contre, il va de soi que nous pouvons mettre toutes nos espérances de victoire dans le Syndicat des propriétaires fonciers. Ceux-là se moquent bien d'une volée de mitraille, ayant une patrie de revenus fonciers pour qui vivre et mourir. Qu'on les envoie au plus vite en invincible phalange, et que l'ennemi apprenne à ses dépens ce que peut le sentiment de la propriété foncière emmanché d'une baïonnette dernier modèle. Cependant, restez lâchement dans les foyers qui ne sont pas les vôtres, ô guenilleux locataires! et enviez la gloire de votre héroïque proprio!

Mais j'y songe, pourquoi verser à flots un sang si précieux? Et comment n'ai-je pas reculé d'horreur devant cet effroyable carnage? Qu'est-ce que la patrie des propriétaires fonciers peut avoir à craindre de l'étranger? Elle ne s'en va pas, quoi qu'il arrive, cette patrie si chère : M. Deloison le constate avec un légitime orgueil. A travers toutes les invasions, elle demeure immuable. L'argile, le mortier, la brique et la pierre n'ont garde de *se disperser sous l'orage aux quatre coins du monde*. Que pourra faire l'étranger, sinon de diminuer l'impôt, car vous le savez, la France est la nation la plus chargée de taxes qui soit au monde? Je respire. La propriété foncière n'a pas besoin de faire appel au courage effréné de ses détenteurs. Les propriétaires peuvent, d'une conscience tranquille, renoncer à la sublime folie des combats pour attendre paisiblement *l'ennemi* derrière leurs patriotiques murailles, porte ouverte et table servie. Entrez, bon percepteur de Guillaume, avec la cote réduite dont se réjouit le cœur du propriétaire !

Je n'ignore pas que beaucoup ne sont point disposés à pousser jusqu'à ce point la logique du patriotisme foncier, d'autant que l'impôt du propriétaire est le plus souvent payé par les locataires. Sûrement, la plupart s'écrieraient : « Il y a dans la patrie autre chose que la brique et la pierre ». Autre chose ? Qu'ils l'aillent dire à M. Deloison. « Ah ! oui, répondra l'avocat de *la patrie stable*, c'est vrai, il y a la *patrie volage et légère*. N'y prenez pas garde, amis ! C'est l'autre, la nôtre, qui fait la *véritable force de la France*. »

Et qu'est-ce donc, en effet, que cette patrie subite, idéale, qui n'a que le mépris du groupe Deloison ? Peu de chose, en vérité. Rien que la pensée française, exprimée dans ses annales, ses traditions, son histoire, la belle floraison d'esprit d'où nous procédons, nous très humbles, et qui nous fait grands encore à nos propres yeux comme aux yeux du monde civilisé. Les nobles sensations d'art développées des ancêtres, le puissant jaillissement d'idées qui, par la force d'expansion et de pénétration de la langue française, dissocia le monde ancien sans retour, l'irrésistible explosion de volonté qui nous lança dans les champs de l'Europe asservie au cri retentissant de justice et de liberté, tout cela n'est rien, paraît-il, rien qu'un patrimoine *volage* que le vent disperse aux quatre coins de l'horizon. Je le regrette, en vérité, malgré la splendeur du patriotisme au mètre carré, tarifé d'avance, avec eau et gaz à tous les étages.

Qui sait? Même après que le verbe Deloison s'est fait entendre, le dernier mot n'est pas dit peut-être sur cette question que nos anciens semblent avoir jugée tout autrement que le présent Syndicat des propriétés immobilières. Les hommes ont cru jusqu'ici qu'il y avait une patrie morale où chaque membre de la nation était de droit propriétaire, et qu'il pouvait légitimement avoir l'ambition d'agrandir. Le foyer matériel, terre, brique ou pierre, dont je n'ai certes point de mal à dire, nous avait surtout été représenté comme ayant d'abord le mérite d'être le support de l'autre. Quand les propriétaires voulaient faire défendre leurs champs par les hommes sans propriétés, c'est la patrie idéale, précisément, qu'ils ne manquaient pas d'invoquer. Et, en mourant pour la patrie matérielle des autres, il se trouvait que les non-propriétaires n'étaient pas aussi dupes que le croit M. Deloison, car ils donnaient leur vie pour sauvegarder quelque chose du génie des ancêtres dont la France a vécu et vit encore : je dis la France qui a pensé, qui a parlé, et qui est plus connue dans le monde par ses écrivains et par ses artistes que par ses entrepreneurs de bâtisses et ses propriétaires.

Maintenant, s'il faut tout dire, je ne serais pas éloigné de penser qu'il y a quelque chose à retenir de l'enseignement Deloison. Si la terre nourricière de tous — même partiale aux uns, injuste aux autres — demeure le soutien commun de la commune patrie, il pourrait être bon qu'une justice plus grande doublât d'un égal intérêt personnel l'amour égal de chaque citoyen pour la patrie totale, sans subdivisions de classes. Alors le patriotisme Deloison, le patriotisme de classe, ne pourrait plus trouver matière à distinguer entre les deux patries confondues. M. l'avocat doit avoir entendu parler de cette utopie. C'est ce que le peuple des locataires appelle la question sociale. Digne objet des méditations du Syndicat des propriétaires.

XIV

Pour des gueux.

Cette fois, nous tenons une réforme. Je crains, seulement, que ce ne soit une réforme à rebours.

Il y avait dans Paris quelques douzaines de gueux qui, au lieu de tirer la laine aux carrefours, ou de demander impérieusement l'heure aux passants, la nuit, dans les quartiers déserts, au lieu même de crever vertueusement de faim, à la porte des asiles de misère, tentaient de vivre suivant le Code, en usant de la liberté qu'a chacun de vendre son travail pour une somme d'argent.

Je dois avouer que le travail qu'ils avaient *choisi* n'était pas de ces entreprises que nos Académies récompensent de leurs faveurs en des cérémonies publiques, où, comme dit Renan, la vertu reçoit, un jour sur trois cents, un salaire. Non. Ces gens, d'ambition moins haute, n'attendaient rien du plus ingrat labeur que la chance de manger quelquefois, ou de dormir sous un toit, de temps à autre. Leurrés de cet espoir, et, pourvus du courage que donne un appétit mal satisfait, ils avaient inventé une profession bizarre qu'on ne peut les soupçonner d'avoir adoptée par paresse ou plaisir. Ils suivaient au pas de course les petits omnibus ou les fiacres à galerie, des gares excentriques jusqu'aux extrémités de la ville, ét arrivés haletants aux Champs-Élysées, à Grenelle, à Passy, ils s'offraient pour monter les lourdes malles d'étage en étage.

Ce métier, si la dignité du mot ne se trouve pas ici offensée, ne va pas sans ennuis. La neige, la pluie, le vent, ou même le soleil d'août sont de fâcheux compagnons pour qui suit un cheval à la course dans la boue ou dans la poussière. Le cheval a l'aide du fouet; l'autre, l'aiguillon du besoin. Ils vont ainsi, de compagnie, à l'abattoir, au cimetière, avec des coups douloureux en chemin. Encore la bête est-elle assurée de sa paille, tandis que l'homme doit s'en remettre, pour son grabat à une hasardeuse Providence.

Le misérable n'arrive au but, suant, soufflant, rendu, que pour se voir souvent enlever par un concierge, par un valet, par la machine du monte-charge, le pénible labeur attendu. Un mot, un geste l'écartent du chemin. Il faut retourner aux gares. A recommencer, l'effort pour la vie, si cruel, qui peut être infructueux encore. En ces transes, en ces crampes d'ahan se passe le jour, après lequel on lui dit qu'il doit remercier le Père du pain quotidien qui lui manque. La société chrétienne, d'ailleurs, le regarde faire avec indulgence, et délègue ses sergents de ville pour le protéger contre l'insolence de Turcaret, qui pourrait être tenté de le mépriser trop haut.

C'est bien le moins, direz-vous, que la force publique ne trouble pas l'exercice de cette liberté du travail que les économistes nous représentent comme notre plus belle conquête. La rue est à tout le monde, et puisqu'on y peut promener ses carrosses, il doit être permis aux piétons d'y circuler, comme les chevaux, à l'allure de la course ou du pas, suivant les nécessités de l'heure. De quel droit distinguerait-on entre tous ces hommes qui passent pour donner pleine licence aux uns et régler la marche des autres ? Où vont-ils tous ? A la satisfaction d'identiques besoins. Laissez faire, laissez passer, comme dit votre doctrine. Et puisque vous ne croyez pas devoir protéger les faibles contre l'abusive puissance des forts, peut-être convient-il de ne pas défendre trop vigoureusement les forts contre la faiblesse de ceux qui se trouvent d'avance hors de combat.

Eh ! bien, ce n'est point ainsi qu'on l'entend. M. Lépine, préfet de police, a décidé que ces hommes, coupable d'user du droit commun, ne seraient plus admis à essayer de vivre du travail de hasard si durement acheté ! Défense de courir après une voiture. M. de Rothschild, lui-même, s'il essayait de rattraper l'omnibus, pourrait passer la nuit au poste et se faire condamner à 16 francs d'amende. En revanche, chacun de nous a la faculté de monter à son aise en calèche — après achat préalable chez Binder. Avis aux piétons pressés.

Les *suiveurs de voitures* allègueront naturellement qu'ils aimeraient mieux s'installer dans le coche que courir derrière. C'est leur affaire. La police dont l'ordinaire mot d'ordre est « *Circulez* », a reçu la consigne de les cueillir au passage dès qu'ils circulent, et de leur offrir l'hospitalité du Dépôt, jusqu'aux condamnations qui ne manqueront pas de s'ensuivre.

Pourtant, j'ose penser qu'un arrêté de M. Lépine n'est pas nécessairement l'ultime raison des choses. Les misérables que l'on traque pour les empêcher de vivre d'un salaire de rencontre ne contreviennent, c'est certain, à aucune loi connue. Que leur reproche-t-on? Ils passent leurs incertains marchés publiquement, sur le trottoir? Cela peut-il être un grief aux yeux de cette même police qui *tolère* la vente de la chair prostituée sur tous nos boulevards, au profit des messieurs bien habillés? Si la femme vend son corps avec l'estampille de l'État, qu'on me dise pourquoi l'homme ne pourrait louer honnêtement ses bras sans être molesté.

Il a peut-être un reste de foyer, le misérable. L'usine s'est fermée, l'embauchage fait défaut. S'il réussit à traverser le difficile passage, demain il peut rentrer dans la hiérarchie de l'usine? De quel cœur osez-vous achever ceux que la fortune abat? Direz-vous qu'il en est qui sortent de prison? Ne leur avez-vous donc ouvert la porte que pour les ramener au seuil maudit, malgré leur tentative de rachat? En supprimant leurs dernières ressources, que leur laissez-vous, sinon l'hôpital ou la geôle? Vous faites de tapageuses lois contre la récidive, et vous fabriquez, de vos propres mains, le récidiviste.

J'ai lu que certains *suiveurs* s'étaient mal conduits, avaient injurié les voyageurs qui refusaient de les engager. Il y avait là, ce me semble, une raison de punir les délinquants, non de priver les innocents de leur pain. Supprime-t-on le barreau, quand deux avocats s'injurient, ou la médecine, quand Lapommeraye verse d'une main trop libérale la digitaline à sa maîtresse ! L'avocat et le médecin ont leur utilité, sans doute. Est-ce à dire qu'il n'est point avantageux de trouver à sa porte deux bras tout prêts pour décharger les colis dont se désintéresse la grandeur de nos cochers? L'économie politique ne dit-elle pas que, s'il n'y avait pas service rendu, il n'y aurait ni offre ni demande? Et n'est-ce pas la loi des lois de ne pas intervenir entre le vendeur et l'acheteur?

Quant au reproche de mendicité déguisée, la limite me paraît plus difficile à tracer qu'on ne pense. J'ai vu la plus effrontée mendicité de places dans les antichambres ministérielles sans qu'on arrêtât jamais députés ni ministres. Au nombre des droits de l'homme reconnus antérieurement à la Révolution française, il faut compter le droit de faire la charité. Mais, depuis cette même Révolution, on interdit sévèrement aux Français qui manquent du nécessaire de solliciter le secours que, d'autre part, l'État chrétien, dans ses églises, recommande expressément d'accorder. Sur cette tartuferie se fonde la tranquillité des heureux de ce monde, et leur espoir d'une vie future dont la misère a pour fonction de leur faciliter l'accès.

De là, aussi, tant de métiers intermédiaires qui sollicitent, de toutes parts, un tribut plus ou moins légitime : marchands ambulants, ouvreurs de portières, ou portefaix d'occasion. Traquer ces gens n'est d'aucun avantage. Ils essayeront de vivre tout de même, et par de pires moyens. La charité individuelle, la charité collective, la charité d'État n'aboutissent qu'à créer dans la caste mendiante une bourgeoisie de misérables. Au fond du creuset social reste l'irréductible culot de misère.

Connaissez-vous le *gansere* de Venise ? C'est un être dépenaillé et fier qui dort tout le jour aux marches des palais ou des églises. Dès que la gondole aborde, il brandit le *ganse*, un formidable croc emmanché d'un long bois où brillent des clous de cuivre, et harponne solidement l'esquif que ni vent, ni flot, ne menacent de faire mouvoir. En mettant pied à terre, laissez négligemment tomber deux sous dans le chapeau qui passe devant vous en manière de salut : l'homme vous en saura gré. D'ailleurs, si vous oubliez d'accomplir ce rite de courtoisie, le bon Vénitien n'en continuera pas moins de retenir d'un geste de héros antique la gondole qui n'a garde de s'en aller. Le *gansere* fait l'ornement de Venise, et la police du grand canal ne songe guère à le supprimer.

Notre portefaix ambulant est d'attitude moins héroïque et de vie plus pénible assurément. Affaire de climat et de race. Formes diverses du problème de vivre.

Parce qu'ils montraient en action l'extrême effort des vaincus de la vie, les *suiveurs* nous étaient, à travers le tumulte de nos voies luxueuses, un utile rappel des atroces misères qui sont la perpétuelle menace de notre civilisation brillante. Est-ce pour cela qu'on les a supprimés ?

Le *seseno* d'Andalousie s'égosille à crier toute la nuit : « *Le temps est beau.* » Sans mot dire, le *suiveur* exerçait la haute fonction sociale d'annonceur d'orages.

On peut briser la fâcheuse girouette qui grince. Cela n'arrête pas la tourmente.

XV

Le banquet qui n'a pas eu lieu.

En ce temps-là, il y avait un Président de la République, car il y avait, disait-on, la République, c'est-à-dire un Gouvernement libre cherchant à réparer par une meilleure organisation de justice sociale les anciennes iniquités de classe.

C'est un grand malheur que dans les sociétés humaines, théoriquement destinées à assurer une part égale de sécurité, de liberté et de justice à tous, il se soit toujours rencontré des hommes pour s'arroger, sous des formes diverses, les bienfaits principaux de l'association commune, tout en célébrant hautement leurs propres vertus. Divers changements furent essayés par des génies hasardeux pour remédier à cet état de choses. Des empereurs, des rois, avec leurs courtisans âpres au butin des pensions, des sinécures et de tous les emplois grassement rétribués pour donner aux peuples l'illusion de services rendus, furent constitutionnellement entravés par le moyen des chartes, des lois et autres fariboles, dont le plus clair résultat fut de changer la procédure du mal et d'en maintenir la réalité grâce aux fausses espérances suscitées chez les humbles.

On alla même — raffinement curieux — jusqu'à députer des hommes au gouvernement de tous. On les faisait, à des jours marqués, comparaître devant les comices populaires, et on les choisissait pour gardiens ou même fabricateurs des lois, pour les raisons qui paraissaient alors les plus congrues. Celui-ci parce qu'il était riche, celui-là parce qu'il était pauvre, cet autre parce qu'il avait le don de la parole ou de l'intrigue, certains parce qu'ils avaient fait un peu ou avaient envie de faire beaucoup, la plupart parce qu'il promettaient des choses : des choses avantageuses au bien privé de leurs amis, et même au bien public de la nation tout entière.

A la surprise générale, cela ne réussit pas beaucoup mieux. Les hommes députés au gouvernement de tous s'y installèrent et en firent leur affaire. Ils choisissaient quelques-uns d'entre eux, et, leur donnant la haute main sur les places, se faisaient attribuer à eux, à leur famille, et jusqu'aux amis dont ils avaient besoin les prébendes autrefois réservées à la cour et à sa clientèle. Après quoi l'on déduisait de la générosité ou de la ladrerie des hauts pourvoyeurs d'emplois les raisons de haute politique qui commandaient, suivant le cas, de les maintenir ou de les mettre à bas.

On pense si tout ce monde s'entendait comme marchands en foire pour conserver un système de gouvernement si profitable : j'entends profitable au négoce des négociateurs plus que des négociés. Aussi arriva-t-il que ceux-ci se lassèrent, et un jour que le mécontentement dépassa l'ordinaire mesure, on prit une résolution grave. On décida que le royaume porterait désormais le nom de République, et que le roi s'appellerait Président. La chose n'alla pas sans des difficultés très grandes. Il fallut d'abord couper le cou de tous ceux qui étaient d'avis que la République fut dénommée Royaume, et que le Président fut appelé Roi. Ces derniers, d'ailleurs, prirent leur revanche au centuple, et, pendant un siècle et plus, on s'entremassacra frénétiquement pour ces deux mots. L'Église du Christ, toute benoîte, regardait faire, trempant d'occasion ses doigts dans « le sang impur » des infidèles, et proclamant toujours avec onction que le bon Dieu avait reconnu pour le plus digne le plus fort.

Eh bien! le croirait-on? Cette immense révolution ne produisit rien, et le gouvernement continua de s'exercer au profit des gouvernants, au détriment des gouvernés. Cela dura longtemps, dit la chronique. On dispute encore sur le nombre précis de siècles, mais on s'accorde à reconnaître qu'il y en eut beaucoup. Pierre émargeait au lieu de Paul ou de Philippe, et cela faisait patienter Mathurin, et cela donnait l'espérance à François, qui se disaient : « Ce sera bientôt notre tour. » Ainsi se perpétuent les choses abusives.

Un jour, cependant, quelques-uns proposèrent de faire plus de justice entre les hommes, et, pour commencer, d'avertir le collecteur d'impôts d'avoir à modifier ses rôles. Il s'agissait, pour soulager légèrement les faibles, de charger légèrement les forts. Ce fut un beau cri. Ceux-ci démontrèrent par raison péremptoire que les riches deviendraient pauvres, si les pauvres ne payaient pas vingt fois leur quote-part. Et comme les riches ont beaucoup de moyen de faire du bruit, et que les pauvres ont principalement des possibilités de se taire, la plupart des gazettes daubèrent ferme sur les réformateurs. L'un d'eux, qui avait un goût immodéré de la paix dans les grandeurs, fut amené par les voies de la persuasion à se faire ermite dans une thébaïde plaisante. Un autre qui assourdissait les passants de son bruit fut nommé satrape d'Asie pour se taire, et se tut comme il convenait.

On vit donc le calme renaître, et la satisfaction régner dans les esprits, comme sur la place publique. On faisait d'ailleurs pendant ce temps de très grandes choses, dont la principale fut qu'un puissant souverain sarmate consentit à accepter l'aide de la France pour agrandir en paix ses possessions dans le monde. La cour, les bourgeois, le peuple même en conçurent une joie singulière, et la République fut heureuse. Bien content, le Président qui s'était frotté d'autocratie. Très joyeuse la cour sans monarque, qui s'était offert le plaisir de crier : *Vive le roi!* sans encourir l'ennui de seize francs d'amende. Satisfaits, les bourgeois de désencanailler la République dont leur industrie tirait avantage. Heureux même le peuple, du bonheur des autres. Bénigne, bénigne, en vérité, cette tourbe révolutionnaire qui élisait des Municipalités pour lui conserver ses octrois et lui reprendre, en taxes sur l'aliment de nécessité première, la moitié de son apparence de salaire, sans savoir que toutes les monarchies d'Europe ont depuis longtemps répudié cette iniquité monstrueuse. Bénins, bénins, ces paysans qui réclamaient la protection de leurs produits, dans l'espérance — souvent trompée — d'une rémunération meilleure, avec la certitude d'une vie plus dispendieuse et d'un prix de ferme supérieur.

Un seul homme, en son âme, nourrissait à ce propos des pensées. C'était le Président, un président du Danube, un ancien mégissier, corroyeur, tanneur de peaux, qui, né dans les vulgarités de l'équarrissage, en avait conservé la rude simplicité. Pour tout dire, la tête, un jour parut lui tourner, ce fut lors de sa visite au potentat sarmate, quand l'huissier du vestiaire lui remit par erreur, au lieu de son chapeau, la couronne royale d'un autre visiteur. Rentré chez lui, le Président, devant sa glace, s'aperçut très bien de la méprise. Mais la chose lui parut seyante, et vaniteusement l'homme faible se surprit à brandir en guise de sceptre sa pipe de merisier. Cette folie fut de courte durée, le fâcheux cercle d'or ayant toute une nuit chassé du front plébéien le sommeil. Dès le matin, le béret familier remplaça l'attribut antique des rois, et le sceptre dûment bourré de caporal retrouva ses fonctions ordinaires.

Rentré dans son pays, notre homme vit accourir à lui un grand concours de gens assez naïvement surpris que leur pays pût faire bonne figure dans le monde. Il n'en tira point vanité, et la pensée ne lui vint pas de subventionner les journaux qui l'avaient attaqué, pour obtenir d'eux quelques bribes d'équivoques louanges.

Loin de là, à peine rentré chez lui, il s'enferma à triple tour de clef, et, ouvrant un coffre dont le secret n'était connu que de lui seul, contempla longuement son tablier de cuir, ses sabots, ses râcloirs, qu'il avait nuitamment apportés au palais pour le rappel d'humilité qu'il sentait nécessaire, lorsque la Diète le fit auguste, au refus de Casimir-le-Sage. Il contempla ces choses, sans rien dire, sentant monter en lui des pensées inconnues. Et quand, au lendemain, Philippe-le-Décoré, trompetteur illustre de protocoles, chamarreur et chamarré, vint lui dire que ces messieurs du magnifique négoce désiraient lui offrir un banquet pour le prier d'obtenir de nos alliés qu'ils vinssent un jour sur notre marché comme acheteurs, il répondit ce simple mot : « J'irai ! »

Et il alla, comme il avait dit. Au jour fixé, devant le Hall tout flambant de lumières le grand carrosse doré s'arrêta. Une troupe de fonctionnaires brodés d'or et d'argent courut à la portière, et, sous l'éclat aveuglant des girandoles, le Président en sabots, vêtu de cuir, coiffé d'une cape tannée, s'avança souriant dans la stupeur de tous. Les cuirassiers-statues présentaient l'arme, pétrifiés. La musique militaire sarmate, venue tout exprès, exécutait le chant révolutionnaire : *Mort aux Tyrans*! et la fanfare de la garde républicaine, l'hymne fameux : *Mourons pour l'Empereur*! Tous les cœurs s'unissaient dans une acclamation immense du peuple qui ne voyait rien, tandis que le haut négoce et les ministres souriaient, effarés, stupides. Cependant, le chef de tous ces hommes, s'épongeant en toute simplicité la face de son gros mouchoir à carreaux, prit place à la table d'honneur, sur un siège en forme de trône, et quand on lui offrit la bisque veloutée, demanda du gruyère avec un demi-setier.

Enfin, l'heure de parler vint, et le maître du négoce lut un papier laborieux où s'étirait péniblement le plus pur vermicelle du commerce en très gros. Alors le Président se leva, et ôtant sa cape qu'il avait familièrement gardée comme symbole, il dit ces simples mots :

« Messieurs, c'est pas tout ça. Vous êtes de braves gens, très forts dans votre partie, je le dis sans vouloir déprécier la partie des peaux dont je suis. Si vous m'avez fait venir ici, c'est pas pour que ça vous profite, j'en suis sûr. C'est pas à votre partie que vous songez, c'est à votre patrie. Alors, je vas vous dire, il y en a d'autres dans la patrie. Il y a tous ceux qui *triment* dur, et sans qui, ni vous ni moi n'aurions de rentes. C'est pas pour eux que vous demandez des lois. Vous avez tort, puisque c'est contre eux qu'on a fait tant de lois depuis si longtemps. Il est temps de songer à eux. Si nous ne faisons pas leurs affaires, un de ces jours ils seront capables de les faire eux-mêmes, et le bon Dieu sait ce qui en arrivera. Alors j'ai voulu qu'il se trouve au moins un *ouverrier* pour dire ça dans votre *Balthazar*. Et voilà. »

Le lendemain, dans une cellule claire de Sainte-Anne, le docteur Magnan, pensif, tâtait le pouls du

Président, et Casimir-le-Sage, rappelé par le haut négoce en alarmes, se préparait à devenir Casimir-le-Fou, comme les autres.

XVI

Esprit de classe.

On a tout dit sur la catastrophe de la rue Jean-Goujon, même la vérité. Une classe surtout a été frappée, une classe d'en haut. Il était donc inévitable que le snobisme et la douleur sincère se trouvassent tragiquement mêlés. L'égoïsme social sépare ainsi les hommes que, malgré les lamentations courantes, la sympathie publique pour les communes souffrances demeure encore gâtée des taches de l'esprit de classe. Mme de Sévigné qui avait si grand mal à la poitrine de sa fille quand celle-ci toussait, et qui jugeait Louis XIV si grand après une contredanse, s'amusait fort des « *gros vilains pendus* » qui n'avaient commis d'autre crime que de saler leur soupe sans contribuer de leur denier à l'escarcelle du roi. Les sauvageries de la Révolution française furent la contre-partie de cette insensibilité de classe, à laquelle les philanthropes de la Convention durent de ne souffrir d'abord qu'en théorie de l'échafaud des ci-devant.

Nous nous croyons bien loin de ces temps. Cependant, les otages de la Commune et les effroyables massacres de Mai montrent ce qu'il reste en nous de barbarie de classe. Le coup de grisou qui fait brûler sous terre deux cents mineurs paraît sans doute à l'unanimité des hommes une chose affreuse. Mais comme on est vite en règle avec ce lointain malheur après deux jours de plainte banale et d'aumônes bruyantes ! Le Père Ollivier ne fait point tonner ses foudres pour si peu, Barthou ne va pas au sacré parvis répandre son âme, Félix Faure ne vient pas prier aux autels de la Vierge en édifiant cabotinage, et Guillaume II, en tournée d'inspection sur les remparts de Metz, ne laisse pas généreusement tomber de son porte-monnaie ce qui reste de nos cinq milliards.

Il en va d'autre sorte pour les victimes du grand monde. Riches et pauvres assurément sont dignes de la même commisération, et je plains les tristes cœurs qui distinguent. Pourtant il faut bien reconnaître que le mineur connaît le péril où il court, condamné par le sort à donner sa vie pour assurer la vie de ceux qu'il aime, tandis que les heureux du monde tomberont sous les coups d'un funeste hasard, pleurés par des enfants dont la douleur ne s'aggravera point de la soudaine privation de tout moyen de vivre.

Cela est ainsi, mais le pharisaïsme social n'en saurait convenir de bonne grâce. Il semble que le malheur ait légitime domicile dans les couches profondes d'une société à cloisons étanches, et que si l'aveugle fatalité s'abat sur ceux qui se croyaient organisés pour le bonheur, il y ait comme un criminel contre-sens de la destinée. Alors les rois s'émeuvent et luttent politiquement de condoléances, vraies ou fausses, et les parvenus de la République singent de leur mieux les rois. Alors l'Eglise entonne, contre argent comptant, ses plus magnifiques prières. Alors les hauts et les bas courtisans de l'esprit de classe s'efforcent de suggestionner l'univers, et l'on donne injustement à quelques âmes cruellement frappées l'apitoiement de justes larmes qui devrait être le commun apanage de toute même souffrance humaine. Personne n'est surpris que le petit enfant brûlé sur la péniche de la Seine n'aît point ému le cardinal Richard, Félix Faure et toute leur presse autant que la mort de la duchesse d'Alençon.

Le Bazar de la Charité rassemblait, on n'en saurait douter, des femmes excellentes dont le cœur généreux compatissait aux douleurs de l'humanité misérable. Je sais là de grands cœurs qui donnaient sans compter et — ce qui est plus méritoire encore — sans le dire. Honneur à la bonté vraie demeurée ferme et vive sous les mortelles tentations de l'égoïste richesse! A côté de ces hautes vertus — qui l'ignore? — d'autres sentiments se faisaient jour, respectables comme toute manifestation de liberté d'esprit, d'un rang inférieur à l'universelle charité du genre humain. La propagande religieuse qui restreint la pitié à des catégories de croyances! La propagande politique qui, dans un intérêt de classe, se sert de la religion pour des fins humaines! Il suffit de parcourir la liste des œuvres dont il s'agit, pour n'avoir point de doutes à cet égard. C'est même la généralité des sentiments de classe qui, rassemblant tous ces efforts de bien sous la haute direction d'un des chefs les plus remuants de la politique de classe, apparaissait comme le lien commun de toutes ces âmes. On nous a assez vanté « *la qualité des personnes* » — même du haut de la chaire, — on a assez discouru sur le sacrifice de « *ce que la France avait de plus pur* », pour que la prétention de constituer vraiment une catégorie sociale distincte ne puisse être contestée.

Seule, peut-être, ma pauvre chère amie, Elise Blonska, ne se croyait point d'une élite, quoiqu'elle en fût précisément. Et, sans faire tort à qui que ce soit des compagnes inattendues que lui a données la mort, je ne puis m'empêcher de penser que le sentiment qui l'a conduite là était des plus hauts qu'on put rencontrer dans cette assemblée de louable bienfaisance. L'esprit de classe a prétendu faire de ces lamentables victimes autant de martyres de l'héroïsme chrétien. L'excès du panégyrique oblige à ramener les choses à leur proportion véritable. Si je vais dans un bal de charité danser pour mes vingt francs et que j'y trouve la mort, je ne suis pas un héros. Je suis un homme dont le plaisir était utilisé pour le bien. Sans doute, il y a une distinction à faire entre le bal et la vente de charité. Pourtant chacun sait que ces sortes de réunions ne sont point des lieux de torture, qu'on y rit, qu'on y *flirte*, qu'on s'y amuse, que c'est une occasion de toilettes, et que, suivant le mot de l'*Eclair*, la vente de charité a remplacé l'Opéra-Comique pour les entrevues d'épousailles sous les yeux des bonnes grand'mères. Je n'y vois point de mal. Je dis seulement que cela n'a rien de commun avec le dévouement héroïque dont on fait tapage. La charité, au sens le plus élevé du mot, comporte un sacrifice de soi. Je ne veux pas douter qu'il n'y ait eu là des sacrifices aussi. Mais on avouera qu'ils n'étaient pas sans mélanges.

Sans mélange, toutefois, était le sacrifice d'Elise Blonska, cette humble servante des pauvres, dépourvue de cornette et de millions. Une femme de bien, Mme Schlumberger, l'avait priée de venir l'assister dans sa vente au profit des jeunes aveugles. Elle était accourue. Pauvre de la pauvreté suprême, Elise Blonska, fière entre toutes les femmes, gagnait sa vie par son travail, et consacrait la plus grande partie de son nécessaire à soulager les misérables. A côté de Mme Ménard-Dorian, de Mme Francisque Sarcey, de M. et Mme Jules Claretie, de Georges Périn, du docteur Letourneau, à côté de M. et Mme Gustave Pereire, à côté du fils de Mme Schlumberger, qui avait fait taire un instant sa douleur pour suivre au dernier repos l'humble amie de sa mère, j'ai vu des malheureux déguenillés sangloter derrière le cercueil de ma noble amie. Elise Blonska, toujours riante, enjouée, indulgente, vivant de croûtes et n'allumant jamais de feu chez elle au cours des hivers les plus froids, donnait tout d'elle-même et trouvait toujours que ce n'était pas assez. Chargée par quelques femmes charitables de distribuer leurs aumônes, elle montait aux galetas, s'asseyait aux berceaux, aux paillasses affreuses, discutait des budgets de misère, sans jamais se laisser rebuter par la tromperie, apportait des vêtements, des objets de literie, des vivres, payait un loyer, dénichait par miracle un emploi, et, après avoir mis tous ses gens en voie de remonter vers la vie, les surveillait, les conseillait, les aimait.

Et tout cela, par amour de l'art, c'est le cas de le dire. Car elle n'attendait rien de ce bas monde, et pas davantage du ciel lui-même. Le bien pour le bien. Aucun espoir de récompense. Combien des malheureuses victimes qui ont trouvé la mort aux côtés d'Elise Blonska pouvaient se vanter, peut-être, d'un idéal aussi parfaitement pur, aussi sublime ? Plaignons ce prêtre qui, prêchant dans la chaire du vagabond de Judée, mentit à sa doctrine même en distinguant du vulgaire troupeau quelques noms des aristocraties de la terre, serviteur de l'esprit de classe jusqu'à mettre au second rang les dévouements obscurs, jusqu'à oublier la parole fameuse : « Les premiers seront les derniers. »

Signe admirable des temps ! Voici que l'Etat et l'Eglise se disputent l'honneur de tirer avantage de l'affreux sinistre dans l'intérêt de l'esprit de classe. Félix Faure, qu'aucun coup de grisou ne jeta, que je sache, au pied des autels, s'en va, suivi de Henri Brisson et de Léon Bourgeois, francs-maçons et athées, se faire haranguer à Notre-Dame sur la politique tirée de l'Ecriture sainte. Un dominicain expose la pure doctrine catholique de l'expiation des fautes des méchants par le sacrifice des bons, — dont la Passion du Christ est l'emblème quotidiennement renouvelée par le sacrifice de la messe, — et la surprise des catholiques et l'indignation des athées sont extrêmes. L'Assemblée nationale a voté l'érection d'un temple du Sacré-Cœur à Montmartre, avec cette inscription : *Gallia pœnitens*, et les mêmes gens qui ont fourni trente millions pour soutenir cette idée que Sedan fut la rétribution de nos péchés, trouvent exaspérant que le Père Ollivier ait osé dire devant le Gouvernement républicain ce qu'ils disent à toute la France par la voix de leurs pierres. Le cardinal Richard, revenu tout exprès de Rome, écrit à Félix Faure, grand maître de *La Laïque*, pour lui annoncer que Marianne, revenue à la croix, y trouve ses péchés remis, et Marianne, hébétée, ne sait que répondre. Les Juifs apportent des millions pour soutenir les œuvres antijuives qui les vouent dans ce monde à l'exécration des hommes, et, dans l'autre, aux flammes de l'enfer. L'incroyance officielle apporte son *prestige*, si j'ose ainsi parler, à l'appui de ces *écoles libres* qui lui ont juré haine à mort. Les préfets de la République vont prononcer l'oraison funèbre de grandes dames qui ne les auraient pas admis dans leur cuisine. On nous donne gravement, pour la première des Françaises, la duchesse d'Alençon, Bavaroise de cette Bavière dont les fils ont, *après la bataille*, allumé l'incendie de Bazeilles où succombèrent dans les flammes tant de familles de France. Une Castellane américaine écrase les Français de la générosité de ses dons. Une Castellane française, femme d'un aide de camp de l'empereur allemand, qui fut l'un de nos envahisseurs, nous éblouit dans les journaux français de l'éloge dithyrambique de son maître Guillaume, avec qui notre Président échange ridiculement des propos sur les desseins de Dieu. Le *Kaiser*, la botte sur la gorge de Metz, nargue le tsar, d'élan tardif, en nous jetant une miette des cinq milliards extorqués, que nous acceptons sans rougir. Il veut venir à Paris pour consacrer, de sa présence tranquille parmi nous, l'acceptation par nous de la France démembrée, et il trouve des journalistes pour le solliciter à cet acte, d'où — je veux le croire pour notre honneur — sortirait la guerre.

Fut-il jamais si folle confusion d'esprits et de choses ? Où est la probité d'âme, la sincérité de conscience, dans ce pêle-mêle d'universel naufrage ? Cherchez ce qui surnage, ce qui flotte au-dessus de toutes ces épaves de l'ancien monde et du nouveau, vous ne trouverez rien que l'esprit de classe. L'esprit de classe du passé, l'esprit de classe du présent. A travers les religions, à travers les patries, l'esprit de classe interdogmatique, international, réunissant en commune phalange tout ce qui, du César attardé au Juif anobli d'or, au triste parvenu républicain, n'aspire qu'à se frotter d'aristocratie contagieuse, tout ce qui se croit des titres à fleurir d'une existence théâtrale, en contraste avec les obscures végétations de l'humanité d'en bas.

Dans l'évolution des sociétés, les classes, il est vrai, furent, suivant les temps et les lieux, des agents de vie supérieure. Mais il y avait de ce privilège deux conditions nécessaires : la croyance et l'action.

De la croyance, il ne reste plus que l'hypocrisie et le cabotinage.

Pour ce qui est de l'action, voyez ces jeunes gens du grand monde qui frappent à coups de canne, à coups de bottes les femmes affolées, pour s'esquiver lâchement du péril. Voyez ces domestiques sauveteurs. Voyez ces ouvriers, venus du hasard, qui exposent héroïquement leur vie, le plombier Piquet, qui sauve vingt créatures humaines et, tout brûlé, rentre à l'atelier sans rien dire.

Méditez là-dessus, si vous pouvez, derniers représentants des castes dégénérées et gouvernants bourgeois de l'esprit de classe.

XVII

L'Enfermé.

Auguste Blanqui, Gustave Geffroy, quel étrange rapprochement de noms ! Comment le ténébreux conspirateur, l'homme d'action toujours rassemblé sur lui-même pour quelque bond de fauve contre l'ordre qui est, a-t-il pu, du fond de sa tombe, exercer l'irrésistible attraction que suppose le beau livre du Breton rêveur, épris d'art et de vie répandue ?

Tous deux de pensée très française, mais combien différents d'origine ! Magie du sol des Gaules, universel creuset des races où le Celte, le Latin, le Germain même, dépouillés de leurs scories de tribus, laissent un pur métal d'humanité affinée !

Blanqui, Latin, penseur aigu jeté dans l'action violente, manieur d'hommes étranger aux complexes mobiles de l'âme vulgaire, s'obstinant à chercher la mathématique de sa partie d'échecs contre les puissances régnantes, échouant, malgré l'effort d'une pénétrante divination, faute d'avoir calculé tout l'homme, et jusqu'à la fin toujours disposant ses pièces pour la lutte nouvelle, toujours défait, jamais vaincu. Geffroy, de ces Gaulois acculés à la mer d'Armorique par la poussée des hordes du Rhin, poètes de la forêt, de l'Océan, de la lande, promenant aux rochers des grèves la mélancolie de l'humaine destinée, mais gardant au cœur la flamme des anciens combats.

Quel point de contact entre ces deux âmes si diversement remuées des spectacles de l'homme, sinon la passion du drame humain lui-même ? L'un veut agir, maîtriser, gouverner les hommes, moins dans l'espoir de les conduire au dénouement de l'utopiste, que pour les lancer par les grandes avenues désobstruées vers une vie meilleure. Ce qu'il demande à la plus haute culture, c'est la doctrine de ses actes, c'est le perfectionnement de son outil d'action. L'autre, ému d'idéal, cherchant à son rêve, pour l'expression d'art, le fondement de vérité, et aboutissant, par le besoin d'ordre et d'harmonie, à la volonté de justice. Capable d'agir aussi, dans le sursaut de réaction né du contraste de ce qui est avec ce qui pourrait être.

Ainsi le désintéressement des hauts esprits anxieux du grand problème humain les conduit aux mêmes carrefours, en quête de beauté, de bonté sociales, et, malgré les mentalités diverses, les rapproche, les unit dans le commun effort contre l'antique servitude d'ignorance et de misère.

Donc, voici Geffroy, homme de lettres, critique d'art, psychologue, parcourant les champs de l'histoire pour y suivre, à travers les bouleversements du siècle, la trace des émotions populaires qui nous firent cette vie convulsée, et retrouver dans le chaos des paroles qui se mêlent, des actions qui s'entre croisent, le fil ténu d'une évolution de pensée.

L'*Enfermé*, un titre de roman. Tournez la feuille, une puissante monographie d'humanité. C'est le double caractère du livre. La vie de vérité dépasse ici l'imagination du romancier, et la sombre épopée du révolutionnaire paraît un long accès de folie aux générations désabusées de ce temps.

Quelle plus téméraire entreprise que d'amener à la lumière du jour l'âme enfouie sous l'inextricable amas de légendes nées de passions qui sont toujours vivantes parmi nous! Auguste Blanqui aura été, je pense, l'un des hommes les plus vigoureusement exécrés de notre âge. Objet du culte de ses deux admirables sœurs, passionnément aimé, servi par de rares fidèles, il eut le sinistre privilège d'attirer de tous les coins de l'horizon un effroyable orage de haines.

« *Le plus capable et le plus scélérat de tous* », disait M. Thiers, qui, pour avoir massacré dans Paris trente mille prisonniers en huit jours, fait proclamer en latin sa propre vertu par les pierres menteuses du Père-La-Chaise. Il n'y a pas besoin d'autre explication de l'aversion des ennemis. L'intelligence la plus claire, la plus éveillée, la plus difficile à séduire, à tromper, la volonté la plus résolue, n'est-ce pas assez pour expliquer la clameur d'aboiement des férocités apeurées ! Quant aux *scélératesses*, il serait bien malaisé d'en établir d'autres au compte de l'*Enfermé* que celles dont il subit tragiquement les coups.

Mais l'éloignement, la défiance, l'invective passionnée, l'implacable détestation de tant de braves compagnons de combat, quelle cause? Hélas! l'homme, jusque dans l'extrême dévouement aux idées de justice, conserve trop souvent, au plus profond de son âme, l'inépuisable levain d'égoïsme mauvais qu'il rêve de détruire. Qu'est-ce que le succès a fait des chevaleresques républicains de 1848 et de l'Empire? Les réformateurs n'ont rien réformé, les amis du peuple l'ont fusillé, les dénonciateurs d'abus ont centuplé les sinécures, et sont, avec leurs petits, installés dans le budget dont ils vivent. Tout cela sous le couvert des nobles idées pour lesquelles ils se proposaient sincèrement de vivre et de mourir. Ce n'est pas le procès des individus que je fais. C'est un trait de psychologie sociale que je note au passage.

Auguste Blanqui n'était point de ces faibles âmes. Ironique meurtrier de sottises, contempteur d'attitudes théâtrales, il était un vivant reproche aux moindres. Les héros de batailles souvent sont haïsseurs des victoires de l'esprit. Et puis s'il exerça parfois le plein de l'attraction intellectuelle, Blanqui ne réussit jamais à développer autour de lui — peut-être à cause de son extrême timidité de cœur — ce charme enveloppant qui, plus sûrement que l'idée, plus fortement même que l'intérêt personnel, permet au chef, à certaines heures, de fondre les énergies éparses pour les jeter dans le moule de l'action préparée. Quel étonnant contraste avec Gambetta, d'origine latine aussi, qui fut surtout de grand geste et d'attirance personnelle. Les deux extrêmes de la race : Machiavel et Rienzi, ou, avec la déformation des temps, Mazarin, Mirabeau: deux autres Italiens francisés de l'histoire. Bonaparte, de même race encore, dominateur sec entre tous, pouvait et savait charmer à ses heures. Il avait le prestige des victoires. Blanqui, solitaire, condamné à grouper sous lui des hommes, qui ne se livraient pas parce qu'il ne se livrait pas lui-même, comptait sur le magnétisme de l'idée. Ce fut l'erreur capitale de sa vie.

Par ce trop rapide examen d'une seule des questions que pose la carrière de l'*Enfermé*, qu'on juge des difficultés de l'œuvre où s'est acharné le patient labeur de Gustave Geffroy. Suivre l'âme la plus complexe, dans le développement d'une force superbe de pensée qui se traduit en d'éternelles défaites jusqu'au delà de la mort, à travers les aspects si changeants de la France depuis la Révolution jusqu'à nos jours, délivrer ce prisonnier qui, en outre des hautes murailles, vécut d'abord enfermé en lui-même, rendre la vie à ce mort qui fut fantôme à ses contemporains, évoquer l'être, le recréer, le faire évoluer, en montrant les ressorts de l'action, tout cela demandait une rare faculté d'analyse et de synthèse. Geffroy y a miraculeusement réussi.

Blanqui, son pays, son temps vont au courant de la pensée, se développant, s'expliquant, se formulant en lumière. L'homme est modelé, pour ainsi dire *à la Rodin*, en successions de plans très simples d'où jaillit la tourmente. La vie sourd du dedans, animant le relief des leviers en effort, faisant transparaître l'âme motrice.

Quant au décor du siècle, il apparaît brossé

d'une incroyable vigueur. Le style de l'écrivain, si subtilement fluide à son ordinaire, s'est tout à coup rassemblé, concentré, solidifié en traits d'énergique concision où se montre en raccourci toute la vie d'une époque. Je pourrais citer vingt tableaux qui sont autant de chefs-d'œuvre. En deux pages on voit passer, au galop d'une charge de bataille, la vertigineuse cohue de tous les mouvements de la Restauration entre deux convulsions de la Révolution tricolore. Lisez ce court chapitre où se résume, en quelques lignes, la philosophie des révolutions :

Lendemains de révolutions ! Réveils surpris de ceux qui se sont endormis dans la fièvre de l'action. Les rêves agités des héroïques turbulences, et qui se retrouvent au matin, engourdis dans la stupeur des rapides événements accomplis, rappelant leur mémoire, s'efforçant de formuler en notions exactes les péripéties troublées de la veille. Les enthousiastes qui couraient par les rues, bondissaient aux péristyles des palais, jetaient vers le ciel de grands cris d'espoir et de triomphe, sont étourdis de la victoire et lassés du mouvement. Leur corps est abattu par la fatigue, leur esprit immobilisé par la courbature morale. Ils s'interrogent, surpris, les bras cassés comme au second jour des ivresses et des coups de passion, se demandant quel vin d'illusion ils ont bu, quelle ardeur de jeunesse et d'amour est montée à leur cerveau. L'énergie s'en va donc en contemplations, le vouloir n'a pas de suites, les acteurs redeviennent spectateurs. C'est qu'ils ont cru jouer une pièce entière alors qu'ils n'ont figuré que dans un prologue.

Une autre troupe va venir qui s'est tenue à l'écart pendant le tumulte, et que le manque de ténacité des bruyants encourage. Ces nouveaux venus vont ordonner le désordre, remettre presque tout en place, changeant seulement quelques étiquettes. Ce sont les fins, les méticuleux, les avisés, les huissiers, les notaires, les avocats, les hommes d'affaires qui liquident les révolutions. Ils ont apporté en naissant le sens gouvernemental, ils connaissent les rouages précis et les ressorts agissants, ils savent les marches prudentes et les concessions utiles, et qu'il faut bien se garder de rien changer au train des choses et au sort des hommes. Ils sont graves et s'expriment avec solennité, et on les croit volontiers sur parole quand ils affirment leur prédestination et leur compétence. Après les coups de feu et les renversement de trônes, ce sont eux qui rassurent la société par des affiches et des décrets que lisent bénévolement les combattants de la veille, redevenus les bons flâneurs de la rue.

Comment suivre l'écrivain à travers les tumultes de 1830 et de 1848, du siège de Paris et de la répression de la Commune, entrecoupés de longue mort dans l'obscurité des cachots? En quels mots caractériser le solitaire qui, donnant tous les jours un morceau de sa vie pour l'inconsciente masse, écrivait hautainement de la foule : « *Que d'autres portent leur encens à cette idole. Elle n'aura pas le mien. Je n'adore pas le crocodile.* » Il faut prendre le livre, et, quand on l'a pris, on ne le quitte plus.

J'indique le sujet sans l'aborder. Je garde en moi d'inoubliables visions de Blanqui, à Sainte-Pélagie où je reçus le premier choc des brûlants rayons noirs qui dardaient de la blanche face amaigrie, pendant le siège où sa voix ne fut pas écoutée, plus tard, au lit de mort, dans l'irréparable défaite...

Je note un seul trait. Au premier tressaillement de la France menacée, le révolutionnaire s'est retrouvé patriote. L'affaire de la Villette fut une folie, où la troupe émeutière entraîna celui qui prétendait lui commander — la fonction du chef populaire étant de suivre, dit tristement Geffroy. Il n'en est pas moins vrai que la France était sauvée, si elle avait pu se ressaisir à cette heure. Blanqui l'avait vu, lui : mais il fallait Sedan pour dissiper l'aveuglement de tous. Et pas assez complètement, hélas ! pour éviter le désastre du siège. En vain *la Patrie en danger* pousse ses cris d'alarme. Point de lecteurs. Le journal meurt, et la destinée s'accomplit.

Le fort du Taureau a recueilli le vaincu. Là, seul sous le ciel impitoyable, il s'abstrait de sa terre, et, tout serein d'une éternelle souffrance, écrit l'un des plus beaux poèmes de l'homme : l'*Eternité par les astres*. Qu'importe la défaite d'un monde ! Le temps et l'espace infinis ont d'inépuisables réserves pour des combats meilleurs. Hymne suprême du rêveur à qui s'est refusé son rêve dans la vie, et qui, de son autorité souveraine, l'ajourne aux réalisations de la mort.

Je m'arrête. Quoi qu'il arrive dans les astres, l'humanité de notre planète, pour atténuer quelque chose de sa misère, a besoin d'une effroyable dépense de douleurs. Blanqui en apporta sa part. Nous pouvons, nous devons même lui concéder l'avantage d'un généreux surplus.

Dans les temps que nous traversons, cette vie de désintéressement total, dans une auréole de haro, ne découragera que les lâches du grand combat pour la justice et pour la vérité. Quiconque veut tenter de ne point passer en vain sera réconforté de la haute et sévère leçon d'une âme immuable dans la plus cruelle destinée, puisant dans la défaite incessamment renouvelée le courage que les faibles attendent de la victoire, accomplissant en toute simplicité l'absolu sacrifice, et n'attendant rien en retour, pas même, peut-être, la tardive réparation du temps, qui vengera le vaincu de ses vainqueurs.

XVIII

Constantin Meunier.

Un bel article de Geffroy m'a envoyé tout droit à l'exposition de Constantin Meunier, où du matin au soir et du soir au matin, j'ajournais, ma visite. Je connaissais quelques-unes des œuvres capitales de l'artiste, et je savais ce qu'il en faut penser. Mais j'étais insuffisamment préparé, je l'avoue, à la pleine révélation du Maître, telle que je l'ai reçue aux salles de l'*Art nouveau*. Qu'il me soit permis, après que les juges qualifiés ont parlé, de dire l'impression d'un de ces *non-professionnels* pour qui, au demeurant, le statuaire, le peintre, le poète mettent le meilleur d'eux-mêmes dans un effort d'art au profit de la foule qui passe.

L'embarras de nos artistes, aujourd'hui, n'est pas dans la technicité. Ils connaissent, en général, de leur art, tout ce qu'un maître en peut apprendre. La structure, les proportions, les valeurs n'ont, pour eux, point de secrets. Ils savent faire. Seulement, ils ne savent pas quoi faire, et c'est là leur plainte constante. L'antiquité faisait des dieux : ils font des dieux et des déesses : Vénus, Diane ou Junon, à la ressemblance de Jeanne

Granier, de Céline Chaumont ou d'Alice Lavigne, suivant le goût du jour.

Le moyen âge sculptait ou peignait des Christ, des Vierges, des saints, des scènes de l'Ancien ou du Nouveau Testament. Combien de nos peintres, de nos sculpteurs font de même, plus ou moins gauchement, d'une naïveté de roués, ou de la plate modernité de l'école. La Renaissance ayant paganisé le christianisme, nous l'avons embourgeoisé, et comme le grand XVIe siècle a peint des Jules II, des Léon X, des François Ier, des Charles-Quint, des Médicis, des Borgia, des Monna Lisa, des Laura di Dianti, on nous fait des images de Léon XIII, de Félix Faure et de Mme d'Uzès.

Seulement, il y a une différence capitale.

Phidias sculptait des Dieux parce qu'*il y avait des Dieux*. L'anthropomorphisme hellénique exaltait la forme humaine jusqu'à la *faire* divine, et qui a vu le marbre de Praxitèle à Olympie sait de quelle idéale lumière l'homme put éclairer l'âme de ses Divinités. Autour des Olympiens, comme des héros légendaires, les processions se formaient, évoluaient selon le rite, sacrificateurs conduisant la victime, porteuses de corbeilles, de vases ou de couronnes, cavaliers et soldats, tous dans une des hautes manifestations de la pensée de l'Hellade. Les statues des orateurs, des athlètes, les figurines de la Béotie et de l'Asie-mineure, les peintures des vases nous ont complété le tableau de la vie des anciens. L'esclave, dans son avilissant labeur, seul, surgit lui-même à la lumière.

Tout l'art gothique fut un élan de foi. Dieux,

Saints, Démons, bêtes de l'Apocalypse, toutes ces choses furent vivantes dans l'âme chrétienne, et les rares notes de vie humaine qui en sont, parfois l'accessoire, n'apparaissent là qu'à titre purement épisodique.

Avec la Renaissance, l'amour de la forme et de la chair a reparu : d'où le besoin d'introduire des observations de vie dans les représentations mythiques où l'on cherchera désormais tout autre chose qu'une inspiration divine. Le Christ et les apôtres seront irrévérencieusement représentés par d'illustres personnages du temps, et l'Inquisition se fâchera, comme d'un sacrilège, des chiens que le Véronèse fait spectateurs des *Noces de Cana*.

C'est la vie réelle qui s'impose, au lieu de la vision mystique disparue. Alors, tout ce qui compte dans le monde, papes batailleurs, princes, aventuriers, dames de tout renom, désertant les tableaux de sainteté, voudront se manifester dans leur cadre, et, par eux, la vie humaine passagère reprendra ses droits sur l'éternité céleste, si peu propre aux touches de réalité. L'artisan, le serf, n'apparaîtront encore qu'en lointaine perspective, comme aux bas-reliefs des grandes cathédrales. Enfin, l'homme reprend possession de lui-même, la foule est déchaînée, toutes les barrières tombent, l'art s'empare de la vie, de toute la vie. Dans cette miraculeuse cohue, où rechercher, où prendre les caractéristiques d'un temps ? Jules II, François Ier, Borgia, Bianca Capello furent de merveilleux points de repère. Bertin l'aîné, de même, sera le signe d'une époque. Mais Léon XIII, Félix Faure et Mme d'Uzès, bien que fort distingués à des titres divers, ne marquent rien du tout, sinon des modes de choses qui s'en vont. Par eux, le siècle ne sera point caractérisé, et le dernier mineur du borinage, si l'art le peut synthétiser dans une attitude, un geste, une expression, sera plus vraiment représentatif de notre ordre social qu'un introducteur des ambassadeurs ou un académicien.

Voilà précisément ce qu'a pensé Constantin Meunier, fixant obstinément son regard sur l'homme en lutte avec la terre. Il a regardé, il a vu, il a compris, et il a exprimé. Je vois que des critiques discutent sur sa pensée, et l'on me dit qu'aux amis qui lui prêtent les plus hautes conceptions, l'artiste répond simplement : « J'ai observé. » C'est, en effet, le mot qu'il faut dire, car observer c'est découvrir. En voyant, en rendant juste, on découvre, on révèle. Et c'est ainsi que Constantin Meunier se trouve avoir, au moyen d'une douzaine ou deux de figures de bronze, rendu l'épopée du travail avec une puissance inouïe, tandis qu'il n'eût abouti qu'à nous choquer, peut-être, si quelque conception dogmatique l'eût conduit à fausser, à *discorder* la vie.

Ce qu'il nous montre, nous le voyons tous les jours. Seulement, nous n'y prenons pas garde. La vie nous emporte, et les notes de vie que nous pourrions saisir au passage, sont trop fugitives, trop subtiles, pour que nous les puissions fixer en nous avant qu'une longue accoutumance d'art ne nous en ait fourni le moyen. C'est pourquoi l'artiste est éducateur au même titre que le savant, à condition qu'il soit également fournisseur de vérité. Constantin Meunier, qui procède directement de Millet, interprète le monde, tout comme Newton, préparé par Huygens et Képler. Et à mesure que ces hommes font pénétrer en nous quelque chose de l'univers, ils nous complètent, ils nous agrandissent, ils nous font. Parce que, éducateurs, ils sont créateurs.

Le grand artiste belge, disais-je tout à l'heure, nous a donné l'épopée du travail. Je parle du travail direct de l'homme sur sa dure planète. Il faut tirer du sol la substance de vie. Laboureurs, mineurs, carriers s'acharneront pour vivre contre la terre avare qui défend ses trésors. Pêcheurs, abatteurs, tueurs de tous noms, achèveront l'œuvre fatale, et de l'énorme accumulation de force jaillie de tous ces muscles contractés, de tous ces squelettes raidis, se fera la plus haute puissance d'évolution de l'humanité tout entière.

Et pourtant, ce labeur acharné, ce labeur ingrat par qui nous vivons, par qui nous pensons et faisons, stigmatisé par nos livres saints comme une déchéance, relégué par tout le monde antique dans le bas-fond social, semble encore aujourd'hui l'effet d'une malédiction implacable. La science l'a développé au delà de toute croyance, sans le rendre plus doux. L'immense armée de l'usine manie, fend, tenaille, martèle ou lamine — dans le silence d'on ne sait quelles pensées — d'énormes blocs de métal que l'hélice ou la roue disperseront dans le monde pour y faire des commodités de vivre.

Ces hommes par la loi du nombre et de la force

sont les maîtres de tout. Il suffit, pour leur action décisive, d'une claire notion de droit, d'une volonté de justice qui fera donner les lourds maillets contre les fragiles remparts des privilèges séculaires. Le jour n'est point venu, que de vagues lueurs seulement annoncent. Cependant, l'homme aux bras nus s'escrimant de sa masse, de son pic, ou de sa charrue contre la *terre-mère*, donne à nos temps son véritable caractère, et qui le saisira dans sa vie vraie, sans gauchissement d'emphase, tout en simplicité d'action, dira le drame moderne et, par l'émotion suscitée, préparera les réparations futures.

C'est l'œuvre de Constantin Meunier, œuvre de poésie grandiose par la seule force d'exaltation de la juste vérité, œuvre de réalité poignante par le contraste aigu de l'acte et du sentiment. Ce *Marteleur* si simple et si grand, qui, tout bardé de cuir, me rappelle, je ne sais pourquoi, le Colleoni de Verocchio sous sa cuirasse, c'est un combattant aussi. Mais qui comparera les batailles? Le condottiere s'en va, stupidement féroce, tuer pour qui le paye. L'autre expose sa vie, la donne par morceaux pour faire vivre. Appuyé sur l'énorme tenaille, le corps souple — au repos, mais disposé pour l'action sollicitée du regard — attend la pâte de feu que, dans l'aveuglement des étincelles, le marteau, va pétrir et dompter tout à l'heure. Là, comme dans l'œuvre tout entière, ce qui frappe d'abord c'est l'idéale adaptation de l'homme à l'acte, l'harmonie simple et juste par laquelle ils se complètent et se suggèrent l'un l'autre.

Le miracle, c'est d'avoir fait surgir l'intensité de

l'expression de la parfaite convenance des attitudes, de la juste mesure du geste indicateur de l'effort où tout le corps et toute la pensée le convient. C'est là le trait commun de tout ce peuple de bronze aux prises avec la matière rebelle. Point de cris, point d'apitoiements, point d'outrance. Le drame sort du dedans. Si la plus haute poésie s'en dégage, c'est qu'elle y est naturellement contenue. La poésie de l'être et de l'action, non des fausses conventions d'un jour.

Le *Briquetier* d'on ne sait quelle Babel, tendant sa brique au compagnon sur la muraille, de tout l'élan de son corps, crie : « Toujours plus haut! ». Et cependant, que fait-il que nous n'ayons cent fois vu faire sans demeurer saisi du geste sublime? *Puddleurs*, *Mineurs*, coiffés de l'antique pétase, sans crâne, tout en face osseuse, au repos, arc-boutés contre le four d'où la lourde pince extrait la fonte pâteuse, incrustés dans la veine de houille où l'homme se moule sur la coulée de l'abattage, *Débardeurs* dans les fières attitudes de la force victorieuse, tous totalement tendus vers l'acte unique qui les justifie.

Un merveilleux fragment d'un groupe inconnu : l'*Industrie*. Deux hommes, l'un criant d'ahan dans l'éclat de l'aveuglante fournaise, l'autre tout ramassé dans la volonté du regard, lèvres serrées, mâchoire contractée, projetant un biceps que rien ne fera fléchir. La majesté des frontons d'Olympie, avec le ferme modelé des grands maîtres.

Comparez le *Carrier* avec l'*Abatteur*. Gestes voisins. Mais, sans parler de l'attitude différente voyez l'un se ruer éperdument contre le roc, et l'autre, avant de faire éclater de son maillet pointu le crâne de la bête, imposer le sursis d'une vacillation de pitié à l'implacable fatalité qui le pousse. Où est cela ? Dans tout l'être, et de là vient l'intense émotion de l'ensemble.

Sur le dos du cheval à l'abreuvoir, un rustique César demi-nu, se retenant à l'encolure, ploie superbement le torse d'un dominateur du monde. Le *Faucheur*, recevant au tranchant de sa faux l'herbe molle qui s'abandonne, ou essuyant d'un revers de main pathétique la sueur d'un front brûlé. Le *Semeur*, lançant son geste auguste dans la plaine, les *Moissonneurs* taillant le blé de la sape ou liant la gerbe drue, le *Pêcheur*, qu'une irrésistible attraction emmène sur son cheval au flot qui se retire ; la *Glèbe*, bas-relief tragique, où sous les lourdes nuées deux hommes, tête basse, reins courbés, tirent d'un effort suprême quelque herse qui ne peut déprendre ses griffes de la terre. Tout un peuple, disais-je.

Et s'il vous faut conclure : l'*Ancêtre*, émacié, fourbu, fini dans l'hébêtement du vide de sa vie, le *Cheval du mineur* dont la tête tombante entraîne au sol la carcasse disjointe, la *Douleur*, une forme de femme incroyablement palpitante, penchée, sans geste et sans voix sur les restes humains que lui retourne le grisou.

Je m'arrête. Que d'admirables morceaux je néglige. J'aurais voulu dire l'homme, professeur de dessin à Louvain, qui refusa les offres magnifiques d'un fondeur parisien, parce qu'il entend mettre

18.

sa touche personnelle à chacune de ses rares épreuves. Je n'ai parlé que du statuaire. Il reste le peintre. J'en ai déjà trop dit, n'est-ce pas? Pas assez à mon gré, pour rendre l'impression reçue.

XIX

« Les mauvais bergers »

Octave Mirbeau, dans sa belle tragédie sociale de la grève, développe devant nous l'horreur des grands conflits industriels nés du machinisme impitoyable. Le drame de misère s'y déroule au complet, depuis le grabat où agonise le lamentable *machiné* jusqu'aux somptuosités féroces du patron *machineur*.

Dans la bauge du pauvre, l'amour à côté de la mort. L'agonie de la mère qui meurt de la machine, et la déclaration d'amour de Jean Roule, entrecoupée des hoquets de l'agonisante : « Je t'aime, Madeleine, pour tes yeux qui ont pleuré de misère, pour ta jeune beauté où le travail a laissé sa marque de douleur, pour ton âme de lutte et de foi ! » Un grand cri rompt l'embrasement d'amour. La mort est venue ! Le père s'affole, gémit : « Ce n'est pas juste ! ce n'est pas juste ! », maudit l'usine qui lui répond par le flamboiement de la forge, le sifflement de la vapeur, l'écrasement rythmé des choses sous les coups du marteau-pilon.

Dans le palais du Maître, les propos avant-coureurs des répressions sanglantes où se perd la parole de pitié, la scène poignante où la vieille femme, affreux débris d'usine, qui vient poser devant le chevalet de la jeune patronne, s'entend recommander de prendre un air de tristesse, *comme si elle était malheureuse*. Puis le fils du patron qui demande justice vainement, et le patron lui-même, qui n'est pas méchant et tâche de concilier l'apitoiement, que veut son cœur et que condamnent ses paroles, avec le besoin supérieur de s'accroître toujours quand il ne peut grandir que de la diminution des autres.

Alors la rencontre, les délégués de la grève et le patron face à face. Les uns demandant justice, l'autre les chassant, avec son propre fils, pour toute réponse. Et dès qu'il est seul, le remords, l'angoisse des catastrophes irréparables. Le clairon annonce l'arrivée des troupes. « Déjà ! » s'écrie le malheureux qui les a fait venir. Oui, trop tôt ! Car tout à l'heure, dans les décombres de l'usine, il se heurtera aux cadavres de son fils tombé sous les balles, et Madeleine, femme de Jean Roule, embrassant son homme mort, annoncera, toute sanglante, qu'elle porte dans ses flancs le vengeur.

Un drame de réalité si terrible ne pouvait, en raison des émotions d'actualité qu'il soulève, passer sans de vives résistances. La critique a rendu pleine justice à l'auteur, que la puissance de son talent a mis depuis longtemps hors de pair. La question sociale audacieusement portée par Octave Mirbeau sur la scène, nous montre, sous le mâle écrivain, le penseur généreux, ardent aux revendications de pitié, l'homme de volonté qui ne voit dans l'art qu'une manière supérieure de rendre en acte les sensations reçues. Les professeurs de drame lui reprochent, nous dit-on, d'avoir manqué aux règles d'Aristote. La critique peut être juste. Il me paraît même nécessaire qu'elle le soit, car il est absurde de vouloir emprisonner dans un cadre identique l'expression d'états sociaux divers. J'observerai cependant que la sobriété de moyens dont on blâme Octave Mirbeau, loin d'être exclusive de l'art, nous ramène précisément au théâtre antique dont la simplicité nous est aujourd'hui donnée comme l'achèvement de l'art dans la représentation de la vie.

On accuse encore l'auteur des *Mauvais Bergers* de n'avoir pas conclu. La vie conclut-elle donc ? Le bien et le mal n'y sont-ils pas étroitement mêlés avec des apparences de conclusion bonne ou mauvaise, suivant le moment où il plaît à notre artifice d'arrêter l'action, *inarrêtable*. Le plus haut enseignement qu'on en puisse tirer n'est-il pas de l'effort vers le mieux à travers la résistance des masses obscures comme des intérêts dominateurs? Quelle plus réconfortante conclusion que de nous faire croire à la fécondité de la douleur pour développer dans les souffrances du présent le germe précaire de la justice d'avenir ?

Ceux-là, je le sais, n'ont point de telles pensées qui reprochaient à Octave Mirbeau de ne leur avoir point épargné la vue des horreurs du champ de bataille. L'usine incendiée, la dévastation de la fusillade, les blessés, les cadavres. Détournez de nos yeux ce spectacle ! Pourtant, c'est la leçon de choses, précisément, celle qui a le plus de chance d'agir sur la mentalité publique et de faire réfléchir ceux de nos contemporains qui s'accommodent, avec une conscience trop légère, de la répression sauvage dans les grèves. Oui, l'esprit humain est ainsi fait que la pensée d'hommes de chair et d'os tombant sous les balles, à l'autre bout de la France, n'émeut qu'une minorité de penseurs ou de cœurs pitoyables, tandis que sur la scène, présentés en image vivante à notre vue, des mannequins sanglants font reculer la foule d'horreur. Pour cela, je ne puis que féliciter l'auteur dramatique de son audace. Puisque le simulacre prochain nous étreint, nous apitoie plus que la vérité lointaine, apprenons, s'il se peut, de la fiction à faire des réalités moins barbares. « *Supprimez le cinquième acte* », a crié quelqu'un. Supprimez-le donc, vous-même, de la vie.

Le seul point où j'aie des réserves à faire, c'est dans le discours de Jean Roule à ses compagnons. Les défiances injustes de la foule — avec ses revirements soudains, aux heures difficiles, contre les meneurs — sont prises sur le vif. On a beaucoup commenté le passage de la harangue anarchiste où Jean Roule, refusant le concours des députés radicaux aussi bien que les députés socialistes, maudit la politique et les « politiciens ». Cela est conforme sans doute aux données de l'anarchie, qui voit l'autorité funeste sous quelque forme qu'elle se montre. Mais il apparaissait d'évidence que le long développement contre « *les mauvais bergers* » de toutes nuances, était cher à l'écrivain lui-même, et il ne s'en est point caché dans l'article où il a commenté sa pièce.

La politique mérite-t-elle tout le mal qu'en pense Octave Mirbeau? Je ne saurais le croire. Que signifie ce mot, sinon une coordination, sous la conduite de quelques-uns, des mouvements de l'esprit public en aspiration de progrès ? Ces mouvements, sans doute, sont plus ou moins heureux, la direction des coordinateurs est plus ou moins efficace, plus ou moins désintéressée. Il n'en est pas moins vrai qu'il sort de ce tumulte humain une amélioration lente, mais effective. Cette œuvre est le résultat commun des efforts de tout ce qui pense et de tout ce qui agit. L'idée la plus belle a besoin d'être transposée dans l'action pour que sa vertu de progrès se réalise. C'est pourquoi, à côté du penseur, il faut l'homme d'application. Jaurès mis en cause avec sa carmagnole aurait beau jeu de répondre à Jean Roule : « Les hommes de lettres ont-ils fait davantage ? »

Je demande, pour moi, à réunir l'homme d'art et de pensée avec l'homme d'action dans la même reconnaissance. Beaucoup se sont trompés, beaucoup se tromperont encore. Il n'importe. Une erreur reconnue prépare la vérité. Beaucoup ont eu des défaillances. Il faut les plaindre et passer. L'humanité n'a pas le temps de s'attarder à ces misères. Un Schœlcher qui, d'un trait de plume, abolit l'esclavage, résume à ce moment tous les efforts heureux ou malheureux dans le domaine de l'idée, comme dans le domaine de l'action, dont il est, pour une heure, l'aboutissant. Penser est beau, agir aussi : plus difficile, peut-être, à cause de tous les intérêts hurlants qui se dressent contre l'action nouvelle. Au lieu de vous excommunier les uns les autres, aidez-vous artistes, penseurs, *agisseurs*. Ce n'est pas trop d'une poussée totale d'ensemble pour l'énorme effort de la masse humaine à mouvoir.

Depuis la Grèce et Rome, sans parler de l'Orient, nos États de civilisation occidentale ont, dans le tumulte de leur histoire, de grands noms à citer, et le champ de la politique ne fut pas toujours moins fécond que celui de la pensée pure. La liste serait longue s'il fallait dire, dans les conflits sanglants des partis, tous les grands dévouements dont s'honore l'humanité. Comment distinguer toujours entre le penseur et l'homme d'action? Comment classer Jean Huss, Savonarole ou Luther, par exemple ?

Rabaisserons-nous le débat aux hommes de notre temps ? Blâmera-t-on les députés radicaux ou socialistes pour leur impuissance dans les grèves ? Que dirait-on s'ils refusaient de se rendre à l'appel des ouvriers ? L'imperfection des chefs ne saurait être le seul facteur, en présence de l'imperfection des foules. Je n'ai la superstition ni des individus, ni du peuple souverain. Je crois à la pitié, à l'élan généreux de l'esprit, au besoin de justice dans l'homme isolé, dans les hommes réunis. Je crois que suivant la diversité des natures il se dégage de cet état d'âme une puissance de penser, une puissance de vouloir et d'agir : même impulsion de donner de soi à autrui. Quand nous aurons tué l'Espérance, dit justement Mirbeau, c'est pour l'humanité la mort. Eh bien! l'humanité ne veut pas mourir encore. Prêchons-lui l'espérance des victoires d'idée, qui surgiront des défaites éphémères Crions confiance à tous et à chacun. Confiance dans la pensée, confiance dans l'action, confiance dans les hommes faillibles qui cherchent à tâtons la justice. Car leurs erreurs d'un jour seront dissipées, et toutes les volontés de bien, comment qu'elles soient manifestées, s'accumuleront en force de justice pour diminuer le malheur humain, pour accroître l'homme meilleur.

J'écoutais le drame angoissant où Mirbeau a ordonné pour nous les cruelles péripéties de l'écrasement quotidien des faibles par les forts. Je regardais passer la vie douloureuse des hommes, ouvriers et patrons, lancés les uns contre les autres dans la sombre mêlée des égoïsmes en fureur. Et voilà que le mot de Gambetta me revint en mémoire : « *Il n'y a pas de question sociale.* » C'était hier. Il semble que cela soit du temps de Clovis.

Qu'est-ce donc qui nous étreint dans la simple et forte tragédie de Mirbeau, sinon la conscience que les horreurs dont la scène nous fait témoins ne sont rien que de la réalité vivante? Qu'est-ce autre chose que la vie, cette implacable bataille des exaspérations humaines aveuglément entrechoquées? Que veulent ces hommes? Vivre! « Ils ne demandent rien que de juste », dit le patron, songeur, qui ne leur a même pas répondu.

Vivre! Ce mot représente pour l'un le nécessaire, pour l'autre un superflu dont l'entraînement de l'action ne lui permet pas de fixer la mesure.

« Je veux vivre totalement », s'écrie l'anarchiste Jean Roule, et le patron, misérable dans ses richesses, le patron, qui ne donne d'autre but à ses efforts que de réaliser toute la vie possible, chasse pour ce mot l'homme, son frère, devenu son ennemi.

Il le chasse, et tout aussitôt s'affole de douleur, et pleure sur lui-même, car son fils, son fils qu'il vient de chasser pour avoir osé dire la parole de pitié, son fils est du même coup jeté par lui-même à la mort.

C'est que la Némésis est en route, et le clairon annonce que la fatalité doit achever son cours. Les fusils sont chargés. Par le fer et par le feu, la grève doit finir. Et elle finit en effet dans le sang et dans l'incendie, Pitié! Pitié! C'est le patron maintenant qui demande merci. Trop tard! « Je vous adopte tous, ma fortune est à vous; dites-moi seulement où est mon fils. » Le silence. Le silence de la foule, le silence des cadavres. On apporte Jean Roule et le fils du patron enlacés dans la mort. Le vainqueur terrassé se tord dans l'agonie. Et voilà que Madeleine a senti dans ses flancs le fils de Jean Roule qui veut naître. Victoire? c'est l'avenir qui, par le miracle de nos douleurs, fera, sur « le charnier de l'histoire », surgir la paix du « bonheur libre ».

Tel est le fait humain : toute la question sociale elle-même, dramatisée d'un art si complet, si puissant que l'auteur s'efface, et qu'on ne voit plus rien que les personnages de la vie. Le style de Mirbeau, déjà si nerveusement condensé, s'aiguise en des traits de simplicité violente et grandiose qui frappent au cœur et font sursauter les fibres douloureuses. Et l'art est si grand qu'il semble qu'il n'y ait point d'art. C'est tout l'homme dans sa bonté, dans sa férocité, dans sa vérité. L'homme pitoyable, l'homme implacable, torturé, torturant, marchant, dans le crime et dans la bonté, vers des choses meilleures.

L'heure viendra fatalement où notre indifférence barbare fera place à la grande pitié humaine que nous savons chanter, mais que nous n'osons pas encore agir. Pour avoir appelé ce moment qui fera date dans l'histoire de l'homme, pour l'avoir préparé avec les chanteurs de *Carmagnole* à tort exécrés de Jean Roule, Octave Mirbeau, emportera l'applaudissement de tous les hommes de paix qui attendent la justice heureuse de l'esprit humain rasséréné.

XX

Des bêtes.

On a beaucoup écrit de l'intelligence des bêtes. Souvent à rebours, selon moi, car les observateurs de rencontre ou de méthode prêtent volontiers à cette humanité rudimentaire des subtilités de sentiment et de raison qui sont chez nous l'effet de l'évolution progressive. C'est tout contrairement qu'il faudrait procéder. Au lieu de vouloir trouver, à tout prix, de l'homme civilisé dans la bête, la psychologie comparée devra mettre en lumière dans l'homme le développement des facultés primitives d'abord manifestées dans le règne inférieur.

Ce n'est pas moi qui voudrais nier les admirables spectacles de la bête isolée ou associée. Seulement, quand on a fini d'admirer, il faut tâcher d'interpréter pour comprendre. Or, la plupart des esprits s'obstinent encore à renverser le problème, et cherchent des parties de cérébration à l'origine d'actes qui marquent un étonnant progrès sur l'animalité commençante, mais ne sont, au regard de notre actuelle humanité, que des jalons de la route parcourue.

Je ne dis rien de la prétendue distinction entre l'instinct et l'intelligence. Cette naïveté spiritualiste née du besoin d'isoler l'homme dans le monde, ne se rencontre plus guère que dans nos écoles où nous dépensons superbement tant d'efforts pour retarder le naturel progrès de l'esprit humain. En dépit de la Sorbonne, de l'Académie, et même de la Comédie-Française, la science, très honnie, a au moins réussi à mettre l'homme à sa place dans l'ordre de l'univers. Elle montre en voie d'ascension celui que la Bible d'abord fait déchoir, et cause ainsi beaucoup de peine aux gens qui se font un confort de l'antique tradition. Leurs cris de malédiction ne faisant plus de tort qu'à eux-mêmes, contentons-nous, pour toute réponse, d'ouvrir les yeux aux phénomènes du monde.

Ces pensées se présentent à moi tous les jours au spectacle des bêtes qui font la vie de mon jardin. J'ai là notamment une partie de forêt composée d'un marronnier respectable où deux familles de pigeons vivent en état de fraternelle hostilité.

Dès que l'idée m'est rebelle, mes yeux quittent d'instinct le papier noirci pour consulter vaguement l'herbe, l'arbre et les bêtes. Si la consultation ne donne pas le résultat attendu, me voilà en trois pas dans la campagne parisienne, observant en dépit de moi-même les actes quotidiens de mes frères emplumés. Et comme le besoin de ce secours intellectuel ne se fait que trop souvent sentir, il se trouve que j'ai de la sorte amassé quelques observations qui me semblent dignes d'être rapportées.

19.

J'eus d'abord deux beaux pigeons bleus dont la robe — sauf la collerette blanche absente — est identique à celle du ramier. On les connaît au quai des oiseleurs sous le nom de *Mondains pattus*. Comme beaucoup d'autres *mondains* moins *pattus*, ils manifestèrent d'abord une incroyable propension à l'œuvre de chair qu'un commandement divin n'autorise chez nous « qu'en mariage seulement ». Le mariage y était, suivant les formes du monde pigeonnier. Je fermai donc bénignement les yeux et le reste ne tarda pas à s'ensuivre.

Jusqu'au moment de la ponte, j'avais remarqué que le mâle appartenait à ce genre d'irréguliers que nous dénommons *coureurs*. Chaque jour, après d'amoureux ébats, je le voyais décrire en l'air de grands cercles, puis piquer droit sur le ruban de Seine que je domine de ma terrasse, et se perdre du côté de Grenelle. Je dois dire, à son honneur, qu'il ne découcha jamais. Mais il ne rentrait guère qu'au soir. Cependant dame pigeonne voyait tout le jour passer d'autres pigeons qui l'invitaient d'un coup d'aile, mais elle avait sa vertu, et loin de céder à l'immorale tentation, ferme sur son arbre, elle attendait que le volage lui ramenât la suite des plaisirs légitimes trop tôt interrompus. On dit que cela ne se passe pas toujours ainsi dans l'humanité.

Aussitôt les deux œufs pondus, voilà mon pigeon qui abrège ses absences et revient régulièrement vers une heure de l'après-midi pour relayer la couveuse en s'installant à sa place dans le nid. Ainsi de tous les jours. Si j'essayais de le déplacer, il me criblait la main de coups de bec, me battait la face de son aile, rentrait d'autorité dans la cage et rassemblait bien vite les deux petites boules blanches au plus chaud de la plume paternelle.

Quel sentiment ramenait chaque jour ce volatile coureur à ces frêles coquilles? L'amour explicable pour les petits, dès la naissance, se comprend assez mal pour une inerte pellicule de chaux. Je dis l'amour, parce que les métaphysiciens, distingueurs de l'instinct et de l'intelligence, ont dû laisser le même nom aux phénomènes affectifs de l'homme et de la bête.

Supposez un *coureur* — du monde non *pattu* — se privant des plaisirs du cercle pour charmer les ennuis d'une grossesse dont il n'a connu que les joies. On ne manquerait point d'expliquer cette noble conduite par le beau mot de *devoir*. Je ne chicane point là-dessus. Mais lorsque M. Jules Simon prend des attitudes mystiques pour m'expliquer l'origine divine du devoir dans l'âme humaine, n'ai-je pas le droit de lui montrer de simples bêtes, qui, sans prédications d'église ou de Sorbonne, font tout de même que les meilleurs d'entre nous, et ne prétendent pas pour cela gagner le paradis? Est-ce rabaisser le devoir que d'en trouver la source non dans l'arbitraire d'une volonté supérieure, mais dans les conditions mêmes du développement de tout organisme? Cela n'aboutit sans doute qu'à la constatation d'une des formes de cette attraction qui est la loi du monde. Mais n'est-ce rien de se débarrasser d'hypothèses qui nous font interpréter le monde à contre sens?

Si l'attraction est la loi du monde, une correspondante force de répulsion n'est pas moins nécessaire. Et voici que je la trouve encore chez les pigeons de mon marronnier.

Les petits n'avaient pas huit jours, que mes deux *Mondains pattus* s'avisèrent que l'œuvre de procréation pouvait être reprise. Nouveau nid dans la cage voisine, et nouvelle famille fondée. Celui des deux parents qui ne couve pas, nourrit les pigeonneaux, leur déverse dans le bec le produit de sa digestion ou les instruit à piquer le sarrazin, le maïs. Le devoir, le devoir, toujours.

Mais voilà des devoirs contradictoires. La seconde couvée va éclore, la première est un embarras. Il faut choisir. L'humaine hypocrisie dispose d'un temps plus long pour graduer les sentiments, sans parler des ressources du langage. Le *Mondain pattu* proliférant tous les mois, n'a pas plus de quinze jours pour passer de l'amour à la haine. Il se résigne donc, et, dès que les petits sont en état de pourvoir à leur nourriture, je les vois chassés de la cage à grands coups de bec, et plumés à vif par ce même père qui, huit jours plus tôt, offrait sa vie pour les défendre. Ils sont bien étonnés, les pauvres, de n'avoir pas le temps d'être ingrats. La fécondité pressante ne laisse pas l'initiative à leur besoin d'indépendance, et, avant d'avoir eu le loisir d'oublier, les voilà d'autorité lancés dans le monde par des parents férus d'amour anticipé pour les petits frères qui dorment dans la coquille de chaux.

Certains animaux, en pareil cas, dévorent tout simplement leurs petits. C'est d'un utilitarisme attristant. Le mâle surtout est enclin à ces cruautés. La femelle, adoucie de maternité, conserve plus longtemps le trésor d'affection pour sa progéniture. Il en est ainsi dans le couple humain, où, même, le développement affectif est presque toujours plus durable chez les parents que dans la descendance. Qui ne voit dans le bref raccourci de la vie pigeonnière le germe des vices et des vertus de la famille humaine? C'est qu'à la continuité du développement organique qui va de l'*amibe* à l'homme, correspond fatalement la continuité de l'âme vivante, du *plasma* primitif à Shakespeare, révélée en une échelle d'identiques actions graduées.

Je pourrais trouver la manifestation de cette idée dans mille autres faits de la sociologie animale. Je n'en veux plus prendre qu'un.

A côté de mes *Mondains pattus*, j'installai deux *Blancs frisés*. Le *Blanc frisé* est une sorte de pigeon Louis XV qu'on dirait en fine pâte de Sèvres. Quand le *Mondain pattu* vit son nouveau voisin, d'apparence si fragile, son premier mouvement fut de lui courir sus. Le *Blanc frisé* baissa la tête, et, dès le premier jour, fut à moitié plumé sans se défendre. J'accourus à son secours de mon mieux, mais chaque soir la malheureuse bête regagnait son logis toute ensanglantée.

Un jour, à mon inexprimable surprise, tout à coup les rôles sont changés, et le *Mondain pattu* reçoit une rare volée. Je m'approche, et je vois que la femelle du lâche subitement enragé venait de pondre. Il paraît que chez les bêtes, comme chez les hommes, rien ne vaut mieux, pour donner du courage, que d'avoir quelque chose à défendre. On peut là-dessus philosopher.

Le plus curieux, c'est que, depuis ce jour, la bataille continue avec des alternatives de supériorité du pigeon blanc ou du pigeon bleu suivant que l'un ou l'autre vient de fonder une nouvelle famille. Au moment de la ponte, la combativité se déchaîne et donne la victoire à celui des deux dont commence la couvée. Puis son esprit de bataille, *sa force morale*, comme nous dirions, va décroissant jusqu'au jour de lâcheté suprême où il se retourne contre ses petits. Alors, c'est l'autre qui prend sa revanche, et chacun a son tour de défaite et de triomphe.

Et même il s'est produit un cas bizarre. La pigeonne blanche — que je crois hystérique entre nous — un jour s'imagina de couver sans avoir pris la précaution préalable de pondre. Le mâle, qui la relayait, par force de suggestion, et couvait comme elle ce néant pendant des heures, eut l'accès de courage que voulait l'occasion, et fut vainqueur du pigeon bleu avec autant d'entrain que s'il avait eu vraiment quelque chose à défendre. Il croyait. C'est le grand point.

Donc, même chez la volaille, la force de l'illusion n'est pas moindre que celle de la réalité. Erreur ou vérité, il faut croire, il faut espérer pour être fort. L'erreur, elle-même, est une source de puissance. Ainsi s'explique, par le pigeon, la lenteur du progrès humain.

CHAPITRE III

PAR MONTS ET PAR VAUX

PAR MONTS ET PAR VAUX

I

Notes de voyage.

Carlsbad.

— Ah ! vous allez à Carlsbad. Alors vous verrez les Allemands célébrer leurs victoires de 1870.

— Mais, je ne crois pas. Carlsbad n'est pas en Allemagne.

— Tiens ! Où est-ce donc ?

— La dernière fois que j'y suis allé, c'était en Bohême.

— Ça doit y être encore. Mais la Bohême, est-ce que ce n'est pas aux Allemands ?

— Oui et non. Oui, parce qu'on la gouverne de Vienne, bien qu'encadrée entre la Bavière, la Saxe et la Silésie qui sont, à des titres divers, des propriétés de Berlin. Non, parce que nos amis les Tchèques de Bohême sont en train, avec une belle ténacité slave, de reconquérir leur pays sur l'envahisseur allemand. Après la Guerre de Trente Ans, il ne restait plus, de trois millions de Tchèques, que cinq ou six cent mille paysans réduits au dernier degré de la misère. Aujourd'hui, la population slave de la Bohême est de plus de trois millions et demi contre deux millions d'Allemands.

— Comme c'est curieux ! Vous êtes bien sûr de tout cela ?

— On me l'a dit.

Telle fut, au moment de monter dans l'*Orient-Express*, ma brève conversation avec un de mes compatriotes qui est à demi journaliste, et tout à fait professeur (pas de géographie).

Il faut passer vingt-quatre heures sur les rails. Je dors. A Avricourt, un grand douanier blond, très sanglé, très poli, me rappelle brusquement la sentinelle allemande en terre française. Pas de visite. Nos bagages ne sont même pas examinés à la frontière autrichienne. A Carlsbad seulement on fera ouvrir et fermer aussitôt une malle au hasard, pour la forme. Les douaniers de M. Méline n'ont pas de ces attentions. Il faut dormir. Je dors si bien qu'on me réveille à Stuttgard, dans une gare enfumée, où des hommes toujours très sanglés, tout en casquette rouge ou noire et en barbe rousse, ont l'air de s'ennuyer mortellement. Je fais ce que je peux pour les distraire en demandant un renseignement inutile. La visière et la barbe s'entr'ouvent pour laisser échapper un *Ia* fatigué, et se referment automatiquement. Si je restais là, ça me gagnerait. Je m'en vais.

Alors il faut subir un interminable défilé, dix heures durant, du même paysage de verdure sombre, triste à mourir. Wurtemberg, Bavière ou

Bohême allemande, de Stuttgard à Nuremberg, et de Nuremberg à Carlsbad, c'est tout un. La même prairie de petite herbe courte et triste qui s'ennuie de pousser, de pauvres rivières molles promenant paresseusement une eau noire à fleur d'herbe, s'arrêtant en flaques, ne sachant où aller.

Des pins, des pins partout. Malingres, souffreteux, feuillage sombre et tronc noir. Pourquoi ne les coupe-t-on pas ? On sent qu'ils ne veulent pas grandir. Les collines de l'horizon en sont couvertes. Dans la plaine, ils s'avancent par troupes séparées, alignés en formations militaires. On dirait des soldats qui se rangent pour la bataille, comme dans l'ancienne guerre. Ils voudraient bien, les malheureux. Cela romprait leur monotone vie. Mais le mot d'ordre est : *Fixe* ! En bons troupiers, ils attendent, immobiles, le coup mortel. Ce sera un changement. Toute la campagne est encombrée des cadavres de leurs frères. Ce ne sont que des piles de bois dans les clairières comme aux abords des gares. De longues charrettes passent, chargées de pins plus longs encore. L'attelage des bœufs fauves, tachés de blanc, se traîne lourdement derrière un paysan terreux, jaune de poil, jaune de peau, suivant lui-même une grande pipe de porcelaine brillante, étoile conductrice après qui suent bêtes et gens.

Des femmes blêmes, partout aux travaux de la terre. Jupons jaunes, mouchoirs jaunes, cheveux jaunes, regards jaunes. Et de quel jaune ? Tous les tons des choses flétries. Elles sont vigoureuses, pourtant. On les dirait plus vaillantes que les hommes. Je les vois porter de lourdes hottes, bêcher, labourer, moissonner. Car il y a des plaques de moissons dans cette déplorable verdure de pommes de terre, de houblons et d'herbages sans vie. Mais ne cherchez pas les blonds épis de Virgile. La moisson mûrit toute blanche dans cette tristesse noire, et cet aspect d'herbe morte est plus navrant encore que les taches de vert éteint du tapis fatigué qui l'encadre. Des vols d'étourneaux, de corbeaux muets sont la vie de ce paysage, où de massives constructions de briques et de bois noirci disent l'incommensurable ennui d'être.

Croyez que la mélancolie du simple témoin n'est pas beaucoup moindre. Pendant dix heures, j'ai vu cet horizon en deuil, cerclé de collines noires. Pour unique distraction, des automates habillés en chefs de gare, des gros Allemands lunettés d'or et des grosses Allemandes reluisantes et des enfants allemands très fleuris, s'empilant et se désempilant dans toutes les voitures de mon train, parfumés de tabac, de saucisse et de bière. De temps à autre, des soldats, isolés ou en troupes, cavaliers ou fantassins, rompent la monotonie de la foule. De beaux hommes bien campés, bien pris dans l'uniforme, moins raides que le Prussien, mais justement *peaussés* dans l'homme de guerre. Il semble que ces gens soient déguisés, quand ils sont en civils.

Enfin, nous franchissons la frontière à Eger. L'amabilité souriante de l'Autrichien nous fait accueil. Brusquement, c'est un autre monde. Des exclamations, des causeries bruyantes, des gestes qui varient : une vie plus en dehors. Le soldat, plus élégant, par contre, paraît moins redoutable. Ce qui ne change pas, c'est le paysage. Au contraire, il s'aggrave. Nous voilà dans les mines de charbon, de lignite, amenant avec elles les verreries renommées de Bohême, les fabriques de porcelaine, d'autres usines encore. La forêt de pins se complique maintenant d'une autre forêt de grandes cheminées pointues empanachées d'interminables volutes noires. Frayant notre chemin à travers la fumée, yeux pleurants, et gorge raclée, nous arrivons à Carlsbad. Que de peine pour boire une eau saumâtre à 73 degrés centigrades !

Vous ne pensez pas que je vais vous parler des vertus curatives des eaux de Bohême. Je serais hors d'état d'en raisonner, et permettez-moi de vous dire que tous les docteurs du monde, mis en tas, n'en savent pas beaucoup plus long que vous et moi sur la question des eaux thermales. C'est du bon empirisme, avec une petite vapeur de science tout autour.

De la ville elle-même, il n'y a pas grand chose à dire. Située au confluent de l'*Eger* et de la *Tepl*, elle couvre d'habitations luxueuses les deux collines que sépare la petite *Tepl*, dont des hommes bottés balayent soigneusement le fond tous les matins. Un seul mot suffit pour expliquer Carlsbad : c'est le Vichy de l'Europe orientale. Russes, Polonais, Allemands, Danubiens, Grecs et Turcs, (Hindous même) accourent en troupes serrées pour demander au *Sprudel* la guérison que leur ont refusé les saintes images ou la bonté divine elle-même, importunée d'un trop grand nombre de prières.

Le *Sprudel* est un gros jet d'eau chaude qui jaillit à plusieurs mètres. C'est le dernier vestige des convulsions volcaniques du grand plateau central de l'Europe. Ici, le *Sprudel* est dieu. Comme tous les dieux de l'antiquité, le grand *Geiser* de Carlsbad, trônant dans son nuage de vapeur, est le père d'une belle et nombreuse lignée. Ce ne sont partout que sources jaillissantes de températures diverses, mais de composition identique. C'est le bon *Sprudel* qui les alimente par des canaux mystérieux. Autrefois ses concrétions calcaires, pittoresquement colorées de rose vif et de vert, avaient fini par barrer la petite *Tepl* qui s'engouffrait ainsi dans un lac bouillonnant d'où s'élançaient des fusées de vapeur. On a refait sa voie à la rivière, mais de la croûte calcaire tourmentée, des jets d'eau chaude sourdent de tous côtés attestant que le grand foyer d'enfer est toujours là. Si l'on pouvait soulever la roche je ne serais pas surpris qu'on aperçut la queue de quelque diable. Un bon diable apparemment, puisque les hommes viennent en foule demander à ce génie de la terre l'heureuse santé que Lourdes n'accorde qu'à de trop rares élus.

Quand je vous disais que tous les peuples de l'Europe orientale avaient leurs délégués à Carlsbad, je n'avais pas besoin d'ajouter que l'Occident est représenté, ici comme sur tous les autres points du globe, par une colonie anglaise florissante. Il y a même, par miracle, une source spéciale qui a pour fonction de guérir les maladies de l'Angleterre. Pourquoi le *Schlossbrunn* jouit-il de spéciales propriétés curatives pour l'Anglais ? C'est un mystère. Toujours est-il que la rivalité politique s'en est mêlée, et nous avons maintenant bien en face, une source russe. Il y a là une conception pathologique d'un ordre tout nouveau.

Jusqu'ici, les Latins seuls résistent. C'est un bien long déplacement. Et puis, la gaieté française recule devant ce « *sombre entonnoir* » de Carlsbad, comme dit Michelet. Il est certain que nous sommes au fond d'un trou, d'un trou fumant où de grands arbres noirs retiennent toute vapeur et barrent le soleil quand il lui prend fantaisie de paraître. Cependant, on peut s'échapper, car toutes ces montagnes noires de hautes futaies sont sillonnées de routes magnifiques, agencées à souhait pour la promenade et le repos. C'est là que se répand tout Carlsbad, après les trois verres de *Sprudel* obligatoires. On y fait de plaisantes marches et le jarret nerveux, modelé par le Knickerbocker, trouve l'occasion de se développer à plaisir. Seulement, ne pensez-vous pas que si vous deveniez jamais amoureux d'une belle Africaine, le jour pourrait venir où vous souhaiteriez de la voir changer de couleur ? Ainsi de Carlsbad, qui est pittoresque, qui est beau, mais d'une beauté noire. La forêt très dense, arrêtant au passage l'obscur rayonnement d'un ciel gris, nous promène comme autant de fantômes dans la nuit et dans le silence. Car la solitude est muette. Pas un écureuil, pas un oiseau. Rien. Ce n'est pas assez. De-ci de-là, quelque monument naïf, quelque plaque commémorative, racontant en vers ou en prose qu'une Allemande sentimentale ou un lord mélancolique s'est guéri de la jaunisse en ce trou noir.

Ai-je besoin de vous dire que Schiller et Gœthe sont venus là, et qu'on se montre avec vénération les maisons où ils ont peut-être habité. Nous avons encore l'arbre de Marie-Louise, impératrice des Français, et je ne sais quoi encore. Telles sont nos joies les plus pures. Malgré le luxe des toilettes, je ne serais pas étonné que les autres plaisirs fussent assez modestes. Le *Sprudel* est fort exigeant. Il prend l'homme tout entier, et ne laisse rien pour l'ardeur des sentiments. Nous avons la joie de fleurs admirables qui ne coûtent presque rien. C'est une prodigalité de roses. Ni casino, ni jeux. Des concerts graves avec des musiciens tchèques en chapeau haut de forme. Un petit théâtre Louis XV où l'on joue de six heures à neuf les opérettes viennoises. A dix heures, grand couvre-feu, après un souper bien tranquille. Et comme l'heure fatidique approche, je vais donner le bon exemple en soufflant ma bougie.

Roulez gaiement vers votre Bois, ô Parisiens dévergondés. Le Carlsbadien pudique s'endort, paisiblement bercé par l'harmonieux gargouillement d'un petit *Sprudel* intérieur qui chatouille honnêtement des entrailles vertueuses.

II

A Carlsbad.

Je gage que vous ne savez rien de l'empereur d'Allemagne Charles IV, fils d'un certain roi aveugle, Jean de Luxembourg, qui trouva la mort à la bataille de Crécy? Eh bien! moi qui m'instruis en voyageant, je connais de cet empereur des choses surprenantes.

Ce monarque, ne vous en déplaise, fut, parce que chasseur, un notable bienfaiteur de l'humanité souffrante. Vous n'apercevez peut-être pas très bien la relation entre l'acte de courre un cerf et le soulagement de nos maux. Sachez donc qu'un jour de l'année 1358, l'empereur Karl poursuivait un dix-cors dans la forêt attenant son bon château d'Elbogen en Bohême. Bêtes et gens faisaient rage. L'homme et le chien, associant leur férocité carnassière, aidés de l'innocente complicité du cheval tout à la joie de courir, serraient de près leur proie haletante. C'était un beau vacarme dans ces montagnes sauvages où les échos, se renvoyant de roc en roc les aboiements de la meute, mettaient cent troupes hurlantes aux trousses du fuyard affolé.

Lancé à fond de train, par un effort suprême

le cerf arrive au sommet d'un escarpement d'où la roche descend à pic dans un grand lac fumant. L'eau bouillonne et lance au ciel de furieux jets de vapeur. Mais la bête éperdue ne peut arrêter son élan et, d'un bond désespéré, la voilà dans le cratère. Ce fut la première cure de Carlsbad, car vous devinez bien que le cerf fut épargné par les chiens et guérit merveilleusement de ses meurtrissures par ce brusque plongeon dans l'eau miraculeuse. Un bain si profitable à l'espèce cornue ne pouvait qu'être bienfaisant aux humains. C'est ce que pensa judicieusement l'empereur Karl qui ne s'intéressait pas moins aux entrailles de ses sujets qu'aux jambes de son dix-cors.

Ainsi fut fondé Carlsbad, *le bain de Charles*, nom bien impropre puisque c'est le cerf et non l'empereur qui fut baigné. L'histoire a de ces inadvertances. Le cerf d'ailleurs n'est pas oublié. Il a laissé son nom et sa statue à la roche abrupte d'où il bondit et dont chacun admire la hauteur. S'il lui prenait aujourd'hui fantaisie de recommencer ce saut prodigieux, il s'embrocherait infailliblement sur le paratonnerre de quelque toit, et verrait avec stupéfaction sa grande chaudière d'il y a cinq cents ans canalisée en une infinité de petites sources plaisantes où, sans y mettre les pieds, s'abreuve la postérité languissante des sujets de l'empereur Karl.

En vérité, je crois que jamais chasseur ne fit chasse aussi profitable. La grande source chaude captée, une ville s'élève maintenant où fut le lac autrefois. Une paisible petite rivière, dont on époussète attentivement le poisson tous les matins, se fraye un tranquille chemin dans l'obscure vallée. Les villas s'étagent sur les montagnes dont le cercle étroit nous enserre, et les halliers sauvages qui virent la grande chasse de Karl nous offrent maintenant le repos d'aimables pavillons où de vastes Allemandes éprises du domino, posent sentimentalement leur double-six en face d'un complet gris surmonté de lunettes d'or.

C'est que l'empereur et le cerf — puisque la fatalité voulut qu'il y eut un cerf en cette affaire — se trouvent avoir fondé, sans le savoir, une merveilleuse industrie dans les anciens cratères des volcans éteints de Bohême : *l'industrie du malade.* Chacun sait qu'il y a malade et malade. Il y a le malade *courant*, le malade banal, qui souffre, qui se plaint et qui meurt. Celui-là n'intéresse personne, sinon ses héritiers quand il a des nippes supplémentaires. Son médecin le soigne, son curé le bénit et la médecine et la bénédiction sont en proportion de ce qu'il paye. L'incertitude des moyens humains est telle qu'il n'est pas bien sûr que le plus ou le moins de consultations et de médicaments prolonge d'une façon appréciable la vie tourmentée. Tandis qu'au contraire nous sommes parfaitement certains, puisqu'il est de foi que le paradis s'ouvre aux prières du prêtre, d'être admis ou non en présence de Dieu suivant la quantité d'argent dont nous aurons acheté les messes et les oraisons de l'Eglise. C'est le prolongement de la question sociale dans l'autre monde. Je sais bien qu'il y a la prière commune, comme il y a la fosse commune. Mais puisque l'intervention du prêtre auprès des puissances célestes est reconnue efficace, il faut bien avouer que celui qui l'achète, au marché qui s'en tient ouvertement dans toutes nos églises, a sur l'autre un prodigieux avantage. Quand on établira un peu plus de justice sur la terre, j'espère qu'on fera la même réforme au ciel et qu'on nous donnera le paradis gratuit. Ce fut le rêve de Jésus qui se trouve, en le prêchant, avoir fondé une église millionnaire. O ironie des choses!

Pour en revenir à mon malade *vieux jeu*, dont je me suis moins écarté qu'il ne semble, je le trouve dès les temps les plus reculés livré sous des formes diverses à la grande industrie cléricale qui lui promet des guérisons miraculeuses en ce monde, et d'inouïes béatitudes dans l'autre. Quand on souffre, comment analyser les consolations qui se présentent? Pour de l'argent comptant, on vous offre l'espérance. Chercher à savoir si elle est menteuse, équivaut à la refuser. Il faut pour cela un héros. La foule accepte, les yeux bandés.

Seulement, il y a des déceptions : je ne parle, bien entendu, que de la terre. C'est ce qui fait qu'en face de la toute-puissante corporation qui bat monnaie des faveurs divines, s'est élevée progressivement l'industrie rivale du guérisseur humain, d'expérience et de raison. Modeste industrie qui veut de grands labeurs pour des résultats souvent douteux. Que demande-t-on au médecin? Tout. C'est beaucoup, s'il donne un peu.

Et voilà bien le malheur, car ce peu là n'est pas assez pour le malade *nouveau jeu* à qui l'Eglise, féconde en facile promesses, a donné d'impérieuses habitudes d'exigence. Il lui faut l'expérience à celui-là. Et si le Lourdes miraculeux ne la lui peut offrir, c'est à quelque Lourdes scientifique, ou réputé tel, qu'il la viendra demander. Les exhalaisons de la Terre qui enivraient la Pythie de son Dieu, les fumées des crevasses volcaniques, les eaux chaudes jaillissantes, considérées jadis comme des manifestations spécialement personnelles de la Puissance créatrice, après avoir fait à travers les âges des cures miraculeuses, accomplissent simplement aujourd'hui des guérisons dont on raisonne, ou dont on prétend raisonner. La chimie, la physiologie s'évertuent, souvent en faute, quelquefois triomphantes. Au lieu d'en médire, comme un benêt de Sorbonne, soyons fiers des avantages conquis sur le monde des puissances hostiles qui assiègent notre vie, encourageons la recherche et secondons l'effort de savoir.

Mais le malade ne s'arrête pas à cette philosophie. Il tient également pour acquis et les résultats obtenus et les résultats espérés. Il accourt et dit : « Je veux vivre ». Et puisque la petite industrie guérisseuse de sa ville ne l'a pas tiré d'affaire, il lui faut l'appareil d'une grande usine médicale organisée aussi bien pour frapper l'imagination que pour agir physiquement sur les organes. Alors nous voyons ces sources multiples d'origine mystérieuse, dont on nous présente les analyses compliquées, ces bains de terre boueuse où barbotte le Carlsbadien convaincu, ce régime sévère aggravé de l'interdiction du travail intellectuel, ces marches dans la montagne : tout un ensemble d'actes réglés pour vous faire une vie nouvelle, une ville entière organisée en vue du mystère sacro-saint de *la Cure*.

Est-il donc possible, sans parler du changement de milieu, de n'obtenir qu'un résultat négatif de l'accomplissement des rites prescrits ? Ce serait vraiment un miracle. Non, la grande manufacture de santé ne ment pas à son titre, et la médecine industrialisée peut produire, et produire pour un temps, des effets dont je ne saurais médire sans ingratitude noire. Et le plus curieux, c'est que les eaux y sont très probablement pour quelque chose. Quand le tsar Pierre-le-Grand vint à Carlsbad, les médecins du lieu lui firent ingurgiter vingt-trois verres d'eau du *Sprudel* tous les matins. C'était la mode alors. Empereur ou chiffonnier, on n'en prend plus que trois aujourd'hui. L'autocrate a résisté à ses vingt-trois verres, n'est-ce pas plus extraordinaire que si nous guérissons en trois lampées ? Parmi les inscriptions ridicules qui déshonorent les rochers, j'ai noté celle d'un Français qui vint inutilement ici pendant sept ans. La huitième année le prodige s'accomplit. Vertu de la persévérance ! Le *guide* m'apprend encore que les eaux de Carlsbad furent singulièrement favorables au développement du génie de Gœthe qui fit ici quatorze cures. Vous voyez qu'on peut tout attendre du pouvoir de l'eau bouillante.

Je regardais ce matin la foule qui se presse autour de la grande vasque d'où le *Sprudel* lance son jet de vapeur, et je me disais que tous ces gens, bien qu'atteints assurément dans un groupe identique d'organes, n'en présentaient pas moins des états pathologiques assez variés pour avoir été soignés chez eux de façons fort différentes. Et les voilà maintenant réunis autour de la grande source chaude, avalant trois identiques verres et s'en rapportant à des organes diversement affectés du soin de se reconnaître là-dedans. Eh bien! cela même n'est pas aussi absurde qu'il semble. Le même état général a pu affecter différemment l'organisme suivant les prédispositions de chacun. C'est ce qui fait qu'une médication identique peut réussir également dans des cas qui semblent divers.

Et puis, il y a l'inconnu dont tout homme de science doit faire la part, d'abord. Que savions-nous des éléments avant Lavoisier? Rien. On venait à Carlsbad depuis plus de trois cents ans, sans analyse possible des eaux. Quel chemin parcouru depuis un siècle! Qui peut dire ce qu'une analyse perfectionnée révélera dans cent ans à nos neveux au delà du point où s'arrête la nôtre aujourd'hui. Depuis combien de jours avons-nous la notion des actions si puissantes de l'électricité sur nos organes? Que faisons-nous, en somme, sinon de l'empirisme raisonnant.

La particularité des eaux de Carlsbad, c'est qu'elles vous guérissent tout juste assez pour vous donner l'envie de revenir. C'est déjà beaucoup. Pour moi, je m'en contente, et demain, à la source, prenant ridiculement mes trois verres d'eau chaude, je lèverai le premier en l'honneur du grand chasseur Charles IV, fils du combattant de Crécy. Au premier bénéficiaire de la cuve de Carlsbad, au cerf vénérable qui se guérit dans l'eau bouillante d'une chute de trois cents pieds, j'offrirai les prémices de mon second verre. Quant au troisième, ainsi que tous ceux qui suivront, je me promets de les consacrer à la belle espérance par qui nous vivons, par qui nous voulons vivre. Car c'est elle, la trompeuse, qui nous rassemble tous au bord de la grande chaudière fumante des montagnes de Bohême. Où que vous trouviez l'homme, sachez que c'est l'*espérance* qui l'a amené.

III

Pensées d'un buveur.

Carlsbad.

Comment pourrais-je rendre la physionomie d'une ville sans caractère? La vieille maison allemande aux petites fenêtres flanquées de volets verts, de grandes bâtisses viennoises chargées et surchargées de ces ornements fastidieux que nos plâtriers appellent *pâtisserie*, des pignons, des tourelles prétentieuses, des clochetons compliqués, une cathédrale surmontée de ces gros oignons rebondis qui figuraient primitivement le turban de Mahomet, voilà tout ce que je trouve à noter. Dirai-je encore la grande halle du *Sprudel*, où les buveurs tournent religieusement en rond, égayés de la musique d'Auber? Ou bien vous montrerai-je la *Mühlbrunn Colonnade*, où l'on fait queue pendant une demi-heure pour obtenir la faveur d'une tiède gorgée nauséeuse? Tout cela est vulgaire. A mentionner pourtant le *Kaiserbad* qui est, je pense, l'établissement de bains le plus luxueux du monde. Ce ne sont que marbres, chêne sculpté, statues, tableaux et tentures. Il y a même des baignoires, et chaque salle de bain est, à proprement parler, un bijou. Il s'y trouve encore une certaine *salle des Princes* dont l'ameublement a coûté cinquante mille francs. Les boîtes de toilette sont en or. C'est de la bonne folie. Pour un beau louis, vous pouvez vous offrir, dans cet absurde boudoir, un bain de *Sprudel* qui ne vaut pas dix sous. Je suppose qu'on vous retourne les poches à la sortie. Les bains *d'extrait d'aiguilles de pin*, les bains *de terre de Franzensbad* d'où l'on sort couvert d'une épaisse croûte chocolatée sont organisés avec un remarquable raffinement de confort. L'électricité, l'hydrothérapie ont de vastes départements. Ce qui vaut surtout d'être cité c'est une étourdissante salle de gymnastique suédoise. On n'y voit que roues, chevalets et courroies, élevant ou abaissant des bras ou des jambes, ou tordant étrangement des corps. On dirait d'une salle de tortures. Le lieu est, au contraire, d'hygiénique divertissement.

On ne peut négliger l'établissement de *Pupp*, qui est le centre de la vie carlsbadienne. C'est au tournant de la *Tepl*, un monstrueux caravansérail du luxe le plus tapageur : un hôtel qui n'en finit pas, des restaurants tout en glaces, des jardins où l'on soupe en musique. Le soir, toute la ville est là, et sous le feu des lampes Edison, les couleurs claires où se plaît l'Allemande font de jolies taches mouvantes. Seulement, il ne faut pas détailler... En somme, le coup d'œil est plaisant, et de la gaieté la plus décente.

Pour ce qui est de la vie intérieure, je n'y vois rien à relever, sinon la remarquable propreté qui règne en toutes choses, Si l'on peut reprocher à la femme allemande un sens esthétique insuffisant — nous sommes ici dans la Bohême de population germanique — il faut lui reconnaître d'admirables vertus de ménagère. Elle est, avant tout, *Hausfrau*, la femme de la maison. Tout le jour, elle règle, elle ordonne, elle frotte, elle astique, elle balaye, elle bat, elle bat surtout tapis, matelas, couvertures, oreillers, chaises, habits, tout ce qui lui tombe sous la main. A ce prix elle obtient cette propreté qu'une femme d'esprit qualifiait de répugnante, parce que, sous prétexte d'ordre, elle exclut toute fantaisie. Dans tout Carlsbad, ce n'est qu'un roulement d'inutiles battoirs tombant sur de malheureux objets dont le bras le plus vigoureux ne saurait plus extraire un seul grain de poussière.

Quand les petites bonnes de Carlsbad ne battent pas quelque chose, elles vous disent *bonjour*, et de quel entrain ! Le *bonjour* ici est une institution. Dans tous les grands établissements, vous rencontrez à la porte un bel homme tout galonné d'or qui n'a d'autre fonction que de se réjouir de votre vue et de vous souhaiter le *bonjour*. Et ce n'est pas une bienvenue banale qui vous est offerte. Non, c'est un salut cordial, accompagné d'un bon sourire ami. On fournissait autrefois des « pleureuses » aux enterrements. L'habitant de Carlsbad a sagement pensé qu'il y aurait avantage à remplacer cette absurde coutume par un approvisionnement de révérences souriantes qui feraient cortège à ses hôtes. Mieux vaut rire aux vivants que de pleurer aux morts. L'attention est aimable. Seulement, les petites bonnes de Carlsbad, qu'elles vous servent votre déjeuner chez *Pupp*, ou qu'elles aient la charge de battre cent fois le jour les menus objets qui composent le bagage d'un voyageur, pratiquent d'une façon vraiment trop rigoureuse leurs devoirs d'aménité hospitalière.

Blondes, fraîches et pas jolies, on les voit se grouper par petites bandes, dans les restaurants en plein air pour fondre en troupes hardies sur le premier arrivant. Dès qu'il paraît, c'est une fusée de *bonjours* en pleine face, accompagnés de petits rires contents. Heureux d'un si cordial accueil, le client s'assied, et déploie quelque journal en attendant le jambon réparateur. Mais ce n'est pas l'affaire des petites bonnes. Il n'a encore reçu le *bonjour* que d'une troupe d'avant-garde. D'autres bataillons, massés dans tous les coins du jardin, s'élancent en ordre dispersé et le bombardent d'une grêle de *bonjours*. Comment continuer sa lecture? Chaque nouveau client, étant naturellement salué de la même bordée, ce ne sont que *bonjours* dans l'air. Il en tombe des arbres, il en sort des tables, des chaises, des carafes, et si vous regardez au hasard devant vous, en avalant quelque morceau, vous rencontrez de petits visages rieurs qui se tordent en grimaces de bonne amitié!

Vous levez-vous pour partir? C'est le moment des adieux. *Adieu! adieu!* font cent voix nuancées de la mélancolie d'un si brusque départ. Vous êtes déjà dehors que, par-dessus les terrasses, des *adieux* éperdus vous rejoignent et vous suivent jusqu'au tournant du chemin.

Et, chez vous, hôtel ou maison privée, c'est bien une autre affaire. Entrez ou sortez cent fois dans la journée, de misérables petites bonnes, embusquées derrière les portes, cachées entre les malles, vous jettent des *bonjours* comme Agnès son grès de bienvenue. A chaque marche d'escalier, penchées sur la rampe, elles guettent le voyageur matinal qui, à chaque tournant, passe nécessairement sous leur feu, et reçoit des volées de *bonjours* contre lesquelles il n'est point de parades. A la porte, nouvelle cérémonie : c'est l'homme galonné d'or mettant sa basse dans les dernières notes de soprano qui s'égrènent des paliers. Et dans la rue vous n'êtes pas au bout. Si quelque petite bonne lave ou frotte les fenêtres, comme c'est la joie de sa race, vous défilez sous les *bonjours* jusqu'à cinquante pas de votre demeure.

Le terrible, c'est qu'il faut répondre. Et comme les formules de *bonjours* changent suivant l'heure, qu'il y a le *bonjour* du matin, de l'après-midi, de la soirée et de la nuit tombante, la première occupation d'un étranger doit être en arrivant de prendre un professeur de *bonjours*. Quant à laisser sans réponse ces multiples témoignages d'affectueuse sympathie, ce serait aussi grossier que de refuser la main tendue d'un ami. Soyez amène en dépit de vous-même, et prenez-en votre parti. Quand vous aurez oublié votre mouchoir, repassez bravement sous le feu, et si, le matin vous entr'ouvrez votre porte pour prendre vos chaussures, riez de bon cœur quand vous serez aveuglé d'une poignée de *bonjours*.

Cette nuit, à quatre heures, un *bonjour* en trombone, venant du corridor, me fit sursauter dans mon lit. C'était l'homme galonné de la porte qui rencontrait, le bougeoir à la main, un malheureux voyageur tâtonnant dans la recherche d'une solitude exigée par l'impérieux *Sprudel*. J'ai fini par comprendre que le *bonjour* aussi était de la cure.

Il faut bien maintenant arriver aux *buveurs*. C'est une troupe bigarrée où la jeune Amérique brille du plus vif éclat. Pourquoi faut-il que les grands couturiers de Paris ne puissent donner quelques sages conseils à leurs confrères d'outre-Rhin ? Rien de discret. Tout en extravagances. Quelques grandes dames anglaises donnent en vain le bon exemple, traînant à leurs trousses tous les châles verts et tous les turbans jaunes que voit défiler le monde entier. Nous avons un eunuque que les maris se montrent avec orgueil, des paysannes bosniaques toutes galonnées d'or, un prince hindou en complet de *old England*, des hongrois bottés en *collants* de passementeries. Le curé abonde, le curé triste et le curé gai, — catholique romain, grec, ou protestant. Le triste, jaune, ridé, racorni, vient demander à Carlsbad l'écoulement d'une vieille bile cuite et recuite. Le gai, fleuri, rebondi, débordant, cherche dans un régime sévère l'atténuation des maux résultant d'une trop succulente nourriture. Ce qui est à mettre à part, c'est l'Allemand du Nord et son épouse légitime. Ils passent tous les deux gras et roses, couverts de gros bijoux d'or, se tenant par la main comme deux petits enfants. Toute la rue jouit avec délices de ce spectacle édifiant. Rien ne serait plus ridicule assurément que de prétendre juger la race française sur les spécimens détériorés qu'elle envoie se refaire à Vichy. Mais j'ose affirmer que l'Allemand de Carlsbad se retrouve diversement nuancé, dans toutes les gares, dans toutes les promenades et dans toutes les brasseries de l'Allemage du Nord. Quelques soldats prussiens sont là comme pour attester la belle prestance et l'énergique raideur de la jeunesse. Il arrive, parfois, de rencontrer quelque grand vieillard, planté tout à la Gœthe, droit sur de solides assises, portant fièrement une tête massive de noble profil qu'encadrent de long cheveux blancs. De grands yeux bienveillants amortissent de sérénité l'aspect hautain de la ligne. Ce sont là de rares exemplaires.

Le type commun est tout à l'autre extrémité de la conformation humaine. C'est quelque chose d'assez semblable à ces bonhommes de mie de pain que font les enfants après dîner. Une forte boule pour le ventre, une moindre pour la tête et deux grosses petites jambes fichées de travers dans la bedaine. Pour compléter le portrait, il suffit d'amplifier généreusement les proportions et de mettre de la barbe partout, avec des chaînes et des breloques d'or cliquetant sur la panse, et de lourdes bagues jusqu'aux orteils. Les yeux plissés, pour cause de myopie, derrière de gros verres ronds, évoquent je ne sais quel souvenir de chat-huant effarouché.

L'autre moitié du couple est peut-être plus étrange encore. C'est une grande et lourde créature reposant sur de grands pieds massifs, ornée de deux larges mains expertes à tous les soins du ménage. De petits frisons jaunes jettent leur note folâtre sur des visages gras et placides que deux yeux innocents éclairent, par un contraste singulier, d'une flamme de volonté dure. Une forte mâchoire mastiquant avec méthode les préceptes d'une bonne vie, laisse discrètement échapper la parole qui doit être obéie. Je tiens le moral pour excellent, malgré la coquetterie sauvage de diamants accrochées partout où le permet la nature, malgré des chapeaux monstrueux et d'invraisemblable ajustements de soies criardes agrémentées de velours épinard. Seulement, il faut l'avouer, le physique n'est pas à la hauteur du moral. C'est un engraissement universel. De vastes tailles débordées de hanches plus vastes encore. Et puis d'étranges armatures qui montent la lourde gorge en terrasse, à la hauteur du menton. Ce ne serait rien encore sans une audacieuse rotondité abdominale qui fend insolemment la foule, comme la proue du navire les flots de la mer. Et l'Allemande ayant l'habitude de se plier brusquement en deux pour saluer, comme faisaient nos grand'mères, toute rencontre d'amitié se répercute en fâcheux tamponnements pour le promeneur sans défiance.

Cet ensemble de dispositions physiques et morales rend parfaitement incompréhensible une note affichée dans tous les cabinets de bain, qui interdit *de se mettre deux dans une baignoire*. Quels événements ont jamais pu justifier une pareille intervention de l'autorité ! Quand je le demande, on me rit au nez, et je n'ose faire des suppositions. D'ailleurs, l'Allemande, une fois répandue dans la baignoire, je ne vois pas même où se pourrait mettre l'eau.

De la petite bourgeoisie à l'aristocratie, ces différents traits peuvent se graduer, mais restent communs. Les très grandes dames sont un peu plus diamantées, voilà tout. Leurs époux n'ont pas cette ressource pour se distinguer du vulgaire.

En ce moment, nous sommes sans archiduc. Un de nos derniers princes fut, dit-on, le héros d'une amusante histoire. Le noble seigneur avait été opéré dans sa jeunesse de je ne sais quelle tumeur qui le gênait pour s'asseoir. Il y avait longtemps de cela. En arrivant à Carlsbad, il va consulter un célèbre chirurgien de passage qui se trouve être précisément son ancien opérateur. Les deux hommes ne s'étaient pas vus depuis quarante ans. L'archiduc ne se nomme pas, et le médecin ne reconnaît pas son client C'était justement dans les alentours de l'endroit opéré que le malade éprouvait de nouvelles souffrances. Il dit son cas. Il fallait *voir*. « Montrez », dit l'homme de science, et l'autre, obéissant, après s'être dépouillé de tout ce qui pouvait cacher la partie dolente, se met la tête dans un fauteuil, l'autre bout face à la lumière.

Mais à peine le docteur a-t-il jeté les yeux sur la chose, qu'il reconnaît sa cicatrice d'autrefois. « Comment, Monseigneur, c'est vous, dit le bonhomme, ôtant sa calotte de velours, et faisant des révérences de cour à la partie de l'archiduc qui se trouvait à portée de sa figure. Mille pardons de mon

inadvertance. Il m'avait bien semblé, etc., etc... »
Et l'excellent guérisseur allait toujours, adressant les plus humbles excuses à la placidité muette de l'impassible physionomie qui lui était plus familière que l'autre. Par malheur, l'archiduc était sourd, et, la tête enfoncée dans son fauteuil, ne bougeait non plus qu'une souche. L'entretien menaçait de durer, le respect ne permettant pas de redresser un prince plié en deux, pour le simple plaisir de lui parler face à face. Heureusement, celui-ci s'aperçut que le genre de conversation auquel il était préparé se trouvait subitement interrompu. Il se releva et, cette fois enfin, ce fut son visage qui attrapa la révérence du docteur.

Voilà de quoi s'égayent les bons *buveurs* en barbotant, comme canards, dans la grande mare bouillante.

IV

Une âme à lunettes.

La Société anglaise des *Ames* est une réunion de dames nécessairement distinguées qui, non contentes d'être l'ornement de leur sexe, s'assemblent tout exprès pour avoir une âme et se la montrer réciproquement. Non sans doute que, prises isolément, on doive considérer ces aimables personnes comme des corps sans âme. La première condition, pour un corps qui se respecte, c'est d'avoir une âme. Mais l'union des âmes a sur l'union des corps le remarquable avantage d'être une source éternelle de pures jouissances renouvelables à volonté. Dans ces immaculés contacts, l'idéalisme féminin de la Grande-Bretagne puise à pleins bords les enivrantes voluptés qu'autorise la morale biblique et que sollicite le légitime besoin de la plus haute culture émotive.

Seulement il arrive que ces joies singulières ne sont pas indistinctement à la portée de toutes les créatures. Certains corps imparfaits — ou trop parfaits, si vous aimez mieux, — réclament de plus vulgaires plaisirs. Il y a temps pour tout, et avec un agenda bien tenu, on peut partager très convenablement sa vie entre l'idéal et la réalité terrestre, à la complète satisfaction de notre imparfaite humanité. Certaines organisations privilégiées semblent exclusivement réservées aux ineffables délices de l'âme. Par une juste compensation, c'est le plus souvent l'apanage des êtres angéliques que la nature, par une avare dispensation de grâces physiques, a voulu préserver des passions ennemies. Ces créatures exquises en possession de ce que nous pouvons connaître de la sublimité d'ici-bas, seules ont droit au titre d'*âme* et s'en vantent.

L'explorateur est-il exposé à rencontrer beaucoup d'*âmes* dans la société britannique? Je ne saurais le dire. Il y en a peut-être beaucoup plus qu'on ne croit, car la profession d'*âme* s'atteste ou se dérobe aux regards suivant les temps, suivant les lieux. En général, une petite publicité discrète, tout intime, suffit à l'ambition des *âmes* au début de leur carrière. Aimable pudeur de divinités en devenir.

Que faut-il faire pour être une *âme*, et à quoi reconnaît-on la chose? Je ne crois pas qu'il y ait de formule exclusive. Dans la rue, cela ne se découvre pas toujours. Une chevelure préraphaélique, des yeux de toute candeur, un sourire d'ange sont simplement les naturels attributs de cette catégorie d'humanité supérieure. Il y a peut-être des ailes : ça ne se voit pas.

Chez soi, c'est une autre affaire. Une coupe paradisiaque du costume est absolument de rigueur. Il n'est pas nécessaire, je vous le dis en confidence, de dissimuler à tout prix ce que le misérable corps peut avoir d'avantages. Je crois même qu'on peut le faire ressortir au besoin. Mais il faut avant tout qu'une outrance de simplicité dise l'extravagante pureté des émotions cherchées. La robe flottante qui a le mérite de dissimuler les imperfections de la chair est généralement recommandée. Aussi la couleur blanche, comme vous pensez bien. Si l'on peut errer de chambre en chambre avec une fleur entre le pouce et l'index, le petit doigt écarté, les yeux perdus dans la rosace des plafonds, on est dans la très bonne voie. Autant que possible il ne faut jamais regarder les personnes présentes : cela est de la terre. Une excellente habitude, c'est de fermer les yeux : il paraît qu'on arrive ainsi à voir distinctement ses pensées. De temps à autre on se laissera couler sur des sièges bizarres, des bancs, des escabeaux, des chaises sans pieds, et là, les bras ballants, on demeurera dans l'extase de quelque rêve sublime. Sur la table, Shelley, avec Schopenhauer pour montrer que *l'âme* a ses *dessous*, et que si elle voulait... mais elle ne veut pas. Autour de soi des riens pour attester le caprice du jour, la fantaisie éthérée au bord des tentations de la terre. Surtout, des amis pour vous regarder : c'est l'ingrédient le plus nécessaire. Il faut des amis spéciaux d'émerveillement facile et de bonne volonté. On en trouve. Aussitôt que des juges autorisés ont dit d'une femme : « *C'est une âme* », les ordinaires spectateurs de ces sortes de choses accourent pour voir, et se faire *mysticiser* — je ne dis pas *mystifier* — à plaisir.

L'*âme* peut écrire — vers ou prose — mais cela n'est pas nécessaire. Il suffit de se montrer *âme* dans tous les actes de la vie, par des moyens qui peuvent être discrets, pour tout raffiner.

Une *âme* ne se repaît pas d'un beefsteak saignant aussi goulûment qu'un corps. Une *âme* ne se mouche pas comme un roulier. Tout se passe en nuances qu'il faut saisir au passage. Le don supérieur est d'exprimer l'inexprimable. On devient *Lady*, on naît *âme*.

J'ai connu des *âmes*, j'en connais encore. Elle ne se reconnaîtront point en cette matérielle esquisse. L'Anglaise d'ailleurs, fantaisiste au suprême degré, échappe à toute règle, diversifie toutes choses, se dérobe à toute classification trop précise.

Je ne vis jamais rien de si différent d'une *âme* que la jeune miss Annie Z..., à qui j'eus l'honneur, un jour, d'être présenté devant une table abondamment pourvue du restaurant Pupp, à Carlsbad. Une toute courte et grasse petite chose rougeaude, en forme de boule flambante, dans un sarreau rouge surmonté d'une toque de pourpre. Aussi peu de nez qu'il est possible, une bouche minuscule, en *chemin d'œuf*, d'où beaucoup de dents blanches étroitement enfermées tentaient de sortir. Sur tout cela, de gros yeux vagues de myope cerclés de grandes lunettes rondes. Dix-huit ans, si je me souviens bien. Vingt tout au plus. L'air bon, timide et enjoué. Qui diable aurait deviné une âme là-dessous ? Mon voisin me poussa du coude et me dit tout bas, entre deux coups de fourchette : « *C'est une âme.* » Vous pensez si je fus attentif. En vain. L'*âme* mangeait comme tout le monde, et ne faisait ni ne disait rien d'extraordinaire. Si bien qu'après une observation prolongée, je crus qu'on s'était moqué de moi.

Aussitôt que nous fûmes entre *corps*, j'en fis le reproche à mon ami qui, pour toute réponse, me fit venir de Londres par le plus prochain courrier le récent ouvrage dont notre *âme* à lunettes venait d'émerveiller son entourage. Le hasard d'un déménagement me l'a fait retrouver ces derniers jours, et je ne puis résister au plaisir de montrer de quelles cabrioles intellectuelles peut être capable l'*âme* anglo-saxonne qui nous paraît la plus enfoncée dans la matière. Cela s'appelle « *Figures d'âmes* ». Le titre n'est déjà pas ordinaire. Le texte et les images — car il y a des *images d'âmes* — sont encore plus inattendus.

Dans une substantielle préface, miss Annie nous apprend que M. Francis Galton — connu, semble-t-elle croire, de tout l'univers — a institué d'intéressantes recherches sur « la façon dont les gens se représentaient des choses intangibles, comme les jours de la semaine, les mois, les nombres, etc. » L'un affirme que lundi porte une barbe bleue, l'autre voyait février oblong et tacheté, un autre, « *que je connais personnellement* », déclara que dans son esprit, chaque nombre avait une personnalité : 1 était un curé de *la haute Eglise*, très égoïste ; 2 portait des lunettes et était dogmatique... 7 était une veuve, etc., etc. En lisant ces curieux détails, j'ai vivement regretté de n'avoir pas fait plutôt la connaissance de miss Annie. Je l'aurais informée que, à mes yeux, 12,774 est un éléphant à plumes, et je ne doute pas qu'elle n'eût consigné soigneusement ce fait si remarquable dans son livre.

Quoi qu'il en soit, miss Annie prend texte des intéressantes observations de son ami Francis Galton pour nous révéler des formes et des couleurs d'âmes. Elle n'affirme pas absolument que les choses soient telles qu'elle les décrit, mais elle les voit ainsi et elle juge que, dès lors, elle doit apporter sa contribution à la science nouvelle. Les âmes que voit miss Annie sont fort nombreuses et très différentes. Pour ne pas demander un trop grand effort à notre compréhension vulgaire, elle se borne à nous en décrire quatre types. C'est assez. *L'âme superficielle, l'âme profonde, l'âme mélangée et l'âme bleue.*

Je n'ai pas besoin de dire que le livre est dédié à l'*âme bleue.*

Je ne parle pas du texte qui est rédigé suivant toutes les règles de la grammaire, et qui décèle un esprit de méthode étranger à la plupart des habitants de la Salpétrière. Tout ce qu'on en peut dire, c'est qu'il est digne de ce genre de spéculations qui consiste à déclarer que jeudi est bossu et que septembre n'a qu'un œil. Une Française de vingt ans qui écrirait ces choses serait surveillée de près par ses parents. En Angleterre, la grande maison T. Fisher Unwin and C° se fait un plaisir d'imprimer luxueusement ces graves pensées sur papier de Hollande. Ce qu'il faut voir, ce sont les images coloriées. Cela ressemble à des cartes de géographie découpées au hasard par le ciseau d'un enfant. Les provinces s'appellent *jugement, sympathie, générosité, adoration*, etc., etc.

Saviez-vous que l'*âme superficielle* est jaune avec des îlots rouges et des stries qui rappellent les canaux de Mars. L'*âme profonde* ressemble à un champ labouré que traversent des ruisseaux de *pensée* : un buisson bleu l'entoure. L'*âme mélangée* a toute l'apparence d'une tarte aux pommes, et l'*âme bleue* est un soleil d'azur. A l'âme bleue le pompon. C'est l'*âme à lunettes* par excellence décrite par miss Annie, d'après nature. Saint François d'Assise avait une âme bleue. On trouve souvent des îlots bleus dans certaines âmes jaunes, mais c'est la misère. Miss Annie est en possession d'une âme irisée. C'est peut-être celle qui a servi à saint François d'Assise. Tous nos compliments au Royaume-Uni.

Le livre se termine par une *Histoire de l'âme parfaite* à faire pleurer. Il y a une *âme blanche* qui est le paradis. Un monstre appelé *la chair* dévore *l'âme blanche* tombée dans *la mer de la vie humaine.* Une composition d'enfant de dix ans à qui le catéchisme aurait tourné la tête.

Après cette déconcertante lecture, j'aurais été bien aise de revoir l'*âme à lunettes* et de l'interroger gravement. Mais elle avait regagné sa patrie et je n'eus jamais l'occasion de lui parler de ces sortes d'âmes que je me représente sous les apparences d'un confus *plumpudding* écrabouillé où se rencontreraient toutes les pauvretés d'ignorance et tous les dévergondages de l'esprit délesté de son corps.

Je crois *les âmes* fort en baisse, en ce moment, de l'autre côté du détroit. Celles qui étaient en puissance d'époux ont des enfants dans les *Horse-Guards*. Les autres se sont mariées. Cela change le point de vue. Ne vous offensez pas, petite âme à lunettes si je vous souhaite cette heureuse chance.

V

L'Évolution.

Quand l'Association britannique pour l'avancement des sciences se réunit à Oxford en 1894, lord Salisbury, son président, prononça un retentissant discours que j'appréciai à cette époque dans le journal *la Justice*. Ai-je besoin de dire que le chef du parti *tory*, qui se pique de connaissances scientifiques, n'est pas moins conservateur en philosophie qu'en politique. Nul ne fut donc étonné de le voir se mettre résolument en bataille contre la doctrine de l'évolution. Et, bien que l'argumentation du noble lord fut de prime saut jugée faible par le monde savant, l'enveloppante bonhomie de ces observations superficielles que le vulgaire proclame de *sens commun* — c'est-à-dire adéquates aux préjugés courants — fit concevoir aux Bibliques la pensée d'utiliser ce discours au point de vue de la propagande. Il faut s'en féliciter, puisque Herbert Spencer, agacé de tant de bruit pour si peu de chose, s'est décidé — ce dont il s'excuse — à quitter des travaux plus importants, pour faire toucher du doigt, dans un magistral article, « *la faiblesse des arguments de lord Salisbury.* »

Je me propose de résumer aussi clairement et aussi brièvement qu'il me sera possible les vues du célèbre penseur. Aussi bien la question qui s'agite a, depuis longtemps, passé le seuil du cabinet des philosophes. De la solution qu'elle reçoit dépend dans l'esprit des hommes, le sort des antiques conceptions du monde, comme de l'universelle construction scientifique où le labeur humain, s'élèvera progressivement de l'étude de la pierre et de la marne jusqu'aux lois les plus compréhensives de la justice sociale la plus haute.

Si la masse veut être libre, il faut qu'elle apprenne à penser par elle-même. Un texte parlementaire peut faire tomber les entraves de la loi, non les chaînes, — combien plus lourdes — des traditions du passé. Ne nous laissons donc pas rebuter par l'apparente aridité des commencements philosophiques, et ne négligeons aucun effort pour connaître nos origines et voir clair dans notre destinée.

Herbert Spencer fait d'abord remarquer l'étrange confusion de lord Salisbury, qui croit en combattant la loi de sélection naturelle, telle qu'elle fut formulée par Darwin, pouvoir ruiner du même coup « *la doctrine de l'évolution qui fait dériver les organismes de tous les genres d'une suite continue de modifications accumulées* ». Si la loi de sélection naturelle n'opère pas comme l'a dit Darwin, il faut, selon lord Salisbury, abandonner sans retour la théorie de l'évolution des êtres, et revenir à l'antique principe de la *création* tel que nous le fournit la Bible. A quoi Herbert Spencer répond que la sélection naturelle est simplement un des procédés du transformisme, et que, si cette explication venait à faillir en quelque point, il ne manquerait pas d'autres étais pour la doctrine générale de l'évolution de la vie.

Le grand argument de lord Salisbury contre la sélection naturelle, c'est que personne n'a consigné l'observation d'un cas de sélection naturelle *dans sa marche complète*. On conçoit, en effet, qu'il est assez difficile d'*observer* comment un oiseau a pu acquérir certaines habitudes protectrices dans la construction de son nid parce qu'*au cours des générations* les individus les mieux protégés, s'entre-mariant, se sont propagés aux dépens des autres. Seulement, que dire à Herbert Spencer lorsqu'il répond que, si l'on n'a pas vu un cas complet de *transformation des espèces* et que cela suffise à faire rejeter la théorie de l'évolution, le principe de la *création* se trouve bousculé du même coup, car il est sans exemple qu'un homme doué de raison ait vu tout d'un coup surgir un poisson dans un verre d'eau ou un petit chien sur sa table.

« Les partisans de la création semblent oublier, dit-il, que leur théorie à eux *ne repose sur aucun fait*. Comme la majorité des gens élevés dès leur naissance dans une croyance toute faite, ils exigent que les partisans d'une croyance adverse apportent les preuves les plus rigoureuses, mais *ils pensent que la leur n'en demande aucune*.

« Quelle est l'explication la plus rationnelle de la production de dix millions d'espèces? Dix millions de créations spéciales, dont chacune implique l'existence d'un plan médité et d'actes pour l'accomplir? Ou n'est-il pas probable que les dix millions d'espèces se sont produites par des modifications continuelles résultant du changement des circonstances?... Si nos adversaires veulent réfléchir, ils reconnaîtront que *jamais leur pensée ne leur a présenté l'image nette de la création d'une seule espèce.* Peuvent-ils nous dire comment une espèce nouvelle est construite, et comment elle fait son apparition? Tombe-t-elle des nues ou s'élance-t-elle avec effort du sein de la terre? Les membres et les viscères de la nouvelle créature accourent-ils des quatre points cardinaux au même endroit pour la former? Faut-il adopter l'antique idée des Hébreux et dire que Dieu *prend de l'argile et modèle une créature nouvelle?...* Les traditions reçues par des tribus nomades de pasteurs, il y a trois mille ans, ne sont vraiment pas de la classe des preuves que lord Salisbury prétend exiger des partisans de l'évolution par sélection naturelle. *Ce ne sont pas des faits constatés par l'observation directe.* »

Abordant alors les preuves qui résultent de l'interprétation de nos observations, Spencer montre comment les fossiles indiquent clairement *la direction qu'a suivie l'évolution pour arriver aux formes actuelles.* On y voit le type oiseau dériver du type reptile. On y voit le cheval moderne sortir d'une longue lignée où ses formes actuelles ne cessent de se préciser. Tous les types les plus anciens offrent les caractères les plus communs et les plus généraux, tous les types les plus modernes de la même classe *sont plus spécialisés*. Tout cela n'est-il pas preuve de la parenté qu'implique l'évolution?

Les principes de la classification, où l'on voit les groupes se fondre entre eux, « *ne concordent-ils pas avec la supposition de leur origine commune* »?

Enfin, l'embryologie ne répète-t-elle pas la même histoire ? « L'arbre embryologique correspond à l'arbre de la classification et aux parties les plus modernes de l'arbre paléontologique. Il y a plus. Avec l'hypothèse de l'évolution, les étranges transformations par où passe le développement de l'embryon peuvent se comprendre : sans cela, elles demeurent inintelligibles... Dans toutes les grandes classes de Métazoaires, *le développement d'un type supérieur est la récapitulation des traits distinctifs des types inférieurs*. Dans l'embranchement des vertébrés, par exemple, l'embryon d'un oiseau ou celui d'un lapin présente, à certain moment, des traits qui le font ressembler à l'embryon d'un poisson. *L'embryon de l'homme ne prend, à la fin, la forme propre à l'homme qu'après avoir revêtu des caractères ressemblant à ceux des mammifères inférieurs*. Cette merveilleuse répétition de traits appartenant aux types inférieurs s'accorde tout à fait avec l'hypothèse de l'évolution et suggère l'idée d'une hérédité transcendante.

« Nous n'avons qu'à regarder autour de nous pour voir partout à l'œuvre une cause générale qui, si elle n'a jamais cessé d'agir, suffit à expliquer ces mystères. Placez une plante ou un animal dans un nouveau milieu, et pourvu que ce milieu ne diffère pas du précédent au point de devenir funeste, l'être vivant se mettra à changer par des modifications qui s'adaptent aux conditions nouvelles... Les Fuégiens vivent nus sous la neige qui fond sur leur corps, les Yakoutes dorment ou veillent en plein air couverts de gelée blanche, les Hindous dorment exposés aux rayons d'un soleil torride, etc., etc. C'est la réponse de la constitution de l'homme au milieu...

« Après avoir examiné les faits constatés qui soutiennent indirectement l'hypothèse de l'évolution, voyons les faits constatés qui soutiennent indirectement l'hypothèse qu'on lui oppose. *Il n'y en a point. Ni dans l'air, ni dans la terre, ni dans l'eau on ne découvre rien qui implique une création spéciale...* Tout au contraire, nous voyons une foule de faits qui les contredisent... Que dire des parentés embryologiques, par exemple ? Si le développement de l'embryon était l'effet d'un plan divin, il suivrait des lignes droites depuis le germe jusqu'à la forme définitive. Il ne montrerait pas les métamorphoses variées que nous y découvrons et qui n'ont aucun rapport, soit avec les besoins du moment, soit avec la structure et le mode d'existence où ils aboutissent, etc., etc.

« J'ai toujours regretté, conclut Spencer, que Darwin ait choisi le mot de « *sélection naturelle* » pour dénommer son hypothèse. Ce mot éveille l'idée d'une *opération consciente*, et par suite implique une personnification tacite de l'agrégat de forces ambiantes que nous appelons *nature*. »

Si nous substituons au mot « *sélection naturelle* » la formule « *survie des mieux adaptés*, » il devient évident que *l'événement est nécessaire*. Pour s'en convaincre, il n'y a qu'à affirmer le contraire et dire que la loi de la nature est la *survie des moins adaptés*, que les êtres les plus propres à vivre sont morts, et que ceux-là seuls ont survécu qui n'étaient pas propres à la vie... L'absurdité de cette affirmation suffit à montrer que la survie et la multiplication d'individus pourvus d'une constitution ou d'agrégats de caractères qui les adaptent le mieux aux exigences de leur existence *est un résultat nécessaire*.

« Nous avons donc porté le contraste des deux hypothèses en pleine lumière, et il en ressort qu'il y a des motifs *à posteriori* et *à priori* de croire à l'une, et des motifs *à posteriori* et *à priori* de refuser tout crédit à l'autre. On ne peut imaginer un plus fort contraste en matière de crédibilité. »

Pour ce qui est de la période de temps nécessaire aux transformations évolutives — argument formidable aux yeux de Lord Salisbury — l'opinion d'Herbert Spencer se peut résumer comme suit : « Le physiologiste qui sait que tout être individuel est le produit d'une évolution, qui sait de plus que, dans leur état primitif, les germes de toutes les plantes et de tous les animaux sont tellement semblables qu'il n'y a pas de distinction appréciable qui permette de dire si une molécule particulière est le germe d'une conferve ou d'un chêne, ou d'un zoophyte ou d'un homme, ce physiologiste serait inexcusable de voir une difficulté dans la question.

Si une cellule peut, sous certaines influences, devenir un homme dans l'espace de vingt ans, il n'y a rien d'absurde à supposer que, sous certaines autres influences, une cellule puisse, dans le cours de millions d'années donner naissance à l'espèce humaine. »

« Comparons les changements embryologiques avec les changements évolutionnaires dans leurs quantités et dans le temps qu'ils exigent. Les neuf mois de gestation humaine, ou plus exactement les 280 jours, font 6,720 heures ou 403,200 minutes. Ainsi donc le changement total de la cellule à noyau qui constitue l'œuf humain en la structure développée de l'enfant à sa naissance, peut se diviser en 403,200 changements dont chacun occupe une minute. Aucun de ces changements n'est appréciable à l'œil nu, pas même au micromètre. Passons à l'autre terme de la comparaison. Prenons le changement total qui fait du protozoaire primitif — d'une cellule à noyau, en somme — l'être humain qui en procède, et divisons les cent millions d'années qui sont la durée supposée de la vie sur la terre en autant de périodes de changements que le fœtus en traverse. Nous obtenons près de 250 ans pour l'intervalle assignable à une somme de changements *égale à celle que le fœtus traverse en une minute.* »

Il faut se borner. Au lieu de résumer moi-même les doctrines qui sont aujourd'hui le couronnement philosophique de la science, j'ai cru faciliter à mon lecteur l'intelligence de ces problèmes en m'efforçant simplement d'extraire à son profit le suc et la moelle du bel article du grand penseur anglais.

Beaucoup trouveront peut-être qu'il n'y a pas là matière à causerie de journaliste. Ce n'est pas mon avis. La démocratie n'est que la parodie d'un gouvernement si le peuple, tout le peuple, n'ouvre progressivement son esprit à tous les objets de la connaissance humaine. Pour être des plus hautes, les questions que je viens de traiter sommairement n'en sont pas moins accessibles dans l'état présent des esprits, à la majorité des hommes de culture moyenne. C'est pour eux que j'écris. Puissent-ils puiser dans ces brefs aperçus le désir d'apprendre encore et de penser véritablement par eux-mêmes.

On a bientôt fait de dire : « J'ai rompu avec les traditions du passé. » Ce divorce n'est véritablement consommé, et l'homme nouveau n'est vraiment né en nous que du jour où nous avons de nous-mêmes et du monde une conception personnelle. Apprenons, amis lecteurs.

VI

Le Pithécanthrope.

Je vous présente le *Pithécanthrope*, le *Singe-homme* découvert en 1894 par Eug. Dubois, médecin militaire hollandais, dans une exploration géologique de Java. Vous pensez bien, n'est-ce pas? qu'une telle présentation ne se fait pas dans les formes ordinaires. Le *Pithécanthrope* est très vieux, très cassé, très abîmé par l'âge et les accidents divers. Excusez-moi donc si je ne puis vous en exhiber aujourd'hui qu'un fémur, deux dents molaires et une calotte crânienne. Le reste s'est dispersé par le malheur des temps, accroché de ci de là dans le grand vestiaire souterrain où s'entassent pêle-mêle les dépouilles de tous les vivants sans numéro de répertoire. Prenons donc notre *Singe-homme* tel qu'il s'offre à nous, et voyons quel jugement porter sur ce qu'il nous montre.

Le cas est sérieux, car il s'agit, comme vous l'avez déjà compris, de ce fameux *chaînon manquant* (*the missing link*) qui doit nécessairement relier, dans la donnée de l'école transformiste, *l'homme de raison Homo sapiens)* à *l'anthropoïde* dont nous ne pouvons procéder que par des phases d'évolution insuffisamment reconstituées jusqu'ici.

Trop de faits démontrent la filiation de l'homme pour qu'elle puisse être scientifiquement contestée, dans l'état présent de nos connaissances. Tout ce qu'on peut souhaiter, c'est de voir produire des pièces de plus en plus probantes, à l'appui de nos inductions. Tel est actuellement l'intérêt du *Pithécanthrope* de Java, ou plutôt ce qui nous reste de lui. Quand nous le retrouverions tout entier, comme le mammouth conservé dans les glaces du pôle, la doctrine transformiste n'en demeurerait pas moins soumise aux éternelles objections des esprits prévenus en faveur de la création biblique, qui se refusent, de parti pris, à interpréter l'ordre de la nature. Aux *évolutionnistes*, il suffit des humbles vestiges d'un de nos prédécesseurs inconnus, pour qu'ils enregistrent avec confiance une confirmation nouvelle, après tant d'autres, de la grande loi de toute vie depuis l'informe *plasma* jusqu'au miraculeux cerveau où se réfléchit le monde.

M. L. Manouvrier nous donne sur cette question une très remarquable étude dans *la Revue scientifique*. Les travaux dont les ossements fossiles de Java ont été jusqu'ici l'objet y sont rapportés avec une méthode si sûre et si claire que je ne crois pouvoir mieux faire que de résumer brièvement les observations principales de ce distingué savant.

Et d'abord, les conditions du gisement, les circonstances des fouilles conduisent à admettre que les différentes pièces trouvées par M. Dubois sont vraiment d'un même individu, contemporain du terrain tertiaire pliocène, « appartenant à une espèce anthropoïde bipède intermédiaire entre les singes anthropoïdes connus et l'espèce humaine, précurseur de celle-ci et probablement issu du genre *Gibbon*. Cette nouvelle espèce a reçu le nom de « *Pithécanthropus erectus.* »

Le fémur suppose une taille d'environ 1 mètre 65. A première vue, « il ne présente aucun caractère permettant de l'attribuer à une autre espèce que l'espèce humaine ». « La dent (troisième molaire supérieure) est trop volumineuse, ses racines sont trop divergentes pour qu'on puisse l'attribuer à un homme... D'autre part elle diffère beaucoup des dents connues des singes anthropoïdes, par sa surface triturante. » Le crâne pouvait cuber de 900 à 1,000 centimètres cubes. Cette capacité dépasse de 400 centimètres cubes environ le maximum trouvé chez les plus grands anthropoïdes. D'autre part, elle est trop faible pour être compatible avec une intelligence humaine normale... Le crâne de Java doit donc avoir appartenu soit à un individu normal d'une race intermédiaire entre les grands anthropoïdes et l'homme, soit à un homme anormal. »

Pendant qu'on faisait ces constatations à Paris, la Société d'anthropologie de Berlin se livrait au même examen, déclarait que le fémur était d'un homme et attribuait le crâne à un singe anthropoïde. Les savants anglais et suisses proclamaient d'autre part, que crâne et fémur étaient également humains.

« Une telle divergence d'appréciation chez des anatomistes si compétents, dit M. Manouvrier, suffirait presque à démontrer l'état réellement intermédiaire du crâne de Java, car on sait combien la différence est grande entre un crâne humain et un crâne de singe. Pour donner lieu à des appréciations si opposées, il a fallu que le crâne de Java présente d'importants caractères humains et d'importants caractères simiens. »

Sans entrer dans les détails que ne comporte pas cet article, il suffit de mentionner cette conclusion de M. Manouvrier que « *le crâne de Java réunit un ensemble de caractères limites* pour l'espèce humaine ». Il est vrai que des crânes humains très inférieurs pour leur race se rapprochent parfois plus ou moins des crânes d'anthropoïdes. Mais *la réunion des caractères limites* dans un crâne de l'époque pliocène ne permet pas d'admettre qu'on se trouve en face d'un unique cas pathologique sans analogue connu dans le monde.

Selon M. Manouvrier, si certains savants ont trop promptement décidé que le fémur était d'un homme, d'autres se sont trop laissé influencer par le caractère simien du crâne et des dents. D'après ces caractères, si la race de Java ne rentre pas dans l'espèce humaine, on n'est pas en droit davantage de la classer parmi les anthropoïdes, puisque nous n'en connaissons aucun approchant du fossile javanais, soit par sa capacité crânienne, soit par ses caractères occipitaux à l'âge adulte. A Berlin, on déclare que le *Pithécanthrope* ne peut pas être un homme, en Angleterre, qu'il est impossible qu'il soit un singe. Cet état de choses n'est pas sans militer de prime abord en faveur d'une espèce intermédiaire.

Le degré de fossilisation est tel que le fémur atteint le poids d'un kilogramme, lorsque les fémurs préhistoriques de même taille ne dépassent pas 350 grammes. M. Virchow, examinant à nouveau ce fémur, a noté « la rectitude remarquable de cet os qui le rapproche du fémur des Gibbons ».

Le *Pithécanthrope* marchant sur ses deux pieds est-il un simple *Précurseur* de l'homme ou un ancêtre immédiat de l'espèce humaine? La question de savoir si le *Précurseur* peut être rangé dans le genre *Homo sapiens* dépend beaucoup, comme l'observe M. Manouvrier, « de la valeur qu'on voudra attacher au mot *sapiens*, qualificatif dont la valeur est déjà très relative ».

M. Dubois, recherchant « à quel genre simien serait échu l'honneur de devenir souche humaine », en d'autres termes à quel singe anthropoïde connu se rattache le *Pithécanthrope*, estime que toutes les apparences sont en faveur du Gibbon. Broca a, en effet, démontré, il y a longtemps, les analogies relativement grandes entre la conformation du Gibbon et celle de l'homme.

« L'attitude presque verticale des Gibbons correspond à des particularités anatomiques très profondes qui ont pu rendre aisée la transformation humaine. Les conditions de cette transformation, c'est-à-dire du passage de l'état de *grimpeur* à l'état de *marcheur bipède* ont dû être très impérieuses, car il est difficile de croire que, sans cela, une race de grimpeurs eût pris spontanément l'initiative de renoncer à un mode de locomotion en rapport avec une adaptation organiquement fixée. Les anciens volcans de Java, en détruisant plus ou moins complètement les forêts ont pu rendre nécessaire, sous peine de suppression de la race, l'adaptation nouvelle à la marche bipède. »

Si le *Pithécanthrope* n'était qu'un simple *Précurseur*, il était assez supérieur de taille et de cerveau à toutes les espèces connues de primates pour survivre à l'état d'espèce. Si c'est un Ancêtre, son espèce survit encore dans sa descendance humaine. « La différence est si faible entre le *Pithécanthropus* et l'homme actuel qu'il n'y a pas lieu de chercher un chaînon intermédiaire. Ce chaînon est suffisamment représenté par la portion la plus arriérée de nos races sauvages, à preuve les crânes humains isolés, australiens ou autres que l'on a déjà montrés comme peu différents, sous divers rapports, de celui de Java. »

Pour ce qui est du progrès psychologique, « il n'a pas de cause comparable en puissance à l'émancipation des membres supérieurs résultant du passage de *l'état de grimpeur* à l'état de *bipède marcheur*. Le perfectionnement du sens tactile a dû être un résultat immédiat de cette émancipation. Ce résultat a dû entraîner l'acquisition d'une foule de notions nouvelles suggérant des mouvements nouveaux, des actions nouvelles. » On peut consulter les *Principes de Psychologie* d'Herbert Spencer sur le parallélisme du perfectionnement sensoriel et moteur dans la série animale et du perfectionnement intellectuel.

« Comme forme intermédiaire entre l'homme et les singes, il est difficile d'imaginer quelque chose de plus satisfaisant que le crâne de Java. » « Pour infirmer sérieusement la légitime et vraisemblable hypothèse de M. Dubois, il faudrait montrer que le crâne de Java est une simple monstruosité sans signification ethnologique : une microcéphalie qui avait exagéré non pas seulement le volume des dents par rapport au crâne, mais encore le volume absolu des dents au delà du maximum ethnique. »

Deux hypothèses restent donc en présence :

« 1° A l'époque pliocène vivait à Java une race *humaine* intermédiaire entre les plus inférieures des races connues et les singes anthropoïdes ;

« 2° A l'époque pliocène vivait à Java une race *anthropoïde* possédant la marche bipède, et intermédiaire, par son développement cérébral entre les plus élevés des singes connus et l'espèce humaine.

« L'examen de ces deux hypothèses, au point de vue de la théorie transformiste, permet de les fondre en une seule, c'est-à-dire de considérer avec une grande vraisemblance la race en question, non seulement comme une *race précurseur* pour l'espèce humaine, mais encore comme une *race ancestrale*, comme le commencement de l'humanité. »

J'en ai assez dit pour faire comprendre les conclusions de M. Manouvrier. J'ai borné mon ambition à me faire son interprète auprès de ceux des lecteurs qui ne sont pas particulièrement familiers avec la science de l'anthropologie. Je renvoie les autres à *la Revue scientifique*, où ils trouveront notamment une intéressante reconstitution du crâne du *Pithécanthrope*.

Il m'a semblé que, sans avoir lu Broca, on pouvait souhaiter d'avoir quelques notions d'un point de l'histoire humaine qui n'est pas inférieur en intérêt aux batailles de Ménélik et de Baratieri.

Si nous n'avons encore que d'incertains vestiges de notre père *Pithécanthrope*, c'est apparement que sa race a subi des catastrophes auprès desquelles la Révolution de Robespierre et les batailles de Napoléon ne sont qu'un vague roucoulement de colombe. C'est une raison de plus pour continuer nos recherches, et je ne puis qu'appuyer énergiquement M. Manouvrier lorsqu'il réclame le plus promptement possible de nouvelles fouilles à Java.

VII

L'Homme à queue.

Y a-t-il un homme à queue ? Les détracteurs des expéditions coloniales n'apprendront pas sans quelque dépit que nos fonctionnaires de l'Indo-Chine sont en train de résoudre, depuis cinq ans, cette intéressante question. Avec les ordinaires lenteurs de la paperasserie administrative, et les renversements de Ministères, ce n'est pas trop de temps pour un aussi délicat examen.

Jusqu'ici, nous ne connaissions, au-dessus des singes, que des dieux qui fussent ornés de l'appendice caudal. Ægipans, Satyres et Faunes, s'ébattaient joyeusement autrefois en agitant, là où il convient, une petite houpette Louis XV que Clodion nous a scrupuleusement conservée. Aux façades de nos cathédrales gothiques, grimaçent d'affreux diables qui déroulent tragiquement les volutes d'une queue menaçante. Tout ceci est de réalité. Il faut être hérétique pour en douter. Ce qui déroute un peu, c'est que, depuis le moyen âge, on n'a pas vu le Diable. Beaucoup de misérables, dit-on, le tirent par la queue. Mais si l'on aperçoit sans difficulté les misérables, on ne voit point du tout la queue. De là le scepticisme qui se répand. Des anges plumeux seuls s'obstinent à se montrer à nous. Encore faut-il, pour les attirer, demeurer rue du Paradis, et avoir une petite touche d'hystérie. Les joies du ciel ne leur suffisent donc pas ?

Sur tous ces divins *caudalisants*, l'homme à queue possède l'appréciable avantage d'être visible et tangible pour tout le monde, Il ne reste plus qu'à savoir s'il existe. La question n'est pas indigne d'examen. Aussi, n'essayai-je point de cacher mon agréable surprise, lorsque, hier, au cours d'une visite au musée Guimet, mon ami Emile Deshayes, qui est l'un des dieux humains de ce temple, me dit brusquement, en réponse à je ne sais plus quelle question sur les sauvages velus du Laos :

— Et l'homme à queue, qu'en dites-vous ?

— Quel homme à queue ?

— Celui du juge.

— Quel juge ?

— Comment, vous ne connaissez pas l'homme à queue du juge ? Il est, depuis plus de six mois, livré aux discussions des hommes.

Et pour lever tous mes doutes, Emile Deshayes courut à la bibliothèque du musée, et revint avec un numéro du *Bulletin de la Société de Géographie* (2ᵉ semestre de 1895) où je vis, en effet, l'homme à queue, couché tout de son long sous la plume de M. Paul d'Enjoy, procureur de la République à Bac-Lieu (Cochinchine).

Voilà un juge selon mon cœur. Au lieu de requérir tout le jour contre un tas de petits hommes jaunes qui ne sont pas plus filous, sans doute, que d'autres qu'on laisse courir en paix, M. Paul d'Enjoy quitte la toge pour la blouse de l'explorateur, et s'en va bravement à la recherche des derniers vestiges de l'humanité primitive.

C'est au mois de mars 1890 que M. Paul d'Enjoy quitta Bien-Hoa, où il était en résidence, pour se rendre dans le pays des *Moï*. Bien que cela soit du plus haut intérêt pour la science, je ne puis pas vous indiquer le chemin suivi par notre voyageur avec autant de précision que s'il avait pris à la gare Saint-Lazare un billet pour Argenteuil, car il s'est montré là-dessus fâcheusement discret. Cependant, si vous voulez bien vous reporter à quelque carte de Cochinchine, vous verrez que Bien-Hoa est tout proche de Saïgon, et comme M. Paul d'Enjoy est parvenu en cinq ou six jours au pays des *Moï*, en traversant la route de Ba-Ria, et en remontant le cours du Dong-Naï jusqu'au-dessus du confluent du Song-Bé, vous reconnaîtrez sans peine qu'il ne s'agit pas d'une exploration au-dessus des forces humaines. Je n'en éprouve que plus de contentement à savoir l'homme à queue si proche de nous, et par surcroît Français de la France indo-chinoise.

Ce que sont exactement les *Moï*, M. Paul d'Enjoy ne paraît pas bien le savoir. Félicitons-nous de cette ignorance, puisque c'est de là qu'est venue l'idée de son expédition. A vrai dire, notre curiosité ne sera pas complètement satisfaite après avoir écouté son récit. Cependant nous aurons recueilli quelques notes curieuses, parmi lesquelles la rencontre de l'homme à queue.

Faisant route à coups de hache, boussole en main, à travers la forêt, M. d'Enjoy arrive, en quatre jours, au village annamite de Tri-An, limite du territoire des *Moï*.

Ce mot, dans la langue annamite, signifie simplement *Barbares*. Pour se désigner eux-mêmes, les *Moï* emploient plus volontiers les termes de *Puissants*, *Nobles*, *Agiles*, *Invincibles*, et même *Esprits civilisés*. « Ces *barbares*, dit M. Paul d'Enjoy, sont installés en Indo-Chine depuis les temps les plus reculés. *Ce sont peut-être les singes luttant contre les dieux* dont parlent les livres sacrés de l'Inde, et que représentent les bas-reliefs des pagodes cambodgiennes. Divisés en tribus autonomes, réunis comme des troupeaux errants autour des chefs élus... les *Moï* sont fort arriérés. Leur intelligence est obtuse, leurs mœurs sont primitives. Ils ont la peau brune, le teint foncé, le nez aquilin. »

Les cantons *Moï* de la province de Bien-Hoa sont principalement habités par des métis qui joignent aux caractères sus-énoncés les pommettes saillantes et les yeux obliques du Mongol. Ces *Moï* de Bien-Hoa qui « ont pris à la race jaune son amour de l'agriculture et sa soumission à la hiérarchie littéraire », sont à demi-civilisés. « Ils payent des impôts, cultivent des rizières, portent des vêtements, vendent au marché et achètent dans les boutiques. » Ce sont des manières de boulevardiers. « Les *Moï* indépendants subissent, au contraire, les conditions de la vie animale : la loi du plus fort est la seule qui frappe leur esprit. » Ce dernier trait les distingue-t-il bien autant des civilisés que le croit M. le procureur de la République ?

A la saison sèche, les Annamites remontent le Dong-Naï et s'en vont échanger avec les *Moï* des parapluies de cotonnade rouge, des verroteries, des couvertures de laine et des pots cassés, contre de la résine, des bois précieux, de la gomme, de l'ivoire et de la poudre d'or. Ces transactions auxquelles ne préside pas toujours une probité scrupuleuse, donnent lieu occasionnellement à des violences qui amènent nos gens devant la justice de M. Paul d'Enjoy siégeant en toque et en bonnet carré.

Un jour, deux *Moï* furent arrêtés. Deux solides gaillards fortement musclés, tout nus, ceints d'une ficelle rouge, ornés de deux bracelets de rotin. « Leurs ongles semblaient être des griffes, et leurs chevilles des ergots de coq. » Invités par l'interprète à saluer le magistrat, les *Moï* répondirent en grognant qu'*un homme ne devait jamais se prosterner devant un autre homme*. Voilà, en effet, un signe évident de non civilisation.

Ils avouèrent tout ce qu'on voulut, ne comprenant pas qu'on osât leur reprocher un meurtre. « *Celui qui tue peut tuer, puisqu'il tue.* » Ils se cantonnèrent, pour toute défense, dans cet argument. Quand on leur dit qu'on allait les enfermer, ils répondirent joyeusement en battant des mains : « Jamais nous n'avons été aussi heureux. Il n'y a pas de chef qui puisse rêver un palais plus somptueux que la prison. Pour y demeurer toute notre vie, bien vêtus, et bien nourris, nous sommes prêts à tuer celui que vous nous désignerez. » Voilà tout ce que savait M. Paul d'Enjoy des gens qu'il allait visiter.

Après mille péripéties, le voyageur arrive enfin à un village *Moï*. « Un long tunnel, fait de pieux entrecroisés, comme les jambages de la lettre A, cloisonné de feuilles sèches, formait l'unique habitation du village. Ce tunnel avait bien cinquante mètres de longueur, un mètre de hauteur, et deux mètres de largeur à la base du triangle. On entrait par une extrémité, on sortait par l'autre.

« A notre vue, de grands cris furent poussés par des enfants qui gambadaient dans l'herbe. Une multitude d'êtres étranges, nus, grimaçants, échevelés, sortit confusément du tunnel et s'enfuit dans la forêt, en bondissant comme une compagnie de singes. »

Un *Moï* qui récoltait du miel sur un arbre, bondit comme un chat pour essayer de franchir le cercle des envahisseurs. On le fit prisonnier. Il expliqua que le village appartenait aux Léos, tribu vaillante guerrière. Ce n'était point par lâcheté que ses compatriotes avaient fui, mais parce que le costume blanc de l'explorateur leur avait fait croire à l'apparition du *Démon au corps de lune* qui emporte les enfants dans les brouillards.

Ainsi que le *Moï* de Bien-Hoa, le prisonnier avait d'énormes chevilles aiguës comme des ergots de coq. La peau était bronzée, le visage ovale, le nez allongé, la chevelure lisse, la voix rauque. L'homme était grand, avec la taille élancée, et portait la tête haute.

« Mais il avait une queue comme un singe. »

On devine l'étonnement du procureur. « Pour être certain, dit-il, que je n'étais pas le jouet d'une illusion, *je tâtai l'appendice caudal du sauvage*. Je constatai ainsi que la colonne vertébrale du *Moï* se prolongeait, extérieurement au buste, de trois ou quatre vertèbres pour former une petite queue de faune.

« Surpris de mon examen, le prisonnier se retourna brusquement et me dit, en poussant un long soupir, que les *Moï*, autrefois, possédaient tous cet appendice, « C'est la preuve de la pureté de ma race, dit-il. Les *Moï* qui naissent d'unions contractées avec les étrangers n'ont plus de queue, Hélas ! à chaque génération, la queue se fait plus rare... Notre décadence date du jour où notre roi, dont la queue était longue de trois coudées, fut chassé des riches plaines baignées par des fleuves d'or que cultivaient nos ancêtres. » Il y aurait à philosopher sur cette décadence de la queue, signalée par le sauvage.

Pendant la nuit, le *Moï* offrit d'une certaine liane à son gardien, sous prétexte de rafraîchissement. Celui-ci, pas méfiant, n'en eut pas plutôt goûté qu'il s'assoupit, et l'homme à queue court encore.

M. Paul d'Enjoy se promit de revenir, mais il n'est pas revenu, et n'a envoyé personne sur les lieux pour vérifier sa découverte.

Ce qui nous reste de son voyage, c'est qu'il y a dans le monde au moins un homme à queue. La queue est *en vrai*. Il a tiré dessus. Elle ne lui est pas restée dans la main. L'expérience était nécessaire, car les commis-voyageurs du monde entier sont si pleins de farces, que je les crois capables, pour rire, d'accrocher des queues postiches au derrière des sauvages, comme ils déposent chez tous les fermiers de Normandie de fausses faïences de Rouen savamment ébréchées, que le touriste naïf est tout heureux de payer au centuple de leur valeur.

Ici, point de tricherie. Nous tenons l'homme à queue, et pas par les oreilles, comme le loup de la grammaire latine. Seulement, nous voudrions voir. Est-ce que le gouverneur de la Cochinchine ne pourrait pas nous expédier un lot de *Moï* à longue ou courte queue? Nous ne demandons pas la queue de trois coudées du roi, parce que nous ne sommes pas de l'opposition systématique. Mais la modeste queue de faune qui fit l'admiration de notre magistrat colonial serait la bienvenue, s'il y a un homme au bout.

M. Dubois vient de découvrir à Java les restes du *Pithécanthrope*. Nous connaissons les sauvages velus du Laos, dont la face est toute en poil. On nous a décrit les *Giao-Chi* de l'Annam, qui ont le pouce du pied *opposant*, comme le pouce de la main. Il ne nous manque plus que l'homme à queue. Le gouvernement l'a. Qu'il nous le montre, au lieu de le garder égoïstement pour lui. Ce doit être moins difficile que la réforme de l'impôt.

VIII

L'Étoile noire.

Mes pensées ne se trouvaient point tournées vers la côte d'Afrique, quand un facteur narquois me remit un pli portant les empreintes officielles de la République française, avec les timbres de Porto-Novo et de Cotonou (Bénin). Un assez grand rouleau de même provenance accompagnait ce pli que je n'attendais point.

Je n'ai avec « le Dahomey et ses dépendances », comme dit le document placé sous mes yeux, que des relations incertaines. Je sais, à n'en pouvoir douter, que nous avons fait là-bas une expédition meurtrière pour des résultats que j'ignore. Le débarquement de Cotonou, si j'ai gardé le souvenir exact des correspondances du *Temps*, ne fut pas beaucoup mieux préparé que celui de Majunga. Mais nos petits soldats, décimés par la fièvre, remédièrent à tout par leur vaillance, par leur entrain, et la marche hardie sur Abomey attesta que la race au moins n'avait rien perdu de son audace traditionnelle.

Nul n'ignore que le déplorable Behanzin, grand abatteur de têtes, fut plus tard obligé de se rendre : moyennant quoi il s'embourgeoise, aujourd'hui, entre ses femmes et ses petits, sous les bananiers de la Martinique, obligé de remplacer l'aloyau de nègre ou l'escalope de blanc par la patate, la pastèque ou l'ananas.

Ceux qui ont pénétré dans les profondeurs de cette histoire savent également que notre Behanzin avait pour irréconciliable ennemi, comme cela se voit en Europe, son voisin. Celui-ci, le bon cannibale Toffa, de Porto-Novo, roi de profession, comme le grand Behanzin lui-même, se plaignait que l'autre vînt lui manger à sa barbe ses propres sujets dont il avait appétit. Le grief, en vérité, n'est pas moins sérieux que la plupart de ceux qui, depuis quinze siècles de douceur chrétienne, ont fait de nos continents civilisés un immense champ de carnage. Donc, il y avait *un froid*, si j'ose m'exprimer ainsi, entre les deux monarques de l'équateur. Behanzin disait en parlant de Toffa : « ce nègre », et Toffa répliquait : « ce sauvage ». Quand le cours des boucheries ordinaires montait au delà d'un certain taux, l'économie politique de ces lieux voulait qu'on se livrât bataille. On allait à la guerre, comme nos professionnels vont au Marché de la Villette — pour s'approvisionner. L'affaire était bonne pour l'un, mauvaise pour l'autre, suivant l'occasion. Mais, quoi qu'il arrivât, c'étaient de grandes bombances après chaque combat, le vainqueur mangeant ses captifs et le vaincu ses blessés ou ses morts.

Les deux royaumes prospérèrent ainsi jusqu'à notre arrivée. Aujourd'hui, les choses sont bien changées. On continue de tuer les nègres qui n'ont pas de belles relations, mais on ne les mange plus. Yves Guyot, économiste, doit se plaindre de ce gaspillage d'aliments.

Une autre différence, c'est que Behanzin s'enivre tristement dans l'exil, tandis que Toffa, qui avait pris parti pour nous, trône à Porto-Novo dans son palais assez semblable aux huttes que nos charbonniers se construisent dans les forêts. C'est peut-être la couleur des visages qui veut ça.

En un éclair de temps, ces réflexions diverses s'étaient succédé dans mon esprit, tandis que je considérais avec une surprise croissante la lettre officielle et le rouleau assez lourd, qui m'arrivaient de Porto-Novo. Je n'ai point de connaissances parmi les sujets du roi Toffa. Etait-ce donc Sa Majesté, elle-même, qui daignait solliciter de moi un commerce épistolaire ? La présomption me paraissait hardie. Et puis, que me voulait ce bâton cartonné qui traversait les mers tout exprès pour venir se placer dans ma main ?

Faute de pouvoir deviner l'énigme, je rompis, d'une main fiévreuse, les divers sceaux de souveraineté française qui retardaient la satisfaction de ma curiosité légitime. Un rouleau de bois blanc tomba à mes pieds, assez semblable à ceux dont les ménagères se servent pour étendre la pâte et *feuilleter* les petits gâteaux.

Mon premier geste, je l'avoue, fut le désappointement. Non que j'eusse compté sur quelque saucisson de chair humaine ou toute autre curiosité du

Dahomey. Je ne sais, en vérité, ce que j'attendais. Ce que je puis dire seulement, c'est que ma déception fut grande à regarder ce bâton qui ne se distinguait en rien des autres bâtons connus.

Quelqu'un alors émit l'avis que l'explication du mystère pouvait se trouver dans l'enveloppe. Il y avait aussi la lettre. Mais, je ne sais ni pourquoi, ni comment, c'est ce diabolique bâton que j'avais attaqué tout d'abord.

Donc, je déroule l'enveloppe, et voilà qu'un magnifique diplôme peinturluré s'offre à ma vue. Une grande femme blanche, pas distinguée, apparaît, couronnée d'épis blancs et vêtue d'un péplum vert d'eau. Sa tête s'enlève en rose sur une grande étoile noire qui lui fait deux majestueuses oreilles d'âne. A ses pieds, un jeune nègre, en chemise, semble lui faire une déclaration passionnée en agitant vers elle les bracelets d'argent de deux pattes velues dont il paraît vouloir la tenter. Mais la dame blanche détourne noblement la vue vers d'autres nègres — tous nus, ceux-là — qui lui montrent impoliment le dos. Emblème du caprice féminin sous toutes les latitudes de la terre. Au-dessous de ce drame symbolique, des palmes d'or encadrant les armoiries du royaume de Porto-Novo: une étoile noire sur champ d'or, et plus bas, sur champ de gueules (suis-je assez d'Hozier?), un léopard qui hurle de douleur à cause d'un palmier qui a poussé au travers de son corps (prodige de la végétation tropicale) et lui fait agréablement parasol. Le tout couronné de la croix de l'étoile noire qui est blanche et bleue.

Tout cela n'est pas mal. Mais il y a mieux. Voici le texte qui accompagne l'image:

ROYAUME DE PORTO-NOVO

Nous, TOFFA, prince royal de DAHOMEY, Roi de PORTO-NOVO, chef Souverain de l'Ordre Royal de l'Etoile Noire,

Voulant récompenser M. CLEMENCEAU *pour les services qu'il a rendus au Royaume de Porto-Novo,* l'avons nommé COMMANDEUR de notre ordre pour prendre rang à compter du 21 avril 1896.

Fait à Porto-Novo, le 21 avril 1896.

TOFFA.

Enregistré au gouvernement du Dahomey et dépendances.
Illisible.

L'écriture royale, toute en hauteur, tient de Louis XIV et de Napoléon, mais sans la brusquerie de traits qui déparait fâcheusement la calligraphie de ces souverains.

Dans un coin, le sceau du roi Toffa: une couronne fermée surmontant l'étoile, avec le léopard et le palmier qui font si mauvais ménage.

La lettre, un vulgaire imprimé, n'était rien que la confirmation de l'envoi.

Cette fois, je n'étais plus désappointé. J'oserai dire que je ne l'étais pas assez. Autour de moi, on se réjouissait plutôt bruyamment de l'honneur inattendu qui venait de m'échoir, sans raison connue. Je demeurais ébahi de l'aventure. Faute d'avoir exploré l'Afrique, je croyais que les primitifs ordres de chevalerie consistaient en tatouage blanc pour le nègre, comme en tatouage noir pour le blanc. Je savais que la civilisation y avait ajouté, pour les uns, de la terre rouge dans les cheveux, des coquillages dans la barbe, des dards de porc-épics en travers du nez, et pour les autres, par modestie pure, de simples rubans en des endroits déterminés. Mais j'ignorais que notre action humanitaire eût déjà poussé ses effets jusqu'à enrubanner l'innocent anthropophage et à lui conférer le pouvoir de jeter des poignées d'étoiles noires aux yeux éblouis de ses dominateurs.

Eclairé maintenant, et pour cause, je sens, depuis ce temps, sourdre en moi d'irrépressibles ambitions coloniales. Je veux voir ces cieux où les étoiles elles-mêmes réflètent l'éclat de l'humanité noire. J'aime Toffa qui m'aime et j'ai besoin de le lui dire. C'est pourquoi j'ai préparé la lettre suivante, que j'expédierai suivant les formes du protocole, aussitôt que M. Philippe Crozier, *protocoleur* en chef de la République Française, l'aura revêtue de son estampille :

« Sire,

« Toi, bon nèg', envoyer moi étoile charbon. Quand mon Toffa blanc me donner beaucoup d'étoiles blanches, moi t'envoyer une grande « *pour services rendus au quartier Trocadéro* ». Toi met' su peau très belle, noire. Li pauv' neg' bien contents. »

Pourtant, depuis que j'ai rédigé ce texte, j'ai réfléchi que Toffa ne m'avait pas seulement envoyé une étoile noire, puisque, sous couleur de commodité postale, il y avait joint un bâton blanc, qui est, non moins que l'étoile, un symbole.

Les honneurs pour les forts, la matraque pour les faibles : ce Dahoméen est plus blanc qu'il ne pense, c'est un homme de gouvernement. Il doit donc attendre de moi quelque chose en retour de ses bonnes grâces. Si le chef du protocole, comme je m'y attends, m'en fait l'observation, je terminerai affectueusement ma lettre par ces mots :

« Regrette pouvoir pas t'envoyer émincé Parisienne, mais plus chair humaine abattoir Paris. Seulement vivante sur boulevard. Misère. Se contenter grand régal viande creuse, belles paroles. Valise diplomatique toujours pleine. Compte dessus.

« Ton vieux commandeur ».

IX

Le mousse de la « BAUCIS »

Ils se sont mis à deux pour tuer un petit mousse sur la barque de pêche *Baucis*. A force de le rouer de coups, de le bâtonner, d'asperger d'eau de mer ses plaies vives, de le mettre aux fers et de le priver de nourriture, ils sont venus à bout de l'enfant. La misérable victime a trouvé dans la mort le secours que lui refusait la vie.

Le tribunal de Fécamp vient de punir ce crime abominable de quelques mois de prison. Je demeure ennemi de la peine de mort. Mais j'avoue que cette répression, de pure forme, ne me paraît pas témoigner, chez le juge, d'un état d'esprit très supérieur à celui des bourreaux. S'il n'en coûte que quatre mois de prison pour martyriser à plaisir et finalement tuer un enfant de treize ans, la férocité des brutes meurtrières peut s'exercer désormais sans contrainte. Juges et tortureurs font en réalité même cas de la petite vie supprimée. L'un jouit du supplice qu'il inflige, et l'autre l'en réprimande. Mais tous deux semblent d'accord pour dire: « Après tout, ce n'est pas une affaire. »

Eh bien, je trouve, moi, que c'est une affaire.

Ces cas de mousses maltraités et tués à bord de nos bateaux de pêche, très fréquents autrefois, sont encore assez communs de nos jours. La plus sévère répression pourrait seule mettre fin à des actes d'odieuse brutalité qui passent couramment impunis quand ils n'occasionnent pas la mort. Je sais que dans tous les ports de mer on est en général indulgent pour ces sortes de crimes. Je ne verrais dans cette disposition fâcheuse qu'une nouvelle raison de sévir implacablement.

Si le juge avait vu son propre enfant martyrisé par les deux monstres, s'il l'avait entendu crier, demandant grâce, obligé de compter les coups reçus et de dire : « Merci, maître ! » à chaque meurtrissure, l'indulgence lui eût été peut-être moins aisée. Mais il est acquis qu'on ne peut faire l'éducation du mousse que le bâton en main, et chaque barque de Terre-neuve ne peut pas emporter à bord un magistrat drapé dans son hermine pour savoir à quel moment le *maître* passe la mesure de brutalité permise.

Une fois en mer, entre le ciel et l'eau, il n'y a plus de lois pour un temps. Confinés dans l'étroite enceinte de quelques planches ballotées de la vague, qui tout à l'heure peut-être s'ouvriront sur l'abîme, des hommes sont là luttant de l'effort violent de toute heure, ne vivant que de la vie physique, sans ressources d'esprit, sans relâche de sentiments. Une force s'accumule en eux comme dans la bête à l'entrave dont les muscles exaspérés veulent un soulagement de violence, et si l'alcool vient ajouter sa rage à l'impérieux besoin de la détente, il n'y a plus, aux heures mauvaises, que des brutes déchaînées dont une lame trop brusque, aidée d'un faux coup de barre, peut clore tout à coup la destinée.

C'est là sans doute la raison pour laquelle la féroce discipline des âges barbares s'est adoucie beaucoup plus lentement dans les équipages marins que dans les troupes de terre. Le danger est de tout moment, les décisions du commandement veulent être obéies avec une rapidité foudroyante, car la vie et la mort de tous en peuvent dépendre. Pour unique loi, la volonté du *maître*, sans contestations, sans appel. Plus tard, sur la terre ferme, on pourra discuter l'usage qu'il en a fait. Il faut d'abord se soumettre complètement, aveuglément, et le recours de justice est si lointain que, sauf le cas d'excès inouïs, on peut dire qu'il n'y a pas de recours.

La discipline légale du continent se trouve ainsi remplacée sur la mer mouvante par l'arbitraire pur et simple. Comment le chef, grand ou petit, n'abuserait-il pas? Il abuse, et sa brutalité n'est en réalité contenue que par la brutalité qui pourrait lui répondre. Il n'y a pas, en fait, d'autre frein sur ces petites barques de Terre-Neuve, où pendant de longs mois les hommes s'entassent pour le labeur ingrat dont chacun ne souhaite après tout que de prendre en retour du plus grand profit la moindre part. La force contient la force en toute naïveté, comme aux premiers jours. Le vaincu d'une heure peut, dans les mille incidents de la campagne, trouver une occasion inattendue de revanche. *Un malheur est si vite arrivé.* On se respecte dans la mesure où l'on se craint. C'est l'antique sauvagerie qui vit toujours en nous, mais que nous déguisons habilement dans nos lois sous des formes savantes, jusqu'à nous tromper nous-mêmes sur nous-mêmes.

En dépit de tous les travestissements, dans notre civilisation comme dans la barbarie des aïeux, c'est toujours le faible qui pâtit, et nous avons même construit une science tout exprès pour proclamer qu'il en doit être ainsi. L'économie politique, telle qu'elle est enseignée dans nos chaires officielles, n'a pas d'autre objet. Donc, sur terre et sur mer c'est la force qui fait la loi. Mais la force dépouillée de son antique simplicité qui l'élevait parfois au rang de vertu. Une force raffinée, hypocrite qui se pare d'un droit plus ou moins subtil et prétend au titre de justice. Le petit mousse n'a pas de défense, voilà son malheur. S'il fût demeuré sur le continent qui l'a vu naître, je ne répondrais pas que son sort eût été meilleur. Il est venu au monde marqué du mauvais signe. La déchéance de misère en fait un *inférieur*, dans tous les sens du mot. Car on ne trouve ni millionnaires ni savants précoces dans cette profession sujette à tant d'imprévu. Quelle fortune eût été la sienne à la ferme, au village, à la ville? Les travaux des champs n'attirent plus les hommes. La marge du gain ne paraît pas assez grande à qui, vivant dans la réalité mauvaise, veut au moins se réserver l'espérance de ces hasards dont une légende menteuse embellit le dur pavé de nos villes. L'usine le guette et le happera. Courbé sur la machine sans âme, non moins impitoyable que le bâton du matelot, il usera sa vie dans l'atmosphère chargée de poussières mortelles, sans volonté, sans autre joie que l'ivresse du dimanche, prématurément usé, cassé, fini, guetté par la table d'amphithéâtre si l'hôpital lui fait la grâce d'un matelas pour mourir.

Et encore tout cela est-ce la vie régulière, *normale*, heureuse encore, au regard des compagnons que les mauvais exemples, les funestes paroles entraînèrent aux actes que la loi, juste ou non, condamne. La première faute commise, toute voie de retour est fermée: la prison engendre le crime, bien loin de le réprimer. Le juge si indulgent pour le meurtrier de la *Baucis* frappera sans chercher les excuses et pensera sincèrement servir l'ordre social quand il ne fait qu'aggraver la maladie morale dont la société souffre si cruellement dans toutes ses classes.

Bâtonné par le juge ou par le matelot, qu'importe au petit homme? La mer au moins lui offre des tentations d'aventures ignorées du terrien, appelées en son âme de toute la puissance de l'instinct ancestral. Ses pères étaient marins. Il sera marin à son tour, et le voilà lancé sur la vague avec les diables de la mer. Quelquefois un cœur bon se trouvera pour l'aimer, le protéger. C'est le rêve. Bousculé, battu, souillé parfois, vaincu en un mot, puisqu'il a contre lui tout ce que le bateau comporte d'ordre social, et que sa revanche est trop lointaine pour arrêter la main levée, il accepte l'abaissement qui lui semble de fatalité, et se fait peut être un réconfort provisoire de cette pensée:

« Quand je serai le plus fort, ce sera mon tour de frapper. »

En attendant, il faut subir les coups. Il accepte le sort inévitable, crie sous les lanières pour apitoyer les bourreaux, mais n'a peut-être pas même l'idée qu'il aurait pu rencontrer une destinée meilleure. Cependant les tortureurs éprouvent une délectation si grande, une telle dépravation de plaisir à infliger la douleur, qu'ils brisent l'instrument de leur joie pour ne l'avoir pas ménagé. Un soir, le petit *souffre-tout* se roidit dans ses fers, comme le mousse de la *Baucis*, et le lendemain il faut l'envoyer aux poissons qui en rapporteront quelque chose au pêcheur. Alors l'année suivante, quand la pêche est finie, voilà le juge qui se fâche : « Tu as tué ton mousse, matelot? Tu as eu tort. C'est quatre mois de prison pour toi, d'après le juste tarif. Quand tu en voudras tuer un autre, tu sauras le prix convenu. Mais si tu m'en crois, tu seras sage : fais durer ton plaisir et sa douleur, et je n'aurai rien à reprendre. »

Voilà où aboutit ce progrès social dont nous sommes si fiers, ainsi que notre civilisation chrétienne dont Dieu s'enorgueillit, dit-on, content de son œuvre. Racontée comme un fait-divers, l'histoire du petit mousse paraît une monstrueuse exception, et blesse gravement toutes nos conventions de philantrophie. Mais regardons autour de nous. Que de petits mousses en détresse, dont aucun juge ne vengera le supplice ou la mort, de ces quatre mois de prison. L'usine, tous les jours, en jette dans la rue par troupes anémiées, rachitiques, flétries, horribles à voir. Ceux-là, ce n'est pas la main du matelot qui les a martelés, déformés d'esprit et de corps, rendus inaptes à la vie saine qu'une société digne de ce nom devrait assurer à ses enfants. Non, c'est un travail excessif, malsain, pour un salaire insuffisamment réparateur. Comme le petit mousse de Fécamp, ces misérables créatures sont des victimes aussi. Et non pas des victimes de la brutalité chanceuse d'un méchant. Mais les victimes voulues de l'ordre institué par les bons, par les vertueux, par tout ce qui fait la loi du monde, par les hommes très chrétiens qui gagnent le paradis en secourant de quelques charités de rencontre tous les petits qu'ils mettent, par des tortures appropriées, aux portes du tombeau.

C'est bien ce qu'a compris le juge apparemment, et, considérés à ce point de vue, ses quatre mois de prison paraissent maintenant d'une sévérité draconienne en comparaison de tous les meurtres du même ordre que la société ne punit pas et que la religion récompense. A vrai dire, je n'éprouve pas le besoin de voir payer de châtiments ces innombrables méfaits. Il me suffirait qu'on s'efforçât de protéger l'enfance contre la barbarie des bons, tout en la défendant contre la cruauté des mauvais. Le mal qui vient des pervers est individuel, trop choquant pour durer, pour échapper aux efforts de répression. Le mal qui vient de tous demeure et fait impunément d'effroyables ravages parce que l'accoutumance nous en dérobe la vue, et que la responsabilité dispersée sur l'ensemble des hommes donne l'illusion d'une loi irréductible, d'une fatalité sans recours. Les braves gens qui liront le procès de Fécamp concluront simplement : « Il faut protéger les mousses. » — Je réponds : Il faut protéger *les moindres*. Utiliser au profit des faibles la puissance sociale, l'instrument d'oppression des forts, voilà la Révolution qui fera de l'instinctif groupement barbare, la société de paix et de civilisation.

X

Les amants de Venise.

Parlons de George Sand et d'Alfred de Musset, puisque c'est le sujet de conversation à la mode. Aussi bien, la matière est abondante à philosopher, et l'on peut, sans craindre de l'épuiser jamais, disserter à loisir sur l'amour et ses vicissitudes.

N'était le respect que l'on doit aux ombres illustres, certains pourraient être tentés de penser que voilà beaucoup de bruit pour un monsieur et une dame à qui est venue la fantaisie de coucher ensemble. Il est vrai que le monsieur et la dame n'étaient point de qualité vulgaire. Ils furent, chacun à sa façon, sinon de grands ouvriers de pensée, au moins d'admirables artistes de sentiment, et tous deux, sous l'aiguillon de la douleur, ont poussés de beaux cris dont nous frémissons encore. Toute une génération s'est allumée de leur flamme. On les a célébrés, chantés, maudits, figurés de cent façons, et l'irrévérencieux Barye est allé jusqu'à les représenter parfaitement nus, enlacés dans une pose méditative.

Cela n'empêche point leur aventure d'être, en fait, assez ordinaire. Quoi de moins rare, autour de nous, qu'un serment vrai d'amour éternel qui devient parjure à peine formulé? « Je t'aime, je ne t'aime plus, et puis je t'aime encore, et je te reprends pour tourmenter et briser le dernier lien de nos deux cœurs, parce que tu as disposé de toi quand moi-même j'abusais de ma liberté reconquise. » C'est l'histoire du perpétuel contraste entre l'impérieuse inspiration vers le sentiment absolu et le cruel démenti de l'être impuissant à réaliser son sublime idéal.

Et parce que l'histoire est la plus banale du monde, il se trouve précisément qu'elle saisit au vif toute créature humaine, et que dans le drame où se heurtent ces deux vies, exceptionnelles surtout par la rare expression de sentiments communs à tous les hommes, nous cherchons, non l'éclat du scandale, mais comme un suggestif raccourci de nous-mêmes.

Supposez que nos amants eussent réussi à se donner uniquement et à jamais l'un à l'autre, nous eussions tôt fait de nous désintéresser du bonheur de Roméo et de Juliette vieillissant dans l'éternelle félicité. L'humanité commune, faute de se retrouver en eux, passerait indifférente, tandis qu'elle s'arrête, dans une âpre émotion de connaître, au spectacle poignant de l'homme et de la femme vaincus dans leur effort de vivre l'amour.

Ceux-ci, d'ailleurs, n'épargnent rien pour attirer sur eux le regard, tant le besoin de se dire à tous les tourmente : et c'est déjà la marque de cette qualité spéciale de passion qui ne se suffit pas à elle-même. Tout vrais que soient leurs sentiments, toutes vibrantes que soient leurs sensations, ils n'en ont pas la pudeur. Ils veulent les parler, les figurer, les dramatiser pour tous. Et tous au fond de l'âme, leur savent gré de découvrir ainsi d'affreuses plaies pour l'enseignement, pour la consolation peut-être, de ceux qui, toujours espérant, toujours déçus — d'autrui comme d'eux-mêmes — n'auront jamais connu que des réalisations de rêve. Combien, dont nous n'avons rien su, ont peut-être connu des heures plus tragiques sans pouvoir — ou même sans vouloir — s'alléger le cœur d'une confession d'artiste.

Tel n'est point le cas de George Sand et d'Alfred de Musset. Ils ont parlé, pleuré, chanté, crié, pris l'univers à témoin de leur âme. Écoutons et jugeons, puisqu'on nous y convie.

Un poète de vingt-deux ans, une femme de trente ans. Je conviendrai qu'un homme de vingt-deux ans peut éprouver la passion la plus désordonnée qui soit, mais comment soutenir qu'avant d'avoir rien connu de la vie, sauf par les décevants mirages de l'âge le plus férocement égoïste, il soit capable d'affronter les épreuves du sublime détachement de soi-même que veut l'amour? Que savons-nous de cet adolescent? Rien, sinon qu'il était beau chanteur, et qu'il avait déjà laissé la débauche planter le premier clou sous sa mamelle gauche. De sensibilité maladive, déjà il recherchait le redoutable engourdissement de l'alcool. Il est aisé d'expliquer son subit débordement d'enthousiasme pour l'artiste, pour la femme, mais on ne saurait nier qu'il n'y a pas de plus pauvre étoffe d'amou-

26.

reux, au sens magnifique où le malheureux crut aimer.

Pour elle, c'est autre chose. Elle a vécu, elle a deux enfants, elle a voulu aimer, elle compte au moins déjà deux désillusions. Ses souffrances, son désintéressement de pensée l'ont préparée pour aimer, l'ardeur de son tempérament la pousse aux élans de passion, son cœur bon, sa vive intelligence des choses lui font un amour agissant, plus prêt à donner qu'à recevoir. Enfin sa volonté trempée dans l'action pour la vie, chaque jour exercée dans l'incessant labeur, lui donne le droit de conseiller, d'obliger, de protéger qui elle aime.

Si la fusion de deux êtres, où tend l'amour, rencontre tant d'obstacles quand la femme, de son gré, se subordonne à l'activité dirigeante de l'homme, qu'attendre de la rencontre de ces deux énergies nécessairement divergentes?

George Sand est femme, mais son caractère viril acceptant des devoirs d'homme veut des droits d'homme aussi, et réclame pour les deux sexes une égale mesure de moralité personnelle. La liberté que la société tolère chez l'homme, elle les prend à son compte. « La vertu de la femme est la plus belle invention de l'homme », dit-elle. Sa vertu, à elle, sera de règle masculine. Le privilège que s'arroge l'homme de changer, elle le fait sien résolument, et ne convient pas que par là elle déroge. Femme masculinisant, homme d'émotivité féminine, quel impossible alliage au fond du creuset brûlant.

Les voilà partis pour l'Italie. Ils ont décidé de s'aimer à Venise. Le voyage de ces temps, à deux, au fond d'une berline cahotée, était, me semble-il, une assez rude épreuve de l'amour. Benjamin Constant faisant avec Mme de Staël ce même voyage d'Italie, eut à subir, en malleposte, le désagrément d'une haleine désastreusement parfumée. Il n'eut, racontait-il, d'autre ressource que d'opposer à cette fâcheuse brise l'incessante pétarade de miasmes supérieurs. Étrange duo d'âmes amoureuses.

Les ennuis de George Sand et d'Alfred de Musset furent d'ordre plus relevé. Les nerfs du poète tout d'abord se trouvèrent en déroute, et avant même d'arriver à Venise, dès Gênes, il avait, suivant l'expression de sa compagne, *abjuré son amour*. Avec nos trains express, une passion exaltée, de nos jours se peut, d'ordinaire, conduire de Paris à l'Adriatique sans trop de peine.

Et puis George Sand est malade, et Musset n'a rien d'une religieuse hospitalière. Les plaintes d'un pauvre corps souffrant l'énervent, lui arrachent des paroles cruelles sur lesquelles il ne faut pas le juger. « Dès le premier jour, quand tu m'as vue malade, n'as-tu pas pris de l'humeur en disant que c'était bien triste et bien ennuyeux une femme malade, et *n'est-ce pas du premier jour que date notre rupture?* » « Te souvient-il, disait-elle plus tard, que, dès lors, *la porte de nos chambres fut fermée entre nous.* »

Mais la vitesse acquise les emporte. Ils arrivent à Venise, lien coupé, sinon dénoué, et chacun par respect humain, par pitié de son compagnon de malheur, par compassion de sa propre vie, s'efforce, avec sa chaîne, de porter un peu de la chaîne de l'autre. George Sand guérit, et Musset tombe gravement malade à son tour. Elle ne trouve point, la vaillante femme, que c'est bien ennuyeux un malade. Elle le soigne, elle le sauve. Il est vrai qu'elle eût pu, alors, tenter de le reprendre. Mais les paroles irréparables avaient été prononcées. *Je m'étais trompé, je ne t'aime pas* », avait dit l'amant. — « *Nous ne nous aimons plus, nous ne nous sommes jamais aimés*, avait répondu l'autre. »

Et chacun alors de suivre sa pente. Lui, retourne au vin, aux filles de la rue. Il en est même réduit à faire à son amie l'aveu d'une horrible crainte. Elle, se jette romantiquement dans les bras du premier beau garçon qui passe. Elle a le tort de le faire avec d'insupportables phrases, mais ce n'est là qu'une faute de goût. Sa déclaration, où *Dieu* et *l'âme qui s'envole du corps* n'ont vraiment rien à faire, aurait été avantageusement remplacée par cette simple parole de sincérité : « Je ferme les yeux, prends-moi. »

Les classiques eussent préféré peut-être un autre dénouement. Mais nous sommes en plein romantisme. Ce fut d'ailleurs un dénouement à deux temps, jusqu'à la définitive rupture. On ne renonce pas aussi aisément qu'il semble à tant de voluptueuses douleurs. Lisez les tendres lettres qui suivent la séparation, et ne riez pas trop du *lien à trois* où les deux protagonistes essayèrent de se reprendre.

La vie de George Sand avec Pagello à Venise fut d'abord toute bourgeoise — en réaction de *l'autre*. J'ai visité jadis, avec un ami de George Sand, la pharmacie Ancillo, *campo San Luca*, où Pagello et sa compagne avaient établi leur quartier général, et la maison de la *Corte Minelli* où, entre deux cris de désespoir de *Jacques*, la romancière cuisinait les merveilleuses sauces dont se délectait l'Italien. Je me souviens d'un grand appartement très clair taillé dans le palais Minelli, avec une vaste cuisine dont la seule cheminée a la dimension d'une chambre.

Ancillo, le père de l'octogénaire actuel, était *un bon vivant* des derniers temps de la République. Sa pharmacie, en face de l'auberge des Trois-Roses, était la plus réputée de Venise. Il était des dernières réunions du café Florian, gardiennes des traditions littéraires de la société du xviiie siècle. Le bonhomme, embusqué le jour dans sa pharmacie d'acajou où dorment encore au fond des cryptes ogivales de grands bocaux poudreux qui ne furent point ouverts, je pense, depuis le temps où George Sand venait rédiger là quelque lettre ou causer des événements de la ville, se retrouvait le soir beau convive et joyeux causeur. Il aida quelquefois peut-être par ses récits piquants et sa belle gaieté, *tout en dehors*, l'amante déçue du poète à attendre que son bel Italien à la mode de Léopold Robert lui donnât ce qu'elle n'avait pu *trouver dans d'autres*, comme elle disait elle-même.

Enfin, le dégoût vint, non le remords, aussi étranger à cette âme qu'à un homme qui change de maîtresse. Le dégoût vint, et Musset, par surprise, semble-t-il, rentra en possession de la femme à laquelle il avait, de sa volonté, fermé ses bras.

Pour moi, c'est ici qu'éclate le drame. L'amant a retrouvé l'amante. Celle qui, se retirant de lui comme il s'était retiré d'elle, lui fit pousser le vrai cri d'amour. Trop tard. Car Pagello est entre eux désormais. Elle veut, elle peut l'oublier, elle. Lui, non.

Alors, ce sont d'horribles cris, d'affreux reproches, la déchirante douleur de ne pouvoir refaire ce qu'on a brisé de ses propres mains. « Qu'allons-nous devenir? Il faudrait que l'un de nous eût de la force soit pour aimer, soit pour guérir; et, ne t'abuse pas, nous n'avons ni l'une ni l'autre, et pas plus l'un que l'autre. Tu crois que tu peux m'aimer encore parce que tu peux espérer encore tous les matins, après avoir nié tous les soirs... Hélas! me voici lâche et flasque comme une corde brisée, me voici par terre, me roulant avec mon amour désolé comme avec un cadavre, et je souffre tant que je ne peux pas me relever pour l'enterrer ou le rappeler à la vie... Je ne veux pas te quitter, je ne veux pas te reprendre, je ne veux rien, rien. J'ai les genoux par terre et les reins brisés, qu'on ne me parle de rien. Je veux embrasser la terre et pleurer. Je ne t'aime plus, mais je t'adore toujours... Adieu, reste, pars, mais ne me dis pas que je ne souffre pas; il n'y a que cela qui puisse me faire souffrir davantage. »

Comme nous voilà loin du fatras romantique de la lettre à Pagello. Maintenant c'est le grand cri humain arraché par la douleur qui ne façonne pas les phrases. Après cela, comment se demander si ces deux êtres se sont aimés, s'ils se sont trahis, à qui sont les torts?

Ils se sont trompés sur eux-mêmes, comme tant d'autres. Et, dans le choc douloureux de leurs âmes, il arriva qu'ils s'aimèrent quand l'amour avait été, de leurs mains, blessé à mort.

Paix à eux. Point de ces batailles autour de leurs corps. Respectons-nous nous-mêmes en ces êtres d'un jour, dont la puissance de vivre fut inférieure au génie d'espérer et de dire. Ne prononçons point entre eux, et ne séparons pas, par des jugements téméraires, ceux que la souffrance vraie, mieux que l'amour manqué, a pour jamais unis.

XI

Ici, l'on danse.

« Qu'ils chantent, mais qu'ils payent », disait Mazarin. Ils chantèrent si bien qu'un jour l'envie leur prit de danser, et qu'ils démolirent la Bastille pour se faire une salle de bal. Quelles sortes de danses furent exécutées là, je ne saurais le dire. Le complet répertoire du peuple et de la bourgeoisie y passa, je suppose. Tout ce qui se piquait de sensibilité, de philosophie, vint se trémousser en gaieté parmi les démolitions de Palloy. L'aristocratie même y apporta les danses compassées de Versailles. Que de choses dans un menuet! comme dit le fameux Marcel. Ce menuet-là finit en carmagnole autour de l'échafaud.

Pourquoi les hommes dansent-ils? Je l'ignore, et j'en ai vainement cherché la raison dans le nouveau *Dictionnaire de la Danse*, de Desrat, qui me fournit le sujet de cette chronique. Peut-être n'y a-t-il pas de raison du tout. L'homme exprime ses émotions par des sauts cadencés, des attitudes, des pas, des gestes musicalement réglés, comme il rit, comme il abstrait et parle, comme il allume du feu — tous privilèges qui le distinguent de la bête parce qu'il est de sa nature de faire ainsi. Ne cherchons pas au delà, et prenons la danse pour ce qu'elle est à l'origine : l'une des plus spontanées manifestations des joies humaines.

A ce titre, elle est un enseignement d'histoire, une note d'humanité. On ne peut feuilleter un dictionnaire de danse sans passer en revue les états de civilisation qui furent, et recueillir au passage certaines caractéristiques des mentalités disparues. De la danse sauvage de nos primitifs ancêtres, anticipant, en des gestes désordonnés de triomphe autour du prisonnier ligotté, la joie du festin qui se prépare, jusqu'au partenaire ennuyé du quadrille de banale causerie, que d'étapes parcourues ! Tout le chemin de la barbarie candide aux hypocrites attitudes de la civilisation blasée. Dis-moi comment tu danses, et je te dirai qui tu es.

Avant même les temps anciens, où l'Egypte vit dans les cabrioles des cynocéphales au soleil une forme d'adoration de l'astre du jour, les gesticulations rythmées furent admises comme une manifestation d'hommage aux Puissances surhumaines. Le bon cannibale d'Afrique ou d'Océanie, en qui vivent encore nos lointains ascendants, saute d'un pied agile en l'honneur de ses dieux, de sa bataille ou de sa fête. Fêtes du ciel et de la terre, funérailles, épousailles, et la guerre et l'amour lui sont occasions de se trémousser en cadence avec des grâces voisines des cynocéphales de Louqsor qu'on peut admirer au Louvre. Le Parisien naïf s'en ébahit au Jardin d'Acclimatation, ignorant que sa moquerie passe par-dessus le sauvage pour frapper ses propres aïeux et retomber sur lui-même.

Que fait-il en ses élans d'adoration, en ses exubérances de joie, qui ne soit le retentissement à travers les âges de ces bonds désordonnés dont l'étrangeté le surprend aujourd'hui. N'a-t-il pas ses fêtes, comme ce cousin bronzé, et ne sont-ce pas les mêmes — fêtes du ciel et de la terre, adoration des Puissances supérieures, célébration de la naissance, du mariage ou de la mort, commémorations, et, quand tous ces prétextes manquent, réjouissances de sociabilité, parce qu'on est homme, et qu'après avoir geint il faut rire. Et si la joie se manifeste par des sons plus ou moins gutturaux, plus ou moins harmonieux, si le corps se balance plus ou moins gracieusement, se projette en l'air plus ou moins haut, en saccades plus ou moins rythmées, qu'importe ? C'est affaire de pays, de mode et de temps : le phénomène humain demeure le même.

Ainsi arrive-t-il que nous retrouvons la danse, à l'origine des groupements humains, dans les rites obscurs des cultes primitifs. Sentir sur soi des forces dominantes qui menacent à toute heure, conduit d'abord à tenter de les fléchir par des incantations, par des attitudes humiliées, par des actes d'hommage qui doivent désarmer, pense-t-on, la mystérieuse colère des choses. C'est la prière, qui va des grimaces bestiales du sauvage à l'agenouillement chrétien, en passant par la danse des bayadères et la valse en toupie des derviches tourneurs. Danser fut un acte sacré, dit Henri Heine :

c'est prier avec les jambes. Tel rite de parole, de chant ou de danse devait détourner la foudre. Plus tard, Franklin trouvera le paratonnerre, et le chrétien, d'instinct atavique, prétendra combiner les deux sécurités.

Qu'est-ce que la *danse de feu* de l'Océanie, minutieusement décrite par le Père jésuite Charlevoix, sinon l'acte commémoratif de la grande découverte par qui fut totalement changé le sort de l'Humanité. Quelle autre signification le culte aryen d'Agni, les courses aux flambeaux de la Grèce, nos feux de la Saint-Jean, nos cierges dans les églises ? La danse d'un cannibale tenant un tison dans sa bouche, une cire qui brûle pour obtenir quelque faveur de l'Inconnu des choses, mêmes actes, de sens également perdu, pour le croyant de la Malaisie et celui de l'Ile-de-France.

Les prêtres d'Osiris représentaient le cours des astres en des *Danses astronomiques* savantes. Moïse à qui Dieu parlait, fit danser son peuple à la sortie de la mer Rouge. « Deux grands chœurs de musique et de danse furent rassemblés par lui, dit le *Dictionnaire de la Danse*, l'un composé d'hommes qu'il présida, et l'autre de femmes sous la conduite de sa sœur Marie. Les deux chœurs portaient des tambourins et dansaient en chantant le cantique : *Cantemus Domino.* » Vous représenteriez-vous le grand législateur hébreu dansant avec un tambourin, et chantant *en latin* ? Ces prophètes sont capables de tout.

Pourquoi Moïse n'aurait-il pas dansé ? Est-ce que le saint roi David, quelques siècles plus tard, ne dansa pas comme un perdu devant l'arche, depuis la maison d'Obedon jusqu'à Bethléem ? Les Juifs polonais que j'ai vus à Carlsbad s'agiter frénétiquement en priant, n'étaient que les pieux enfants de David à peine assagis par trois mille ans de saltations.

Les Grecs furent de terribles danseurs sous le soleil. Curètes, Corybantes, vivaient en l'air pour ainsi dire, ne touchant le sol que pour y puiser une force nouvelle. Toutes les fêtes, des Dionysiaques aux Panathénées, étaient occasions de danses. Et quand les Romains eurent dansé à leur fantaisie avec les *Saliens* et les *Ludions* pour se rendre les Dieux favorables, ce fut au tour des chrétiens d'entrer dans la danse et ils ne s'en firent pas faute. « On a vu dans les premières églises, dit le *Dictionnaire de la Danse*, un espace de terrain réservé au fond de l'édifice, auquel on donna le nom de *chœur*, et qui était occupé par les choristes, chanteurs et acteurs ». Aujourd'hui les danses ont disparu de l'Eglise, qui n'a gardé que les chants. Je ne connais que l'exception de Séville où le peuple danse encore devant l'autel pour célébrer la résurrection du Sauveur.

Aux anciens jours du christianisme, les premiers moines, dit *choreutes*, se retiraient au désert pour y gagner la vie éternelle par des chants et des danses sacrées. La tradition s'en perpétua par les *flagellants* du moyen âge, qui se fustigeaient en dansant, les *fraticelles*, dont Bayle décrit curieusement les cérémonies, les *quakers*, les *skakers*, les *méthodistes* convulsés des *camps meetings* américains, etc., etc.

Les danses profanes elles-mêmes n'effrayèrent point l'Eglise, et trois cents ans avant la pétition de Paul-Louis Courier « pour des paysans qu'on empêche de danser, » le Concile de Trente fut l'occasion d'un bal merveilleux, où évêques et cardinaux figurèrent dans des pas fameux, avec les plus nobles dames du temps. Si quelque curé patriote s'oublia dans les danses révolutionnaires, qu'il lui soit pardonné en faveur de ce précédent.

Faut-il le dire, les philosophes eux-mêmes s'égarèrent à la suite de Terpsichore. Un certain Memphir, disciple de Pythagore, institua la Pythagoriké, danse tragique par laquelle il se plaisait à exprimer, dit le dictionnaire de Desrat, « *toute la science philosophique de son maître* ». Quel ennui de penser que nous ne saurons jamais par quelle heureuse combinaison de pirouettes et d'entrechats Memphir donnait l'idée de la métempsycose et de la théorie mystique des nombres.

Comment ces *danses sacrées* dégénérèrent peu à peu en *profanes* à mesure que l'homme s'émancipa de ses Dieux pour conquérir une individualité indépendante, ce serait une longue histoire. Les danses champêtres des moissons, des vendanges — d'abord simples épisodes du culte — alternèrent avec les danses guerrières, comme la *Pyrrhique*, la *Memphitique*, la *Phalange*, l'*Hoplomachie*, le pas des *Lapithes* — qui ne fut jamais dansé, paraît-il, que par des centaures — ce qui explique l'ignorance où l'histoire nous a laissés à cet égard.

Stanley nous a donné dans les *Ténèbres de*

l'Afrique une curieuse description d'une danse d'ensemble, en forme d'évolutions militaires, par des guerriers nègres. Mais le triomphe de la danse profane, c'est la danse de l'amour. Il paraît plus facile, en effet, d'exprimer par des attitudes rythmées la passion, le désir, le refus, l'abandon — toutes les phases de la lutte amoureuse — que les mystères de Pythagore.

Plus facile et plus naturel surtout. Le jeu de l'amour n'est dans ses éléments primitifs qu'une mimique intelligible à tous, dont l'impudique innocence est trop souvent gâtée par la parole. Ici, la danse n'est que le perfectionnement de la tragi-comédie amoureuse, dont les animaux nous donnent l'exemple. Le paon qui fait la roue, le chat qui miaule, le pigeon qui tourne en roucoulant autour de sa pigeonne, et le jeune valseur frisé au petit fer pour son *flirt*, sont fort voisins. Là encore cependant le sacré se mêle étrangement au profane, et aujourd'hui même l'amour de Dieu et l'amour de sa créature s'expriment par des attitudes qui ne diffèrent pas très notablement.

La Bayadère de l'Inde est à la fois prêtresse et prostituée. « Les danses des Bayadères n'ont qu'un seul objet, dit Baron, l'amour avec ses désirs, ses langueurs, ses joies enivrantes. Elles représentent, demi-nues, toutes les gradations de la volupté, et la cruelle résistance, et les refus agaçants, et les faveurs ménagées, et les larmes et les soupirs, et les convulsions et le délire, et le feu, jusqu'à ce qu'enfin, les yeux humides et nageant dans une molle langueur, les lèvres sèches, toutes les veines tendues, elles semblent succomber sous le poids du plaisir, ivres et palpitantes.... »

La danse de l'abeille où l'almée du Caire se dévêt peu à peu, pourchassant une abeille qui se réfugie de cachette en cachette, jusqu'à la totale nudité, est d'ordre purement lascif. Tandis que le *Fandango* est la représentation complète de l'attaque et de la défense amoureuse. Nous voilà bien loin des *Caryates* de Lacédémone, où l'on voyait évoluer autour de l'autel d'Artémis des jeunes Spartiates des deux sexes *ayant pour unique vêtement*, dit le *Dictionnaire*, *leur ardent amour de la vertu.*

Les Grecs trouvaient moyen de concilier ces spectacles avec les danses de *Phallophores* : l'extrême pudeur de l'extrême licence. En toutes choses, nous sommes devenus moyens.

Religion, guerre, amour, tout nous est occasion de gestes plus ou moins tendrement rythmés traduisant nos manifestations de vie. Bourrée, menuet, gigue, gavotte ou valse ne sont que le pâle reflet des antiques frénésies. La vie, en ses mouvements heurtés ou fondus, se symbolise dans l'agitation des danses représentatives des sentiments humains. Et la mort elle-même, jusque dans le le tombeau ouvert sur la danse macabre, par le fourmillement d'organismes qu'elle déchaîne continuant l'éternelle cadence de vie, commande, pour nos cimetières, l'épitaphe qui nous prolonge dans le cycle infini : *Ici, l'on danse.*

XII

Hong-Tjyong-Ou.

Vous souvient-il d'avoir, il y a deux ou trois ans, rencontré *le Coréen* aux alentours du Musée Guimet ? Une large face ronde, d'une placidité souriante sous le léger chapeau de crin noir, décelait les joies pures du lettré d'Extrême-Orient absorbé dans la contemplation intérieure de l'idéale beauté. C'était notre hôte, Hong-Tjyong-Ou, noble Coréen, « qui fait remonter son origine, *avec la plus entière certitude*, à l'établissement en Corée de *Hong le Savant*, lettré chinois, envoyé auprès du roi de Corée par l'Empereur de la Chine, il y a 3,500 ans. Combien ridicule notre plus vieille noblesse française à côté d'une telle généalogie !

Si j'ajoute que « les Coréens n'ayant pas subi, grâce à leurs montagnes, la dernière invasion des Mandchoux, ne portent pas le chapeau abat-jour et la longue queue imposée par les Tartares en signe de vassalité », Hong-Tjyong-Ou vous apparaîtra comme un des types les plus purs de cette race mongole qui, après avoir fondé les premiers foyers de civilisation de notre globe, s'est formée en bataillon carré dans les plaines de l'Asie pour repousser l'assaut de notre savante barbarie.

Hong-Tjyong-Ou est le premier lettré de la grande presqu'île qui ait visité la France. Qu'a-t-il rapporté de cette reconnaissance aventureuse en pays d'Occident ? Je ne sais. Rien, sans doute. Car, au moment de partir, il écrit à son ami Hyacinthe Loyson les paroles suivantes, où perce la hautaine tristesse d'un esprit supérieur, déçu dans la recherche de ses pairs : « vous ne voyez rien de plus élevé, ni même d'égal au christianisme. Moi, *je ne comprends rien à vos dogmes étranges*, tandis que je trouve en Confucius plus de sagesse qu'en toutes vos lois, et que Lao-Tseu, planant dans une sagesse presque surhumaine, fait monter ma pensée plus haut que les choses entrevues et les choses rêvées, pour la plonger dans l'infini. »

Désespérant de nous amener jusque-là, Hong-Tjyong-Ou nous a quittés. Il avait à peine mis le pied sur le continent jaune que le Coréen, tout d'heureuse sérénité, fut sauvagement repris par son Asie qui le voulait tout entier. La rencontre, au Japon, d'un compatriote, exilé de Corée comme *novateur dangereux*, suffit pour lancer la naïveté compliquée de notre impénétrable ami dans les sanglantes émotions de l'assassinat politique.

Comment Hong-Tjyong-Ou gagna la confiance de Kim-Ok-Kuin, qui prétendait occidentaliser la Corée, sous les auspices du Japon, je l'ignore. Tout ce qu'on sait, c'est que le placide lettré jaune conçut, (sous l'inspiration de qui ?) l'infernal projet d'attirer l'exilé dans un piège, et de l'assassiner pour débarrasser son roi d'un réformateur redouté.

Kim-Ok-Kuin, secrètement averti des mauvais desseins de son nouvel ami, se tint pendant quelque temps sur ses gardes, puis se laissa définitivement gagner à l'affection loyalement offerte. Une lettre du fils adoptif de Li-Hung-Chang l'appelait en Chine. Le crime pouvait, là, se commettre avec impunité. Cette lettre était-elle vraie ou supposée? Mystère. Kim-Ok-Kuin arriva suivi de Hong-Tjyong-Ou et, aussitôt à Shanghaï, reçut le coup de poignard de son compagnon de voyage.

L'assassin fut arrêté et reconduit dans sa belle patrie, où le roi l'aurait sans doute fait décapiter, s'il ne l'avait, en récompense de son action patriotique, promu mandarin de première classe, après avoir expédié dans les capitales des huit provinces du royaume un quartier du cadavre du japonisant Kim-Ok-Kuin, pour être cloué au gibet d'infamie. Choses d'Asie.

En souvenir de son trop court passage parmi nous, Hong-Tjyong-Ou nous a laissé une traduction de deux romans coréens du XIIIe siècle : le *Printemps parfumé*, en collaboration avec J.-H. Rosny, et le *Bois sec refleuri*, qui vient de paraître dans les annales du Musée Guimet.

Rosny, dans la préface de l'idylle charmante qu'il nous a rendue avec un art exquis, nous fait observer que « le *Printemps parfumé* est, à plusieurs égards, *une œuvre d'opposition* ». La remarque est devenue piquante sous la plume du collaborateur du noble Coréen qui, quelques mois plus tard, combattait à coups de poignard les réformateurs de son pays.

Il n'en est pas moins vrai que ce roman est une haute protestation contre les misères sociales, en même temps qu'une leçon de clémence, de modération — dont il est bien regrettable que le traducteur lui-même n'ait pas tiré profit.

Ecoutez la poésie que déclame le mendiant au festin des mandarins :

« Ce beau vin dans des vases d'or, c'est le sang de mille hommes.

« Cette magnifique viande sur ces tables de marbre riche, c'est la chair et la moelle de dix mille hommes.

« Ces cierges resplendissants dont les pleurs coulent, ce sont les larmes de tout un peuple affligé.

« Ces chants retentissants des courtisanes ne s'élèvent pas plus haut que les gémissements et les cris de reproche du peuple qu'on pressure odieusement. »

Et quand le mendiant, transformé subitement en émissaire royal, veut se retirer avec sa bien-aimée « dans une chambre où ils pourront s'aimer à l'aise », quel langage lui tient la jeune fille au doux nom de *Printemps parfumé* ?

« Il faut d'abord que vous fassiez tout votre devoir, que vous rendiez justice aux malheureux, que vous punissiez les coupables. Ensuite, nous serons heureux ensemble. »

En conséquence, l'émissaire royal fait comparaître le mandarin coupable et prononce la sentence suivante :

« Vous avez pressuré le peuple, vous l'avez rendu malheureux. Je vous condamne, pour tout cela, à être envoyé dans une île. »

C'est la loi Bérenger dans toute sa splendeur.

Le *Bois sec refleuri*, en dépit des complications infinies où se plaît l'imagination orientale, ne s'en termine pas moins, tout comme le *Printemps parfumé*, par une complète révolution sociale, qui assure, à jamais, le bonheur de l'humanité coréenne. L'originalité du *Bois sec refleuri*, c'est que la révotion, qui clôt le drame, vient de l'opinion populaire imposant au roi lui-même, par la seule autorité de la raison, son éternel besoin de justice et de paix.

Après une série d'aventures incroyables, le jeune prince dépossédé finit par rejoindre sa bienaimée.

« Le soleil tombait à l'horizon dans une brume d'or. Partout, s'annonçait l'heure du repos. Les oiseaux s'envolaient vers leur nid, frôlant les branches de leur aile. Un grand silence s'étendait sur la nature entière. Alors, le jeune prince dit en prenant la main étroite et fine de Tcheng-Y :

— Je vous aime.

— Je vous aime, répondit la jeune fille.

« Après ce doux aveu, ils restèrent encore longtemps côte à côte, sans prononcer une parole... »

Le prince remonte naturellement sur le trône de ses pères, et le peuple s'empresse de remettre l'usurpateur entre ses mains.

« Le nouveau roi était à peine rentré dans le palais de ses pères, qu'il ordonnait *de diminuer les impôts qui pesaient sur le peuple*. Sa femme aprouvait hautement ces mesures. Elle désirait même qu'on allât plus loin.

« — Qui sait, dit-elle, si les mandarins des provinces exécuteront tes ordres, et ne continueront pas à pressurer le peuple à leur profit? Il faudrait s'assurer que tout se passe selon tes vœux, et envoyer des fonctionnaires chargés de s'assurer si tes ordonnances sont respectées... »

Mais le roi, reprenant la tradition des ancêtres, dit un jour à son premier ministre :

— J'ai l'intention de diriger une expédition contre le Tjin-Han. Mon père a subi un échec en attaquant ce pays, et c'est mon devoir de le venger. Qu'en pensez-vous ?

D'autre part, le général victorieux « était altéré de vengeance » et voulait qu'on mît le traître en jugement.

Le premier ministre « s'abîma dans une longue méditation ».

« Des malheurs dont il avait été frappé, il ne conservait aucun ressentiment contre l'humanité. Il se sentait pris d'une indulgence profonde pour ses ennemis les plus déclarés. A quoi bon se venger? pensait-il. A quoi bon surtout déclarer une guerre qui, tôt ou tard, amènera des représailles ? »

Il conseille au roi de consulter les Coréens. Un gigantesque banquet est préparé sur la place publique. « Les convives devaient former cinq groupes: le groupe royal, les gouverneurs, le peuple, l'armée, *les criminels*. » Cette consultation de l'ensemble des hommes, *y compris les criminels* — intéressés autant que quiconque à savoir ce qu'on fera d'eux

— réjouira, je n'en doute pas, le cœur de nos « libertaires ». Il est de fait, qu'à côté de cette éclatante manifestation de volonté totale et directe, notre suffrage universel, de pure convention, paraît singulièrement mesquin.

Ce que décide le peuple — du roi aux criminels — vous le devinez, sans peine.

Notez le discours du premier ministre :

« ... Pour moi, la guerre est le pire des fléaux. Elle cause des ruines sans nombre. Combien d'innocents périssent sur les champs de bataille ! D'où viennent tous ces impôts, sinon du besoin d'entretenir une nombreuse armée ? Avec la paix, rien de semblable. La fortune publique s'accroît rapidement. Les peuples, faits pour s'aimer et non pour s'entre-tuer, entretiendraient des relations qui augmenteraient leurs richesses réciproques. Quand nous voyons, dans la rue, un chien fort et vigoureux maltraiter un autre chien incapable de se défendre, nous venons au secours du plus faible de ces animaux. Pourquoi sommes-nous plus féroces à l'égard de nos semblables qu'envers les animaux ? Sans doute, chez ceux-ci, le plus fort cherche à opprimer le plus faible. Mais ne sommes-nous pas des êtres supérieurs, et n'avons-nous pas la raison qui nous commande l'indulgence et la clémence vis-à-vis d'autrui ? Aussi, ne suis-je pas d'avis, Sire, que nous entreprenions cette guerre. Je ne veux pas davantage qu'on châtie les coupables, dont plusieurs m'ont pourtant fait beaucoup de mal. Pardonnons-leur et que l'exemple de leur repentir serve de leçon à ceux qui auraient de mauvaises pensées ».

Ainsi parla Sûn-Yen, « et ces paroles élevées soulevèrent une approbation unanime ».

Si cet homme-là n'était pas mort, il me semble qu'il ferait assez bien notre affaire. Mais six cents ans ont passé depuis que le sage Sûn-Yen exprima ces nobles pensées, et j'ai le regret de dire que pas plus en Corée que dans les pays d'Europe, l'homme n'a fait son profit de cette haute leçon.

Hélas ! le philosophe lui-même qui se trouva assez pénétré de cet enseignement sublime pour former la résolution de le faire passer dans notre langue afin de le transmettre aux générations d'Occident, n'eût pas plutôt achevé cette propagande de justice et de pitié, qu'il s'en fût planter une lame d'acier dans le ventre d'un de ses compatriotes, par la seule raison que celui-ci ne partageait pas ses vues sur l'avenir de l'humanité.

Étrange créature que l'homme ! Des pensées d'un Dieu. Des actes de brute, trop souvent. Toute son histoire est de cette discordance ; tout son progrès, de la volonté lentement soumise à la règle de bonté. Réconcilier l'acte et la pensée, voilà le but du grand effort humain. Comme la pensée ne peut pas s'avilir, il faut bien que tôt ou tard, les actes s'ennoblissent. Il paraît que ce sera long. Mesurez de Sûn-Yen à Hong-Tjyong-Ou, ce que nous avons gagné depuis six cents ans !

XIII

Massacreurs et massacrés.

Les journaux racontent dans tous leurs détails, les abominables massacres de Chine. Nous avons eu déjà trop souvent le spectacle de ces actes sauvages pour ne pas nous être fait une habitude de ces sanglantes surprises. La barbarie des *païens* de l'Asie, en rut de carnage contre les chrétiens, n'est pas moins atroce que la cruauté dont les chrétiens eux-mêmes ont déshonoré leur histoire. C'est tout dire. Le chrétien a même l'avantage de pouvoir mettre des milliers de victimes au compte de ses passions religieuses, pour chaque meurtre de même cause dont se peut vanter l'homme jaune.

Je ne crois pas qu'il se trouve un seul être doué de raison pour chercher à excuser, même indirectement, ces atrocités. Des hommes paisibles, des femmes, des enfants, surpris, massacrés sans l'ombre d'une provocation, comment voir là autre chose qu'un déchaînement de sauvagerie? Mais on n'a pas tout dit quand on a simplement constaté que sous l'apathie souriante de l'homme aux yeux obliques se cache une féroce haine contre les races étrangères qui prétendent s'immiscer dans sa vie.

Ces mystérieuses sociétés d'Extrême-Orient, d'une civilisation antérieure à l'évolution occidentale, possèdent leur sol apparemment au même titre que nous le nôtre. L'*Empire du Milieu* n'est pas hospitalier, cela n'est que trop certain. Mais si le Chinois n'accueille le blanc que sous la pression d'une énergique contrainte, je ne vois pas que celui-ci, tout fier de sa charité chrétienne, lui fasse meilleur accueil. L'Asiatique de Confucius et de Çakya-Mouni ne veut pas écouter la parole de l'Asiatique de Nazareth que l'Européen d'Europe ou d'Amérique prétend lui faire entrer dans la cervelle, en dépit de lui-même. Il a tort, à mon avis, car il est toujours curieux de savoir ce que les gens ont à dire. La lutte, après tout, n'est qu'entre deux pensées d'Asie pour lesquelles les occidentaux s'entremassacrent chinoisement depuis des siècles, et qui sont beaucoup moins dissemblables que ne pourraient le faire croire nos transpositions d'idées.

Qui sait, ô massacreur de Fatshan, si cette prédication que tu trouves odieuse n'est pas tout simplement la parole même dont tu vis, qui, répandue de proche en proche jusqu'à l'autre extrémité de l'Asie, éclatant sous la forme imprécise du verbe galiléen tardivement figé en des cervelles levantines ou gréco-romaines, ayant gagné de proche en proche les continents barbares, te revient aujourd'hui sous le déguisement dont la nouveauté te fait repousser en ennemi, après son tour du globe révolu, l'enfant prodigue de la terre d'Asie mère des hommes et des Dieux?

Mais les massacreurs ont la rage de massacrer d'abord et de n'écouter qu'après, contrairement au conseil de Thémistocle. Voyez plutôt ce chrétien de marque, le général de Galliffet. Je suis sûr que l'atrocité des Chinois le révolte. En revanche, j'ai rencontré, dans mes voyages, un *fils du ciel* qui ne s'expliquait pas la semaine de mai. Différence de points de vue.

Le Chinois qui ne peut considérer les choses autrement que de sa Chine, sait très bien, lui, que sa race qui couvre une si importante part du globe, se voit repoussée des pays de civilisation européenne par la raison que l'homme blanc ne peut supporter la concurrence du jaune. On ne le massacre pas tout à fait. Mais on l'expulse très bien par la raison du plus fort. Et ces mêmes Américains, dont les missionnaires viennent d'être odieusement massacrés, n'ont rien trouvé de mieux, il y a quelques années, pour arrêter l'émigration chinoise, que d'annoncer qu'ils couleraient à coups de canon, les navires chargés de *Célestes* à destination des États-Unis.

Cette leçon de christianisme pratique était-elle de nature à disposer favorablement l'esprit chinois pour les évangélisateurs dont le Dieu sanctionne une si brutale inhospitalité?

Dans le cas présent, on attribue les crimes de Fatshan à la secte des *Végétariens*. C'est une sorte de société religieuse qui, d'après M. T. Waters, ancien consul anglais à Fou-Tchéou, s'était formée depuis longtemps dans le Nord, à Tien-Tsin et à Pékin, dans l'unique but de donner l'exemple d'une vie parfaite. Se constituer de bonne foi en confrérie pour faire le bien, et aboutir à l'assassinat! Cette histoire est-elle donc si différente de celle des communautés chrétiennes qui, pour réaliser l'exemple de charité religieuse, mirent tant de zèle à pourvoir les bûchers de l'Inquisition? Jaunes ou blancs, nous voyons le but, mais combien ne prennent pas garde à l'imprévue bifurcation où la route les égare jusqu'à les rejeter brusquement dans la primitive sauvagerie dont ils prétendaient, avec tant de fierté, s'être détournés pour jamais.

Nos *Tsai-lis*, ou *Végétariens* de Chine, sont des gens qui s'abstiennent de toute nourriture animale, ne boivent pas d'alcool, ne fument pas d'opium. Tous ceux que j'ai connus, dit M. Waters, étaient des hommes paisibles, menant une vie exemplaire, en tous points dignes d'éloges. Ils se marient et ne reconnaissent point de clergé. Leur moralité est partout citée comme un modèle. Seulement ils sont hostiles aux étrangers. Ils sont très fiers de l'empire qu'ils font profession d'avoir sur eux-mêmes. Un jour, M. Waters visitant une de leurs réunions à Tien-Tsin, les trouva assis en longues files sur des bancs, s'exerçant à se maîtriser en retenant leur respiration le plus longtemps possible. Ces édifiantes pratiques de gymnastique morale ont le précieux avantage de ne pas troubler la tranquillité des voisins.

Comment les *Tsai-lis* ont-ils versé dans la politique? Les mandarins qui poursuivent obstinément ces sociétés plus ou moins secrètes, les obligent souvent à rechercher l'appui de quelque parti politique. C'est probablement ce qui est arrivé, et l'antipathie bien connue des *Tsaï-lis* pour l'étranger les prédisposait naturellement à chercher des auxiliaires dans les groupements organisés pour résister à l'invasion chrétienne. Déjà on avait trouvé la main des *Végétariens* dans les soulèvements qui ont eu lieu en Mongolie contre les missionnaires.

Ce qui paraît avoir dérouté tout le monde, c'est la soudaineté de l'explosion, sans raison connue, sans prétexte invoqué. Cela est de l'Orient. Les Anglais ont eu de ces étonnements dans l'Inde. La *Pall Mall Gazette* publie une lettre de Mrs Stewart qui vient précisément d'être massacrée avec son mari et ses enfants. Quelques jours auparavant, cette malheureuse femme écrivait de Ku-Cheng : « La Chine s'ouvre merveilleusement à « l'Evangile. Les gens ne demandent qu'à recevoir « la bonne parole. Quelle différence avec ce que « nous vîmes, il y a dix-neuf ans, quand nous « vînmes en Chine pour la première fois... Les « préjugés populaires s'en vont... Mon mari qui « revient d'une tournée d'inspection dans nos « écoles est charmé de ce qu'il a vu et en- « tendu, etc., etc. ». Et comme réplique à ces paroles d'invraisemblable illusion, une foule ivre de sang, qui se rue sur des maisons sans défense, pille, démolit, massacre femmes et enfants.

On ne peut qu'honorer le dévouement humanitaire qui pousse de braves gens, animés des meilleures intentions du monde, à aller courir de tels périls, avec tous les leurs, en de lointains pays. Le missionnaire catholique, pour vaillant qu'il me plaît de le tenir, n'expose que lui-même. Le pasteur protestant apporte tous les siens en offrande, ce qui même excède son droit peut-être. Je ne marchanderai à personne la louange due au courage — qui est de toutes les causes. Il me sera permis cependant d'observer que tant de dévouement se pourrait employer d'une façon plus utile.

Je laisse de côté la valeur intrinsèque du dogme sur lequel les hommes de toutes couleurs et de tous pays sont en furieux désaccord. Et cependant, si j'écarte ce qui est matière de foi — et la foi ne s'impose pas — que reste-t-il de la prédication évangélique protestante ou catholique ? Une morale ? Mais est-il bien certain que la moralité moyenne des masses chinoises soit notamment inférieure à la moralité moyenne des masses européennes ? Il serait difficile de le soutenir. Alors qu'apporte-t-on de si loin à ces hommes ? Des croyances, des légendes sur lesquelles les représentants des différentes sectes chrétiennes se querellent jusque sous les yeux ahuris des néophytes chinois. Comment, dans ces conditions *convertir* des consciences au sens sincère du mot ?

Il faut entendre là-dessus le docteur Morrison, qui me paraît le type du missionnaire tel que je le comprends. Cet excellent homme vient de traverser toute la Chine sans une arme, sans un bâton, ayant pour tout viatique douze mots de chinois bien choisis. Sous ce titre : *Un Australien en Chine*, il a récemment publié à Londres le récit de son voyage. Il n'a pas été également bien accueilli partout, mais comme il n'avait d'autre but que de voir et de causer, comme il n'apportait aucune doctrine patentée, il a pu se tirer d'affaire à force de sang froid et de bonne humeur. Je traduis brièvement quelques passages de son livre :

« J'ai rencontré beaucoup de missionnaires. Ils
« m'ont unanimement exprimé leur satisfaction
« des résultats qu'ils avaient obtenus.

« En résumé, leur succès se réduit à ceci que
« chaque missionnaire convertit à peu près deux
« Chinois par an. Mais si l'on défalque de ce calcul
« les gens salariés par les missions, on trouve que
« le missionnaire ne convertit plus annuellement
« que les neuf dixièmes d'un Chinois. »

On appelle couramment *chrétiens de riz*, ceux qui se convertissent pour un salaire (payé en riz). Ces hommes passent constamment des catholiques aux protestants et *vice versa*.

M. Morrison nous cite de curieux passages des écrits des missionnairss :

— En arrivant sur le théâtre de leurs opérations : *Gloire à Dieu. Les foules accourent à nous. Elles boivent nos paroles.*

— Cinq ans après : *Le premier converti a été un marchand de paillassons. Il était tout feu et flammes pour l'Évangile. Malheureusement il est devenu fou.*

Sous ce titre : *Triomphes des missionnaires à Yunnan*, nous rencontrons la déclaration suivante :

« M. X... trouve qu'il est très difficile de toucher
« les gens. Après six ans d'efforts, il n'avait pas
« un seul néophyte du sexe masculin... Il y en
« *avait eu* un, pourtant. C'était un pauvre *coolie*
« qui enlevait les ordures. *Il évangélisait en petit.*

« Mais Satan l'a tenté, il a été abandonné de la grâce
« et il a fallu l'expulser *pour avoir volé les boutons*
« *des enfants.* »

Et plus loin : « Pour six ou sept millions d'habi-
« tants dans la province, il y a dix-huit missions
« protestantes. Nous avons deux néophytes à Chao-
« tong, un à Tongchuan, trois à Yunnan, trois à
« Tali et deux à Cuhtsing. En huit ans, nous avons
« converti onze Chinois. Combien faudra-t-il de
« temps pour convertir le reste ? » La question se
« pose, en effet.

Maintenant, méditez ce qui suit : « Les Chinois
« reconnaissent un Dieu suprême, ou du moins
« quelques personnes croient le rencontrer dans
« *Shang-Tien-Hou, le grand maître des cieux.*
« Quand les Mahométans vinrent en Chine, ils ne
« crurent pas pouvoir identifier ce Dieu avec le
« leur qui est unique, et qui fut proclamé par eux
« *Le vrai Seigneur (Shén-Chu).* Les Jésuites en
« arrivant, se refusèrent à reconnaître dans aucun
« de ces Dieux, le Dieu de la Bible à qui ils don-
« nèrent le nom de *Shang-Ti, Maître Suprême*, et
« plus tard de *Tien-Chu, Souverain du Ciel.* Les
« protestants ne pouvant tomber d'accord avec les
« catholiques, inventèrent d'autres noms. Les Amé-
« cains découvrirent un autre nom encore, et,
« comme si cela ne suffisait pas pour brouiller
« l'esprit du Chinois, les protestants ont encore
« changé le mot chinois qui doit exprimer l'idée
« Dieu. Dans la première traduction de la Bible, il
« est appelé l'*Esprit, Shén,* dans la seconde, le
« *Maître Suprême, Shang-Ti.* La troisième traduc-

« tion revient au mot primitif *Shén*, la quatrième
« retourne au terme *Shang-Ti*, et la cinquième, de
« l'évêque Burdon de Hong-Kong et du Dr Blodget
« de Pékin rejette le titre de *Shang-Ti* d'abord
« accepté par les Jésuites et accepte le titre de
« *Tien-Chu, Souverain du Ciel* que les Jésuites
« avaient d'abord rejeté. »

Comment, diable, convertir les gens, quand on n'est pas capable de trouver un mot de leur langue pour dire Dieu?

Ce n'est pas tout. Le Révérend A. Sutherland, délégué du Canada à la conférence des missionnaires en 1884, déclare que l'Eglise protestante a trois grands devoirs dont le second est de faire échec aux Jésuites. « *Dans la grande œuvre de l'Evangélisation du monde, l'Eglise n'a pas d'ennemis comparables aux Jésuites.* »

Et pour achever le malheureux Chinois, le voilà qui lit dans le catéchisme du cardinal Cuesta (cité dans *La Chine et la Chrétienté*) que « *le Protestantisme n'est pas seulement une véritable Babel, mais une théorie horrible et une pratique immorale qui blasphème Dieu, dégrade l'homme et met la société en péril.* »

Vraiment, n'est-ce pas assez d'avoir ensanglanté l'Europe de ces querelles, et y a-t-il lieu de faire tuer des femmes et des enfants pour savoir s'il faut dire *Shang-Tien-Hou* ou *Tien-Chu*. Puisqu'il se trouve des missionnaires ardents à évangéliser des *païens*, pourquoi courir jusqu'à Canton quand tous ces convertisseurs trouveraient si aisément à qui parler dans leur propre patrie?

XIV

Guillaume Tell.

Le 28 août dernier, sur la place publique d'Altorf, les délégués de tous les cantons suisses, ayant à leur tête M. Zemp, Président de la Confédération, assistaient à l'inauguration du monument de Guillaume Tell. Ce n'est pas que le héros de la légende populaire manquât de statues dans sa patrie. De fait il n'est guère de ville ou de village de la République helvétique qui ne nous offre l'image du vaillant archer couronnant quelque fontaine ou dominant la foule du haut de l'hôtel de ville. Mais il avait paru bon d'élever ce monument au *libérateur* à l'endroit même où il refusa, de s'incliner, dit-on, devant l'emblème et la domination autrichienne. Depuis 1307, la place d'Altorf attendait ce témoignage de la reconnaissance publique. La dette de gratitude est enfin acquittée.

Au milieu d'un immense concours de peuple, accouru de tous les points du territoire, parmi les acclamations et les *vivats* de langue allemande, italienne ou française, le bronze, solennellement dévoilé, est apparu à tous comme la vivante image de l'héroïque effort pour la patrie et pour la liberté. Le Président de la Confédération, le chef du département des affaires étrangères ont parlé, l'enthousiasme populaire s'est répandu en cris patriotiques répercutés d'une rive du lac à l'autre par les montagnes mêmes qui furent témoins des hauts faits de Guillaume. Personne qui ne se soit senti soudainement meilleur, plus désintéressé de lui-même, plus prêt aux nobles actions, aux sacrifices dont l'humanité se fait gloire. Pas un être humain qui n'ait senti passer sur lui le souffle généreux des ancêtres dont le sang coula pour fonder le foyer commun. Pas un cœur qui n'ait battu pour les grandes causes, pas une âme qui ne se soit un moment abandonnée à l'ambition des dévouements sublimes. C'est le privilège des héros, par la contagion de l'exemple, d'évoquer ces sentiments, ces ardeurs jusque dans les plus obscures consciences de la plus lointaine postérité.

Pour susciter une telle émotion à travers les âges, il faut assurément des actes d'éclat. Mais, chose admirable, des circonstances se rencontrent où il suffit qu'ils aient été conçus, sans même qu'une réalisation s'en soit suivie. Si l'impulsion de sentiment est assez forte pour provoquer l'action créatrice de l'imagination, si l'homme réussit à transporter son rêve d'idéal dans la dramatique fiction de la légende, alors cette vie des traditions populaires, complétées, embellies de l'art inconscient des foules, peut devenir assez intense pour se transmettre de proche en proche et communiquer aux nations comme aux individus les plus hautes énergies. C'est justement le cas de Guillaume Tell, de cette grande figure de paysan révolté dont s'enorgueillit la Suisse et que la poésie a pour toujours humanisée.

Car, il faut en prendre son parti. Guillaume Tell on le sait depuis longtemps — n'a jamais existé. C'est seulement vers 1420 — plus de cent ans après l'émancipation de Schwytz, d'Uri, d'Unterwald, qu'on voit apparaître dans *la Chronique nationale* de Conrad Justinger, secrétaire du conseil de Berne, les premiers traits de la fameuse légende. On nous représente l'insurrection des trois cantons contre les baillis autrichiens — dont l'existence même est encore problématique — comme le résultat de l'oppression et des exactions des seigneurs. Mais le héros ne se montre pas encore. « C'est dans une ballade écrite en allemand vers 1470, dit M. Maxime de Fourcauld, qu'on trouve pour la première fois le nom de l'archer d'Uri et le récit de l'épreuve de la pomme. Ce chant populaire n'est d'ailleurs que la fidèle transposition, sur le sol suisse, de l'histoire d'un archer danois, nommé Tokko, — histoire écrite en latin par un chroniqueur *qui vivait plus de cent ans avant la formation de la Confédération suisse.* C'est ce qui fait dire à Voltaire, dans *les Annales de l'Empire* : « Avouons que toutes ces histoires de pomme sont bien suspectes. Celle-ci l'est d'autant plus qu'elle semble tirée d'une ancienne fable danoise. »

Autour de la légende transportée de toutes pièces des îles de la mer Baltique aux lacs des Alpes vinrent se grouper les fictions secondaires du cycle. « Chacun des Etats forestiers, observe M. de Fourcauld, devait créer un tyran et son héros. Unterwald imagina le bailli de Landenberg et Arnold de Melchthal; Schwytz et Uri : Gessler, Stauffacher, Walther Fürst et Guillaume Tell. » C'est vers 1480 que Melchior Rüss, de Lucerne, composa une chronique relatant *ce qui advint à Guillaume Tell sur le lac*. Là se trouve enfin l'histoire de l'archer, sautant sur la fameuse pierre connue sous le nom de *plate-forme de Tell*, et envoyant sa flèche au gouverneur. Plus tard un chroniqueur de Sarnen nommé Gessler, raconte le salut refusé au chapeau, l'épreuve de la pomme, le voyage sur le lac et fait tuer le bailli *dans le chemin creux de Kussnacht*.

La légende est constituée désormais. Il ne reste plus aux générations futures qu'à orner le récit à leur guise et à s'exalter aux prouesses du grand ancêtre. Comment douter, quand la montagne et le lac et la pierre elle-même où sauta l'archer sont là pour attester aux hommes la réalité tangible de l'aventure? Ne sait-on pas que Guillaume Tell, assista en 1315 à la bataille de Morgarten, qu'il mourut à Bingen en 1354? N'est-il pas avéré que lorsqu'on éleva au quatorzième siècle la petite chapelle sur *la pierre de Tell*, on vit à l'inauguration, cent quatorze personnes précisément qui toutes avaient connu le héros? Que peut-on demander de plus? L'historien, le poète, l'imagier, le tailleur de pierre se sont emparés de Guillaume et l'ont fait à jamais vivant. Que nous importe le reste.

L'historien suisse Guillimann déclare en 1607 que

la patriotique tradition est purement fabuleuse. Le récit légendaire n'en reçoit aucune atteinte. C'est l'historien qui est oublié, c'est Guillaume qui survit. Frendenberg, cent cinquante ans plus tard, publie son opuscule *Guillaume Tell, fable danoise*. Le gouvernement du canton d'Uri répond en faisant brûler l'écrit en place publique. Quel plus beau démenti de l'opinion au fait? En 1890, les magistrats du canton de Schwytz décidèrent que la légende et le nom même de Guillaume seraient rayés des livres scolaires. Aucun autre canton n'imita cet exemple. Le Suisse placide sourit, et tint bon. Aujourd'hui, c'est le Président de la Confédération qui inaugure la statue du héros sur l'emplacement même où se trouvait le tilleul séculaire à l'ombre duquel fut plantée la perche portant le chapeau du tyran. Rien ne saurait prouver de façon plus décisive et le pouvoir créateur de l'homme, et l'énergie vitale d'un mythe réalisé.

Que nous importe à nous, qu'importe à la Suisse d'hier ou d'aujourd'hui que Guillaume Tell ait, ou non, réellement vécu? Et, de fait, a-t-il moins vécu, pour nos âmes, que s'il s'était promené en chair et en os sur le plateau du Grütli ou dans le chemin creux de Kussnacht? Je vous dis qu'il a vécu vraiment. Créé par la fermentation de la terre ou le bouillonnement de volonté des foules, c'est tout un en vérité, puisque, par le mirage du choc en retour de la créature au créateur, il a rendu la force et la vie à ceux-là même de qui lui vinrent ces dons.

Ainsi vécurent, ainsi vivent encore les Dieux de

l'homme, subsistants ou disparus. Des héros de l'histoire constitués en ancêtres énormes par le besoin de concréter nos sentiments, en réalités tangibles, de ces êtres quasi surhumains, accrus en demi-dieux, idéalisés en divinités tutélaires, jusqu'aux abstractions réalisées des grands mythes religieux, les transitions à peine sensibles vont de la terre au ciel par des gradations infinies. De Guillaume Tell aux grands Dieux solaires en passant par le Çakia de Kapilavastou ou le Jésus de Nazareth, l'identique pouvoir mental fait surgir d'un fonds de réalité une vivante création de l'homme. Comment faire la part du réel dans les légendes venues de l'Asie d'il y a deux mille ans? Que dire et que croire des récits contradictoires dont se compose la fable de vérité subjective, quand nous voyons dans l'Occident brumeux, moins propice aux constructions du rêve, toute une nation qui n'est pas signalée comme imaginative, s'obstiner à tenir pour vraie, contre toute évidence, une légende d'hier réfutée par le plus superficiel examen, brûler le livre impie qui contredit ce qu'elle veut vérité, élever des statues à l'homme qu'elle a fait à l'image de sa pensée?

Comment ne pas admirer d'abord l'humanité créatrice? Créatrice par le génie individuel, créatrice par le génie des foules. Deux actes de principe identique, de manifestation combien différente. La consciente création du génie personnel, avouée, proclamée fictive, pourra faire l'admiration du penseur, élever l'âme préparée par la culture, mais n'entraînera pas la masse aux grands actes d'ensemble qui déterminent des phases d'humanité. Et si quelqu'un parle de statue c'est Shakespeare qu'on installera sur nos places publiques, non Hamlet, Cervantès, non don Quichotte.

Au contraire, l'inconsciente création de la foule, où la foule se reconnaît et s'aime objectivement, irréelle, véridique pourtant dans l'esprit — s'affirme avec une puissance de suggestion populaire d'autant plus grande que la mystérieuse source de vie échappe à tous les regards. Alors l'abstraite créature divinisée, douée pour un temps d'une vitalité supérieure à l'humanité créatrice elle-même, se voit élever des temples, des statues où l'homme s'adore dans des symboles, prenant son image pour l'être, et faisant, de son propre reflet l'idole.

Passagères créatures, toutes ces divinités créatrices dont les monuments couvrent la terre, et qui changent avec l'humanité changeante. Que de dieux disparus depuis Homère seulement ! Les simples héros se sont trouvés d'un plus durable métal. Ulysse a survécu au Poseidon irrité qui le ballotta dix ans sur la mer, et quand j'ai contemplé à Corcyre le rivage où le héros naufragé rencontra la jeune Nausicaa, je n'ai certes pas éprouvé moins d'émotion qu'à la vue de la *Tell's Platte*.

Au moins ces êtres sublimes qui nous ont charmés, ennoblis, élevés jusqu'à eux, ne nous ont point fait payer de maux sans nombre la faveur des hautes visions. Voilà pourquoi je les préfère aux dieux.

XV

Du patriotisme.

Depuis la publication de son fameux livre contre le patriotisme, Tolstoï ne perd pas une occasion de dénoncer comme la source de tout mal parmi les peuples l'amour de la Patrie.

La *Revue Blanche*, dans ses numéros du 15 avril et du 1ᵉʳ mai nous donne encore deux virulents articles où le penseur russe exprime avec abondance son horreur pour cette forme d'égoïsme qui nous porte à chérir la terre natale, à défendre le foyer de nos pères, à maintenir, en le continuant dans les formes reçues des traditions ancestrales, l'effort commun vers une humanité meilleure.

Tolstoï ne veut point consentir qu'il y ait *un bon* et *un mauvais patriotisme*. Il sait que certains esprits d'inférieure culture s'éprennent en enfants des aspects théâtraux de la guerre, et *jouent au patriote* en des attitudes méditées, en des écrits faciles, croyant répondre à tout par le beau mot qu'ils ne sauraient comprendre, et qu'ils discréditent en le prétendant servir. Il sait aussi que le commun des hommes, pour aimer la patrie sans l'éclat tapageur du vulgaire cabotinage, ne se sent pas moins rivé de la plus forte chaîne d'attachement humain au sol qui l'a vu naître, au foyer familial agrandi dont il est, par une longue filiation d'efforts, l'aboutissant légitime. Il sait cela, Tolstoï, mais il n'admet point de distinction entre ce sentiment qui nous apparaît comme le fonds immuable de l'histoire, et les sottises parfois criminelles qu'il peut engendrer.

Condamne-t-il donc l'amour parce qu'il entraîne de malheureux déséquilibrés aux folies, aux crimes, que nous voyons tous les jours? « Le feu, dit-il, sera toujours le feu, ardent et *dangereux*, qu'il flambe en un bûcher, ou brûle au bout d'une allumette. » Un Russe ne saurait ignorer que le feu, tout dangereux qu'il est, ne peut être proscrit, parce que, entre l'allumette et le bûcher, il y a le foyer qui réchauffe les membres engourdis par la neige et la gelée. Qui ne sait que les plus beaux sentiments de l'homme peuvent dégénérer, se pervertir dans les mentalités moindres?

La thèse de Tolstoï — car ce n'est, au vrai, qu'une thèse — directement contraire aux sentiments de la plupart des hommes, choque l'opinion la plus solidement ancrée au fond de nous-mêmes, montre toute l'histoire humaine comme une erreur immense, et conclut à la totale subversion des rapports de l'actuelle humanité telle que les conflits du patriotisme l'ont jusqu'ici distribuée sur les continents de la terre.

Cela ne suffit pas sans doute à démontrer que c'est Tolstoï, et non l'humanité qui erre. Raisonnons donc de notre sentiment au lieu de nous borner à attester qu'il est en nous.

Le patriotisme a pour lui d'avoir fait l'homme d'aujourd'hui, de nous avoir sauvés à Marathon, à Salamine, à Platée, de la stupéfaction de l'Asie, et, quand l'Asie nous eut reconquis par ses dieux, d'avoir maintenu l'indépendance des groupes schismatiques par où s'est lentement libéré l'esprit. Patriotisme, c'est diversité, c'est-à-dire liberté. La liberté jusqu'à nos jours n'a pu se préserver qu'en contenant la force ennemie par une force opposante. C'est notre effort de substituer à la violence le pouvoir de raison. Mais condamner la puissance par qui s'est affranchi l'homme, au même titre que celle qui le voulut écraser, c'est faire une confusion étrange.

Cela n'est pas, d'ailleurs, sans embarrasser le grand esprit de Tolstoï, qui confesse péniblement que le patriotisme ne fut pas sans avantages, autrefois. A quel moment, de bienfaisant devint-il nuisible, voilà ce qu'il a seulement négligé de nous dire. Il serait fâché, je pense, que Darius et Xercès eussent conquis le monde, *asiatisé* l'Occident. Que dirait-il, aujourd'hui, si les hommes jaunes, ennemis de son Christ, parce qu'ils sont les plus nombreux et qu'ils seront peut-être un jour les plus forts, prétendaient tuer, avec nos nationalités, la pensée d'Occident que nous reçûmes des ancêtres et que nous essayons de transmettre, agrandie, à nos enfants ? Il croit, il dit qu'il laisserait faire. Eh bien ! non. L'homme bientôt reparaîtrait en lui sous le déguisement de l'ange. Il défendrait son Christ, qui est son idéale patrie, s'apercevant que la patrie de l'âme ne se peut séparer de l'autre.

Ainsi se découvrirait tout à coup, aux yeux de l'antipatriote lui-même, la vanité de son maître argument : le « patriotisme est contraire à l'enseignement du Christ ». Cela est vrai, sans doute. Le chrétien essayant de pratiquer la doctrine du Christ, s'il en est d'autres que Tolstoï, n'a pas et ne peut pas avoir d'autre véritable patrie que le paradis de celui qui a proclamé : « Mon royaume n'est pas de ce monde. »

Mais qui donc vit et peut vivre selon le Christ dans la pratique loyale de l'Évangile ? Pas même Tolstoï, qui fait des souliers à ses heures, oubliant que le lis des champs ne travaille ni ne file et que Dieu prend soin de lui. Et s'il est chrétien authentique, les conquérants qui chasseront le Christ de partout, sauf de sa conscience profonde, le paralyseront, l'anéantiront encore dans le meilleur de son devoir chrétien : la propagande pour le salut des âmes. Même si Tolstoï venait à bout, en ce cas, d'étouffer en lui le cri de liberté, quelque chose d'invincible protesterait encore, au plus secret de lui-même, pour le droit, pour la possibilité de vivre suivant sa loi, de faire et de donner sa pensée. Cela c'est la patrie, ô chrétien égoïste qui oubliez de demander au moins à la patrie d'un jour le moyen de conduire vos frères aux félicités de l'éternelle patrie.

Et puis, il n'y a pas eu que le Christ dans le monde. Et quelque maître que l'on suive, — si l'on suit un maître — à quelque pensée que l'on soit en proie, comment ne pas souhaiter de maintenir, comment ne pas s'efforcer de défendre le champ où cette pensée se développe en parole, en action, parmi les hommes qu'une communauté de traditions et de sentiments séculaires dispose particulièrement à la compréhension, à l'acceptation d'un effort particulier de vérité, de bonté.

Egoïsme, s'écrie Tolstoï. Sans doute. L'égoïsme est la condition première de la conservation de l'individu, et, par là, de toute pensée, de toute action d'altruisme. L'homme n'est-il pas le produit des deux sentiments contraires qui lui font d'abord *rapporter* toutes choses à lui, pour *reporter* ensuite le plus qu'il peut de lui-même à autrui. Quand Tolstoï déjeune, il commet un acte caractérisé d'égoïsme, puisqu'il y a des hommes, à la même heure, qui sont torturés par la faim. Il déjeune cependant, de quoi je l'approuve. Et il se sert de la force acquise pour soulager, par l'acte, la parole ou l'écrit, qui il peut, comme il peut. Ainsi faisait le Christ, en personne, dont l'immense charité serait morte stérile faute du panier de figues dont s'entretenait l'ardeur de sa prédication.

L'égoïsme de la patrie n'est pas d'une autre sorte. Il est même, à titre d'*égoïsme collectif*, — si les deux mots se peuvent accoupler — d'une nature infiniment supérieure, puisqu'il exige, au besoin jusqu'au sacrifice total de soi, c'est-à-dire jusqu'au terme ultime du dévouement à autrui. L'égoïsme individuel le plus utilement employé n'aboutit qu'à disposer les forces de l'être isolé au profit de l'ensemble des hommes. L'égoïsme patriotique peut faire concourir tout un groupement humain au profit de l'humanité tout entière.

L'erreur singulière de Tolstoï est de croire que l'amour de la patrie implique nécessairement la haine des autres patries. Un amour engendreur de haine n'est qu'un retentissement attardé de la barbarie. L'amour que nous concevons, que nous sommes en voie d'atteindre, tend, d'une invincible force, à l'expansion toujours plus grande, et c'est par le patriotisme montant du foyer familial à la cité, au peuple, par le patriotisme conçu comme la condition du plus utile effort au profit de la race tout entière, que nous édifierons en nous le grand patriotisme humain qui, même dans l'humanité réconciliée, maintiendra l'homme divers groupé suivant ses affinités d'origine et de pensée. De cette diversité vivante, naît la rivalité, l'émulation de progrès. Et l'idée de patrie, dans son ascension de la pierre du foyer à l'ensemble des continents habités, se révèle ainsi comme l'une des forces premières de l'évolution humaine, comme un des plus puissants agents de civilisation.

Au lieu de vous acharner à l'impossible destruction de l'égoïsme, élevez-le jusqu'aux régions supérieures où il se confond avec l'altruisme, où le suprême dévouement devient le suprême plaisir. Au lieu de vous user en d'inutiles paroles contre la patrie, haussez-la jusqu'à l'orgueil du dévouement de tous. Sachez en faire, avec la justice croissante, un magnifique support d'humanité grandie,

XVI

Pour un mort.

« *Belfort conservé à la France par M. de Gontaut-Biron* » ! Comment n'être pas frappé de ce titre en vedette dans un journal ? Il s'agit simplement d'un commentaire hyperbolique du travail que publie M. le duc de Broglie, dans le *Correspondant*, sur la mission de M. de Gontaut à Berlin, de 1872 à 1878.

Je me hâte de dire que cette ridicule assertion n'est en rien imputable à l'académicien qui aurait refait la monarchie en France s'il ne s'était heurté simultanément à la volonté contraire du « roi » comme à celle de la France. M. de Broglie ne dit point de ces sottises. Il ne les insinue même pas. Il nous cite des propos recueillis à la cour de Berlin, d'où il est permis d'inférer que les Allemands ont regretté de nous avoir laissé Belfort. Je m'en doutais déjà, sans avoir été ambassadeur à Berlin. Pour ce qui est d'en conclure que c'est M. le vicomte Elie de Gontaut-Biron, ambassadeur de la République française, qui a dissuadé l'empereur Guillaume de déchirer, sans raison, le traité de Francfort, c'est une niaiserie que M. le duc de

Broglie, ancien chef du Gouvernement de la République française, ne hasarderait pas dans ses écrits.

Il n'y a donc qu'à laisser de côté ces négligeables flagorneries. Et je crois qu'il est plus juste de voir, avec M. de Broglie, en M. de Gontaut-Biron, un hobereau de l'ancien temps dépaysé dans la diplomatie, qu'un sauveur de provinces. Je n'ignore pas que notre diplomate a travaillé, dans la mesure de ses moyens, à l'apaisement des esprits des deux côtés des Vosges. Les notes dont M. de Broglie a eu communication l'attestent hautement. J'aurais même souhaité, je l'avoue, que ce besoin d'embrassade n'allât pas jusqu'à faire agréer, pour sa fille, par M. l'ambassadeur de France l'union d'un Talleyrand-Périgord, français prussianisé, qui, en qualité de uhlan, avait germaniquement ensanglanté la France, sous Frédéric-Charles. Les petits-enfants de M. de Gontaut-Biron, qui sont de sang français, serviront l'empereur Guillaume dans la prochaine guerre et tireront au besoin sur les miens. Cela me gâte l'ambassade qui a produit ce résultat.

Mais j'ai hâte de quitter M. de Gontaut-Biron qui n'a pas sauvé Belfort, pour arriver à l'*autre*, celui qu'on oublie, le soldat intrépide et muet qui n'a laissé d'autre *souvenir* que de la terre française par lui préservée de l'ennemi.

J'ai connu le colonel Denfert-Rochereau dans les assemblées de la République. C'était un de ces hommes tout simples et tout droits, d'épaisse charpente et de vigoureuse encolure comme notre région de l'Ouest en produit pour les grands efforts.

Un protestant, ô Georges Thiébaud ! La face placide et fière, d'une noble ligne, l'œil perçant, scrutateur, le sourire timide, l'attitude un peu gauche du militaire en bourgeois. L'ensemble donnait une grande impression de douceur. Une fois pourtant, je vis l'homme en colère. Je ne sais comment toute sa face blême se ramassa subitement dans l'œil qui devint d'acier mortel. Je perçus vaguement de petites trépidations de la mâchoire contractée d'où ne s'échappa pas une parole. Mais l'implacable tranchant du regard coupa net tout propos de l'adversaire, et le conflit prit fin avant d'avoir commencé. Ce jour-là, je compris quel feu couvait sous la froide enveloppe, quelle force invincible pouvait se dégager de cet incendie de volonté.

C'est qu'il a fallu pour sauver Belfort, quand tous les généraux s'effondraient, quand les maréchaux capitulaient en tas, une dépense d'énergie peu commune. Ce fut un simple commandant qui ne voulut pas se rendre. Car la déclaration de guerre trouva Denfert — capitaine de 1849 — commandant du génie, à Belfort. On ne lui reprochera pas, je pense, un avancement scandaleux. Du 7 au 19 octobre, le Gouvernement de la Défense nationale fit du chef de bataillon un lieutenant-colonel et un colonel, puis, avec ce dernier grade, lui confia le commandement de la place.

Seize jours après, le général de Treskow arrivait devant Belfort, et sommait le gouverneur de se rendre « *pour éviter à la population les horreurs de la guerre* ». — « *Pour éviter à la population les horreurs de la guerre*, répondit Denfert, devenu railleur, je ne vois d'autre moyen que la retraite de l'armée prussienne, car nous connaissons nos devoirs envers la France et envers la République, et nous les remplirons. » Et il fit comme il avait dit, le gouverneur de Belfort.

Le 10 novembre, la place était investie. Au commencement de décembre, l'état-major général allemand télégraphiait à Berlin : « *Belfort ne peut pas tenir plus de cinq jours.* » Belfort devait tenir jusqu'au bout. 103 jours de siège, 73 jours de bombardement, 500,000 obus jetés dans la place : quand Strasbourg, d'une surface dix fois plus grande, n'en a pas reçu 200,000. J'ai vu l'affreux spectacle quelques semaines après la levée du siège. Il n'y a pas de mots pour rendre cette horreur. D'affreux trous, de noires crevasses, des amoncellements informes comme labourés d'une gigantesque charrue, partout des blessures criantes du roc et de la pierre, et, dans l'épouvante de cette dévastation, des Français fiers et des Allemands modestes : voilà ce qu'avait fait Denfert.

Il l'avait fait par le sentiment du devoir et par l'énergie de la volonté. La population fut héroïque. Mais, eût-elle été faible, Denfert n'aurait pas cédé. Il avait cette qualité du dogue : le morceau pris, il ne le lâchait plus. Non que sa résistance fût purement passive. Je n'en veux pour preuve que la belle sortie du 17 novembre, où il fit reculer par son audace un ennemi combien supérieur en nombre !

Et quand cet ennemi, qui n'était plus qu'à

80 mètres de la place, enhardi par un bombardement de deux mois, voulut, le 26 janvier, tenter l'attaque de vive force, que vit-on ? Huit assauts furieux, huit fois repoussés d'une égale fureur. Des batailles sans merci. Un délire de massacre... Après quoi, Belfort tenait toujours.

Encore faut-il, pour apprécier la valeur de cet effort, se représenter l'effroyable épreuve des jours précédents : Belfort se croyant délivrée, l'ordre venu de tirer à blanc parce que l'armée de secours approche, le feu des batteries françaises aperçu dans la nuit, la sortie pour appuyer Bourbaki, puis la France vaincue qui s'éloigne, et Belfort qui retombe brisée de son espoir déçu. Brisée, mais encore debout. Les cœurs n'ont pas fléchi, et ces hommes, aussi fièrement résolus qu'aux premiers jours, ne comptant plus que sur eux-mêmes, arrêtent encore l'élan de l'ennemi, contents d'être de la France qui ne veut pas se rendre.

Voilà ce qu'a fait ce colonel. C'est très simple et très beau. Comment ne pas admirer cet homme qui, du premier jour au dernier, supérieur même à l'espérance, malgré l'acharnement du destin, demeure indomptable, invaincu, sauve sa ville, et ne quitte ses murailles trouées que sur l'ordre de la France, en armes, drapeau déployé, « *pour aller rejoindre la troupe la plus voisine,* » annonce-t-il, et continuer la bataille.

Son cri d'adieu est un appel à l'avenir, une revendication du droit violé de l'Alsace et de la Lorraine.

Quand le colonel Denfert eut accompli ces actes,

il devint odieux à tous ceux dont la présomptueuse impéritie avait livré la France à l'ennemi. « *Je n'aime pas les braillards,* » disait Changarnier aux généraux qui, dans Metz, ne voulaient pas capituler. Tout réservé qu'il fût, Denfert était « *un braillard.* » Non par lui-même, assurément. Mais son action *braillait* pour lui. Tous ceux dont elle flétrissait les capitulations petites ou grandes devinrent ses ennemis mortels. Ce soldat taciturne, entier, demeurait comme une injure vivante, un spectre accusateur pour tant d'hommes qui avaient subitement passé de la plus folle arrogance à l'abandon de toute virilité. *La vieille armée,* anxieuse de ressaisir son influence, et très fière d'avoir repris Paris qu'elle n'avait pas su défendre, exécrait cet officier républicain qui s'était mis en travers de la déroute commune.

Qu'avait-il fait après tout? « *La guerre de casemates.* » Le mot courut bientôt. Denfert avait passé le siège à l'abri des obus. Ce fut l'irresponsable Changarnier qui proféra cette odieuse calomnie du haut de la tribune française, aux applaudissements d'une lâche assemblée que Laurent Pichat foudroya de cette apostrophe : « Nous nous appelons Belfort et vous vous appelez Metz. »

Telle fut la récompense de ce soldat, de ce héros. Sa carrière militaire était à jamais brisée. Une commission, dite de revision des grades, sabrait tous les officiers républicains. En ce temps-là au moins, c'étaient les monarchistes qui faisaient cette besogne. M. Thiers, qui rêvait de reconstituer l'ancienne armée, dont il se réservait la direction suprême, s'était livré dès le premier jour aux flatteurs galonnés de l'empire. Aussi exécrait-il cordialement ce colonel qui s'était permis de résister victorieusement, quand, lui, Thiers, sommait Gambetta de se rendre à merci.

Des âmes naïves se risquèrent à demander au petit homme les étoiles de général pour Denfert. Il paraît que ce fût une explosion de fureur. Et de fait, quand on prodiguait les grades et les honneurs aux auteurs responsables de la défaite, c'était bien le moins qu'on châtiât un vainqueur.

Il ne manqua rien au châtiment. Outragé dans son honneur de soldat, bafoué, calomnié, odieusement privé du grade auquel il avait droit, Denfert, toujours calme, mais portant au cœur l'inguérissable blessure, prit sa retraite, et, cachant la plaie vive, mourut sans se plaindre, en stoïque.

Je me disais : Maintenant qu'ils l'ont tué, la paix sera sur lui, en attendant l'histoire.

Et puis, tout à coup, je lis ceci : « *Belfort conservé à la France par M. de Gontaut-Biron* » !

Cette fois, c'est trop. Voilà pourquoi j'ai crié.

XVII

Bismarck.

La revanche.

Quelle étrange nouvelle nous arrive d'Allemagne ! Bismarck n'est pas heureux. Il ne l'a jamais été. Et comme il approche du terme de sa vie, nous devons craindre qu'il ne le soit jamais. Pas heureux, Bismarck ? Pour qui donc le bonheur ? Ecoutez les doléances du solitaire de Friedchsruhe :

« Dans ma longue vie, je n'ai été que rarement heureux. Si je fais la somme des rares moments de bonheur que j'ai eus, j'arriverai peut-être à vingt-quatre heures, et encore ! En politique, je n'ai jamais eu le temps d'être heureux. J'ai toujours eu à lutter et, quand j'avais vaincu, les soucis arrivaient avec la victoire dont il fallait tirer le plus de profit possible. Dans ma vie privée, j'ai eu des moments de bonheur ; d'abord dans ma jeunesse, quand j'ai tiré mon premier lièvre ; puis, plus tard, quand je fis de l'agriculture. J'ai été heureux aussi avec ma femme et mes enfants. Mais, savoir jouir du bonheur est un don particulier que mon vieux maître, lui, possédait à un haut degré : il faut être à la fois flegmatique et sanguin. J'ai eu quelquefois bien du mal à lui faire prendre une résolution ; mais quand elle était prise, elle était solide ! on pouvait construire des maisons dessus. Il plaçait la vérité au-dessus de tout — et quelquefois les affaires publiques nous obligeaient à nous écarter un peu de la vérité. C'était très dur pour le vieil Empereur. Il rougissait et fuyait mes regards, et je n'avais qu'à me détourner aussi vite que possible. Il a été très heureux, le vieil Empereur — et pourtant comme il a été aussi malheureux ! »

L'homme qui parle ainsi aux bons bourgeois de Leipzig venus pour contempler le fondateur de l'unité allemande, l'homme qui, cherchant vingt-quatre heures de bonheur dans une vie de quatre-vingts ans, est obligé d'arrêter son esprit sur l'émotion du premier coup de fusil, est, sans discussion possible, le politique le plus heureux de l'histoire contemporaine. Depuis ce premier meurtre dont la joie lui remue encore doucement le cœur, il a chassé beaucoup d'autres lièvres, grands ou petits, et fait un tel bruit de mitraille que les coups de feu venus de lui ne se peuvent plus compter.

Au soir de sa vie, le bon chasseur peut avec orgueil contempler le tableau. Il y a de tout là-dedans, surtout des hommes. Napoléon, sans doute, en massacra davantage, mais follement, en artiste, pour le plaisir. Bismarck, lui, se vante de n'être point un artiste, et vraiment ce titre n'est pas le sien. C'est un praticien tout au plus, mais un praticien qui a si merveilleusement combiné le génie de la pratique et les faveurs de la fortune, qu'il faut porter au premier rang des maîtres du monde ce Napoléon sans Waterloo.

Dans quels gémissements l'autre mourut à Sainte-Hélène ! Il en a fatigué l'univers. Et voilà que celui-ci, repu de sang et de victoires aussi, mais gorgé de tous les biens du monde, écrasé de toutes les joies qu'une chance inouïe de trente années peut accumuler parle avant de descendre dans la tombe, lui, vainqueur, comme aurait pu faire le vaincu.

Encore est-il douteux que le prisonnier de Longwood eût proféré de telles paroles. Le Latin, anxieux des jouissances de son art, provoqua témérairement la fortune et succomba, précisément pour avoir tenté d'épuiser ses joies. Le Germain, de vues plus courtes, d'ambition moins désordonnée, capable à la fois de se contenter du succès du jour et de risquer plus tard quelque grand coup d'audace, a pu vivre le rêve de domination dans lequel bientôt il va s'endormir. Le prisonnier de Hudson Lowe avait, à n'en pas douter, goûté des joies démesurées de parvenu, en proportion des qualités mêmes, bonnes et mauvaises, qui le destinaient à Sainte-Hélène. Le petit hobereau prussien qui a simplement satisfait ses goûts de perpétuelle violence, en arrive, par la malechance, d'avoir toujours réussi — la seule de sa merveilleuse carrière, — l'obscure compréhension de l'inanité du succès sans lendemain.

Se dépenser tout entier au profit d'une cause humanitaire peut donner, et donne tous les jours quelque chose de ce bonheur tant cherché, même dans l'obscurité, même dans l'insuccès, même dans la persécution, même dans le supplice ou la mort. Pour éphémères qu'elles soient, les joies du dilettante sont appréciables encore. Mais celui qui a osé dire et qui a sincèrement pensé que les grandes questions de son temps devaient se résoudre par le fer et par le feu, celui à qui il a été donné en effet de les résoudre provisoirement, à sa guise par de tels moyens, quand il arrive au bout de son œuvre, ayant opprimé, persécuté, violenté ses concitoyens, noyé les nations dans le sang et dans les larmes, que trouve-t-il au bout de sa boucherie, sinon le sentiment que le fer et le feu ne sont pas des raisons décisives, et que de nouveaux bouchers se préparent peut-être pour les triomphes passagers de la politique d'abattoirs.

L'œuvre de sang lègue à l'histoire d'autres œuvres de sang. Ce n'est pas la hantise des souffrances humaines, dans le passé ou dans l'avenir, qui suscite les mélancoliques retours du dominateur finissant. Non, c'est la sensation de la fragilité de l'œuvre à laquelle se trouve attaché son nom. Tel homme au déclin de sa vie aurait pu dire : « Je me suis proposé tel but profitable à l'humanité, j'ai échoué, mais j'ai tenté et j'ai trouvé les plus nobles joies dans l'effort désintéressé pour le bien. » Mais, celui-ci, que dire? Tout ce qu'il a voulu, il l'a réalisé, et au moment de s'envelopper pour toujours dans son drapeau triomphant, il s'aperçoit qu'il n'a rien fait, sinon le mal certain, pour un bien si douteux qu'il est lui-même hors d'état de le formuler. Et lui, l'homme de tous les succès, s'écrie : « Je ne suis pas heureux, je n'ai jamais été heureux ».

Lui, premier ministre d'un souverain qui ne lui a jamais manqué, ayant entrepris contre son propre pays une lutte désespérée, violant les lois, violentant les consciences, se riant des fureurs déchaînées, et froidement préludant à l'humiliation de l'Europe par l'abaissement de ses concitoyens, dupant l'Autriche, la séduisant, s'en faisant une alliée, nous offrant audacieusement des morceaux de la terre allemande sans être pris au mot, falsifiant des dépêches, mentant, faisant mentir son roi, le trompant pour le jeter dans la grande tuerie, volant aux succès foudroyants, renvoyé, par fortune supérieure, quand l'Europe commence à reprendre conscience d'elle-même, tout cela pour finalement découvrir que tant d'invraisemblables chances prodiguées sans mesure ne font pas le bonheur d'un jour.

Dioclétien, dans ce cas, revint à la sagesse, se faisant un horizon de son carré de salades. Sylla blasé de sang, aussi, voulut goûter la joie de redevenir homme. De telles résolutions ne sont point d'un Bismarck. Il a fallu le renvoyer. Ses champs, *ses* paysans ne l'ont point consolé de cet inutile pouvoir auquel il ne doit pas, dit-il, un jour de joie. Et maintenant, il se lamente sur sa destinée qu'il a faite, sur la fortune qu'il ne peut accuser que de libéralité folle à son égard.

Regardez ce vieillard couvert de sang, peuples qui fûtes sa victime. Mesurez-le du regard, maintenant qu'il est abattu par la destinée, jugez de votre infirmité par sa misère, et comme le meurtrier royal du duc de Guise, dites-vous, tout effarés de votre revanche : « Je le croyais plus grand ».

*
* *

Pèlerinage.

Devant la lourde bâtisse jaune, le vieillard cassé, crevassé, écroulé, sous l'uniforme flottant, et pourtant encore casqué, tremblait ses quatre-vingts ans d'implacables batailles. Le regard vague, attendant l'apparition de la grande faucheuse, aperçut au tournant des sapins la longue procession qui venait.

Honneur au Maître! L'Empereur se présenta d'abord, jeune, brillant et vain. Son visage disait la joie de vivre, de commander, de ne devoir des comptes qu'à sa fantaisie souveraine. Il remit à l'octogénaire débile une inutile épée d'or pour remplacer la grande lame d'acier devenue trop lourde aux vieilles mains.

— Sans toi, dit-il, je serais un petit prince confédéré d'Allemagne, cédant le pas au Habsbourg, obligé de compter avec des roitelets ridicules. Par la perfidie, par la violence, seules, je pouvais grandir. Bravement, tu pris sur toi la charge du mensonge et du sang. Elle y est encore, elle y sera toujours. Les peuples trompés par toi se ruèrent en d'effroyables batailles; et de fer et de sang, par toi mon trône impérial fut solidement cimenté. Je règne. C'est pourquoi je t'ai chassé. Maintenant, je te pardonne, parce qu'il ne faut pas que dans l'histoire j'apparaisse, moi, l'empereur, comme l'ennemi du fondateur de l'Empire. Je vois dans tes yeux la flamme de ta sénile rancune. Il faut l'éteindre. Nous avons un rôle tous deux. Victorieux du monde, tu fus vaincu par ton élève, devenu ton maître. C'est le destin. Console-toi par la pensée qu'il n'y eut pas d'autre instrument de ta défaite que tes triomphantes victoires. J'ai dit.

Ensuite les ministres s'approchèrent, entremêlés de soldats chamarrés venus *par ordre*, qui, *par ordre* aussi, lui jetaient l'insulte et le mépris, il y a quelques mois à peine.

— Il n'y a qu'un Maître, dit un petit homme affaissé, au regard louche et vicieux, écrasé de soixante-dix ans de servitude dorée. Sous le grand-père, tu saignas le monde aux quatre veines pour dominer. Tu as fait le petit-fils trop grand pour qu'il se résignât à vivre dans ton ombre. Avais-tu donc oublié que tu n'es qu'un sujet? Je ne l'oublie jamais, moi qui ai dû dompter, pour l'empereur, l'Alsace-Lorraine rebelle. Toi, pense que ta grandeur n'est qu'une des parures du Maître, ta grandeur faite du sang des hommes. Adieu, je vais banqueter en ton honneur, et, sous couleur de rehausser ton nom, faire de ta renommée un piédestal plus haut pour la gloire de l'Empereur.

Alors vint Levetzow, le président déchu du Reichstag, suivi d'une troupe servile aboyant *Hosannah*, que précédaient, non sans dédain, des muets de la Chambre des Seigneurs.

— Je te rends hommage, dit le président qui ne présidait plus. L'Assemblée du peuple allemand ne t'a refusé le simple salut de courtoisie. C'est une indignité, a dit Guillaume II, qui naguère interdisait à son ambassadeur de te saluer au passage dans la ville même que tu avais soumise à sa volonté. Donc, moi, qui te laissai partir sans un mot de regret, sans une parole amie, je suis maintenant ton courtisan, puisque le froncement de sourcils du Maître, vient de se fondre en un sourire. Je t'apporte la soumission des délégués du peuple, ou du moins de la minorité d'entre eux. Des socialistes, des catholiques, de nationalités vaincues, se sont coalisées pour te honnir. Cela n'est rien, qu'une majorité qui s'insurge contre ton œuvre d'écrasement. Pour te consoler, tu peux voir à tes pieds, le front dans la poussière, tous ces *nationaux-libéraux* qui te résistèrent si superbement jadis au nom du droit des parlements que tu foulais d'une botte méprisante. Ils ne votaient pas le budget : tu le votais pour eux. Tu vois ce qu'il reste de leur attitude orgueilleuse. Ils se déclarent honorés de tes coups, et te demandent pardon d'avoir encouru ta colère. Que leur humiliation te soit douce avant la mort. Tu laisses à l'Empereur turbulent que tu nous as fait une pépinière de politiques domestiqués, par qui l'Allemagne, heureusement soumise, jouira, sous le sabre, d'une tranquille servitude. Adieu, je te quitte, pour l'antichambre de César.

Ces paroles prononcées, une foule noire accourut, de bourgeois, de commerçants, de politiciens de brasserie, chargés d'énormes fardeaux. Ceux-là ne disaient rien par la raison qu'ils n'avaient rien à dire. Ils venaient au succès du jour, chargés de tributs de victuailles et d'objets supposés précieux, comme les bons nègres d'Afrique, offrant au blanc qui les fouaille bananes, patates, gibier, fétiches et femmes toutes prêtes. Comment décrire, l'invraisemblable entassement? Tout ce qui se mange, et tout ce qui se boit, pains, gâteaux, biscuits, vins, bières, liqueurs. Des boîtes, des bouteilles, des barils. Toute la charcuterie de l'Allemagne, jambons, pâtés, lard, saindoux, saucisses de quatre mètres, et du laitage, et du beurre, et des plantes, et des bouquets, et des volailles, et des quartiers de bœuf, du thé, du café, du tabac, des pipes, des blagues, des pantoufles, des cravates, des plumes, des crayons, du papier, de la parfumerie, des cannes, des parapluies, du linge, des étoffes, des chapeaux, des livres, des portraits, des vases de tout service, des objets d'usage incertain, des caisses et des paniers arrivant à pleins wagons, et qu'on n'a pas eu le temps d'ouvrir. Et puis des adresses, des lettres de félicitations, des cartes, des médailles, toute la camelotte de l'art allemand, une écuelle d'argent pour le chien avec cette inscription : *aime-moi, bon chien*. Et sur tout cet informe déballage, une grande bible et l'épée de l'empereur! Au dehors, des tables, des cabarets en plein vent, des cris, des chants, des beuveries de Gamache.

Enfin ce fut le tour des étudiants revêtus de leur uniforme de parade, et ceints de la colichemarde allemande. Militairement rangés, les épées hautes se choquant dans l'air au milieu des hourras frénétiques, ils saluent le vieillard de l'éclair bruissant de l'acier, et leur chef, dans l'attitude de l'obéissance raidie, prononce ces paroles :

— Nous sommes l'avenir, c'est pourqnoi nous venons saluer le passé. Nous sommes la pensée, c'est pourquoi nous venons nous humilier devant la force. Nous sommes le progrès, c'est pourquoi nous venons rendre hommage à l'esprit de recul. Par toi l'idée de liberté a été vaincue, la notion du droit s'est éclipsée, l'idéal de solidarité humaine et de justice sociale, honni, bafoué, a fait place au tumulte des armes qui, depuis plus de vingt ans, tient l'Europe dans l'attente désespérante des inutiles tueries. Par toi, l'esprit d'émancipation pacifique, brutalement refoulé, s'enfuit devant l'irrépressible réaction de fer et de sang. Nous, les vrais vaincus, dont l'effort devait contribuer pour une noble part à l'affranchissement de nos concitoyens d'Allemagne et d'Europe, nous, condamnés par toi à donner notre sang pour qui nous opprime, nous t'apportons le salut de ceux qui par toi doivent mourir. Quand le jour de la vérité, de la liberté, de la justice viendra, tu seras maudit par nos enfants et par les petits-enfants de nos petits-enfants, et nous serons maudits nous-mêmes pour avoir lâchement adoré ce que nous devions haïr. Il n'importe. Tous, nous suivons notre destinée : toi, en nous vouant à la servitude, à la vie inglorieuse, à la mort humiliée des bêtes soumises; nous, en te donnant nos cœurs et nos volontés pour l'œuvre antihumaine d'un jour. Puisque l'avenir t'échappe, hâte-toi de jouir du court présent, car la mort arrive, et demain, avec les premiers craquements de ta construction éphémère, commence la lutte de ce qui restera de toi contre la redoutable histoire.

Le vieillard affaissé, écoutait vaguement ces douloureuses pensées retentir au plus profond de lui-même, et l'âme inquiète qui n'attend plus aucune joie des hommes se posait subitement d'effroyables *Pourquoi*. Après une angoisse dont l'insensibilité de l'âge amortit la souffrance, la volonté de fer enfin dompta l'émoi. « Il faut mourir debout, » pensa ce qui subsistait du vieil homme, et secouant la tête avec un grand geste dominateur il dit :

— Ouvrez les barrières, et que le peuple vienne maintenant.

Alors, le serviteur immobile sans un pli sur la face, sans une inflexion dans la voix, répondit :

— Altesse sérénissime, le peuple ne viendra pas.

*
* *

L'adieu.

S'il existe, à ce moment de notre planète, un homme qui ait voulu sa vie, réalisé son rêve et fait plier la destinée humaine sous sa loi, c'est bien le petit hobereau magdebourgeois Otto de Bismarck Schœnhausen, devenu prince de Bismarck, duc de Lauenbourg, ou plus superbement encore Bismarck, le *chancelier de fer*.

Ne comprenant que la force, il allait à rebours de son siècle orienté vers la justice et le droit : son siècle, sous l'effort a rebroussé chemin. Toute sa volonté fut de prendre : il a pris. Il a pris les duchés danois, il a pris l'Allemagne, il a pris de la France, et, dans la galerie des glaces de Versailles, au bruit du canon de Paris assiégé, les princes allemands accourus à ses ordres, ont couronné l'empereur en qui se résumait sa gloire.

Il a connu toutes les joies de la souveraine puissance, vécu tous les triomphes, tenu l'Europe dans sa main. Il a parlé, il a agi en maître de la terre, abusant à son gré de la victoire, achevant de sa lourde raillerie les vaincus, arrêté seulement par la bassesse humaine, qui, souvent dut le désarmer de dégoût.

Maintenant, il vieillit, comblé de biens et d'honneurs. Plus heureux que Napoléon, il peut savourer dans la paix, avec chaque minute qui s'écoule, la débordante volupté de succès inouïs sans revers. Les villes se disputent ses statues ; et tous les foyers, son image. De prodigieuses funérailles le conduiront aux portes de l'histoire. C'est le père de la patrie, le rude forgeron qui la façonna par le fer et le feu. Hosannah dans les hauteurs! Qu'il soit mis au rang des Dieux !

Dans cette apothéose, que pense l'homme cependant? Il va nous le dire lui-même. Peuples prosternés, relevez la tête pour écouter la parole de celui que votre infirmité juge l'un des plus grands parmi les humains :

— Je suis fatigué, non pas malade : c'est que je n'ai aucun goût à la vie. Mon existence n'a plus aucun but. Je n'ai plus de devoirs, de fonctions. Ce que je vois en spectateur ne me cause aucune joie. Si je continue à vivre, il en sera ainsi de plus en plus. Je suis seul, j'ai perdu ma jeunesse, et mes fils s'occupent de leurs propres affaires. Avec l'âge, j'ai perdu l'intérêt à l'administration de mon domaine et de mes forêts. Je ne parcours plus guère la campagne et les bois ; je ne trouve plus de plaisir depuis que j'ai cessé de monter à cheval, de chasser et d'errer à mon gré dans les buissons. Peu à peu, la politique, elle-même, commence à m'ennuyer. Je vous le répète : j'ai perdu le goût de vivre : voilà ma maladie, si j'en ai une ».

Eh bien ! dites, maintenant, vous qui fûtes vaincus par cet homme, et vous aussi, qui fûtes par lui vainqueurs, que pensez-vous de ce cri de détresse d'une âme à bout de forces, au bord du gouffre insondable ? C'est le victorieux qui clame sa défaite, c'est l'impitoyable qui demande pitié. Il faudrait un Bossuet pour faire jaillir l'éclair du choc de cette vie extrême à cette rencontre du néant.

Encore l'art ne pourrait-il qu'affaiblir le contraste tragique. Au plus fort de l'affreuse déroute, le vaincu peut garder en l'asile inviolable de sa pensée l'amour immuable de sa cause, léguer au temps l'espoir des futures revanches. Comment ce vainqueur, à qui échut le privilège d'aller jusqu'au bout de sa volonté, en est-il, au seuil de la mort, à ne trouver dans sa victoire qu'une inspiration de désespérance et de suprême abandon ?

Interrogez le masque et demandez-lui son secret. Voyez quelle force incalculable fut amassée dans l'organisme de combat. Et puis cherchez l'étincelle d'émotion généreuse qui fera flamber cette accumulation d'énergie pour éclairer les âmes, pour échauffer les cœurs d'un sentiment d'humanité. Rien. Vous ne trouverez rien, parce qu'il n'y a rien vraiment. La force pour la force, et c'est tout. Une puissance de la nature obscurément déchaînée, sans autre motif que de se satisfaire. La bête qui tue pour tuer, sans la consolation d'une faim à apaiser. L'oreille informe du sauvage. Le nez court et la mâchoire démesurée du dogue, qui mord et ne lâche plus. L'œil du brochet bouilli, dont la mort à peine glace la férocité persistante. Sur un cou de taureau le crâne bourré de volonté, comme une bombe d'explosif. Tout cela sans faiblesse, sans idéal, sans rêve. Un organe de violence rationnelle, perfectionnée, insensible à la prière, à la plainte, fermé aux pénétrations de pitié.

D'autres furent ainsi sans doute. Les temps, par bonheur, n'en ont que de loin en loin permis le criminel emploi. Celui-ci lâché, sans frein dans un siècle de progrès et de lumières — ainsi fut notre âge annoncé par nos pères — a fait son œuvre de dévastation, rétabli la domination de la force comme l'ultime raison des choses.

Longtemps cet homme fut fier de son accomplissement de barbarie. Car la force c'était lui, et le monde taillé par lui, pour lui, lui semblait fait pour l'installation de ses fantaisies de grossier primitif. Mais voici que la mort l'a touché de ses premiers coups d'aile, Il la fixe d'un œil terne, figé dans l'orbitre démesurément ouvert. Il l'affronte et ne baissera pas la paupière. Mais il sait que le regard, chargé d'un reste de volonté raidie ne retardera pas d'une fraction minime de temps la venue de l'inévitable.

Résignation ou révolte dans cette âme qui jamais ne fut soumise? La résignation veut trop de philosophie, et la révolte est folie contre le plus fort. Voilà bien le mal! Sa force, sa force souveraine, son unique idole, se découvre d'avance vaincue par une force supérieure. Lutter est vain. Il touche à la grande défaite. Que sauver de l'écroulement qui vient, que garder en l'inaccessible refuge de son âme? Une croyance, un espoir, une idée? Il n'aima que la force, et voilà que la force n'est rien. Seul, penché sur l'abîme, incapable de se reprendre à quelque secours de pensée, il entend monter des profondeurs le souffle terrifiant qui fait voler dans l'espace infini la poussière des mondes, et, se sentant perdu, il dit : voilà l'heure. Et le premier folliculaire qui passe recueille son cri de désespérance sincère.

— Je ne suis pas malade, geint-il dans la vanité de son corps intact. Je suis fatigué. Je n'ai aucun goût à la vie. Mon existence n'a plus de but... Si je continue de vivre, il en sera ainsi de plus en plus.

Fatigué? plus de goût à la vie? Une existence sans but? Est-ce donc pour en arriver là que ce maître des hommes a lancé les peuples aux infernales tueries, édifié sa grandeur dans les gémissements, dans le sang, sur des monceaux de morts. Quoi! de cette hécatombe, pas même une joie ne demeure? Et c'est vous qui le dites? Et vous ne trouvez plus de goût à rien parce que l'œuvre sinistre échappe de vos mains vacillantes? Sans but, votre existence, osez-vous dire ? Et tout aussitôt vous ajoutez : « Plus de devoirs, plus de fonctions. » Admirable mot de l'homme incapable de comprendre le devoir sans la règle du fonctionnaire! Cri touchant de l'employé mis à la retraite, qui ne peut plus concevoir la vie en dehors de son bureau ! Qu'on se le dise : Bismarck, n'ayant plus de puissance officielle, n'a plus de devoirs ! Après une telle vie, ayant tout vu, tout jaugé, tout pesé, Bismarck n'a plus d'emploi de lui-même. Tant de force morale accumulée par la totale expérience des choses humaines, Bismarck n'en découvre pas l'usage, et ne sait que faire de sa pensée. Pas un conseil à donner, pas un avertissement, pas un mot. Pas de devoirs envers les hommes qu'il a gouvernés, martelés, domptés. Il n'a rien à dire, et, pouvant parler de si haut, sa capacité de penser, de parler, ne lui est qu'une inutile torture.

Fut-il jamais un plus terrible aveu ? Napoléon vaincu se consolait en refaisant, en revivant sa légende. Celui-ci, parce que tous les obstacles sont tombés devant lui, à bout de sa course insensée, hors de souffle, succombant aux victoires « *sans but* », incapable d'un retour sur lui-même, ne saurait dire pourquoi il a vécu, ne peut trouver des souvenirs d'actions qu'il emporte, content, dans la mort.

Qu'il regarde autour de lui, puisqu'un temps lui est laissé avant les finales ténèbres. Qu'il se demande pourquoi tant d'hommes de vie plus modeste, et pourtant féconde, mourront — accablés de malheurs peut-être — sans que cette folie leur monte, ayant vu l'homme en proie à ses misères, de proférer la parole infâme : « Plus de devoirs envers qui que ce soit. » Vous ne savez donc pas, Altesse Sérénissime, qu'il suffit d'un intérêt d'esprit ou de cœur pour justifier, jusqu'au dernier souffle, la vie, pour la faire belle et grande, pour ennoblir, au delà de votre pitoyable mesure cette activité que vous condamnez de vos lamentations d'impuissance.

Il faut aimer, il faut croire. Il n'y a pas d'autre secret de la vie. Et c'est pour ne l'avoir pas su, que vous avez vécu sans vivre, et que vous allez mourir dans l'ignorance d'avoir été. Un intérêt de cœur, un intérêt d'esprit, vous dis-je. C'est assez pour vaincre la mort elle-même. Un amour, une idée. L'amour garde les morts vivants dans le cœur où ils ont vécu, et, parce qu'il les prolonge au delà d'eux-mêmes, fait à l'être par qui leur action continue, une vie supérieure. Et la pensée désintéressée n'a pas une moindre vertu, car l'esprit ne craint rien des accidents de l'homme. L'idée ne connaît pas de défaite. L'erreur même, victorieuse pour un jour, la sert, préparant, rehaussant le triomphe suprême. Et le penseur, et l'homme dont l'action fut au service de la pensée, tranquille, défie la mort, quoiqu'il advienne de lui. Contraste du regard éteint d'un Bismarck qui va mourir, avec l'œil enflammé du plus obscur apôtre jetant dans la nuit qui accourt l'appel aux sublimes revanches.

Vous vous croyez très grand, ô duc de Lauenbourg, et vous êtes tout petit parmi les infimes. Laissez seulement à l'humanité qui croît la reculée de quelques siècles — une misère — et nul ne se rencontrera même pour vous maudire. Tous vous feront, en douloureuse pitié, l'aumône cruelle du silence.

Car, sachez-le, le pire, maintenant, c'est ce que vous venez de dire. Vous vous êtes trompé ! Qu'importe ? Les voies de l'homme sont obscures. Mais voici pour vous l'irréparable malheur. L'éblouissement de sincérité est tel que du plus rapide éclair, votre vie, votre sombre vie elle-même, pouvait être encore illuminée. Si vous aviez pu dire aux hommes : « J'ai erré, j'ai failli », aujourd'hui même, après une carrière funeste aux autres comme à vous-même, la grande vérité vous prenait sur son aile, vous emportait aux sublimes hauteurs que vous vouliez gravir, où l'étonnement assez ridicule vous prend de n'être pas monté. D'un mot, d'un geste, d'une éloquence sans seconde vous pouviez être l'homme grand, l'homme haut, qui, embrassant toute une vie d'erreur, répare toutes les fautes, sauve tout ce qui paraissait perdu, par la proclamation de vérité vivante apparue au magique toucher de la mort Mais comment diriez-vous, puisque vous ne savez pas, puisque vous allez mourir sans avoir jamais su ?

Ainsi il arrive que la condamnation dernière sur vous vient de vous-même, et qu'elle est sans appel. Vos fils vont à leurs intérêts, comme vous, et les champs à leur tour, les champs que vous aimiez — car au moins vous aviez ce refuge — se reculant de vous, se dérobent à votre implorante vieillesse. O misère sans recours ! Dioclétien avait ses laitues, Charles-Quint ses pendules, Sylla, son mépris supérieur. Et vous, vous n'avez rien, pas même l'orgueil de vous taire. Hommes, épargnez votre dominateur qui humilie de son abaissement le vôtre.

Tout est fini maintenant. La tragédie s'achève. Bismarck ne peut plus descendre. Adieu donc, et que les destinées s'accomplissent ! Ce que Bismarck désormais peut traîner de vie jusqu'au tombeau n'intéresse personne, pas même Bismarck lui-même. « Dans le vaste sein de la nuit incréée, vide de sens et de mouvement, » il n'emportera rien de « ces pensées errantes dans l'éternité », que Milton entrevit en son rêve. Il mourra tout entier pour avoir méconnu l'âme humaine, qui se venge, ayant pour elle l'avenir.

Déjà de lentes choses se préparent, fatale revanche de pacifique justice, d'heureuse liberté. Et le dernier d'entre nous pour avoir entrevu ce jour, pour avoir, un moment, tenté d'en hâter la venue, peut accepter la mort dans la sérénité de son âme, joyeux du grand triomphe d'avenir, consolé de tout par cette seule pensée : « J'en serai. »

Cependant, Bismarck vainqueur, léguant aux siècles son héritage de sang, lâchement pleure sa défaite, genoux pliés devant la nuit, tandis que, souriante, l'humanité passe, en marche vers le grand jour. Pardonnons, oublions, et que notre commisération soit légère à ce malheureux ! L'heure de bonté nous presse. Nous n'avons pas le temps de haïr.

CHAPITRE IV

PAR LES CHEMINS DU CIEL

PAR LES CHEMINS DU CIEL

I

Un Chrétien.

M. de Wyzewa nous signale dans *le Temps* un curieux livre qui vient de paraître à Berlin sous ce titre : *La vie et la mort d'Eudochim Nikititch Drojjine (1866-1894) racontée par S. G. Popof*, avec une introduction de *L. N. Tolstoï*.

Une note de M. Popof qui précède la préface de Tolstoï résume en quelques brèves paroles les douloureuses péripéties du drame qui nous fournit l'occasion de philosopher. J'en extrais le passage suivant :

Le 27 janvier 1894 est mort d'une fluxion de poitrine, à l'infirmerie de la prison de Voronèje, Eudochim Nikititch Drojjine, ancien instituteur primaire du gouvernement de Koursk. Son corps a été enterré dans le cimetière spécial où l'on dépose les restes des criminels morts en prison. Et cependant, celui-là était un des hommes les plus saints, les plus purs et les plus vénérables qui fussent au monde.

En août 1891, il avait été appelé à faire son service militaire. Mais comme il tenait tous les hommes pour ses frères, et considérait l'assassinat comme le plus grand de tous les péchés, aussi contraire à la conscience de l'homme qu'à la volonté de Dieu, il avait refusé d'être soldat et de porter les armes. Sa doctrine l'avait aussi conduit à considérer comme un péché d'abdiquer sa volonté aux mains d'autres personnes qui auraient pu exiger de lui des actes contraires à sa conscience : de telle sorte qu'il avait refusé de prêter serment.

Alors ceux dont la vie est fondée sur la contrainte et l'assassinat commencèrent par lui faire subir un an d'emprisonnement cellulaire, à Charkow ; puis il l'envoyèrent au bataillon de discipline de Voronèje, où pendant quinze mois, il souffrit du froid, de la faim et de l'emprisonnement cellulaire.

Enfin, lorsque la série ininterrompue de ses souffrances et de ses privations eut développé chez lui la phtisie et qu'il fut reconnu impropre au service militaire, on le transféra simplement à la prison civile, où il aurait eu encore à rester neuf ans, pour être ensuite déporté à vie. Mais dans le voyage qu'on lui fit faire du bataillon de discipline à la prison civile, par une glaciale matinée de janvier, les employés de police chargés de le surveiller lui refusèrent tout vêtement chaud, le tinrent longtemps immobile en plein air et prirent en un mot si peu de soin de lui qu'en arrivant à la prison il fut atteint d'une fluxion de poitrine, dont il mourut vingt-deux jours après.

Voilà toute l'histoire. Les appréciations de M. Popof, les commentaires de Tolstoï, pas plus que la dissertation de M. de Wyzewa ne peuvent rien changer à ce fait simple et brutal qu'un Gouvernement de chrétiens a délibérément consommé le meurtre d'un homme par la seule raison qu'il refusait d'attenter éventuellement, et sans savoir pourquoi à la vie de ses semblables. M. de Wyzewa veut nous donner Drojjine pour un martyr du *Tols-*

toïsme. Ce mot n'est destiné qu'à dérouter le lecteur. Tolstoï n'a point la prétention d'avoir fondé une doctrine. Il se borne à professer que le fondement de toute vie morale se trouve dans l'Evangile, et à essayer de conformer ses actes à cette pensée. « *Le Christianisme moral* » n'est pas autre chose. Toute l'originalité de Tolstoï est de vouloir être sincèrement chrétien, et de s'y efforcer. N'est-il pas curieux que ce soit une bizarrerie dans une société chrétienne ?

Ce n'est pas une bizarrerie seulement, c'est une impossibilité. Et voilà justement ce qui me frappe dans l'histoire de ce martyre où M. de Wyzewa, faiblement, n'a vu qu'une aventure de révolté. Je laisserai donc de côté la biographie personnelle de Drojjine. Il n'est pas étonnant qu'un homme qui doit finalement donner sa vie pour ses idées se distingue en quelque point du vulgaire de ses contemporains. Décréter que le jeune instituteur Drojjine était radicalement « *inapte à supporter toute domination* » parce qu'il lui arriva de se présenter en « *tenue débraillée* » au directeur de l'école normale, quand les élèves avaient reçu l'ordre de « *boutonner leur tunique de haut en bas* », ce n'est jeter qu'une médiocre lumière sur l'âme si particulière qu'il s'agit d'éclairer. Faut-il ajouter que ce fils de paysans, buveur et querelleur, fut socialiste révolutionnaire avant de se laisser convertir à « *l'action chrétienne* » par le fameux « *Résumé des Evangiles* » ? Cela ne nous apprendra rien sinon que nous sommes en face d'un de ces chercheurs de vérité qui ont besoin d'absolu dans leur vie, et qui, s'étant fait une croyance, se laissent complètement *dominer* par leur idéal, contrairement à ce que croit M. de Wyzewa.

La doctrine elle-même importe moins qu'il ne semble à ces sortes d'esprits, vacillants sans l'appui d'une thèse, inébranlables quand la conviction les soutient. Drojjine fut chrétien comme il aurait été anarchiste, d'une passion de volonté que rien ne peut rebuter ni ne fléchir. Tourmenteur, il eût été sauvagement implacable. Victime, il atteignit le sublime de la résignation. La fatalité le voulait victime, puisqu'il ne disposait d'aucun moyen d'imposer sa foi et qu'il entrait en révolte contre les iniquités du monde. Changea-t-il vraiment de conviction, quand, avec son fidèle ami Isiumchenko, il passa du socialisme révolutionnaire au christianisme moral, je n'en suis pas sûr. Il est difficile de concevoir une plus grande révolution dans notre société soi-disant chrétienne que la prédication du Christ réalisée. Nous ne sommes point menacés de l'impossible aventure, et l'histoire de Drojjine nous en est un sûr garant. Le pouvoir des mots, des formes, est si grand sur l'esprit humain que les hommes se croient sincèrement chrétiens qui se conforment aux rites de l'Eglise, se livrent aux pratiques extérieures du culte, sans jamais se demander s'ils ne pourraient pas *tenter* de vivre l'enseignement du Christ.

Drojjine n'était point de ceux-là. Ce qui l'attirait au christianisme c'était la justice sociale promise, non les formules vides que le vulgaire va répétant, dans l'obscure pensée qu'elles sont l'équivalent des actes qu'ils omettent. Il devenait chrétien, en d'autres termes, pour *pratiquer le christianisme*. Et c'est alors que le phénomène allait se produire de la rencontre de l'Evangile du Christ avec l'organisation sociale qui s'en prétend issue. Quand on est le comte Tolstoï, un vieillard touchant au terme de de la vie, un grand seigneur, un puissant écrivain, on est en situation de se passer cette fantaisie. L'empereur hausse les épaules et se dit : « *Il est fou.* » La foule écoute sans comprendre ou même n'écoute pas. L'ordre établi suit son cours. Il en va tout autrement d'un pauvre diable d'instituteur qui se permet cette excentricité coûteuse d'avoir une opinion personnelle et d'y conformer sa vie. Le malheureux Drojjine en fit bientôt l'épreuve.

On ne lui laissa pas le choix des pratiques de christianisme par lesquelles devait s'affirmer sa foi. Les événements en décidèrent pour lui. Abandonné à lui-même, il se fut peut-être présenté quelque jour devant son bon maître Tolstoï pour le sommer, au nom du Christ, d'abandonner tous ses biens aux pauvres, et l'autre eut pu se trouver fort capable de céder à l'injonction divine. J'aurais voulu les voir tous les deux allant de par le monde, dénués de toutes choses, « *sans s'occuper du lendemain* », comme dit *Le Sermon sur la montagne*. Le résultat d'ailleurs n'eût pas été très différent de ce qui est arrivé : la prison (pour crime de vagabondage), le froid, la faim, la mort. Ce serait le lot du Maitre lui-même, s'il descendait de son calvaire pour promener son enveloppe charnelle parmi ses enfants bien-aimés.

Dans le cas qui nous occupe, Drojjine seul se trouva dans le cas d'éprouver la valeur du christianisme de ses frères. Exclu de l'enseignement pour cause de socialisme, il était repris par la loi militaire.

— Je ne puis pas servir, dit-il, puisque cela est contraire à mes convictions. Je sais que si je refuse on me mettra en jugement. Dieu sait ce qu'on fera de moi.

Il ne tarda pas à le savoir lui-même.

On s'empare de lui, on l'habille en soldat. On veut lui mettre un fusil dans les mains : il refuse de le prendre, car il est écrit : « *Tu ne tueras pas.* » On veut lui faire prêter serment : il objecte qu'il est écrit : « *Tu ne jureras point.* » On le traîna devant un juge : le *Livre* dit : « *Tu ne jugeras point pour n'être point jugé.* » Admirable bataille de l'idée contre le fait brutal qu'on nous donne comme sa conséquence, lutte épique de la noble victime de l'idéal du Christ contre les bourreaux de la réalité chrétienne qui se voient désavouer de l'Homme-Dieu dont ils invoquent machinalement l'autorité. La discussion, en pareille circonstance, ne se passe pas en paroles, car, si les actes des maîtres du monde étaient soumis d'abord à l'épreuve de la raison, plus d'un potentat — de la démocratie comme de l'autocratie — se verrait déplorablement bafouer par ceux-là même qu'il prétend conduire. Aussi chacun reste-t-il dans son rôle en ces sortes d'affaires. L'un invoque le droit, et l'autre le bâtonne : c'est notre civilisation.

« *La prison froide* », onze degrés de froid, sans lit,

avec une tunique de soldat pour tout vêtement, telle fut la première réponse de l'empereur chrétien au « *christianisme pratique* » de son sujet. Il en résulta pour Drojjine une bonne fluxion de poitrine. Conduit à l'infirmerie, il est remis au cachot. En vain ses amis le supplient de céder. Il s'obstine. On l'envoie aux compagnies de discipline. Là encore il refuse de toucher un fusil, « *ne voulant pas prendre part à la préparation de l'assassinat* ». Le cachot le reprend, et la fluxion de poitrine aussi. Enfin la phtisie galopante, plus pitoyable que le tsar, met fin au supplice du *chrétien pratiquant*. Ses frères en Jésus l'ayant tué par l'unique raison qu'il avait tenté d'obéir au divin Maître, on jeta son corps à la fosse des criminels, et tout fut dit.

M. de Wyzewa, qui a la psychologie simpliste, explique l'événement par *la manie de désobéissance*, et veut que l'Evangile ne soit pour rien dans l'affaire. La grande raison qu'il en donne, c'est toujours la fameuse tunique déboutonnée à l'Ecole normale. Je crois qu'on peut se risquer à voir au delà. Il est vraiment curieux qu'un homme de libre intellect comme M. de Wyzewa ne se puisse persuader qu'un chrétien s'avise simplement de pratiquer l'Evangile. Cela en dit assez long sur notre état d'esprit. L'écrivain n'ignore pas pourtant que la secte assez nombreuse des Quakers — qui sont les gens les plus paisibles et les plus *soumis* du monde — refuse le service militaire en invoquant l'Evangile. Pendant la guerre de la sécession aux Etats-Unis, le christianisme de ces chrétiens fut mis à une assez rude épreuve. Hommes du Sud et du Nord prétendirent les enrôler de force sous leurs drapeaux. On ne put venir à bout de leur résistance passive. Ils acceptèrent tous les travaux qu'on voulut leur imposer (ainsi fit Drojjine *le désobéissant*), mais refusèrent de porter les armes. On ne manqua pas de les emprisonner : rien ne put vaincre leur obstination, et finalement les chrétiens d'Amérique, plus sages que ceux de Russie, prirent le parti de les employer comme infirmiers. C'est ce qu'on fait d'ailleurs chez nous pour les clercs, qui se réservent étrangement le privilège d'obéir à l'Evangile en abandonnant aux fureurs du massacre le reste de l'humanité.

Tolstoï ne pouvait manquer de prendre acte du martyr de Drojjine, et d'en tirer, à son point de vue, l'enseignement qu'il comporte.

Déjà Moïse, il y a cinq mille ans, avait dit à l'homme : « Ne tue pas ! » C'est encore ce que lui ont répété tous les prophètes : et c'est ce qu'ont répété tous les sages de tous les pays. Et c'est ce qu'a répété le Christ, qui a défendu aux hommes non seulement le meurtre, mais tout ce qui pouvait conduire au meurtre, toute offense, toute colère contre le prochain. Et c'est la même loi qui se trouve encore si clairement écrite dans le cœur de tout homme qu'il n'y a point d'acte que sa conscience, d'instinct, désapprouve davantage que l'assassinat.

Mais, malgré que cette loi divine nous ait été imposée par Moïse, par les prophètes et par le Christ, malgré qu'elle soit gravée en traits ineffaçables au fond de tous les cœurs, non seulement cette loi n'est pas admise dans le monde où nous vivons, mais une autre loi y est admise qui la contredit expressément, une loi contraignant tout homme à entrer au service de l'armée, c'est-à-dire à faire partie d'une troupe de meurtriers, à se préparer pour le meurtre, à s'instruire dans l'art de tuer des hommes semblables à lui.

Il faut bien concéder à Tolstoï que le Christ a interdit le meurtre, et n'a rien fait pour contredire sa doctrine. Mais le cas de Moïse est beaucoup moins clair. Sans doute, le législateur d'Israël avait rapporté de la montagne les tables de pierre sur lesquelles l'Eternel avait écrit : « *Tu ne tueras pas* ». Mais le même Deutéronome où ces choses sont rapportées, nous montre le même Eternel promettant aux Juifs « *d'exterminer* » leurs ennemis, et le même Moïse, expliquant la volonté du Seigneur, commande à tous les Hébreux de « *passer au fil de l'épée* » les habitants de toute ville qui auront essayé de les détourner de leur Dieu. Dès cette lointaine époque il y avait déjà, comme on voit, une assez grande différence entre ce qu'on dit, et ce qu'on fait. Je suis seulement fâché que le mauvais exemple soit venu de Dieu lui-même.

Sans s'arrêter à cette difficulté, Tolstoï, l'œil fixé sur Jésus, poursuit sa démonstration :

> Et de même qu'il se trouvait autrefois des hommes qui refusaient de sacrifier aux faux dieux et qui offraient leur vie pour rester fidèles à Jésus et à Dieu, de même il s'est trouvé et il se trouve encore des hommes qui, pour ne pas renier Jésus et Dieu, en contribuant à la préparation du meurtre, refusent de se laisser incorporer parmi les meurtriers, et qui, pour prix de leur fidélité, périssent dans les souffrances les plus atroces, comme cela vient d'arriver à Drojjine, dont on lira la vie racontée dans ce livre.

Et de même que, dans les temps anciens, ces hommes tenus pour des simples et des insensés, ces martyrs du christianisme qui périssaient pour n'avoir point voulu renier le Christ, de même que par leur seule fidélité au Christ ils sont parvenus à détruire le monde ancien et à ouvrir les voies au christianisme, de même à présent les hommes tels que Drojjine, que l'on tient pour des fous et des fanatiques, par leur seule fidélité au Christ ils ébranlent les fondements de notre misérable société moderne et découvrent aux hommes le chemin d'une bienheureuse fraternité universelle, de ce royaume de Dieu qu'avaient annoncé les prophètes et dont les principes ont été posés il y a dix-neuf siècles par le Christ, notre Maître.

Et ce sont de soi-disant chrétiens, s'écrie triomphalement Tolstoï, qui aujourd'hui exigent des vrais chrétiens cette participation au meurtre « *l'acte le plus contraire qu'on puisse imaginer à la doctrine du Christ* »... « Qu'ils renoncent donc une bonne fois à ce nom de chrétiens, et à ce code moral sur lequel ils prétendent s'appuyer pour nous dominer. » Maintenant, concluez avec le courageux penseur :

Comment vous, empereur, soussignant de tels décrets, vous ministre, vous procureur, vous directeur de la prison, et vous geôliers, comment avez-vous pu vous mettre tranquillement à table et manger, sachant que ce malheureux était couché sur un sol humide et froid, et qu'il souffrait et pleurait par votre méchanceté ? Comment avez-vous pu, sachant cela, caresser vos enfants, et penser à Dieu, et à la mort, qui va bientôt vous conduire à Lui ? Vous n'êtes pourtant pas, vous le savez bien, les exécuteurs prédestinés de quelque loi surnaturelle : Vous n'êtes rien que des hommes. Et vous avez beau dire que vous êtes obligés de faire ce que demandent vos fonctions : vous savez bien que ce n'est pas vrai. Vous savez que d'obligations, il n'y en a aucune dans ce monde ; et vous pourriez toujours, pour peu que vous le vouliez, trouver un autre métier, où vous ne seriez plus obligés de martyriser des hommes, et de tels hommes ! C'est une chose atroce de martyriser un petit oiseau. Et combien plus atroce de martyriser un jeune homme bon, pur, aimant les hommes et cherchant leur bonheur. Et c'est une chose atroce de prendre part, de si loin que ce soit, à une telle action... Mais, surtout d'y prendre part inutilement, de détruire le corps de ce jeune homme, mais surtout de détruire son âme à soi-même, et cela sans autre résultat que de contribuer malgré soi à l'avènement du royaume de Dieu.

Voilà un chrétien qui me paraît terriblement embarrassant pour ses frères. M. de Wyzewa admire le tsar pour n'avoir pas encore jeté Tolstoï au fond d'un cachot. Moi, j'admire M. de Wyzewa pour son admiration.

II

A une croyante.

J'ai reçu la lettre suivante :

Monsieur,

Tout en commençant cette lettre, je m'excuse de vous enlever à vos multiples occupations. Ne pourriez-vous parler dans un de vos articles de la gratuité dans les églises ? Je suis Parisienne depuis sept ans seulement. Mais j'avoue que ce temps ne m'a pas suffi pour m'habituer à tous ces petits scandales dont nos églises ont le monopole.

Nous en causons souvent avec mes fils dont l'un prépare son agrégation... Tous deux ont abandonné la religion catholique. Moi, monsieur, je suis plus chrétienne que catholique. Quelques prêtres prétendent que mes théories rationalistes me rangent plutôt du côté des protestants. Peu importe, d'ailleurs, ce que je suis. A mon âge on ne change pas de religion. Mon demi-siècle a sonné, et la cloche, hélas ! n'était point couverte de dentelles.

Que vont devenir les églises pour peu que cela continue ?

Tout à l'entrée, un tableau du tarif des chaises, ni plus ni moins qu'au *Bar* le tarif des consommations. Un peu plus loin, sur des piédestaux... productifs, des saints dont les vertus ont eu subitement besoin de nos adorations. Nous obtenons le bien par la vue d'un bon exemple à suivre, mais aussi par celle d'un mauvais à éviter. Pourquoi ne pas mettre alors dans nos églises la statue de Judas ? Celui-ci vendit son divin Maître, mais actuellement on vend sa parole, ses bénédictions.

On n'est pas plutôt arrivé à l'église, qu'une *chaisière* — j'allais dire une ouvreuse — vient vous demander plus ou moins poliment votre redevance, laquelle varie selon la place, selon le jour. N'est-ce donc point assez de ce petit commerce de cierges qui révolte tant de personnes qui, comme moi, veulent que l'église soit la maison de Dieu, le temple où l'on prie ?

A qui appartient l'église, monsieur ? voilà ce que je voudrais savoir.

Nous avons, dans une paroisse voisine de la mienne, une chapelle constamment fermée. On m'a dit qu'elle appartenait à une famille qui avait donné un terrain attenant à l'église pour bâtir une autre chapelle dite *des catéchismes*. Si je possédais une fortune qui me permît, moi aussi, d'avoir dans l'église une chapelle pour moi seule, et que d'autres s'offrissent ce luxe, alors que deviendrait la religion du Christ, sa morale égalitaire, son amour des petits, des humbles ?

Je vous livre cette question, monsieur, et je serais très heureuse de la voir traitée par vous — non moins heureuse si elle amenait un résultat qui serait de pouvoir aller à l'église assister à des offices célébrés par des prêtres que nous payons.

Veuillez agréer, etc.

Voici ma réponse :

Madame,

Ne comprenez-vous pas que vous avez, vous-même, écrit avec plus d'autorité que je ne saurais le faire, l'article que vous me demandez ? Nous autres, incroyants, nous sommes suspects de malice satanique lorsque nous dénonçons l'esprit de vénalité qui tire argent de la magnanimité de Dieu comme de la simplicité des hommes. Seule, une croyante, qui ne réclame à l'église que la juste place pour poser ses deux genoux, est en situation d'exprimer hautement son indignation légitime sans que personne puisse voir dans sa protestation autre chose que le cri d'une conscience blessée.

L'article sur la formidable organisation de l'Église en vue d'un gain d'argent, a été fait depuis longtemps, madame, et par les plus grands penseurs des principales nations de l'Europe. Quand Luther, après d'autres, mais avec un tel éclat de voix que le saint-siège en trembla sur sa base, flétrit, devant la chrétienté tout entière, l'odieuse vente des indulgences, l'Église, menacée par *la Réforme*, entreprit de se réformer elle-même. Vains efforts. Le glorieux xvie siècle a passé, poussant le cri de délivrance. La France du xviiie siècle a fait entendre dans le monde entier la grande parole de raison. Comment a répondu l'Église gorgée d'or et de biens, antique propriétaire d'un peuple de serfs répandu sur d'immenses domaines fonciers, sinon par la persécution, les guerres, les massacres, les bûchers, les dragonnades? Et quand arriva l'heure redoutable des comptes, qui donc la Révolution dut-elle exproprier pour permettre au peuple français de vivre du sol de France, sinon de stérilisantes moineries qui avaient accaparé notre terre?

Comme vous le remarquez très bien, le principe du christianisme, ami des humbles, est fort loin de tout cela, j'en conviens. Mais je n'ai pas besoin de vous apprendre que nos sociétés, chrétiennes de nom, sont antichrétiennes de fait. La prédication du Christ fut une protestation de pauvres. Vous imaginez-vous aujourd'hui le cri : « *Malheur aux riches* »! poussé par une bande en haillons sur quelqu'une de nos places publiques? Les douze apôtres et leur divin Maître ne s'en tireraient pas à bon compte, passant du poste et du Dépôt à la Chambre correctionnelle des flagrants délits où le juge de la République les *salerait* comme il faut, au nom du peuple français.

Qu'est-il donc arrivé? C'est que l'Asie, mère des religions, et patrie d'origine de la nôtre, nous a de tout temps offert un état social bien différent de notre âpre Occident. Le bouddhisme, six cents ans avant Jésus-Christ, fut une réforme sociale d'une haute portée égalitaire. Les Dieux de l'antique Hellade furent bons à tous indistinctement. L'Islam, de nos jours, est demeuré, du Calife au mendiant, une religion d'égaux. Tel fut d'abord le christianisme en Judée. Mais les sociétés d'Occident, conquises par lui, le conquirent à leur tour. Forcée pour s'assimiler les âmes, de s'adapter aux conditions de vie des sociétés fondées sur l'universel besoin d'amasser, soit par le travail propre de chacun, soit par l'exploitation du travail d'autrui, la religion chrétienne, sortie d'une étable, ne sut pas résister à la commune ambition des richesses. La pente, d'ailleurs, était si glissante ! On accepta d'abord toutes offrandes pour donner, puis pour honorer Dieu — comme si le créateur de l'univers pouvait faire quelque différence entre une montagne d'or et une parcelle de boue — enfin pour entretenir les saints hommes préposés au culte. Ces principes admis, le sort du christianisme était décidé, et la justice promise fut définitivement reléguée dans l'autre monde dont nul n'est encore venu nous raconter les merveilles.

Ainsi, le siècle corrupteur a corrompu l'incorruptibilité divine. L'an dernier, entrant, aux jours saints dans les églises de Paris, j'ai noté le tintement continu des pièces de cuivre ou d'argent dans les plateaux éternellement tendus. Cela n'est rien. L'aventure des chaises, comme des troncs partout béants, n'est qu'un épisode de la grande foire publique où le paradis, morcelé, se débite par fractions proportionnées à la somme. Que deviendrait notre sainte mère l'Église si le Diable n'existait pas? Elle serait ruinée du coup, réduite au seul appui, désormais chancelant, des consciences chrétiennes. Par bonheur, le Malin est là, fort à point pour nourrir les hommes de Dieu. Le purgatoire, en particulier, est une source merveilleuse de produits sonnants qui semble ne devoir jamais tarir. Les offices divins sont-ils de quelque avantage à ceux à l'intention de qui ils sont accomplis? Admettez-le, et vous ne pouvez plus contester que le paradis soit à prix d'argent, puisque les faveurs célestes obtenues par l'intercession des hommes ne s'acquièrent qu'à deniers comptants, et que, faute de l'or bien ou mal acquis, le plus pieux chrétien est réduit à la fosse commune des prières en tas réunissant dans une promiscuité fâcheuse tout ce qui est hors d'état de se recommander moyennant finances aux faveurs spéciales de la Divinité.

Ce qui vous a tant choqué, madame, n'est donc qu'un vulgaire accident d'une situation générale dont votre sincère piété semble vous avoir caché les grandes lignes. On l'a dit depuis bien longtemps, les marchands chassés du Temple y sont rentrés la tête haute. Lourdes est une entreprise industrielle. Lisez dans les journaux, à chaque récit d'un pèlerinage romain, la liste des sommes d'argent offerte au vicaire de ce Christ qui ne fit point payer de chaises au sermon sur la Montagne, comme M. d'Hulst ou le Père Didon pour leurs prédications de carême.

Chaque église, chaque chapelle, chaque mètre carré du saint lieu est une source de revenus. Il faut que la force de l'habitude soit bien grande pour que vous ayez pu arriver jusqu'au demi-siècle sans être choquée plus tôt. Vous demandez à qui appartient l'église! A Mammon, madame, dont la loueuse de chaises, après l'évêque chamarré d'or, n'est que la bien modeste servante. C'est ce qui fait la faiblesse de la construction cléricale aux yeux des rares chrétiens véritables qui peuvent subsister de ci de là. C'est, en même temps, d'où vient la puissance qui la maintient debout malgré la foi tombante.

Demandez aux juifs et aux protestants de 1849 pourquoi ils envoyèrent une armée française rétablir le pape Pie IX sur son trône? Demandez aux républicains sceptiques d'aujourd'hui pourquoi ils sont aux pieds du Saint-Siège? Ils ne poursuivent point, sachez-le, la restauration de la foi. Leur unique dessein est de mettre la main, s'ils peuvent, sur un instrument de domination sociale. Voilà pourquoi, madame, si voulez prier, le plus simple siège chez vous, que ne vous disputera point *l'ouvreuse*, vous mettra tout aussi près de votre Dieu que la chaise *payée* de l'église.

Je prends la liberté de vous en recommander l'essai, et vous prie d'agréer, etc.

III

Pour un sou.

Je reçois de Montligeon, dans l'Orne, une brochure accompagnée d'une belle image en couleurs, et d'un bulletin de souscription en faveur de l'*Œuvre expiatoire, archiconfrérie « prima primaria » pour la délivrance des âmes délaissées du purgatoire.* Bien que je ne prenne part aux cérémonies du culte catholique que pour le subventionner en qualité de contribuable incroyant, je n'en ai pas moins attentivement pris connaissance des considérations que le pieux abbé Buguet soumet au jugement de ses contemporains. Je me propose même de favoriser l'œuvre de Montligeon en lui procurant la quantité de publicité dont je dispose. Je demande seulement qu'il me soit permis de dire en toute candeur — sans jamais outrager aucune croyance — pourquoi j'ai le regret de ne pouvoir envoyer à l'abbé Buguet *le sou* qu'il me demande.

Car il ne s'agit que d'*un sou*. Oui, vraiment, *un sou par an*. Pas davantage. Vous pouvez envoyer un million s'il vous plaît. Je ne crois pas qu'on le refuse. Mais on ne vous demande qu'un sou...

d'abord. Les gouttes de pluie font les fleuves. Vous vous dites : « Que peut-on faire avec un sou ? » Il semble vraiment que ce ne soit pas grand chose. On peut acheter un morceau de pain, une tasse de lait, en soutenir un petit enfant qui n'a pas déjeuné, et chacun sait qu'il y en a beaucoup, par la grâce de Dieu.

Si j'en juge par sa brochure, le déjeuner des affamés n'est, pour l'abbé de Montligeon, qu'une préoccupation bien secondaire. Il se dit vraisemblablement qu'après le déjeuner il faut le dîner, et que c'est à recommencer le lendemain. Le fait est qu'il serait beaucoup plus facile de venir au secours de nos semblables, s'ils n'avaient pas perpétuellement besoin de quelque chose. Mais je ne pense pas qu'un abbé s'ingère de blâmer l'ordre institué de Dieu.

A dire vrai, l'abbé Buguet ne s'occupe point de ces choses, et quand vous lui donnez un sou pour soulager des souffrances, ce n'est point du tout chez le boulanger que se porte son instinct de prêtre. Non, c'est vers la sacristie qu'il dirige ses pas, et au lieu de profiter des sous accumulés pour acheter une belle miche de douze livres, dont il trouverait aisément l'emploi, il fait emplette, au guichet de l'Eglise, d'une bonne messe à l'intention des âmes du purgatoire. Ainsi, l'argent ne sort point de la confrérie, et nous voilà sauvés du danger de subventionner un mitron qui pourrait être de la franc-maçonnerie.

Je sais bien qu'à nos yeux de mécréants, la question du pain n'en demeure pas moins de notable importance. Mais c'est un préjugé, nous dit-on, et j'accorde que le salut éternel vaut bien quelques tiraillements d'estomac. Il est vrai qu'à ce compte, le prêtre qui nous vend sa messe — et ainsi le pardon de son Dieu — pourrait, en allégeant son menu, nous accorder gratuitement son office. Un évêque, à qui je soumis un jour cette pensée, à la buvette de la Chambre, me répondit — entre deux prises de tabac précédées chacune d'un grog — que ma remarque était d'un impie. J'en éprouvai le plus vif chagrin, car cela dispensa mon interlocuteur de me répondre. Un prêtre ne doit réfuter, paraît-il, que les objections orthodoxes.

Notre abbé de Montligeon, pour en revenir à lui, laisse donc les vivants en paix — c'est plutôt en peine qu'il faut dire — et ne donne son attention qu'aux morts. Aussi longtemps que vous traînez la misère sur notre triste globe, l'excellent homme ne peut rien pour vous sinon vous encourager à souffrir. Mais vous n'êtes pas plutôt mort de faim que le curé tout à coup s'intéresse à votre sort et prend votre cause en mains. Le bon Dieu, paraît-t-il, après vous avoir fortement houspillé sur la terre, n'a pas de plus grand souci que de vous achever dans l'autre monde, au moyen de tortures exquises dont se délecte sa bonté. C'est là que triomphe l'abbé Buguet. Il parle, lui, au Maître de l'Univers, et le plus curieux, c'est qu'il l'oblige à composer. Aussi longtemps qu'il ne s'agissait que de l'achat d'un pain d'un sou, son impuissance était notoire. Mais dès qu'il faut simplement vous arracher des griffes du Créateur, le prêtre, en un tour de main, fait l'affaire.

Avez-vous commis quelque horrible péché, envié, par exemple, la poularde et le fin bordeaux de Monseigneur, — qui vit de son Dieu comme vous du refus d'assistance, — votre cas est grave, et je ne serais point du tout surpris que l'enfer ou le purgatoire ne vous réservassent quelque chaude surprise. Heureusement, par l'intervention de l'abbé Buguet tout s'arrange. Il n'a pas plutôt réuni le nombre de sous qu'il lui faut pour son salaire, qu'il dit son office, et voilà le Dieu de l'Univers obligé de vous faire grâce tout aussitôt.

Dois-je le dire? Ce que j'admire le plus en cette aventure ce n'est pas l'abbé, c'est le Maître du monde, condamné à obéir à sa créature, laquelle obéit elle-même à la puissance du vil métal.

« L'une des œuvres de charité les plus agréables au cœur de Notre-Seigneur, écrit l'abbé Buguet, c'est de travailler à la délivrance des âmes du purgatoire ». Soit. Mais, en ce cas, que le Dieu de l'abbé Buguet ne fait-il tomber lui-même les murs de sa propre géhenne? Que ne délivre-t-il ses forçats, comme l'exemple lui en fut donné par le très noble chevalier don Quichotte de la Manche, en dépit de la Sainte-Hermandad? Eh bien! non. Le Seigneur tient à son bagne. Je le comprendrais encore s'il était cruel. Mais il est toute bonté. Seulement sa bonté ne se manifeste que si le prêtre, payé pour cela, le lui demande. Supposez qu'il manque quelques sous au prix tarifé de la messe, et Dieu ne peut pas donner cours à sa pitié.

Sous quelle étrange loi le Souverain Maître de toutes choses a-t-il consenti d'abaisser sa grandeur.

N'est-ce pas Henri Estienne qui appela l'attention de la chrétienté sur la malheureuse aventure de certaines âmes du paradis, lorsque le pape Boniface VIII eut annulé les indulgences qui les avaient tirées du purgatoire ! Il n'y eut pas à tergiverser. Les bienheureux, qui s'habituaient sans doute aux félicités célestes, durent retourner à leurs flammes primitives, et Dieu, tout attristé en son cœur, subit, sans protestation, la loi de son vicaire.

L'abbé Buguet ne veut point abuser de son extravagant pouvoir sur le Créateur inconséquent qui peut damner sa créature, mais non se soustraire à son autorité. L'abbé Buguet est bon. Il ne nous demande qu'un sou pour nous épargner les rigueurs de la céleste colère, car je n'ai pas besoin de vous dire qu'en rachetant les âmes du purgatoire, nous faisons aussi notre salut. Franchement, on ne peut pas gagner l'éternelle félicité à meilleur compte. Les joies de ce monde — qui sont de si courte durée — se paient généralement plus cher. Et puis, quand nous sommes heureux, nous le sommes trop souvent en égoïstes. Ici, notre bouheur se double du bonheur des autres.

On ne songe pas assez aux âmes du purgatoire, fait justement observer M. J. Guerret, sous-directeur de l'œuvre expiatoire, archiconfrérie *prima primaria*, etc., dont M. l'abbé Buguet est directeur. Voyez plutôt, d'après M. Guerret, la situation des familles chrétiennes aussi bien sur la terre que devant le tribunal de l'Eternel :

Quand le fils et la fille ont versé quelques larmes sur la dépouille de leurs parents, quand ils ont déposé sur leur tombe quelques couronnes, et tout au plus, *dans les bonnes familles*, demandé *quelques messes* pour le repos de leurs âmes, ils pensent s'être acquittés envers eux de tous leurs devoirs. Et cependant ce père dont ils ont tant reçu, cette mère qui les a tant aimés, sont tombés entre les mains de la divine Justice ; ils expient *dans de terribles angoisses* les fautes dont ils ont omis de faire pénitence.

Cela ne vous fait-il pas frémir? Ces chrétiens, fils de chrétiens, élevés sur les genoux de l'Eglise, qui se croient en règle avec leurs parents quand ils ont touché l'héritage, tandis que ceux-ci, parce qu'ils ont omis une pénitence, grésillent sur les charbons de la divine bonté, qu'en dites-vous? Je ne les trouve pas faits pour nous donner une très haute idée de ce qu'on appelle les consolations de l'Eglise. Ce qui m'inquiète encore, ce sont ces *quelques messes*, qu'on n'obtient d'ailleurs que dans *les bonnes familles*, et qui ont pour résultat de nous précipiter dans *de terribles angoisses*. Il est vrai que ce ne sont pas les messes de l'abbé Buguet.

Le dernier bulletin nous apprend qu'il en a été dit 112,120 en 1894. « Quel soulagement ne procure pas aux saintes captives du purgatoire un si grand nombre de sacrifices ». Vous l'entendez, ces messes-là ne sont point de celles qui vous envoient en purgatoire. Elles vous en tirent, tout au contraire. Et tout cela *pour un sou*. Maintenant, je ne vous cacherai pas que si vous avez des raisons de craindre que votre salut ne soit laborieux, rien ne vous empêche d'y mettre le prix. « Le prix d'une messe annuelle à perpétuité est de 100 francs. La fondation d'une messe par mois coûte 1,100 francs. » Cent francs de remise! Qu'est-ce vous pensez de ça? « Déjà plus de 900 messes annuelles sont assurées à perpétuité pour toutes les âmes délaissées ». La messe peut être dite « au profit de défunts désignés d'avance, ou dont le prêtre *laisse le choix au bon plaisir de Dieu* ». Pauvre Éternel subventionné, contraint d'attendre que son prêtre l'autorise à faire suivant sa propre volonté!

L'œuvre a six millions d'adhérents tant en France qu'à l'étranger. Le pape, qui l'a pour agréable, l'a érigée en *archiconfrérie Prima Primaria*. Cent cinquante cardinaux, archevêques et évêques l'ont approuvée. La République elle-même ne pourrait pas se vanter d'un tel avantage.

Pour ce qui est du cadre de l'œuvre expiatoire, voici les renseignements que je suis heureux de vous transmettre :

Le bourg de la Chapelle-Montligeon est situé à 10 kilomètres de Mortagne, l'antique capitale du Perche, et non loin de l'ancienne Chartreuse du Val-Dieu. Il est assis au pied d'une chaîne de collines formée par les dernières ondulations de la forêt de Réno. A quelque distance s'élève le Montligeon, qui donne son nom à la paroisse et domine majestueusement tout le pays : on croit que ce fut un camp romain. La campagne, où serpente la rivière de la Villette, est fertile et bien cultivée : et lorsque le visiteur gravit les coteaux boisés qui s'élèvent çà et là, il y trouve de gracieux points de vue.

Il y a à la Chapelle un bureau de poste et un télégraphe. La gare la plus rapprochée est Mauves-Cerbon, dont le nom est célèbre dans l'histoire du Perche et du diocèse de Séez. Une voiture publique, desservant tous les trains, fait six fois le jour le trajet de la gare à la Chapelle.

Puissent ce bureau de poste, ce télégraphe et cette voiture publique lever vos dernières hésitations.

Une dernière question se pose. Mais j'ose à peine l'indiquer. Y a-t-il un purgatoire? Saint Augustin soutenait qu'il *n'y a que deux lieux pour les âmes*, l'enfer et le paradis. Mais il y a tant d'hérétiques parmi les saints! J'avoue, pour ma part, que je ne suis pas sans quelques doutes sur l'enfer et le paradis de saint Augustin. En revanche, j'incline à croire sérieusement au purgatoire d'ici-bas. C'est pourquoi j'ose engager l'abbé Buguet à remplacer ses messes par une distribution de bonnes soupes agrémentées de bœuf ou de poulet. C'est plus sûr, monsieur l'abbé. Les messes, d'ailleurs, se résolvent en ces choses pour le clergé qui les dit. Eh bien! qu'on élargisse la table, et que tous ceux qui ont faim soient rassasiés, comme disait je ne sais plus quel rêveur de Galilée.

IV

La pieuse éventration.

Une question se présente. Vous vous trouvez devant une femme enceinte qui présente toutes les apparences de la mort. Elle vient peut-être de succomber, en effet, dans une attaque d'éclampsie. Elle est peut-être seulement en état de syncope. Avez-vous le droit, sans plus ample informé, de saisir un couteau et de lui taillader le ventre pour en faire sortir l'enfant vivant ou mort et le sauver de la damnation éternelle en lui administrant *in extremis* le sacrement du baptême ?

L'abbé Gilbertas, vicaire d'Olliergues, dans le Puy-de-Dôme, n'est pas de ceux qui hésitent en pareil cas. Trouvant sa malade sans mouvement, il la déclara morte, et, s'armant d'un couteau de cuisine, il se mit à lui charcuter les entrailles jusqu'à ce qu'il en eût extrait tant bien que mal un enfant mort qu'il n'eût d'autre ressource que de laisser gisant dans l'ouverture béante. Le médecin survint qui recula épouvanté devant l'horrible spectacle et refusa naturellement de prendre l'opération à son compte. Sur quoi, le pieux abbé s'empressa de déclarer qu'il assumait hautement la responsabilité de son acte. Et il paraît que le Code, qui ne nous serait peut-être pas très indulgent si nous nous permettions ces fantaisies de sauvage, autorise messieurs du clergé à dépecer vivants ou morts en autant de morceaux qu'il leur plaît, car le vicaire éventreur n'a pas été et ne sera pas poursuivi.

Voici dans quels termes le curé Gilbertas raconte son aventure.

Appelé pour remplir mon ministère près d'une jeune femme, je l'ai trouvé morte depuis près d'une demi-heure. Les personnes qui l'entouraient m'ont également assuré que l'enfant qu'elle portait vivait encore ; il y avait donc lieu d'assurer à cet enfant le ciel par le baptême, et peut-être même la vie terrestre par les soins dont la science pouvait l'entourer encore. D'autre part, du côté de la mère, certainement morte, ainsi que l'autopsie l'a démontré, il n'y avait d'autre obstacle que le caractère répugnant d'une opération que les personnes présentes ont approuvée sans consentir à l'exécuter elles-mêmes.

Mon rôle dans cette affaire n'a donc pas été celui de la témérité, mais celui du dévouement.

Tous les médecins qui savent combien il est difficile parfois de lever les derniers doutes sur la réalité de la mort, même après un assez long temps, admireront avec quelle désinvolture l'homme de Dieu, sans s'embarrasser de vaines constatations scientifiques, écrit : « Je l'ai trouvée morte *depuis près d'une demi-heure.* » Comme vous y allez, l'abbé ! c'est affaire à vous d'expédier les gens. Quoi ! morte depuis une demi-heure et pas encore coupée en quatre ? Cela ne pouvait pas durer. Croirait-on que les personnes présentes refusaient de mettre le couteau dans ce corps qui se convulsait, vous l'avouez, trente minutes auparavant ? Heureusement, vous étiez là pour pratiquer l'éventration pieuse, et recouvrir de votre soutane ensanglantée ce qui eût été, au hasard de la vie ou de la mort, délit ou crime pour un laïque.

L'autopsie, dites-vous, a démontré la mort. Je vous crois sans peine. Votre opération finie, toute l'Académie de médecine y eût passé sans pouvoir constater autre chose. Devant l'étal d'un boucher, regardez les moutons qui sont accrochés le ventre ouvert. Vous pouvez les interroger. Vous n'entendrez pas un bêlement contre l'abattoir. Puisque vous êtes si content de vous, et que les lois de la République vous encouragent, vous recommencerez sans doute à la première occasion. Puisse le ciel détourner de votre chemin les femmes grosses qui tombent en syncope !

Il faut le reconnaître d'ailleurs, l'abbé Gilbertas, violateur de la loi civile, agissait, de fait, conformément à la loi canonique. Pas un théologien qui ne soit prêt à défendre l'éventration de piété. « La foi nous enseigne, dit le *Manuel des Confesseurs* de Monseigneur Bouvier, évêque du Mans, que nul ne peut entrer dans le ciel s'il n'est régénéré par le sacrement de baptême, et que l'âme d'un enfant est aussi précieuse aux yeux de Dieu que l'âme d'un adulte. » Il faut donc baptiser à tout prix puisque l'enfant perd toute chance de salut s'il n'est baptisé. Ainsi se trouve pleinement justifié le vicaire d'Olliergues.

Il est vraiment bien bon, l'excellent abbé, d'avoir

consenti à alléguer comme excuse les chances de sauver la vie de l'enfant. Ceux qui ont vu pratiquer l'opération césarienne savent quelles précautions il faut prendre pour ne pas blesser le petit être qui jaillit, comme disent les chirurgiens, par *la boutonnière*. Avec un couteau de cuisine, notre Gilbertas n'eût pas manqué d'envoyer le fils rejoindre la mère, mais seulement après l'avoir sauvé. Car, même déchiqueté, il l'eût sans retard arrosé d'eau baptismale. Il n'y a donc rien à dire. La loi seule pourrait avoir à se plaindre. Mais qu'est-ce que la loi des hommes, fabriquée par des gens comme vous et moi, en regard de la loi de Dieu, proclamée par l'évêque Bouvier qui a reçu mandat du Créateur des mondes ? Tu n'éventreras pas, dit le Code. Tu éventreras, dit l'Eglise. Le prêtre éventre, et le Code demande pardon à l'Eglise.

C'est un point fort embarrassant que de savoir à quel moment commence le devoir d'éventrer pour sauver la jeune âme. Innocent XI ayant condamné une proposition aux termes de laquelle l'enfant n'aurait eu d'âme qu'au sortir du sein maternel, nous voilà tenus d'éventrer toutes les femmes susceptibles d'être grosses pour baptiser le fœtus qu'on peut rencontrer de hasard dans sa logette — n'eût-il « que la grosseur d'une abeille. » Une abeille même, cela est encore très notable. Quelle est cette mesure étrange ? A la première segmentation du vitellus dans l'ovule à peine visible, que dis-je ? aux premières déformations de la paroi, l'âme est là, n'en doutez pas. Eventrez, éventrez-moi toutes ces créatures qu'on enterre paisiblement aujourd'hui, et, l'œil armé de la loupe, cherchez du bout du goupillon l'infime vésicule qui peut contenir une âme, et baptisez-moi d'importance toute chose douteuse pour plus de sûreté. On ne peut s'empêcher de frémir quand on pense aux milliers de malheureux que nous damnons depuis des siècles par notre coupable négligence. Est-ce que notre ministère, qui se vante d'être réformateur, ne va pas mettre l'éventration en projet de loi ? Que d'âmes innocentes jusqu'ici réservées au grand feu d'enfer de la bonté divine, vont être sauvées par cette simple mesure ! Allons, prêtres, aiguisez vos couteaux, et que l'œuvre de salut commence : vous avez trop tardé.

Ignorant de ces choses, croiriez-vous que, dans ma thèse de doctorat, en 1865, je demandais sottement à mes professeurs, qui ne me répondaient pas, de me montrer quelque signe de l'introduction de l'âme dans l'ovule. « Faut-il expliquer la naissance et la vie ? A quoi bon étudier laborieusement des phénomènes quand on peut, dès l'abord, donner la raison des choses. La moindre conception *à priori* va nous tirer d'affaire. C'est un *souffle vital*, un *esprit*, un *principe immatériel*, émanant on ne sait comment, d'on ne sait quoi, qui intervient tout à coup par une affinité inconnue, se loge on ne sait où, et de là gouverne la machine humaine qui dès lors vit, agit et pense. C'est aussi simple qu'incompréhensible. Nous naissons parce que le principe de la vie apparaît en nous. Nous vivons parce qu'il y a en nous un *principe vital*. Nous pensons parce qu'il y a en nous un *principe pensant*.

C'est en suivant la voie féconde de ceux qui ont inauguré ce genre de raisonnnement que Molière est arrivé à connaître pourquoi l'opium faisait dormir... Vous entendez sans doute que l'âme manifeste sa présence par quelque phénomène nouveau qui jusque-là avait manqué. Quel est ce phénomène ? Où, quand l'observe-t-on ? Quel est l'effet de l'âme sur l'embryon ? A quoi peut-on reconnaître l'embryon avec âme de l'embryon sans âme ? Et si vous ne pouvez rien répondre à ces questions, quelle est la raison d'être de l'âme ? A quoi sert-elle ? Qu'explique-t-elle ? »

Ainsi je parlais dans ma folie. J'étais bien content, à propos de *La génération des éléments anatomiques*, de poser cette colle à je ne sais plus lequel de mes examinateurs, avec la malicieuse approbation du président, mon très cher maître et ami Charles Robin, le collaborateur de Littré. En ces temps-là, je n'avais pas lu Monseigneur Bouvier. L'évêque, très malin, se tire d'affaire avec une dextérité qui se joue de tous les arguments. Il me laisse à ma scolastique, et baptise tout ce qu'il rencontre — *en tas*. Dieu, c'est le cas de le dire, reconnaîtra les siens. « *Quand on ne réussirait que rarement, on ne devrait négliger aucune occasion* ; car, lorsqu'il s'agit d'un sacrement nécessaire au salut, il faut toujours prendre le parti le plus sûr, s'il est possible. Il faut démontrer cette obligation aux parents déraisonnables qui, absorbés dans leur douleur, ne veulent pas permettre qu'on ouvre la femme morte. » « Si, malgré tout ce qu'on peut dire, les parents s'obstinent à ne pas vouloir qu'on fasse l'opération, *nous n'avons point de voie de coercition* (quel ennui!) pour agir contre leur volonté tout injuste qu'elle est. Il ne nous reste en ce cas qu'à abandonner l'enfant aux soins de la Providence. (Singulier pis-aller!) Si toutefois on pouvait persuader aux personnes qui doivent garder ou ensevelir la défunte, *d'en faire secrètement l'ouverture*, pour essayer de sauver l'enfant, ce moyen pourrait être tenté. »

Après de telles recommandations officiellement données, l'hésitation n'est plus permise. Eventrons tout, baptisons tout, et sauvons les petites âmes que Dieu se plaît perfidement à cacher au fond des replis de quelque diabolique muqueuse.

Et, quant à la question de savoir si le prêtre doit opérer lui-même ou faire intervenir un médecin, le père Debreyne, auteur d'un ouvrage classique dans les séminaires, veut que l'homme marqué du sceau divin puisse couper et tailler à sa fantaisie. Il cite avec honneur, dit *l'Eclair*, certain curé sicilien et un vicaire d'Avranches, « car ils ont eu le bonheur de baptiser de petits êtres qui, *sans eux, auraient été éternellement privés de la vue de Dieu.* »

Ce dernier mot, je dois l'avouer, me plonge dans un abîme de méditations. Comment Dieu a créé les soleils, les mondes, l'homme et tout ce qui a été, est, et sera; il est l'être sans mesure, universellement, absolument puissant sur toutes choses, et tout cela pour aboutir à se trouver hors d'état de sauver une petite âme sans l'intervention du vicaire d'Avranches. Ce créateur est étrange, qui a besoin de sa créature pour arracher aux flammes de l'éternel enfer l'être qu'il vient de loger lui-même dans la microscopique cellule, et dont le bonheur éternel dépend uniquement du couteau de l'abbé. Pas de couteau, pas de paradis. Bizarrerie d'un Dieu qui se résigne à voir éternellement brûler — contre sa volonté — l'être qu'il a créé dans de tout autres desseins et qui doit faire fléchir sa Toute-Puissance devant le caprice d'un eustache de hasard, laïque, ou païen même, aussi bien que clérical.

Car un païen peut baptiser et doit par conséquent éventrer comme le vicaire d'Avranches. « Si quelqu'un prétend, dit le concile de Trente, que le baptême qui est donné *même par les hérétiques*, au nom du Père, du Fils et du Saint-Esprit, avec l'intention de faire ce que fait l'Eglise, n'est pas le vrai baptême, qu'il soit anathème ». Puisque *les hérétiques* même peuvent, en observant les formes, conférer le baptême chrétien, le devoir s'impose à tous les hommes, quels qu'ils soient, de se ruer le fer en main sur toutes les mourantes susceptibles de dérober à nos regards l'âme précieuse qui, *sans nous*, comme dit le Père Debreyne, serait éternellement privée de la vue de Dieu. Le salut par le couteau. Les Juifs en avaient eu le pressentiment, les conventionnels aussi. Seulement ils ne taillaient pas au bon endroit. Avec l'abbé Gilbertas, ce n'est plus une réforme, c'est une révolution qui commence. La seule chose qui m'afflige, ce sont les siècles perdus.

V

Saint Joseph de Roussas.

Connaissez-vous saint Joseph de Roussas ? Je dois avouer que je ne savais rien de lui il y a deux jours. Dans quel abîme d'ignorance sommes-nous plongés ! Nos parents bien intentionnés, mais aveugles, nous envoient dans les lycées, nous font passer des examens, lire, étudier, et même parfois apprendre. Tout cela pour quel résultat, je vous prie, quand, par le moyen de la petite brochure verte que j'ai là devant moi, je puis m'assurer la perfection du bonheur en ce monde, sans parler des félicités inouïes qui m'attendent dans l'autre. Cela vous fait dresser l'oreille, je pense. Il y a de quoi vraiment. Je ne vous ferai point languir et sans plus attendre je vous communiquerai la divine lumière qui m'est tombée, avant-hier, de la boîte du facteur.

Une petite brochure gratuite avec un autographe du souverain pontife Pie IX, qui se porte garant de saint Joseph de Roussas. Ce saint Joseph de Roussas n'est pas, comme vous pourriez le croire, de ces saints Joseph ordinaires qui font des miracles à la douzaine. Le pape, en ce cas, ne se fût pas dérangé pour lui. Non, c'est un saint Joseph comme il y en a peu, ou, pour tout dire, comme il n'y en a pas.

Je n'ai pas à vous présenter l'ancien saint Joseph, le bon vieillard chauve qui joue le rôle inutile du mari dans la Sainte-Famille. Celui-là est au Ciel, comme l'atteste son image auréolée d'or dans toutes nos églises. Mais vous pensez bien qu'il ne va pas rester coi dans sa félicité suprême. Il a vu trop de choses sur terre, et il a eu, sans doute, lui-même trop de mouvements d'humanité pour se désintéresser du petit globe ridicule qui promène ses louanges dans l'espace. Nous sommes, au contraire, pour lui l'objet d'une attention toute particulière. Je ne vous parlerai point des innombrables miracles dont il a, depuis des siècles, réjoui notre piété. Les miracles, aujourd'hui sont choses si communes qu'il serait ridicule pour un saint de n'en point faire à tout propos. Ce n'est pas saint Joseph qui pourrait s'en montrer avare, ayant été lui-même, en son temps, le témoin, — étonné peut-être, — du miracle le plus insigne.

Seulement vous avez remarqué sans doute que les saints qui jouissent, comme tels, du don d'ubiquité, et se manifestent simultanément au pôle comme à l'équateur, montrent souvent un attachement particulier pour quelque lieu spécial de notre misérable terre où leur divinité se complaît. Un autre point à noter, c'est qu'ils choisissent généralement les montagnes pour objets de ces faveurs. Il n'y a point d'exemple d'un saint miraculant en plaine. Il faut à ces êtres surnaturels le mystère des rocs et des bois. Ils recherchent volontiers l'eau courante, grand véhicule de miracles. Mais la terre nue, qui permettrait de les aborder sans façon, leur paraît funeste, comme aussi le pavé de nos villes, où jamais saint ne se manifesta.

Or, il se trouve que saint Joseph fait précisément ses délices de Roussas, dans la Drôme, entre Pierrelatte et Montélimar. (Diligence de la gare de Pierrelatte à 8 heures du matin, et de la gare de Montélimar à 4 heures. — Voitures à volonté *à des conditions avantageuses.*) Pourquoi au village de Roussas, je n'en sais rien. Y aurait-il en ce lieu d'élection quelques familles rappelant au bon saint ses souvenirs d'autrefois? Ce n'est pas impossible. Toujours est-il que le voilà établi à Roussas. L'y a-t-on vu? pas le moins du monde, et c'est justement là que commence le miracle.

Connaissez-vous rien de plus grossier pour un saint que de se manifester en chair et en os? Cela est du commun. Je sais bien que la vierge Marie s'est montrée en personne aux bergers de la Salette et de Lourdes. Il faut excuser ces faiblesses. Saint Joseph n'a pas besoin de recourir à ces moyens. Il est moderne. Il l'était déjà du temps d'Hérode.

Donc, personne n'a vu saint Joseph à Roussas. En revanche, ce qu'on y voit très bien, c'est son député, l'abbé R. Garnier, qui remplit son mandat avec un zèle dont pourraient s'inspirer nos propres élus. Que croyez-vous que fasse l'abbé R. Garnier à Roussas? La chose la plus simple, en vérité. Il dit des messes sans s'embarrasser de trouver mieux. De temps à autre aussi, il organise des fêtes dans son sanctuaire, où « *les âmes sont ravies par la sainteté du lieu et subjuguées instinctivement par la munificence royale du céleste Thaumaturge qui a posé là le trône de sa souveraineté* ». Je ne saurais vous décrire ces fêtes dont la brochure nous dit les merveilles : « Deux anges, couronnés de précieux diadèmes, l'un à droite et l'autre à gauche de l'autel, mesurant 2 mètres 20, sur un socle de 1 mètre 20, tiennent, chacun, un candélabre de 0, 90 c. et de 25 lumières, ce qui donne une hauteur totale de 4 mètres 20. »

« Quatre anges de 1 mètre 40, placés par deux, etc., etc. »

On comprend que, lorsque saint Joseph vit de là-haut ces anges de 2 mètres 20 sur un socle de 1 mètre 20 tenant un candélabre de 0,90 c., il en éprouva une joie extrême.

Est-il besoin de dire que l'abbé Garnier est un grand allumeur de chandelles? Il y en a partout dans son sanctuaire, et saint Joseph, qui pourrait se réjouir du spectacle des mondes, veut bien se plaire aux lueurs fumeuses d'un suif de mouton. Il éclate par là qu'on a l'amusement facile en paradis.

Quoi qu'il en soit, vous avez bien compris que l'abbé Garnier n'est pas homme à négliger le profit qu'il peut tirer de la joie de son saint. Loin de là. Dès qu'il l'a mis au point, il arrive avec ses placets, et saint Joseph, qui n'y voit que du feu, accorde bonnement tout ce qu'on lui demande. Vous pouvez y aller voir, si l'envie vous en prend, puisqu'il y a des *voitures à volonté*.

Mais le vrai miracle, à mon sens, c'est qu'il n'est pas besoin de se déranger. Une lettre avec un timbre de trois sous, cela suffit. N'avons-nous pas vu, l'autre jour, un train de pèlerins bretons mis en bouillie? A quoi pensait Notre-Dame? Ce n'est pas saint Joseph qui aurait de ces distractions.

Les résultats sont d'ailleurs inouïs — bien supérieurs à ceux de la *Revalescière* qui a bien baissé, encore qu'elle eût guéri, vous vous en souvenez, la marquise de Bréhant et le duc de Plusko *d'une constipation de trente ans* (on ne saura jamais tout ce que la noblesse a souffert).

Vous n'attendez pas de moi le détail de tous les prodiges de saint Joseph de Roussas. Permettez-moi pourtant d'en citer quelques-uns au hasard:

Conversion d'un mari, après quatorze ans de travail. — Avis aux épouses indolentes.

Conversion d'un mari qui avait abandonné toute pratique de religion et sa femme. — Qu'on se le dise dans les familles.

Recouvrement d'une créance à laquelle nul ne pensait plus depuis longtemps. — Enfoncé les huissiers!

Réussite avec succès dans plusieurs examens. — Au rancart les professeurs. Nous voilà dispensés des écoles.

Gain d'un procès. — A quoi bon s'embarrasser de son bon droit?

Guérison complète d'un frère tendrement aimé. — Nargue de la Faculté.

Succès dans une affaire importante. — La marquise de la M... (cousine de l'autre sans doute) est bien contente d'avoir réussi son affaire. Elle demande en même temps la conversion d'un jeune homme à qui elle s'intéresse, et *qui a lu les philosophes*. Saint Joseph suggérera sans doute à Mme la marquise l'idée de trouver quelque autre occupation pour ce jeune égaré.

Un fils rendu aux désirs de son père, affaire réalisée, examen pour l'Ecole polytechnique, etc., etc. — Je ne puis pas tout dire.

J'en ai cependant dit assez, ce me semble, pour vous faire apparaître l'existence humaine, et, partant, l'organisation sociale sous un nouveau jour. Tout effort dans la vie peut être avantageusement remplacé désormais par l'intervention de saint Joseph de Roussas. Le monde est à refaire. Voilà tout.

Maintenant, je vous entends. Vous allez essayer de m'embarrasser, en me faisant observer que, si je gagne un procès, il faut que quelqu'un le perde, qu'une affaire réussie pour l'un implique le plus souvent une affaire manquée ou même désastreuse pour l'autre, que si tous les candidats d'un concours, par exemple, s'adressent avec une égale piété à saint Joseph de Roussas, il faudra bien pourtant que certains d'entre eux restent sur le carreau. Ne vous hâtez pas de triompher. Car c'est ici qu'éclate le sublime du miracle.

Lorsque je vous ai dit qu'il suffisait, pour obtenir le concours de saint Joseph de Roussas, d'une lettre de trois sous, je n'ai pas parlé de ce que devait contenir l'enveloppe. Je vais maintenant vous le dire.

Saint Joseph de Roussas aime à voir trente-six

chandelles. Je ne vous ai pas caché ce goût. Or, le mouton suifeux est hors de prix, bien que l'agriculture soit en détresse. Voilà pourquoi toutes les lettres dont je parle contiennent invariablement cette phrase : « *Je vous envoie mon offrande. Ci-joint un mandat sur la poste. J'envoie au bon saint un joli petit billet; s'il nous exauce, un autre petit billet plus joli encore que le premier aura vite fait de s'envoler vers Roussas, etc., etc.* »

Voilà tout le mystère. Quand les demandeurs seront en concurrence, celui-là l'emportera qui donnera *le plus joli billet bleu.*

Mais j'y songe. Est-ce donc une aussi grande révolution que j'avais pensé d'abord ? Grattez le saint, et vous trouverez le sémite. Le sanctuaire de Roussas serait-il tout bonnement, par hasard une succursale de ces banques où l'on met l'espérance en actions pour les simples ? O toi, Pie IX, qui m'a répondu de saint Joseph, et toi, bon abbé Garnier, qui m'a répondu de Pie IX, détournez de moi cette horrible pensée !...

VI

Le miracle.

Le beau livre de M. Zola sur Lourdes a rajeuni pour un jour l'éternelle polémique sur le miracle. Les évêques ne veulent pas qu'on explique Bernadette et sa vision, pas plus que les prodiges de la grotte et de la piscine. Les hommes pieux du journalisme haussent discrètement les épaules. Des juifs de lettres se portent garants de l'apparition miraculeuse. Pendant ce temps, nos dévotes se régalent du fruit défendu avec de petits soupirs scandalisés, et les trains se succèdent, emportant vers le miracle attendu d'innombrables troupeaux de misérables qui s'obstinent à espérer dans le désespoir.

Tout cela m'a remis en mémoire les belles pages de Renan sur le miracle, dans l'introduction des *Apôtres*, et j'ai eu plaisir à m'y reporter. Pourquoi tant de miracles depuis tant de siècles, quand un seul, authentiquement établi, aurait suffi? Voilà bien le mal. L'histoire abonde en faits miraculeux, mais « ils ne se passent pas dans l'endroit où il faudrait... Un miracle à Paris, devant des savants compétents, mettrait fin à tant de doutes... Jamais il ne s'est passé de miracles devant le public qu'il faudrait convertir, c'est-à-dire devant les incrédules. La condition du miracle, c'est la crédulité du témoin ». Renan consentait à la rigueur, pour n'affliger personne, que l'univers entier fut, en un sens, un vaste miracle, mais, la loi donnée, il niait qu'on y eût jamais constaté d'exception. Que penser « d'un horloger qui aurait fait une horloge fort belle, il est vrai, à laquelle il serait cependant, de temps en temps, obligé de mettre la main pour suppléer à l'insuffisance des rouages ? »

Mais les hommes n'en veulent pas démordre. Ils tiennent à ce que l'horloger donne de temps à autre, en leur honneur, un coup de pouce à l'aiguille. C'est une des manifestations persistantes de l'atavisme fétichique. Le nègre vit dans un perpétuel miracle. Il parle à ses Dieux qui lui répondent, et tous les phénomènes dont il est témoin sont directement à son adresse. Combien de siècles ont passé sans que l'idée de loi se dégageât de ce chaos ? Elle s'est fait jour, pourtant, avec la conception des propriétés des corps. Mais l'orgueil humain résiste à l'idée de ramener l'être au rang d'un simple phénomène gouverné par d'immuables lois. Et quand la souffrance le tord, et quand la misère l'affole, il veut que la loi des choses cède devant lui. De là le besoin d'exceptions aux lois de la nature, de miracles, sinon permanents, comme les ont connus nos pères, au moins intermittents, et même fréquents, s'il se peut. Le miracle s'espacera sans doute, se réduira de plus en plus, à mesure que l'esprit des foules se fera de plus en plus scientifique, mais, à en juger par le spectacle de Lourdes, le chemin sera long avant d'en arriver là.

Si le principe du miracle, en tant que dérogation aux lois de la nature, est demeuré le même depuis les premiers temps connus, les circonstances extérieures se sont profondément modifiées. Le miracle, après avoir été la règle des peuples primitifs demeura longtemps chose assez commune pour ne pas causer un étonnemeut comparable à ce qui se produit aujourd'hui chez nous. Le miracle fut de tous les jours dans la Grèce antique, sans exciter de surprise. Tout au plus les foules se portèrent-elles vers le miracle permanent de Dodone, de Delphes ou d'Epidaure. Jésus-Christ, les apôtres firent des miracles sans émouvoir autrement les Juifs endurcis qui en furent témoins. Il eût été contraire à toute convenance qu'ils n'en fissent pas. Dans son *Saint Paul*, Renan explique très bien que le miracle, considéré maintenant comme la preuve de la vérité d'une doctrine, était alors simplement tenu pour la manifestation du pouvoir surnaturel d'un homme.

Aujourd'hui, l'idée de permanence des lois de la nature a beau être entrée dans nos livres d'école, la foule souffrante n'est pas encore résignée à l'idée qu'aucune exception ne se produise. Elle veut la loi intermittente, avec un temps d'arrêt à son profit, et se précipite vers le coup de chance de Lourdes, comme d'autres jouent leur va-tout sur le miracle de Monaco. Qu'est-ce que la prière, sinon la pieuse martingale, qui doit forcer le succès, et produire le miracle éternellement sollicité sans que l'éternelle attente lasse jamais l'éternelle espérance? Chaque prière est une demande de miracle. On ne prie plus, fait observer Stuart Mill, pour empêcher cinq et six de faire onze, parce que la mathématique nous apparaît à tous comme inflexible, absolue, mais on prie pour obtenir la cessation immédiate d'une tempête, sans réfléchir que cela est impossible de la même impossibilité.

Zola se demande s'il est bon de maintenir les foules dans cet état d'âme. La question est singulièrement oiseuse. Qu'on s'en félicite ou qu'on le regrette, l'esprit de critique est déchaîné. Il ne s'arrêtera pas. A les regarder superficiellement, les foules qui se pressent à Lourdes ne semblent pas d'une mentalité supérieure à celles qui invoquaient, il y a deux mille ans, Zeus Dodonéen, Asclépios, ou Appollon Delphien. Mais le milieu a totalement changé. La science positive s'est constituée, qui tous les jours étend le domaine conquis sur le mystère. Si le mysticisme des foules donne encore le même spectacle qu'autrefois, c'est par l'état d'âme des regardants qu'on peut juger des progrès de la mentalité humaine. « Il faut laisser une porte ouverte sur l'Inconnu », dit Zola. Qu'il se rassure. Il n'est pas plus en notre pouvoir de la fermer, que nous n'aurions pu empêcher notre mère biblique de l'entr'ouvrir, sur les conseils du divin tentateur, et malgré la défense formelle de Iahvé, gardien jaloux de l'antique ignorance.

Illimité, le champ de l'Inconnu, sans parler de l'Inconnaissable. Nos bonds les plus formidables n'aboutissent qu'à reculer l'horizon, et, sous notre regard ébloui, l'infini domaine à la fois s'offre, se donne et se refuse. C'est là que l'imagination s'élance, c'est là que le rêve peut déployer ses ailes et battre d'un vol éperdu les horizons sans fin. Brume, nuit ou lumière, quelles sensations rapporter de ce prodigieux voyage? L'apparition de la grotte? Les morbidités de la piscine? Vraiment ne pouvons-nous aspirer plus haut? N'est-il pas permis de croire que l'esprit humain cultivé, agrandi, est capable de visions plus nobles, de plus beaux rêves? La simple Humanité, avec son cortège de grandeurs et de bassesses, de joie sublimes et d'atroces souffrances, ne peut-elle pas donner suffisante matière aux magnifiques rêveries de beauté, de bonté?

Quant à dire qu'il faut garder l'illusion de Lourdes, parce qu'elle contribue au bonheur humain, c'est la vue la plus superficielle qui soit. Qui oserait soutenir que l'humanité — même d'en bas — est plus heureuse depuis Lourdes qu'avant? S'il en était ainsi, ce serait à nous d'arrêter toute culture de l'esprit, et de nous mettre en quête de nouveaux miracles. Non. Il est faux que celui qui sait, soit plus malheureux que celui qui ignore. Les joies de la vérité sont telles qu'elles dominent le malheur. Se connaître, se mettre et se voir à sa place dans l'ordre mouvant des choses, c'est s'égaler à tout. L'espoir de retourner au grand repos d'avant l'être, vaut tout les rêves menteurs d'éternelle félicité! Mystique ou positif, l'homme est de courtes joies et de longues souffrances.

Il faut que les grands Dieux, pour leurs œuvres éternelle,
Reprennent le bonheur qu'il nous avaient prêté.

Que la plainte de misère soit dans les abêtissantes litanies de la grotte ou dans le soupir de mâle résignation à l'inévitable, comment jauger la douleur et mesurer l'apaisement conquis ? Heureux ou malheureux, une force invincible est en nous qui nous pousse à la conquête du vrai. Il faut marcher, il faut conquérir, il faut connaître. La souffrance humaine en sera-t-elle diminuée ou seulement modifiée, transposée ? On peut discuter à perte de vue, mais nous ne sommes pas libres de retourner à l'ignorance. Et comment de la connaissance de ce que nous sommes et de ce qui est ferions-nous du malheur ?

Voilà ce qui condamne Lourdes, même au point de vue où s'est placé Zola. Combien de temps dureront les miracles de la piscine, s'est-il demandé ? Ce qu'a duré le pèlerinage de Bétharam, non loin de Lourdes, sur les bords du Gave. En 1475 la même Vierge apparut là dans une merveilleuse lumière. Les pèlerins accoururent et les miracles se succédèrent sans fin jusqu'à une époque récente. Pourquoi la vertu de Bétharam est-elle aujourd'hui épuisée ? Demandez à Bernadette.

Quelque chose sans doute est en préparation déjà qui précipitera dans le même gouffre d'oubli la *Belle Dame* de Bernadette Soubirous. Sera-ce une apparition nouvelle, avec son cortège de myticisme et d'hystérie ? Je ne sais. Mais tôt ou tard, des miracles passés, présents, ou futurs, triomphera la simple connaissance humaine, par la force invincible de la vérité.

VII

Les derniers miracles.

Pourquoi n'y aurait-il pas de miracles en Angleterre? Il y en a, et des meilleurs. Connaissez-vous la source de sainte Winifred? C'est la concurrence anglaise de Lourdes. Au pays de Galles, entre Holyhead et Chester, tout à portée de l'Irlande catholique, se trouve la *source sainte* d'où le village a pris son nom : Holywell.

Il ne s'agit pas d'une apparition d'hier, mais d'un bon et solide miracle d'il y a douze cents ans. En ces temps reculés, une jeune Galloise qui s'était vouée à Dieu, Winifred, eut le malheur de plaire au fils du roi Alen, un certain Caradoc, qui, se voyant éconduit, trancha naturellement d'un coup d'épée la tête qui se refusait à ses embrassements. Une autre que Winifred s'en fût tenue là. Elle, point du tout. Courant après sa tête qui avait roulé fort loin, elle se la remit si proprement sur les épaules, que par la suite il ne resta qu'une petite ligne blanche en souvenir de l'accident. Ce que fit Paradoc, l'histoire ne le dit pas, et c'est vraiment dommage. J'imagine qu'il fut bien penaud. Voyez-vous la tête de Deibler si l'abbé Bruneau, d'un geste tranquille, avait ramassé la sienne dans le panier de la guillotine? Il est vrai qu'en ce temps-là on s'étonnait moins aisément. Mais ce qui surprit tout le monde et fit crier au miracle, c'est qu'une fontaine avait jailli là où s'était arrêtée la tête de la sainte. Il fallut bien se rendre à la merveille.

Tout ce qu'on plongea dans l'eau miraculeuse, cela ne se peut dire. Depuis douze cents ans, la piscine de sainte Winifred a dû voir beaucoup de choses. Comment supputer toutes les guérisons qu'on lui doit? Mettons qu'elles sont innombrables. Quand on a derrière soi douze siècles de prestige, on peut regarder avec quelque dédain un pauvre petit miracle d'hier. Vous pensez bien qu'il y a une chapelle et qu'elle est couverte d'*ex-voto*. Parmi les pèlerins de marque, Guillaume-le-Conquérant et Léopold Ier, roi des Belges. Que Lourdes en montre autant!

Pour tout dire, le miracle fut intermittent. Pendant quelques siècles les guérisons, semble-t-il, furent médiocres. Mais il n'y a pas de meilleure réponse au livre de Zola qu'un renouvellement de prodiges, et Winifred ne pouvait pas refuser un coup de main à Bernadette. Le correspondant du *Figaro* nous signale en effet, que « *depuis quelques semaines*, le nombre des pèlerins augmente dans de telles proportions qu'il est presque impossible de trouver à se loger à Holywell. Les trains amènent chaque jour des malades, des infirmes, des boiteux, des aveugles dont un grand nombre, affirment des témoins oculaires, s'en retournent guéris. On cite, parmi les cures miraculeuses récentes, celle d'une demoiselle guérie d'une hernie dont elle souffrait depuis quatorze ans, d'une aveugle qui a recouvré la vue d'un œil, d'une muette à qui une seule immersion dans la piscine a rendu la parole, de deux jeunes filles qui, venues sourdes, sont parties l'ouïe retrouvée, d'une autre jeune fille qui, arrivée samedi, se traînant avec peine sur deux béquilles, a repris le chemin de la gare en s'aidant d'une simple canne, et d'autres encore ».

Vous remarquerez que sainte Winifred ne guérit que des femmes. On doit lui pardonner un peu de rancune envers le sexe si vilainement représenté par le détestable Caradoc. Après douze siècles passés, une sainte pourrait peut-être oublier une violence qui a produit d'aussi excellents résultats. Sur la réalité des guérisons, d'ailleurs, aucun doute n'est possible. « L'évêque catholique de Nottingham, Mgr Bagshawe, venu à Holywell pour se rendre compte des cures miraculeuses effectuées par l'eau de la source de sainte Winifred, affirme sa conviction qu'elles sont réelles, et le Père Beauclerk les explique en disant que la foi des malades et les vertus de l'eau de sainte Winifred suffisent sans doute à contribuer à la guérison des malades, mais que les cures sont dues principalement à l'intervention directe de Dieu. »

En lisant ces lignes d'un catholique dont la bonne foi ne peut pas être suspectée, je me rappelais l'article de Renan sur la *méthode expérimentale en religion*. Il parlait d'un Oriental qui reprochait à l'Europe de n'avoir jamais vu naître de religions. « Nous autres, disait l'Asiatique, nous en voyons naître tous les jours. » Renan constate en effet que toutes les grandes religions du monde ont commencé en Asie, et que le *Babisme* a prouvé récemment que cette activité créatrice n'est pas épuisée. Partant de là, le philosophe se demande si l'on ne pourrait pas de Paris fonder une religion nouvelle en Syrie. On ferait, dit-il, très bien accepter aux peuplades voisines de la Syrie, dont l'état n'a pas changé depnis douze cents ans — juste l'âge de sainte Winifred — que Mahomet fut un grand homme pour avoir retrouvé la religion d'Abraham, mais que X... est un plus grand homme encore pour avoir retrouvé celle d'Adam. On expliquerait ladite religion en un beau livre arabe qui ferait fureur. Je ne peux pas résister au plaisir de la citation :

« Un feu d'artifice tiré sur la montagne de Safet et appuyé de quelques millions, passerait facilement pour l'apparition du Messie ; avec des générosités suffisantes, on pourrait faire attester le fait par les Juifs de Tibériade et de Safet. D'un coup de main rapide, on enlèverait la Mecque, on détruirait la Caaba, et on en ferait un lieu d'immondices.

« En somme, avec une cinquantaine de millions, on ferait de nos jours l'équivalent de ce que Mahomet a fait, il y a deux cent cinquante ans ; on détruirait l'Islam ; on ferait une religion nouvelle qui durerait ce que dure toute chose, et qui dans cent ans prouverait sa divinité par les miracles, les martyrs, etc.

« L'expérience vaudrait, après tout, la peine

d'être faite. Oui, un millionnaire qui y consacrerait une partie de sa fortune pourrait se donner le plaisir, sans quitter Paris, de mettre de nouveau en exercice la virtuosité religieuse de l'Asie. Il pourrait, en dînant chez Brébant avec ses amis, se faire adresser des télégrammes sur les hauts faits de ses disciples, sur les vertus qu'ils ont pratiquées au degré héroïque, sur la manière dont ils se sont déchirés dans la journée avec des crocs de fer. Je lui conseillerais de faire sa religion bien dure pour qu'elle attire davantage, bien absurde pour qu'on la proclame divine. Pendant ce temps, l'observateur impartial aurait de bien belles occasions de rire et de pleurer sur l'incurable sottise de l'espèce humaine et son inépuisable bonté. »

Est-il bien nécessaire d'aller jusqu'en Asie, de tirer un feu d'artifice sur la montagne de Safet et de dépenser tant de millions pour amener les gens à se déchirer avec des crocs de fer? Sans tant d'embarras, du pays de Galles au Pyrénées, *miraculants et miraculés* fournissent eux-mêmes le prodige que Renan se donnait tant de mal pour créer. Ils ne se font pas saigner, ils se guérissent. Pourquoi leur fabriquer un miracle quand ils se le font à eux-mêmes, naïvement ? Si nos religions nous sont venues d'Asie, nous n'avons pas laissé de les faire nôtres, de nous les assimiler, de les réaliser, de les développer, de les vivre. Sans doute l'Asie a vu ressusciter Dieu il y a dix-huit cents ans. Mais, depuis lors, ce n'a été chez nous qu'une série ininterrompue de miracles. Hier encore, Bernadette Soubirous causait avec la Vierge.

Sainte Winifred fait voir les aveugles. A son avènement, Charles X a touché les écrouelles. Qui sait ce que fera le duc d'Orléans?

VIII

Miracles d'Amérique.

Les incrédules qui vont de par le monde niant les prophètes et les miracles, feraient bien de lire dans la *Revue des Revues* l'histoire authentique d'un envoyé de Dieu sur la terre, Francis Schlatter, qui opérait, il y a six mois, dans le Texas, le Nouveau-Mexique, la Californie, le Colorado. Ils y verraient de si évidentes preuves de l'intervention de la Divinité par la voie d'un de ses élus, que les miracles même de Lourdes, pour incontestables qu'ils soient, tombent, en comparaison, au rang des prodiges de pacotille.

Les habitants de ces pays nouveaux sont des produits fort mélangés de toutes les races du monde. Latins du Mexique, émigrés de Hambourg, Celtes d'Irlande, Anglo-Saxons de partout, saupoudrés de Chinois, de nègres et de Peaux-Rouges, forment une mentalité publique qui n'est en rien inférieure à celle de nos trains de pèlerins. Par la diversité de leurs origines, par la dissemblance de leurs manières de sentir et de concevoir, ils paraîtraient au contraire particulièrement propres à l'exercice des facultés de doute et de contrôle qui s'oppose à la trop facile acceptation du merveilleux, s'ils n'étaient, en général, d'éducation primitive. Ce n'est pas médire des pêcheurs de Galilée d'il y a deux mille ans, que de les supposer plus prompts à l'enthousiasme aveugle du miracle que les aventureux *settlers* des Montagnes-Rocheuses.

C'est bien pourquoi les critiques de l'Evangile ont beau jeu. Ils allèguent l'innocence des temps, le mysticisme de l'Asie, la disposition à voir le surnaturel en toutes choses, le nombre immense des thaumaturges qui, semant la terre de merveilles, avaient fini par ne rien laisser de si rare que la simple expérience des lois de la nature.

Vraiment, tout fut miraculeux en certains jours. Jusque dans la Rome sceptique de Néron, Apollonius de Tyane, païen très authentique doué de pouvoirs surhumains, ne s'avisa-t-il pas de ressusciter, aux yeux de tous une jeune vierge tout aussi morte que Lazare? Plus tard, n'annonçait-il pas d'Ephèse le meurtre de Domitien, à l'heure même où le tyran succombait, à Rome, sous le poignard des conjurés?

Quelle bibliothèque ne ferait-on pas des prodiges accomplis par le Démon pour nous séduire, ou par la Divinité pour nous sauver? Y a-t-il rien de plus flatteur pour nous que d'être l'unique objet des soucis, des efforts des Puissances supra-terrestres de bien ou de mal? Et, puisqu'il y a eu des miracles prouvés, mis au-dessus des contestations des hommes, pourquoi n'y en aurait-il plus? De quel droit aurions-nous décidé que la Providence cesserait de se manifester parmi nous? Combien inconséquent ces chrétiens qui se feraient tuer pour la résurrection du Christ, et repoussent l'apparition de Lourdes? Rien ne me saurait choquer davantage que la doctrine impie qui refuse au Démon le pouvoir de nous abuser comme autrefois par des prestiges, et à Dieu même la volonté de combattre l'illusion de mensonge par le miracle de vérité.

Un miracle irréfutable suppose le miracle éternel. La multiplication des pains, la guérison des malades, la résurrection des morts étant des articles de foi, pourquoi de tels prodiges seraient-ils le privilège des temps passés? Pourquoi seraient-ils refusés aux nôtres? Il n'en est point ainsi, et si quelque chose doit surprendre, c'est bien plutôt la rareté du miracle que sa fréquence.

Je sais bien que le miracle est beaucoup plus commun qu'on ne croit. Toutes ces prières dont retentissent nos églises, ne demandent rien à Dieu qu'un miracle spécial pour parer à chacune de nos misères. De quoi s'agit-il, en vérité? D'arrêter subitement une tempête résultant des conflits de l'air déchaînés par les lois du Créateur? De remplacer par des organes sains les poumons livrés à la tuberculose? Le Tout-Puissant n'a qu'à vouloir, et le miracle vient corriger à point l'imperfection inattendue de son œuvre. Ce qui est surprenant, c'est qu'il ait besoin de nos sollicitations pour agir.

Il est certain cependant que le prodige s'accomplit. Car on voit après des prières, des tempêtes qui s'arrêtent et des malades qui guérissent. Ce sont là pour le croyant de purs miracles dont il ne manque pas de remercier la Divinité par des offrandes que l'Eglise est bien obligée de s'approprier, puisque Dieu ne saurait retirer aucun avantage de nos dons, qui sont les siens.

Mais ces miracles indiscutables ont le grave inconvénient, parce qu'ils sont d'ordre privé, de passer inaperçus. L'habitude que nous en avons nous les fait regarder avec indifférence. Il y a plus, les sceptiques observent que la même tempête finit par s'arrêter pour tout le monde, incrédules et croyants, et que, si des malades guérissent de certaines affections seulement : il est sans exemple qu'un membre amputé repousse après des neuvaines, des cierges brûlés, des messes et des prières, le plus grand nombre des convalescents se tirent d'affaire sans recourir à ces actes de piété : les infidèles, notamment, après des pratiques où la foi nous oblige à reconnaître l'œuvre caractéristique du Démon.

Ces considérations ne sont pas sans embarrasser plus d'un esprit raisonneur. Et c'est apparemment pour porter le dernier coup aux incertitudes, aux doutes, que des apparitions se produisent, que des prophètes nous sont envoyés, qui témoignent de leur mission divine par les miracles publics rapportés des anciens, ou constatés par nos contemporains.

Le dernier venu de ces députés du ciel nous paraît être ce Francis Schlatter, dont je parlais tout à l'heure. Ce n'est pas un des moindres signes de son caractère divin, que nous ne savons rien de lui. On nous dit cependant qu'il est Français, originaire d'Alsace, qu'il émigra de bonne heure aux

Etats-Unis. et qu' « *il y fit tous les métiers* ». Ce dernier trait ne saurait choquer ceux qui trouvèrent leur Dieu derrière l'établi d'un charpentier.

Comment cet humble *camelot* eut-il un jour la perception du *divin* qui se faisait en lui, c'est ce que nous ne savons pas. Si, lorsqu'il traversa Paris pour se rendre au Havre, on lui eût offert le plus modeste emploi, il ferait peut-être aujourd'hui la gloire de l'orphéon Dufayel, sans jamais soupçonner quelle vocation céleste l'attendait de l'autre côté du Mississipi. Par bonheur pour le Nouveau-Monde, la France ne sut point retenir le futur prophète, et la destinée de Francis Schlatter s'accomplit.

La gravure qui nous le représente nous montre un homme au regard extatique — barbe et cheveux de Christ — vêtu de la tunique flottante qui, depuis les premiers âges, paraît convenir à l'état d'Envoyé du Seigneur. Le reste du costume est tout de simplification : ni chapeau, ni souliers, ni chemise. En ce modeste appareil, « il parcourait les Etats américains, se disant inspiré du ciel, prêchant l'amour de Dieu et la paix des âmes ».

Ce langage, d'abord, parut subversif à la chrétienté d'Amérique, qui mit irrévérencieusement l'Elu de Dieu sous les verrous. Mais ce diable d'homme, si j'ose ainsi parler, ne fut pas plutôt en prison qu'il fit autant de saints de tous les prisonniers. Les geôliers, effrayés, s'empressèrent de mettre dehors un gaillard qui gâtait à ce point le métier.

Dans la rue, il ameute aussitôt la foule : « Prêtez

l'oreille et venez à moi, s'écrie-t-il. *Je ne suis qu'un simple envoyé de mon Père Céleste.* » C'est déjà une situation peu commune. Mais l'Américain qui veut être suprême en toutes choses, ne comprit pas la modestie d'un homme qui se refusait à se déclarer Dieu. Voilà, cette fois, Francis Schlatter dans une maison d'aliénés. Il n'eut pas de peine, apparemment, à faire douter ses gardiens de leur propre raison, car ils le relâchèrent bientôt, et le saint, dont la puissance s'était accrue dans les épreuves, commença dès lors une interminable série de miracles.

Le Texas, la Californie furent successivement parcourus dans l'enthousiasme des populations. Après un court séjour à San-Francisco, en décembre 1894, Schlatter passe les six premiers mois de 1895 au milieu des tribus indiennes, « *semant des miracles* » qui produisirent, on doit le croire, une abondante moisson. Enfin, nous le trouvons installé à Denver, la capitale du Colorado, où nous allons le voir opérer de près. Un avis du plus grand journal du Nouveau-Mexique le *Rocky Mountains Daily News*, nous met d'abord, sans méprise possible, au courant de la situation :

MORT AUX DOCTEURS

Le Messie du Nouveau-Mexique soigne mille malades
Boiteux, aveugles, sourds.
Schlatter, le prodige du Sud-Ouest, ne fait point de différence entre les pauvres et les riches, et guérit tout le monde. Tous sont sauvés par la foi, etc., etc.

Maintenant, écoutez les témoignages :

Le général E.-F. publie dans l'*Omaha-World Herald*, un long article où il dit : « Tous ceux qui approchent Schlatter sont soulagés. Le docteur Keithey a été guéri de la surdité. Je me suis servi de lunettes pendant nombre d'années. Un geste de sa main a suffi pour que je n'en eusse plus besoin. »

Un des plus hauts fonctionnaires de l'*Union Pacific Railroad*, M. Sutherland, à la suite d'un accident de chemin de fer, ne pouvait plus marcher ni même mouvoir ses membres. Transporté à Denver, il en est revenu complètement guéri. Par surcroit, sourd depuis quinze ans, il a retrouvé la faculté de l'ouïe. « La cécité, la diphtérie, la phtisie, s'évanouissent devant la main de Schlatter, *et surtout devant ses gants*, comme de simples migraines sous l'influence de l'antipyrine. »

« La foi étant l'unique raison des guérisons, disait le prophète, il est inutile que je touche les malades de ma main. » L'usage s'établit alors de lui apporter des gants qu'il bénissait ou touchait, et qui acquéraient la propriété de guérir toutes les maladies.

Mme V.-V. Snook (*North-Denver*) était atteinte d'un cancer depuis de longs mois. Epuisée de souffrances, elle envoie chez le saint demander un de ses gants. Il lui en envoie deux. Elle est guérie. Il en fut de même de John Davison (1217, 17 th. street, Denver) ; du colonel Powers de Georgetown, et d'un grand nombre d'autres incurables.

Mme M.-C. Holmes, de Havelock (Nebraska),

souffrait de tumeurs au-dessous des yeux. Elle y pose le gant de Schlatter, et les tumeurs disparaissent (*Denver-News*, 12 novembre 1895).

L'ingénieur Norris (Albuquerque), est subitement guéri de la cataracte. Un bûcheron aveugle recouvre la vue, les paralytiques font des sauts de carpe, les culs-de-jatte dansent. SCHLATTER SOIGNE 5,000 PERSONNES PAR JOUR. Et tous glorifient le « *Fils du Père* ».

Voilà ce qu'on a pu voir à Denver. Les malades accouraient de tous les points des Etats-Unis et s'en retournaient guéris. Schlatter n'acceptait aucune offrande. En revanche, hôteliers et commerçants faisaient de magnifiques affaires. Pendant quarante jours et quarante nuits, l'homme de Dieu jeûna. Très exalté par l'abstinence, il déclara finalement qu'il était le Christ. Et de fait, il accomplissait plus de miracles en une heure qu'il n'en est rapporté dans tout l'Evangile.

Les trains de pèlerins se succédaient sans relâche. Les malades s'attroupaient par milliers sur la voie publique, pour attendre la distribution des gants guérisseurs. Ce n'était, de toutes part, qu'allégresse, actions de grâces d'incurables guéris et de trafiquants enrichis. Tout était heureux, sauf la secte hippocratique, qui, conformément à la remarque du *Rocky Mountains Daily News*, mourait de la belle santé d'autrui.

Ces grands bonheurs ne sont point durables. Au plus fort du délire d'universelle joie, un beau matin, l'hôte de Schlatter trouva sa chambre vide, et le saint envolé. Une lettre dont on nous donne le fac-similé, et qu'on dirait écrite de la main d'un enfant, disait: « *Ma mission est finie. Le Père me rappelle.* » On devine les cris de douleur et de rage des malheureux assemblés devant la maison du prophète pour attendre l'infaillible guérison. « *C'est une désertion* », criait-on de toutes parts.

Depuis ce jour (13 décembre 1895), on n'a plus entendu parler de Schlatter. Comment a-t-il pu, sans argent, dénoncé par son habit, se dérober à toutes recherches? On ne sait. Je ne serais pas surpris d'apprendre qu'un syndicat médical des Montagnes Rocheuses lui a tendu quelque embûche meurtrière. Ou bien, à l'inverse de notre Léo Taxil, s'est-il fait recevoir franc-maçon pour *débiner* ses miracles en quelque livre remarquablement amorcé par cette retentissante réclame?

Ce serait choses d'Amérique.

Pourtant, il me paraît plus naturel de croire que Schlatter a été tout simplement ravi au ciel comme le prophète Elie.

Les sorcières de Toul.

M. Albert Denis a publié sur « *La sorcellerie à Toul au* XVIe *et au* XVIIe *siècles* » un petit livre que je recommande aux Français curieux de l'histoire de leur pays. Le jour viendra peut-être où l'on s'avisera de remplacer les histoires de guerre dont on sature notre jeunesse par un tableau sincère des idées et des mœurs des temps disparus. Des travaux comme celui que je signale contribueront à éveiller chez nous le désir de déchirer le décor menteur de l'histoire officielle pour éclairer d'affreuse vérité cette civilisation chrétienne qu'on ose nous donner comme un progrès sur l'antiquité.

M. Albert Denis s'est borné à recueillir et à produire à la lumière des pièces authentiques des archives de Toul concernant « les informations, interrogatoires et sentences de condamnation de nombreux habitants, morts martyrs du fanatisme de leur temps ». Il s'est montré sobre de commentaires, et l'on se demande en vérité ce qu'il aurait pu dire dont l'effet ne fut d'avance surpassé par la tragique horreur de la réalité nue.

Sans remonter à l'histoire de la sorcellerie, et

sans rechercher le sens véritable du fameux mot de Michelet : « *La sorcière fut une création du désespoir* », qu'il nous suffise de constater, pour caractériser la mentalité d'une époque, qu'un homme tel qu'Ambroise Paré, *le père de la chirurgie moderne* pouvait dans son ouvrage sur *les Monstres*, paru en 1573, écrire les lignes suivantes :

> Nul ne peut être sorcier que premièrement il n'ait renoncé à Dieu, son créateur et sauveur, et pris volontairement alliance et amitié du diable, pour le reconnaître et adorer au nom du Dieu vivant, et se soit donné à lui. Or, ce n'est que par une infidélité et une défiance des promesses et assistance de Dieu que cette manière de gens deviennent sorciers, ou pour une curiosité de savoir choses secrètes ou futures ; ou, étant pressés par une grande pauvreté, aspirants à être riches. Or, nul ne peut nier, et il n'en faut douter, qu'il n'y ait de sorciers, car cela se prouve par l'autorité de plusieurs docteurs et expositeurs tant vieux que modernes, lesquelles tiennent pour chose résolue qu'il y a des sorciers et enchanteurs qui, par moyens subtils, diaboliques et inconnus, corrompent le corps, l'entendement, la vie et la santé des hommes et autres créatures comme animaux, herbes, arbres, l'air, la terre et les eaux.

Qu'on juge par là de l'argument par lequel on prétend nous fermer la bouche en alléguant que tel membre de l'Institut traîne ses rhumatismes à Lourdes ou dans d'autres sanctuaires. Quand Ambroise Paré s'exprimait de la sorte, que pouvaient dire les gens d'Eglise ? M. Albert Denis fait au hasard une citation du bénédictin dom Calmet. Il n'y aurait que l'embarras du choix.

On a puni les sorciers des plus rigoureux supplices,

et l'on ne peut nier que les princes, les évêques et les juges n'aient tenu, en les poursuivant par les plus sévères châtiments, une conduite très sage et très louable, puisqu'il était question d'arrêter le cours d'une impiété très dangereuse et d'un culte sacrilège, ridicule, abominable, rendu au démon qui séduisait et perdait une infinité de personnes et causait dans l'Etat mille désordres très graves.

En vain, Montaigne protestait-il qu'il était plus enclin à croire « *l'esprit humain détraqué* » qu'à imaginer « *l'un de nous, en chair et en os, enlevé sur un balai au long du tuyau de la cheminée par un esprit étrange.* » « J'ai eu occasion, disait-il, de m'entretenir avec une vieille femme qui passait pour sorcière ; je lui eusse plutôt ordonné de l'ellébore que de la ciguë. »

Mais qui écoutait Montaigne ? Ce n'était pas Bodin, assurément, qui écrivait tranquillement dans *sa démonomanie* : « *Les sorciers sont si nombreux en Europe qu'ils pourraient faire une armée de 1,800,000 hommes* », et qui concluait par le vœu « *de pouvoir juger et brûler d'un seul coup* » toute cette masse criminelle. Comment s'étonner si les juges, par l'odeur alléchés, s'empressaient à la curée démoniaque ? Dans sa *Démonolatrie*, dédiée au cardinal de Lorraine (1596), Nicolas Rémy, juge de Nancy, assure avoir brûlé, de 1579 à 1595, *huit cents sorciers* dans le seul duché de Lorraine. « Ma justice est si bonne dit-il, que l'an dernier seize sorciers se sont tués pour ne pas passer par mes mains. » En 1602, Boquet, juge de Saint-Claude, magistrat tout humain, blâme la torture appliquée aux sorcières. Il lui suffit de les étrangler avant de les jeter dans le feu, « *sauf les loups garous qu'il faut avoir bien soin de brûler vifs* ».

Je ne puis, faute d'espace, analyser ici les curieux interrogatoires de sorcières reproduits par M. Albert Denis dans son ouvrage. Ce sont les plus vulgaires histoires de village qui donnent prétexte aux tortures, aux supplices, au déchaînement de sauvagerie des classes *honnêtes et modérées* de l'époque. Jeanne Pailley a mené à la pêche aux grenouilles le fils de la femme Guyot qui avait refusé de lui vendre une poule. L'enfant, après avoir mangé des *raynes*, tomba malade et mourut. La femme Guyot « *eut un soupçon que ce mal avait été donné par ladite Jeanne pour le refus de la géline* ».
Il n'en fallut pas davantage pour mettre le bon juge en mouvement. Comme témoin à charge on voit apparaître Claudin Bicquilley, qui s'est disputé avec l'accusée pour un logement qu'il occupa d'autorité, bien qu'elle l'eût loué avant lui. Le lendemain de sa querelle il se trouva perclus des deux mains, *bien qu'un an auparavant il était dispos et prompt au travail nonobstant son âge* (86 ans). Estimant que cela lui a été causé par ladite dispute, joint que le bruit commun courait que ladite Jeanne était sorcière, etc. » Il faut encore mentionner un autre témoin à charge, la veuve Cattin Hallier qui était « *enflée dans le corps et souffrant de douleurs extrêmes.* » Elle montra aux voisins « ses linges et ses habits qui tombaient de pourriture. Ce que voyant, lesdits voisins furent émus de compassion. Et entre autres Jeanne Pailley qui en fit démonstration extérieure et lui alla quérir en sa maison

une chemise blanche pour la revêtir, laquelle, elle, déposante, reçut et revêtit *et dès lors s'aperçut que son mal la relâchait*... Ne voudrait soutenir que telle guérison fut causée au moyen de ladite chemise, *mais dès lors entra en opinion que cela y avait aidé.* »

Sur quoi « le procureur général requiert que ladite *Jeanne* sera appréhendée au corps pour procéder contre elle extraordinairement et comme de règle ». Il était dangereux, il y a trois cents ans, de faire la charité.

Toutes les autres accusations sont naturellement fondées sur des faits analogues. C'est un enfant de six ans qui tombe malade à l'école. Le père « montra son enfant aux barbiers et apothicaires, notamment à feu maître Nicolas Martin et à maître Nicolas Pralier qui n'y purent autre chose faire ni reconnaître, sinon qu'ils assurèrent que c'était mal donné de quelque sorcier ou sorcière ». Bien entendu, les parents s'en prennent à une malheureuse avec qui ils ont une contestation, et l'on se hâte de lui faire son procès. Un des principaux chefs d'accusation relevés contre elle, c'est qu'on l'a vue *flotter* dans la Moselle. Elle répond qu'elle est en effet tombée en traversant un gué où il y avait deux pieds d'eau. Ainsi du reste.

Le cas d'Yvette Adam est peut-être plus extraordinaire encore. L'enfant de la femme Renard tombe malade, celle-ci soupçonne qu'Yvette en est la cause. On ne l'a pas invitée au repas de noces. C'est sa vengeance. La mère affligée va trouver Yvette et lui demande ce qu'il faut faire pour guérir l'enfant. Yvette conseille de faire dire une messe de *Requiem* aux Cordeliers. « *L'enfant fut guéri, ce fut cause que la femme Renard conçut mauvaise opinion contre Yvette, et tâchait de ne pas la rencontrer.* »

Lisez encore l'histoire du cheval malade que « *l'écorcheur jugea avoir été ensorcelé et empoisonné* ». *Isabillon* convaincue de ce méfait et d'autres crimes analogues, fut mise à la question extraordinaire, confessa tout ce qu'on voulut, et fut dûment étranglée, puis brûlée par arrêt de justice.

Les quinze juges qui accomplissaient cette œuvre n'étaient autres que de bons bourgeois de Toul, choisis par l'évêque sur une liste de quarante-cinq prud'hommes élus par le corps de la bourgeoisie.

Les dix *justiciers* nommaient le bourreau, et, d'accord avec le maître-échevin, le procureur général. A côté d'eux instruisaient cinq *enquerreurs*. Tout ce monde se ruait judiciairement sur les accusés et les expédiait en due forme.

« On enlevait alors la personne de sa demeure sans la prévenir qu'elle était accusée de sorcellerie, et on la déposait dans une des tours des remparts de la ville... On y descendait l'inculpé par une échelle. Là, dans un air humide et sans lumière, il n'avait que de la paille pour lit, et ses habits pour couverture. Il était nourri à ses frais. » Pressés de questions captieuses, avec la torture en vue s'ils n'avouaient pas, les misérables en passaient aisément par tout ce que voulait le juge. S'ils se défendaient, « *c'était le diable qui les instruisait* ». Alors c'était la question ordinaire et extraordinaire : *les grésillons* qui écrasaient les pouces à la racine de l'ongle, *l'échelle* sur laquelle on distendait le corps calé de coins coupants, *les tortillons* qui serraient graduellement leurs cordes autour des membres jusqu'à l'affollement du patient. Il faut lire l'interrogatoire de François Lhermitte. On lui avait trouvé « *la marque du diable* », une petite tache noire de la grosseur d'une tête d'épingle entre les deux épaules, « *laquelle fut sondée fort profondément sans produire ni douleur ni saignement* ». Cela équivalait à l'aveu du crime. Tout inculpé, sans distinction de sexe, était d'abord rasé, de la tête aux pieds, pour rechercher ce stigmate décisif.

François Lhermitte, interrogé d'où lui provient cette marque, a répondu qu'il ne sait s'il en a une, qu'il n'est pas sorcier et n'a fait choses mal à propos, ne voulant prêter l'oreille aux remontrances à lui faites, non plus renoncer absolument au diable, malin esprit qui l'a tenté.

— Les *grésillons* appliqués aux doigts des mains et, pendant les douleurs, interrogé, a dénié tout ce qui lui était demandé.

— Etant aux orteils, il a commencé à crier : « Je ne suis pas sorcier, mon Dieu ! Brûlez-moi, je le veux être ; jamais je ne suis *genox* ni sorcier, et n'est-ce que je veux dire ce que je ne sais. »

— Etendu en chemise sur *l'échelle*, lié de cordes aux pieds et mains, n'a voulu prier Dieu ni la Vierge, disant être fils de bien et non sorcier.

— *Tiré d'un quart de tour*, a dit : « Pour l'honneur de Dieu, brûlez-moi ; je ne veux pas dire ce que je n'ai pas fait ! »

— Enquis à quel sujet il supplie qu'on le fasse brûler, a dit qu'il dit ce qui lui vient à la bouche.

— *Tiré d'un demi-tour*, n'a voulu répondre sur tous les interrogats à lui faits.

— *Huisché* (soulevé) et plus *tiré d'un tour*, a dit qu'il ne sait ce que c'est d'être sorcier, que Dieu est son maître.

— Admonesté de dire : « Sainte-Vierge Marie, faites-moi la grâce de confesser mes maléfices et offences ! »

— Ce qu'il n'a voulu faire ni proférer le nom de la Sainte-Vierge Marie, non plus dire *l'Ave Maria*.

— Etant disposé à lui faire sentir le tourment des *tortillons*, il a commencé à parler et déclaré qu'un jour il s'en allait au bois et rencontra un ours noir, lequel ours lui dit qu'il soit toujours homme de bien, qu'il ne fasse point de mal, et, enfin, qu'il n'a jamais été tenté que cette fois-là.

— Enquis s'il n'est pas sorcier, a confessé être sorcier et qu'il a été tenté, même que ce fut par un homme non habillé !

Après ce premier pas, François Lhermitte fait tous les aveux qu'on lui demande, confesse que le diable l'aidait pendant la torture et le regardait par la toiture de la tour. Il ne restait plus qu'à étrangler et à brûler le sorcier. C'est ce qu'on fit en cérémonie.

M. Albert Denis publie la curieuse formule qui se trouve uniformément dans toutes les condamnations prononcées à Toul contre des sorciers. On y voit que le condamné a pris le diable pour maître sous le nom de *Persil, Rampaud, Joly-Bois, Harlequinquin*, etc., que le démon lui est apparu sous la forme *d'un jeune homme, d'un chien, d'un bouc, d'un taureau*, qu'il est convaincu d'avoir *renoncé à Dieu, chrême et baptême, s'être souillé avec ledit diable par devant et par derrière, et commis le péché contre nature diverses fois, d'avoir abusé de la Sainte-Hostie et par plusieurs fois l'avoir jetée dans le feu, assisté aux sabbats, adoré le diable en lui baisant le derrière, reçu dudit diable trois cornets de poudre, l'une pour faire mourir, une autre pour faire malade et une dernière pour guérir, et avec icelles avoir fait mourir ou guérir telles gens, telles bêtes, etc., avoir reçu dudit diable aussi une verge pour battre l'eau, faire venir la grêle et la tempête et foudroyer les biens de la terre,* » etc., etc.

Suit l'extrait d'un certain nombre de sentences conservées aux archives de Toul. Je n'en relève qu'une. La femme Claudon Laurent est mise à la torture, étranglée et brûlée pour avoir, « avec des poudres reçues du diable, *fait mourir un sien cochon.* La femme Suzanne Grandjean a fait mourir la génisse de Jean Pagel; même condamnation. Les pages et les pages se succèdent dans une effroyable monotonie. La torture, la mort... au nom du Christ !

De 1619 à 1622, dix-huit victimes (dont quinze femmes) sont livrées au bûcher dans la seule ville de Toul. D'après Dom Calmet, plus de douze cents exécutions avaient eu lieu dans les dernières années du xvie siècle « tant en Lorraine que dans le pays toulois ».

Ces abominations durèrent jusqu'à l'arrêt de 1682 qui fut l'œuvre de Colbert. Par cet édit Louis XIV ouvrait les portes des prisons aux sorciers, et défendait aux Parlements d'admettre l'accusation de sorcellerie « *lorsque n'y était pas jointe l'inculpation d'impiété* ». « *S'il se trouvait à l'avenir,* disait l'article 3, *des personnes assez méchantes pour ajouter le sortilège à l'impiété, sous n'importe quel prétexte, elles seraient punies de mort.* » Ce texte n'est vieux que de deux cents ans, et il constituait un progrès ! L'Eglise nous possédait depuis plus de mille ans.

Enfin la loi du 22 juillet 1791 supprima le crime de *sortilège* ou de *lèse-majesté divine*.

Tant de siècles de violences ne pouvaient pas hélas ! se clore subitement dans la paix. Les sanglantes convulsions de l'époque révolutionnaire allaient succéder aux barbaries de la monarchie chrétienne. Haïssons le sang des échafauds de la Révolution comme des bûchers de l'Eglise. Il n'y a, dans la violence, ni vérite, ni justice. Cherchons la paix. Faisons la pitié.

X

La sorcière.

On ne saurait parcourir l'histoire des sorcières de Toul sans être frappé de l'obstination des croyances populaires touchant la sorcellerie depuis le moyen âge jusqu'à nos jours. Pour ne parler que des paysans de l'Ouest au milieu de qui j'ai vécu, quiconque séjournera dans les villages de Bretagne ou de Vendée entendra chuchoter d'étranges récits sur les méfaits de quelque sorcière qu'il aura rencontrée gardant des moutons ou ramassant du bois mort.

L'école, les chemins de fer, la science qui pénètre lentement à la suite du médecin et du vétérinaire, ont sans doute quelque peu refoulé les manifestations de ces persistantes croyances des pauvres esprits affamés de surnaturel, en dégoût des réalités. Mais l'Eglise, dominatrice, qui, de ses promesses merveilleuses, éblouit l'ignorance, entretient officiellement l'esprit de superstition dont elle tire ses profits. Qu'on me dise en quoi les actes de sorcellerie dont je vous ai présenté le rapide tableau différent des guérisons merveilleuses par médailles, scapulaires, cierges ou fioles d'eau. Les foules qui se précipitent à Lourdes ne sont pas d'état mental supérieur à la plèbe de bourgeois et de vilains qui s'ébaudissait il y a deux cents ans autour des bûchers de Toul.

La grande conquête, c'est qu'on ne brûle plus les sorciers. Mais que d'esprits de culture moyenne qui se croient affranchis de rêveries superstitieuses donnent dans le miracle plus ou moins grossier et font ainsi retour au fétichisme des ancêtres dont témoignent l'Oriental avec ses amulettes, ses talismans, et, plus simplement, le nègre avec ses *gris-gris*. Nos paysans de l'Ouest, sans fausse pudeur, ont bonnement gardé au plus profond de leur âme le legs d'ignorance et de folie chrétienne reçu du moyen âge.

Les sorcières que j'ai connues, que je pourrais montrer encore à tout venant, ne sont point très différentes de celles de Toul. Elles ne se réunissent point dans la lande, comme les sorcières de Macbeth pour danser autour du chaudron où bout le foie du juif blasphémateur en compagnie du nez de Turc et du doigt d'enfant nouveau-né étranglé à sa naissance. On ne les voit plus même enfourcher le balai pour s'envoler par la cheminée et se rendre au sabbat à travers les airs. Non. Tout cet appareil théâtral s'est évanoui devant le scepticisme moderne. On ne rencontre plus de chien noir aux prunelles sanglantes, d'ours séducteur, de loup-garou : à peine de ci de là quelques fantômes qui fuient au premier coup de fusil.

En revanche tous les sortilèges du temps passé, poudres, philtres, enchantements, maléfices de toutes sortes, sont demeurés tels que les ont connus nos aïeux. Un cochon est trouvé mort sur sa paille, une vache est malade, un cheval boite, un enfant est pris de convulsions, un homme meurt de congestion ou de débilité sénile. Avez-vous remarqué que le matin, la veille ou le lendemain, telle vieille est passée devant la maison, qu'elle a fait une halte sous couleur de repos ou de causerie, qu'elle a vaguement agité la main dans telle direction, qu'au lieu de tourner à droite, comme elle a coutume, elle a pris à gauche, qu'elle a murmuré on ne sait quelles paroles, qu'on l'a vue plus tard triste ou joyeuse, et qu'elle a demandé des nouvelles du malade ? Il n'en faut pas davantage. C'est sur de moindres indices qu'on a torturé et brûlé les sorcières de Toul. C'est sur des faits de cet ordre qu'on se base aujourd'hui pour chuchoter le soir, à la veillée : « Vous savez, une telle est sorcière. *Elle a jeté un sort.* » Suit l'éternelle histoire. Et chacun de rappeler ses souvenirs, et de citer quelque anecdote à l'appui de la récente aventure. Dès lors, le fait est avéré, mis au-dessus des discussions. Il ne reste plus qu'à éviter la fâcheuse rencontre et à se garer des entreprises du *mauvais monde*.

A vrai dire, la magie du sorcier, la mystérieuse vertu du « *toucheur* » qui guérit les maladies par simple attouchement, la baguette du découvreur de trésors ou de sources, les passes de guérisseur ou les pratiques du rebouteur sont choses fort voisines. J'ai *vu* un maçon de mon village interrompre un jour son travail pour aller *couper la fièvre* d'un voisin. Je lui demandai comment il s'y prenait. Il me répondit ingénument qu'il enterrait une gousse d'ail au pied d'un poirier... *mais d'une certaine manière*. Comment dissuader les âmes simples de recourir à de tels prodédés, quand on voit l'un des premiers médecins de la contrée ancien interne des hôpitaux et lauréat de la Faculté) envoyer son enfant au rebouteur qu'il fit autrefois condamner pour exercice illégal de la médecine?

Nos sorcières, de fait, n'exercent point de profession fondée sur leurs pouvoirs de magie. Leurs actes, bons ou mauvais, ont pour unique mobile leur volonté capricieuse secondée du *Malin*. Elles jouissent d'une puissance surnaturelle, et, à ce titre, font concurrence à l'Eglise avec tout son attirail de chapelets et de médailles bénies. Seulement, leur vertu vient du Démon, tandis que l'Eglise tient la sienne de Dieu même. La distinction est parfois malaisée. Rappelez-vous cette sorcière de Toul qui fut brûlée pour avoir guéri un enfant en conseillant de *dire une messe* à son intention. Ce Diable qui recourt à l'intervention divine est vraiment d'une subtilité déconcertante. Si la femme n'avait pas été authentiquement brûlée par autorité de justice, on pourrait craindre qu'il n'y ait eu erreur. Les œuvres de la Providence et du Démon sont étrangement mêlées parmi nous.

Satan n'est pas moins nécessaire que Dieu même à l'ordre divin. Supprimez le Diable et l'univers s'écroule. N'avez-vous pas remarqué que tous les gens qui veulent prouver Dieu commencent par arguer de la nécessité d'un châtiment éternel. Or, où serait l'enfer si le plus beau des archanges ne s'était pas révolté et ne nous avait pas soufflé le saint amour de l'indépendance en jetant à travers l'espace cette grande parole qui retentit encore en nos cœurs : « *Je ne servirai pas* » ? Il fallait que ce mot fût dit, même payé de l'éternel enfer. Il fallait que Dieu créât des êtres supérieurs à l'homme et que le mal sortît d'eux pour se déchaîner et se propager dans le monde. Il fallait qu'il fabriquât l'homme — sur un modèle inférieur — pour être le réceptacle de ce mal et s'en torturer à travers les temps éternels. Il fallait, pour que le Christ sauvât le monde, que Judas le trahît, et que Juifs et Romains fussent voués aux supplices éternels pour l'avoir mis en croix. Ainsi la loi de Dieu c'est que le bien, tel qu'il nous vient de lui, a besoin du mal pour être. Et comme le mal d'un instant emporte la torture d'éternité, il en résulte que ce mal imprudemment déchaîné par Dieu ne se peut plus reprendre, et durera désormais autant que lui. Si l'occasion m'est jamais donnée de présenter quelques observations au Maître de l'Univers, je lui demanderai comment du bien absolu a pu sortir le mal, et je m'étonnerai que, lorsque le bien seul existait, il ne s'en soit pas contenté. Le cas doit être embarrassant, car ces questions, posées déjà depuis longtemps, sont jusqu'ici restées sans réponse.

Pour en revenir à ce modeste instrument du Diable qui a nom la Sorcière, on cherche vainement quel avantage elle a pu retirer de son pacte infernal. Dans l'autre monde elle est vouée, comme nous savons tous, à réjouir délicieusement l'Éternel du grésillement de sa pauvre chair fumante. Sur la terre, où sont les joies qu'elle paie d'un tel prix ? Elle est pauvre, sordide, misérable. Le plaisir — qu'on peut se procurer par des voies purement humaines — de faire mourir son propre cochon, ou de gratifier d'une chemise une malade en haillons — comme il advint à Toul — est-il une compensation des atroces souffrances qui ne doivent jamais finir ? Je n'ose le croire, et cela me rend bien perplexe. Je regarde cet être détesté, redouté, objet des malédictions publiques, succombant sous la condamnation de l'Eglise et du Roi, conduit au bûcher par une bourgeoisie bien pensante appuyée des huées populaires, je le vois aujourd'hui épargné dans sa vie, mais non moins exécrable à la masse ignorante, et je crie pitié pour la lamentable victime de toutes les puissances du ciel et de la terre.

« *Création du désespoir* », dit Michelet. Révolte de l'âme humaine contre le mal immérité, inutile, criminel s'il est décrété par le caprice d'en haut. Appel à l'esprit de rébellion, aspiration de délivrance, mystère de la foule inconsciente mettant dans un seul être les obscurs espoirs de revanche des puissances d'en bas et reculant effrayée devant son propre ouvrage.

L'insurrection de l'esprit a maintenant trouvé d'autres voies, et la sorcière moderne n'est plus que le mourant reflet des rêves du passé que chassera l'aube de lumière.

Et, si je porte mes regards de la victime aux bourreaux, j'aperçois de bons bourgeois, pas plus méchants que ceux d'aujourd'hui, *qui croyaient bien faire*, comme nos contemporains, quand ils décrétaient, par peur, leurs sanglantes atrocités. Il n'y a pas de plus grande erreur que de se représenter les juges de Toul comme des êtres féroces, prenant plaisir à torturer leurs victimes. C'étaient des poltrons, voilà tout, et la peur est la plus abominable conseillère. Comme je relève tant d'analogies entre les paysans d'alors et ceux d'aujourd'hui — tout au moins dans une partie de la France — ainsi je pourrais noter plus d'une ressemblance entre les bourgeois du dix-septième et du dix-neuvième siècles. Qui sait ce que dans deux cents ans l'historien pensera des violences exercées par les pouvoirs publics contre des ouvriers défendant par la grève leur droit primordial de vivre? Beaucoup diront peut-être que les gouvernements de nos jours ont été d'esprit sauvage, de mœurs barbares. Le philosophe simplement répondra : « C'étaient des poltrons. Honneur aux braves ! »

XI

Les galères du roi.

Depuis que M. Georges Thiébaud a révoqué l'Édit de Nantes, il n'est pas sans danger de se risquer dans le domaine de la *Vache à Colas*.

Je n'ai pu cependant me défendre de quelques lâches mouvements de pitié en retrouvant dans les *Archives d'anthropologie criminelle* un résumé de la célèbre plaquette publiée en Hollande en 1715, par Jean Martheile de Bergerac, innocent criminel de la religion réformée, qui, pour n'avoir pas eu sur le Pape les opinions de la vertueuse catin qu'Alexandre Dumas fils honora d'une si magistrale fessée, fut envoyé par ladite Maintenon aux galères du roi repenti. Il n'y a pas plus de deux cents ans que l'événement arriva. C'est environ la durée de quatre vies d'hommes bout à bout. Cela est d'hier. Le grand-père de mon grand-père fut contemporain de Jean Martheile. La France n'était pas alors un pays de sauvages. Depuis une douzaine de siècles, l'Église infaillible l'éclairait de sa divine lumière. Et cependant, nous voyons qu'en ces temps heureux de civilisation catholique, il se passait des choses dont notre barbarie franc-maçonne se montrerait aujourd'hui vivement choquée.

Nous avons beau savoir que c'est pour le salut de leur âme qu'on interdit aux protestants l'exercice de leur culte, qu'on enlève les enfants de cinq ans à leur famille, qu'on baptise de force les nouveau-nés, et que les contrevenants à l'édit vont ramer sur les galères après avoir vu leurs biens confisqués, cette manière de défendre et le principe de la propriété et la liberté du père de famille, comme disent nos conservateurs chrétiens en leurs développements oratoires contre la tyrannie socialiste montante, remue en nous je ne sais quel venin d'humanité libérale dont nous sommes, depuis 1789, infectés.

Jean Martheile, pour ne parler que de lui, fut expédié aux galères pour le crime d'avoir voulu quitter le royaume. Cet acte abominable excitait fort la colère du très catholique monarque qui avait fort à cœur, comme disait la Scarron, la « *conversion* » des hérétiques. Le Huguenot récalcitrant rama treize ans dans l'immonde chiourme sans se convertir de bonne grâce. Enfin, il mit le comble à ses forfaits, en s'évadant malgré la défense formelle du règlement, acte que nous lui pardonnerons toutefois en faveur de la petite brochure qui nous fait pénétrer, après un si long temps, dans l'intimité des galères du roi.

La prison préventive est un spacieux cachot où, dans une obscurité absolue, innocents et criminels sont entassés pêle-mêle sur une paille infecte, attaqués par les rats, brimés par les brutes meurtrières que la force fait rois de cet enfer.

Martheile ayant osé se plaindre, est bâtonné,

roué de coups, précipité du haut d'un escalier de vingt-cinq marches dans un souterrain où il a de l'eau jusqu'à mi-jambe. Il lui suffit de vingt-quatre heures passées en ce séjour pour comprendre qu'il devra désormais tout subir en silence.

Le cachot de la Tournelle, à Paris, était un endroit fort mal choisi pour dormir. Le galérien novice en fit la très fâcheuse expérience. Chaque homme, enchaîné à une poutre par un collier de fer, ne peut ni se coucher, la poutre étant trop haute, ni se tenir debout, la poutre étant trop basse. Au bout de quelques heures de ce supplice — qui dura plusieurs jours — ce fut un concert de plaintes et de gémissements. Il fallut des distributions répétées de coups de bâtons à tort et à travers pour ramener l'ordre et la paix dans ces convulsions de chair criante.

Enfin, la *chaîne* se met en route, quatre cents hommes enfilés par le cou, portant chacun un poids de cent cinquante livres. La première étape mène nos gens jusqu'à Charenton, par une belle gelée d'hiver. On les empile dans une écurie. « La chaîne était clouée au râtelier, de manière que nous ne puissions nous coucher ni même nous asseoir que difficilement sur le fumier et les immondices des chevaux. Car comme le capitaine conduit la chaîne à ses dépens jusqu'à Marseille, moyennant vingt écus par tête de ceux qu'il livre à Marseille, il épargne jusqu'à la paille et nous n'en avons pas eu pendant toute la route. »

Le lendemain matin, « par un vent de bise », on fait mettre les galériens tout nus pour fouiller leurs vêtements. La plupart roidis par le froid, *après deux heures d'attente*, ne pouvaient plus se rhabiller. « Ce fut alors que les coups de bâtons et de nerfs de bœufs se mirent à pleuvoir. Et ce traitement terrible ne réussissant pas à ranimer ces pauvres corps, pour ainsi dire tout gelés, et couchés, les uns raides morts, les autres mourants, ces barbares archers les traînaient par la chaîne de leur col, comme des charognes, leur corps ruisselant du sang des coups qu'ils avaient reçus. Il en mourut, ce soir-là, ou le lendemain, dix-huit. » Le capitaine, qui recevait vingt écus par tête d'hommes vivant à Marseille, avait intérêt à tuer les malades plutôt qu'à les voiturer à son compte.

Le voyage s'acheva, à raison de trois ou quatre lieues par jour, dans le dégel et dans la boue, sous les morsures d'une vermine dévorante.

Je ne puis suivre le narrateur dans la description détaillée de la manœuvre des rames, longues de cinquante pieds. Le passage suivant dit tout ce qu'il est besoin de savoir : « Il faut bien que les galériens rament tous ensemble. Car si l'une ou l'autre des rames monte ou descend trop tôt ou trop tard, en manquant sa cadence, les rameurs de cette rame qui a manqué, en tombant assis sur le banc, se cassent la tête sur cette rame qui a pris trop tard son entrée, et par là encore ces mêmes rameurs qui ont manqué se heurtent la tête contre la rame qui vogue derrière eux. Ils n'en sont pas quittes pour s'être fait des contusions à la tête. Le *comite* les rosse encore à grands coups de corde, si bien qu'il est de l'intérêt de leur peau, d'observer juste à prendre bien leur temps et leur mesure... On n'entend que claquer les cordes sur le dos de ces misérables. On n'entend que les injures et les blasphèmes les plus affreux des *comites*, qui sont animés et écument de rage lorsque leur galère ne tient pas son rang et ne marche pas si bien qu'une autre » .

Un officier, reprochant un jour à un *comite* de ne pas frapper assez fort, celui-ci répondit qu'il faudrait, comme il avait vu faire aux galères de Malte, « abattre d'un coup de hache le bras d'un de ces chiens pour en frapper les autres. »

Les coups de corde sur les épaules nues sont la pâture quotidienne du forçat. Comme châtiment exceptionnel, la bastonnade. Le patient, nu jusqu'à la ceinture, est attaché sur un canon, bâtonné par un Turc qui reçoit lui-même les coups du *comite* si, de pitié, il ménage les siens. Chaque coup fait une contusion *élevée d'un pouce*. Au bout de dix coups, l'homme est sans parole, sans mouvement. « Vingt ou trente coups n'est que pour les peccadilles ; j'en ai vu donner cinquante, quatre-vingts, cent. Mais ceux-là n'en reviennent guère. »

Voilà par quelle sorte d'arguments le grand roi, dans l'espoir d'obtenir le pardon de ses fautes, essayait d'éclairer la conscience de ses sujets de l'Église réformée. De cela le Bossuet de M. Brunetière l'a pompeusement loué, le comparant à Constantin et à Théodose. Ces empereurs furent, à n'en pas douter, d'édifiants chrétiens, bien faits pour être cités en exemples. Constantin, malgré son renom de cruauté, ne fit tuer principalement que son fils et sa femme, aussitôt après avoir convoqué le concile de Nicée. Théodose, qui fit massacrer pour une querelle de cochers sept mille personnes dans le cirque de Thessalonique, se vit refuser l'entrée de sa cathédrale par Ambroise, évêque de Milan, et dit dévotement le nombre de *pater* qu'il fallut pour expier cette vivacité de caractère. Tous deux n'en apportèrent pas moins un décisif concours à l'établissement de la nouvelle foi.

Louis XIV fit, de son côté, ce qu'il put. Ses dragonnades et ses galères, quand on les juge du point de vue de Jean Martheile, ne vont pas sans quelques fâcheux moments. Mais on n'a pas plutôt chaussé les lunettes de l'Église, qu'on voit ces inconvénients secondaires se perdre dans l'immense bienfait de l'unité de la foi.

Le malheur est que cette unité de la foi, à laquelle on a sacrifié tant de millions de vies humaines, parait, en dépit de ce sanglant secours, plus loin de se réaliser qu'à aucune époque de l'histoire. Constantin, Théodose et Louis-le-Quatorzième sont très grands, mais leur œuvre s'écroule et l'histoire nous les montre vaincus. La liberté prévaut... à ce point que l'Église n'a plus d'autre recours aujourd'hui que de se réclamer d'elle contre ceux qui la lui imposent.

Que cela nous soit enseignement à tous. On ne contraint pas l'esprit. La guillotine ne pouvait pas plus faire l'unité de pensée que les dragons ou les galères. Louis XIV et Robespierre ont échoué tous deux. C'est, pour ou contre, l'Église, la grande et décisive défaite de la politique de contrainte.

Donc, achevons de nous confier à la liberté. Contenons de nos vérités relatives, sorties de l libre critique, l'effort de l'absolu, bourreau de tant de vies humaines. Au lieu de chercher des formes modernes d'autorité imposée, délivrons progressivement l'esprit des antiques entraves, et l'homme, malgré ses dieux, fera sa destinée.

XII

A Émile Bergerat.

Vous me demandez, mon cher confrère, si je ne me sens pas un peu ébranlé, dans ma « *foi de raison* », par le décourageant spectacle des superstitions modernes. « N'y a-t-il pas là, écrivez-vous, de quoi se désenchanter de tous les rêves de la jeunesse ? Faut-il donc croire que cette vieille race latine, dont nous sommes le dernier carré, est décidément rebelle à la responsabilité de la pensée, à l'horreur du fatalisme, à la joie fière du devoir accompli pour lui-même, et le travail ne sera-t-il un dieu que pour les peuples nouveaux sans tradition, sans pensée, sans légende ? »

Voilà de terribles questions, en effet. Je me les suis posées comme vous, ô questionneur ami ! et avec nous, sans doute, tous nos contemporains. Je parle de ceux qui sont capables de comprendre le spectacle qu'ils ont sous les yeux. Les autres, aveuglés du bandeau de l'ancestrale incompréhension, nous sont ce spectacle même, et promènent, avec une naïve arrogance, à travers le monde en voie de se connaître, le drame de l'esprit obstinément fermé aux sollicitations de comprendre, en haine de l'univers qui s'offre dans la lumière, en passion des émerveillements de la nuit. C'est l'émouvante tragédie de l'existence humaine, le refus de l'évolution voulue, qui, par nous, s'accomplit malgré nous. L'envers d'Œdipe-roi. L'aveugle qui crie : *Je vois*, et qui, d'abord misérable, marche enfin dans sa royauté dès que le soleil lui violente les yeux jusqu'à faire tomber les écailles. Il y a là, n'est-ce pas, une assez belle scène à faire? Eh bien! cette scène, nous la vivons, voilà tout, spectateurs et acteurs de la plus grande action qu'homme de théâtre ait jamais conçue.

Et vous, en bon curieux de l'universel théâtre, voilà que vous vous inquiétez du protagoniste latin — non sans de bonnes raisons, vraiment — et que vous voulez savoir s'il est de la troisième scène du quatrième acte, ou de la deuxième du trois seulement. Je n'ai, là-dessus, vous le pensez bien, que d'incertaines lumières. Cependant, comme l'aventure de ce Latin ne m'intéresse pas moins que vous-même, et comme il y a dans le drame terrestre une logique nécessaire, commandée par des lois générales dont l'éternel retour des phénomènes célestes nous dénonce la fatalité, je puis comme tout autre raisonner là-dessus, et, aussi bien que tout autre, voir clair ou m'abuser à plaisir.

L'ange Gabriel vous assomme. Moi de même, je vous prie de le croire, et j'admire comme vous l'admiration des *expérimentaux* qui constatent gravement que le plumeux oracle leur a répondu de travers. L'ébahissement du public, qui se reflète aux mille sottises de la Presse, est un signe des temps, j'en conviens. Mais la Sainte-Vierge, à Lourdes, a devancé l'ange Gabriel à Paris. La *Revue rétrospective* nous signale que, dès 1816, le même archange apparut, le 15 janvier, à un paysan d'Eure-et-Loir, nommé Martin, qui épandait du fumier dans son champ. Martin reconnut le messager céleste à ce qu'il portait « *une redingote blonde totalement fermée, des souliers attachés avec des cordons et un chapeau rond à haute forme* ». Dans ce costume, bien fait pour inspirer confiance, l'archange prédit comme aujourd'hui toutes sortes de maux pour l'avenir. Depuis Jérémie c'est l'ordinaire, et, ce faisant, les prophètes ne courent jamais risque de se tromper beaucoup. Le Roi, qui voulait détourner tant de malheurs, fit mettre d'abord Martin à Charenton. Mais il eut des remords et manda le voyant aux Tuileries. Nous ne savons rien de l'auguste entretien, sinon que Louis XVIII versa d'abondantes larmes et renvoya l'archange avec trois pièces de cinq francs dans la main, en prononçant ces paroles qu'a recueillies l'histoire : « Il n'y a que Dieu et moi qui sachions ce que vous venez de me dire. » J'ose croire que le diable aussi, qui déjà préparait 1830, devait en soupçonner quelque chose. En vérité, je vous le dis, Bergerat, nous ne savons pas assez de gré à Félix Faure des sottises qu'il ne fait pas. Car c'est justice de le reconnaître, notre Président n'a point fait venir Mlle Couédon à l'Élysée, et c'est déjà beaucoup. Comprenez-vous maintenant ce que nous avons gagné à la Révolution française ?

J'avoue qu'il reste encore d'autres progrès à

faire. Lourdes, dont je parlais tout à l'heure, n'est pas sans m'affliger pour la bonne renommée de mes contemporains dans l'avenir, et la Vierge de la Salette aussi, bien qu'elle ait prédit, comme on sait, la maladie des pommes de terre.

Avez-vous vu l'un des derniers numéros de l'*Illustration?* Vous y trouverez trois dessins qui vous donneront le cadre du dernier miracle. A Tilly-sur-Seulles, dans le Calvados, la Sainte-Vierge est apparue, près d'un ormeau, à une jeune vachère de quinze ans. C'est toujours la même histoire. Jamais les Puissances célestes n'ont l'idée de se révéler en plein boulevard. Il leur faut l'innocence des génisses et de leurs pastoures. Les bonnes gens, d'ailleurs, n'en demandent pas davantage, et l'*Illustration* nous montre la jeune visionnaire en extase devant des cierges fichés en terre au pied de l'arbre sacré qui, demain, n'en doutez pas, fera des guérisons merveilleuses sous la surveillance du curé de l'endroit. De bonnes vieilles sont en prières, dans l'attente du prodige qui ne peut tarder. Un grand poteau proclame : « *On ne blasphème pas ici.* » Faut-il donc en conclure qu'on blasphème ailleurs, et qu'il n'y a que ce petit enclos où la parole de doute ne soit pas permise ? En ce cas, les douteurs ont encore sur le globe un assez vaste domaine.

Ce n'est pas tout. Voilà les protestants qui s'en mêlent, les protestants si dédaigneux de la *superstition*, si fiers de ne croire qu'aux miracles qu'ils n'ont pas vus, et dont aucun témoin vivant ne demeure. Au Nouveau-Mexique, au Colorado, en Californie, Schlatter a fait jusqu'à cinq et six mille miracles par jour. Notre-Dame-de-Lourdes, elle-même, est loin de ce record. Un paysan des Cévennes, Vignes, de Vialas, guérit, par la prière, quiconque se présente à lui. Et de Suisse et d'Allemagne, des pèlerins accourent en troupes jusqu'au trou perdu de la Lozère pour demander le miracle, et, quand ils s'y prêtent, l'obtenir. Lisez plutôt dans la *Revue des Revues* du 15 avril, le récit des cures miraculeuses. Un cul-de-jatte, à qui Vignes ordonna de marcher, n'ayant point exécuté la gambade prescrite : « *Comment veux-tu que je te guérisse*, dit le saint homme, *tu ne crois pas.* » Et le cul-de-jatte qui s'en revint comme il était venu, fut hué d'importance et voué à l'incurable atrophie pour son scepticisme supposé. Dans ces conditions, évidemment, les guérisseurs ont beau jeu.

Tous ces prodiges, comme celui du cul-de-jatte, et tant d'autres qui se supputent par millions, sont, comme vous le savez, le tissu même de l'histoire des peuples.

Je connais à Paris un prince persan qui fait des miracles... en Perse. Ici, nous n'en soupçonnons rien quand nous le coudoyons au *Chat Noir*. Mais les sujets du shah ne sont pas moins émerveillés de la puissance surnaturelle de cet homme redoutable que nos pèlerins des prodiges de la grotte de Lourdes. Je lui demandai quel était le plus grand miracle qu'il eût accompli : « Un jour, dit-il, je me présentai devant un autre prophète, qui avait comme moi-même le don de se faire obéir des éléments. Nous devions comparer nos prodiges, pour savoir qui des deux l'emportait. Quand j'arrivai, son barbier lui rasait la tête. Il me pria de l'excuser, l'opération touchant à sa fin. Mais, ô surprise, à peine ai-je fixé les yeux sur le crâne tondu que le poil reparaît à mesure qu'on le fauche. En vain, le barbier recommence, les cheveux insurgés de nouveau s'élancent en brosse drue. Il rase encore. Vain labeur. Les heures s'écoulent. Sous l'ironie de mon regard, le poil abattu repoussait toujours. Alors le prophète, vaincu, se lève et me dit: « *C'est assez. Je confesse que tu es plus fort que moi* ». Sur quoi je consentis à arrêter le miracle. D'innombrables témoins, me dit-on, attestent la merveille.

« — Où cela s'est-il passé, demandai-je, et quand?

« — Sur ce point seulement, fit-il avec un sourire, les témoins ne sont pas d'accord, et je n'ai jamais su qui d'entre eux je devais croire. »

Vous voyez, Bergerat, que de Téhéran à Paris il n'y a pas si loin. Vous reconnaîtrez même sans difficulté, je pense, que mon prophète est d'une autre envergure que Mlle Couédon.

Quand à reconnaître que cette persistante passion du merveilleux est faite pour nous décourager du modeste et laborieux effort de simple vérité terrestre, je n'y consentirai jamais. Le Persan, aux cheveux rebelles, a manqué de confiance en lui-même. Il a jugé trop tôt les ressources de l'art humain impuissantes contre la végétation miraculeuse. S'il avait suffisamment persévéré, j'ai bonne confiance qu'il eût lassé le miracle, car il ne s'agit, pour vaincre, que de durer. Il s'avoua vaincu, et c'était vérité, dès qu'il renonçait à la bataille, mais la défaite était en lui, plus que la victoire dans l'autre. Je vous propose, Bergerat, de ne point imiter ce lâche cœur. Durons, persévérons, et laissons-nous raser en conscience. Tant d'antiques miracles ont, par le seul effet des siècles, épuisé leur insigne vertu que les petits prodiges ordinaires de nos temps, comme ceux du rasoir persan, de la vierge du Calvados ou du cul-de-jatte de la Lozère, pourraient très bien être à bout de souffle divin, avant même qu'il soit deux ou trois mille ans. Voilà la pensée qui me soutient, qui m'encourage. M. Brunetière, lui-même, qui se croit l'ennemi de la science, le pauvre, aurait été brûlé tout vif, il y a quelques siècles à peine, pour hérésie notoire. Aujourd'hui, c'est un étai de l'Église. Étonnez-vous que l'édifice soit branlant.

Donc, je vous dis confiance, homme de peu de foi. Nous sommes des accidents de vérité. Insignifiants par nos contingences, sublimes par la révélation de l'univers à lui-même, dont nous sommes l'instrument.

Dans cette voie, l'évolution commencée doit fatalement se poursuivre. Le renouveau de mystique folie dont nous sommes témoins est le dernier effort des mentalités moindres en terreur du monde nouveau qui se fait. Quant aux Latins, je ne saurais dire jusqu'à quel point il leur sera donné de pousser l'entreprise où ils ont jadis si glorieusement marqué. La race teutonne, il est vrai, se répand dans le monde, occupe les continents et les mers, nous enceint d'un cercle infranchissable, tandis que nous nous débattons dans l'incohérence de la médiocrité bourgeoise. Mais Athènes aussi, de territoire si limité, fut en proie aux dissensions, aux défaites, et Athènes a senti, a pensé pour la race humaine. L'autre jour, mon prophète persan me dit encore : « Que fait la France ? » Je lui répondis : « Elle pense l'Humanité. »

XIII

Chez Pousset.

Je rencontrai hier sur les boulevards un fils du roi nègre Dinah-Salifou, qui émerveilla notre dernière Exposition de ses bottes molles et de sa culotte bleue. Les absents ont toujours tort. Pendant que Sa Majesté faisait la fête à l'Esplanade des Invalides, ses sujets lui donnaient un successeur. Le souverain déchu exerce maintenant le métier de conducteur d'esclaves, au Sénégal, sous les plis du drapeau tricolore. « *Toujours même chose* », dit-il philosophiquement, en faisant le moulinet de matraque sur la tête de sa marchandise.

Le jeune prince qu'il nous a laissé par mégarde me paraît remarquablement doué à tous égards. Sa rare faculté d'observation lui permit d'apercevoir d'abord le parti qu'il pourrait tirer du pigment noir de sauvage qui dissimule aux yeux de tous l'immaculée blancheur de son âme chrétienne. Car You-You — de son nom chrétien: Théodose — est un enfant du Christ, racheté du sang divin.

Le métier de chrétien ne nourrit pas son homme, s'il ne porte soutane. Ce qu'ayant observé, la jeune Altesse africaine mit à l'encan sur le marché de

Paris la noire lévite cutanée dont il plut au Dieu blanc d'envelopper sa forme charnelle. Lutte épique entre l'horlogerie de la Porte Saint-Denis et le savon du Congo. C'est le savon qui l'emporta. Au lieu de branler la tête tout le jour avec une horloge dans le ventre, You-You Théodose, en costume bariolé d'Indien de la place Clichy, conduit majestueusement à travers nos grandes avenues le char triomphal du savon tapageur.

Et que croyez-vous qu'il fasse du haut de son siège, sinon de nous observer avec une attention exempte de bienveillance, en méditant sur les malheurs de son auguste père et ses chances de reconquérir le trône des ancêtres? Il a vu, de son piédestal ambulant, défiler bien des grandeurs : Boulanger escorté d'un peuple idolâtre, l'amiral Avellan suivi d'une foule en délire, des rois, ses frères, visitant Paris, des présidents qui changent, des badauds qui demeurent. Il a vu la gloire des mines d'or... et leur krach. Que ne verra-t-il pas? A contempler tant de choses, son esprit s'est aiguisé, et quand je le rencontre vaguant aux jours de congé, c'est pour moi un plaisir extrême de m'affiner à l'âpre candeur de sa philosophie.

Hier, je le trouvai chez Pousset prenant un bock, inspectant le marché des blanches, méditant peut-être d'un mouchoir royal à jeter. Il voulut bien manifester quelque plaisir à ma vue.

— Je suis content de vous voir, fit-il, avec une dignité dépourvue de morgue. Vous n'êtes jamais las de me demander mon opinion sur les choses. Eh bien! j'ai vu ces jours derniers un spectacle qui a provoqué en moi des réflexions que je ne suis pas fâché de vous communiquer.

Je m'assis sans façon auprès de son Altesse, et la sombre face humectée de bière blonde, les yeux pétillants de malice noire, You-You Théodose s'exprima comme je vais rapporter.

— Vous savez que je suis chrétien, et je ne vous cache pas que je n'ai cessé de m'en vanter. A laquelle de vos sectes j'appartiens précisément, je ne saurais le dire. J'avais onze ans quand un missionnaire catholique me baptisa, moyennant deux verres de tafia dont se réjouit ma mère. Je conquis ce jour-là mon nom de Théodose auquel, en toute franchise, je crois avoir fait jusqu'à ce jour honneur. Catholique j'étais, catholique je serais resté peut-être, sans un diable de prédicant méthodiste qui grisa mon père de je ne sais quels résidus d'alcool allemand pour avoir le droit de me baptiser suivant un rite nouveau. J'en serais bien volontiers resté là si le catholique barbu et le protestant blême ne s'étaient obstinés à me conquérir tour à tour, chacun à son paradis. Ma mère en devint alcoolique, et mourut dans un délire de fureur. Quant à moi, je changeai plus souvent de christianisme que de chemise, n'ayant connu les joies de ce dernier luxe que depuis le savon du Congo.

Lorsque je commençai à réfléchir sur ces choses, je conçus, il est vrai, quelque étonnement de penser que les blancs — qui se proclamaient si supérieurs à nous en toutes choses — ne fussent pas du tout d'accord sur les vérités merveilleuses qu'ils nous apportaient, et qu'ils s'accusaient, réciproquement, de corrompre et de défigurer en autant de mensonges. Cependant vos Fétiches étant les plus forts, j'abandonnai les miens, et je me laissai successivement convaincre par les différents blancs qui entreprirent les uns après les autres, de me donner des croyances contradictoires.

Tout cela, je l'avoue, n'allait pas sans quelque confusion dans ma tête. Mais quand j'arrivai chez vous et que je vis vos temples magnifiques avec une infinité de chapelles consacrées chacune à une divinité différente, je compris bien que vous aviez un nombre immense de dieux très puissants que vous adoriez tous à la fois et qui vous procuraient des biens sans nombre. Ma fierté fut grande de penser que tous ces dieux étaient miens, et que mon baptême les obligeait de me protéger contre les méchants démons de la terre. Aussi jetai-je résolument dans la Seine le rare fétiche qui m'avait pourtant protégé jusque-là contre maints accidents — une boule verdâtre qu'on me dit être un vieux cul de bouteille.

J'étais chrétien, aussi bon chrétien que tout autre. Observant d'ailleurs que l'immense majorité des hommes qui revendiquent ce titre ne s'embarrassaient point du culte, je fis comme tout le monde et promenai mon christianisme partout ailleurs qu'à l'Église. Ce n'est pas, croyez-le bien, que je fusse de ces malheureux insensés qui vivent sans souci des choses divines. Non. Si le savon du Congo l'avait permis, je n'aurais peut-être pas résisté à l'envie d'évangéliser vos faubourgs. Je m'étais fait expliquer par mon voisin de coche, qui avait été *por-*

teur de missionnaires à Madagascar, les dernières vérités révélées de votre religion. Je méprisais étrangement les peuples adorateurs du bois, du métal, ou de la pierre, et je gardais mon culte pour l'Esprit ou les Esprits qui gouvernent le monde.

J'en étais là, quand cent mille hommes qui se ruaient l'autre jour à l'église du Sacré-Cœur m'entraînèrent, je ne sais comment, jusqu'au sommet de la butte Montmartre. Là s'élève un temple monstrueux dédié au cœur de Jésus. Ce cœur — matérialisé — est l'objet, paraît-il, de l'adoration de la France. Une inscription le proclame. L'ancien Dieu à barbe blanche, la colombe, la bonne Déesse avec son petit enfant dans les bras, le Dieu mis en croix et tous les Dieux inférieurs qui lui font cortège, tout cela a bien vieilli, me dit-on, et ne fait plus guère que de simples miracles ordinaires. Tandis que le cœur de Jésus est le grand Fétiche du moment. Par lui tout se peut accomplir. On ne me le montra pas, mais seulement parce que je n'avais pas assez d'argent. Je compris cette fois que j'avais trouvé la religion véritable, et ce que j'admirai surtout c'est que cette religion nouvelle n'était autre chose que l'ancienne religion de mes pères dont un tafia perfide avait détourné ma jeune âme. Je me souviens très bien d'avoir vu un grand os de cynocéphale accroché au plus haut de la case paternelle. C'était un fétiche admirable qui faisait trouver les sources, détournait le tonnerre, et assurait un riche butin en temps de guerre. Si un vilain nègre ne nous l'avait pas volé, Dinah-Salifou serait encore roi, et j'aurais l'espérance de lui succéder bientôt.

Quelle ne fut pas ma joie quand l'église du Sacré-Cœur découvrit à ma vue un autre Fétiche plus merveilleux encore. A la porte de la hutte où je suis né, il y avait une grosse calebasse qu'on m'apprit à frapper d'un bâton quand l'orage grondait pour détourner la foudre. Elle s'appelait *Ouah-Ou*. Mon père m'a souvent raconté comment elle reçut ce nom. On lui mit un pagne de brou de coco, un collier de coquillages, on l'aspergea d'eau de mer, les sorciers dirent sur elle des mots merveilleux, et de ce jour elle acquit la propriété de repousser les tempêtes. On l'invoquait, on l'adorait, on la bénissait; elle nous préservait du malheur. Un jour, à la vérité, la hutte fut emportée avec la calebasse *Ouah-Ou* par un vent furieux qui tua la moitié des gens du village. C'était un dieu plus fort qui se vengeait de ce que le grand féticheur n'avait pas distribué assez de riz au baptême d'une calebasse voisine qui avait des vertus analogues à la nôtre.

Je crois que ce danger n'est pas à craindre pour la prodigieuse calebasse de bronze, *Françoise-Marguerite*, qu'on vient de baptiser à Montmartre. Je l'ai vue dans toute sa gloire, et sans les faces blanches partout entassées, j'aurai pu, pour un moment, me croire au pays natal. *Françoise-Marguerite*, la cloche *savoyarde* du Sacré-Cœur, était vêtue d'une robe de dentelle en point d'Angleterre et d'Alençon. Cela coûte plus cher que le brou de noix de coco de *Ouah-Ou*. Cinq mille francs, c'est beaucoup d'argent, n'est-ce-pas, quand il y a tant de gens qui sont demi-nus dans le froid? Je viens encore, il y a cinq minutes, de donner deux sous à un pauvre du Christ, abominablement négligé de votre Dieu si prodigue envers les cloches. Maintenant, je comprends que le grand fétiche d'airain doit être plus content d'une chemise de cinq mille francs que d'un pagne de palmier. Ce n'est pas étonnant si vous nous avez battus. Quand on peut payer de pareilles offrandes à ses Dieux, ils vous favorisent en conséquence. Seulement il ne faut pas venir nous conter que votre religion est supérieure à la nôtre. C'est la même. Nous avons mêmes Dieux, mêmes fétiches, mêmes cérémonies du culte. Si vous obtenez plus de faveurs de vos dieux, c'est que vous les payez mieux que nous : voilà tout le mystère.

Oh! les beaux rubans blancs et rouges qui pendaient de la robe de la *Savoyarde*! Aux huit endroits marqués, le cardinal Richard pose le saint chrême réservé aux enfants du Christ rachetés du baptême et le bronze est bien content. Avec des bouquets de buis bénit on caresse le monstre, on l'encense comme la divinité la plus haute, ainsi que faisait mon père brûlant de la résine pour réjouir sa calebasse de bonheur. Vingt mille boîtes de dragées sont jetées au peuple — moyennant finances. « *On peut leur faire honneur sans danger*, dit Chincholle, *elles viennent de la maison Seugnot.* » Nous, nous jetions du riz. Mais nous ne faisions pas payer.

Croiriez-vous que j'ai rencontré un mauvais chrétien pour me soutenir que la cloche n'était pas une Divinité réelle. Quel imbécile ! Alors, pourquoi l'habiller d'une richesse inouïe ? Pourquoi le saint chrème réservé aux chrétiens, l'eau lustrale et l'encens ? Que ce simple d'esprit n'a-t-il entendu comme moi le père Monsabré interpeller la cloche, proclamer « qu'*elle détournait la foudre* » comme la calebasse de mon père, et lui dire en propres termes : « On t'a donné un nom de sainte pour que les fidèles sachent que *c'est une vivante qui leur parle...* » Sonne pour ceci, sonne pour cela, sonne pour le Roi des Rois (rien pour la République), sonne pour le parrain et la marraine, car il y a un vrai parrain et une vraie marraine, comme pour moi-même. La marraine de *Françoise-Marguerite* descend, nous dit-on, d'Elzéar et de Delphine, *les époux vierges.*

Je crois bien que la mienne n'était pas dans ce cas-là.

C'est la marraine qui devait mettre la cloche en mouvement. Mais la ficelle a cassé et la bonne dame a eu la figure cinglée. Après une telle fête, le Fétiche n'était pas encore content. Qui l'aurait pu croire ? En voilà un Dieu-Cloche difficile à satisfaire !

Je voulus questionner là-dessus mon voisin, un petit pâtissier tout blanc qui fumait un gros cigare avec un air d'inexprimable pitié. « *C'est pas fini*, me dit-il, *faudra voir ça ce soir à la Scala.* »

Je n'avais garde de manquer au pieux rendez-vous. Comme l'avait annoncé le jeune mitron, la cérémonie fut reprise le soir même au café-concert, et un nouveau Féticheur nommé Charles Lamour reprit en musique le thème du père Monsabré. Cettefois il n'y eut point de mécompte et tout le monde chantait en chœur : « *Je sonnerai pour les époux...* Oh là là ! » Cette idée que la cloche aurait la bonté de sonner pour les époux, convulsait de joie You-You Théodose.

Buvant ses paroles, comme lui sa bière, je n'avais point pris garde que le bon Louis Ménard, *boulevardant* de fortune, et entendant parler théologie, s'était mis en arrêt sur ce discours comme un braque sur une caille. Quand le prince du Congo eut fini, le *Païen mystique*, amicalement, lui frappa sur l'épaule :

— Bien parlé, You-You, fit le pieux philosophe. Viens me voir, je t'enseignerai l'athéisme qui est une de mes religions, et je ferai ainsi de toi un *catholique* au sens véritable du mot.

— Prenons toujours un bock, répondit Théodose.

XIV

Religions des peuples et des rois.

Il faut une religion pour le peuple, dit-on. Je le veux bien, puisque le peuple faible et crédule paraît être de cet avis. Mais laquelle ? Dieu ayant résolu de se manifester à l'homme imparfait qui est son chef-d'œuvre n'a rien trouvé de mieux que de plonger des milliards d'êtres humains dans un abîme d'erreurs qu'il leur doit faire expier par une éternité de flammes. Il n'avait qu'à se révéler clairement, à dire sa volonté, et la religion universelle était fondée du coup. Pas de discussion possible. Une soumission immédiate, et l'humanité heureuse, qui n'avait pas demandé de naître, eût au moins connu quelque raison de remercier son créateur.

Mais notre Père qui est aux cieux a suivi pour notre infortunée planète une méthode bien différente. Il a permis, il a fait le consentement universel des intelligences sur toutes les choses qui sont de la terre. Ainsi la science funeste, qui fait le désespoir de l'académicien Brunetière, a pour privilège singulier d'obliger tous les esprits à accepter les lois qu'elle découvre, formule et démontre. En revanche, les révélations célestes sont si nombreuses et si contradictoires, que les tristes humains, tiraillés par des Dieux divers, ne savent à qui entendre. N'est-il pas fâcheux de penser qu'un misérable savant penché sur sa cornue obtiendra du premier coup l'assentiment général de l'humanité pensante sur les lois de notre globe aussi bien que des astres sans nombre qui saupoudrent l'espace de soleils, alors que les nations différeront à l'infini sur les vérités dites divines que chacun déclare à l'envi les plus évidentes ?

Il n'y a pas de fleuve, de mer ou de montagne, en deçà ou au delà desquels la science humaine subisse une variation connue. La chimie de Lavoisier est la même à Pékin qu'à Paris. En revanche, le mot de Pascal sur les vérités changeantes des frontières doit s'entendre pleinement des dogmes divins qui varient avec les peuples, les pays, tels que les ont faits les hasards des antiques batailles. Le savant demeure, le prêtre change. Avec le prêtre, la Divinité. Quel ennui de quitter un Dieu à chaque douane pour en retrouver un autre de l'autre côté de la barrière.

Et ce qu'il y a de pis, c'est que tous ces Dieux s'excluent, se veulent mal de mort, se livrent des combats acharnés. Tenter de les concilier entre eux serait peine inutile. Le pape damne Luther, et le calviniste génevois augure très mal du salut de Jules Simon lui-même. Tous ces gens cependant sont d'accord en un point, c'est qu'il faut une religion pour le peuple, et que, sans leur Dieu, ou plutôt sans leur diable, toute morale est vaine et toute société perdue. Ils sont les plus ridicules du monde, j'en conviens, car il est de souverain non-sens de déclarer nécessaire aux hommes la connaissance même sur laquelle ils n'ont jamais pu s'accorder.

Par fortune, l'accoutumance nous rend acceptables les absurdités les plus flagrantes, et chacun arrive à s'étonner que son pareil ait d'autres Dieux que les siens, comme les enfants s'ébahissent de rencontrer un étranger qui ne parle pas leur langue. Il est vrai que les Dieux de l'homme, par l'incrédulité croissante, sont arrivés à ne le plus gêner guère. A part la troupe des dévots naïfs et des *professionnels* que leur état oblige à certaines rigueurs, nos civilisés d'Occident en prennent à leur aise avec Dieu, et, se mettant en règle avec certaines pratiques extérieures, se tiennent pour dispensés par là de l'observation sincère des préceptes divins. C'est la commune hypocrisie, maîtresse du monde. Tolstoï, s'est vu déclarer fou, pour l'avoir dénoncée.

Et cependant le fait s'impose à l'observateur le plus vulgaire que ni la croyance ni l'incroyance ne sont assez fortes en nous pour déterminer l'action. Les chrétiens ne mourraient plus pour leur Dieu, qui est mort pour eux. Ils ne peuvent non plus vivre en lui, comme jadis. Alors intervient une transaction de mensonge entre l'esprit qui se refuse à certaines croyances et les mœurs autrefois déterminées par ces croyances. On ne croit pas, mais il est convenu que les gestes de vie n'en laisseront rien paraître, parce qu'*il faut une religion pour les autres*. *Les autres*, c'est tout le monde, excepté soi et, chacun raisonnant ainsi, aucune partie de sincérité ne se trouve perdue dans ce commun échange de tromperies.

Tel est le présent état des choses. Toute la puissance sociale étaye de ces conventions, de ces lois l'énorme construction de mensonges qui paraît édifice de vérité puisqu'il résiste encore à l'effort des ans. Qui le soutient, cependant, sinon l'universelle tartuferie concentrée en l'hypocrisie d'Etat dont les Gouvernements se sont constitués les gardiens pour assurer la domination de classe ? A cet égard, Calife, Tsar, Pape, réunissant la double qualité de maîtres spirituels et de chefs temporels, ou Gouvernements laïques prétendant distinguer entre ce qui est de l'homme et ce qui est de Dieu, s'empressent au même office de *soutiens de croyances*. Notre parodie de République nous montre-t-elle autre chose que des gouvernants de pur scepticisme, principalement occupés de ménager l'Eglise, de la payer, et de s'en faire, s'ils peuvent, un appui ? Qu'y a-t-il de plus grotesque que les cérémonies de la chapelle de l'Elysée aux promotions de cardinaux ? Des ministres, dont pas un n'accomplit les devoirs d'un catholique et dont plusieurs sont de notoires athées, viennent avec mesdames leurs épouses, s'agenouiller, *par état*, sur des prie-dieu qu'ils scandalisent, pendant qu'un évêque se fait coiffer par le président, à qui tel autre adresse en pieux langage des menaces de révolte mal déguisées. Toute la haute juiverie, que ces gens brûlaient autrefois et que nous émancipâmes des *ghettos*, trouve ces choses admirables. Et si nous observons que la République pourrait offrir d'autres enseignements que cette officielle leçon de mensonge, on nous répond que nous sommes *des fanatiques.*

Ce reproche de fanatisme ne me paraît pas pouvoir équitablement s'adresser au jeune d'Orléans Saxe-Cobourg-Gotha qui préside temporairement aux destinées de la Bulgarie.

Ferdinand a épousé Marie-Louise de Bourbon, princesse de Parme, nièce du comte de Chambord. C'est un descendant d'Henri IV, et le voilà catholique par la raison que l'aïeul a cyniquement décidé que « *Paris vaut bien une messe* ». Si quelque loqueteux, mendiant à la porte d'un presbytère, se convertissait pour déjeuner en proférant cette parole : « *Un miroton vaut bien une messe* », nous n'aurions pour lui qu'une pitié mêlée de dégoût. Mais, quand le Béarnais, après avoir fait tuer beaucoup de protestants parce qu'ils étaient protestants, et beaucoup de catholiques parce qu'ils étaient catholiques, accomplit *le saut périlleux,* comme il disait à Gabrielle, pour être roi incontesté, l'histoire impartiale s'écrie d'admiration. En tout cas, c'est l'abjuration de Saint-Denis qui voue au catholicisme sa progéniture. Ainsi le petit prince Boris, fils de Ferdinand, fut enrôlé, dès son premier cri, dans l'Église romaine, comme il lui serait arrivé, en naissant sur quelque plage de Malaisie, d'avoir le nez percé ou l'oreille fendue.

Mais le papa de Boris se trouvait le héros d'une aventure singulière. Un jour, ce prince d'opérette, qui s'ennuyait à Vienne dans un vilain palais jaune, fut subitement saisi d'une violente amour pour le peuple bulgare, qu'il ne connaissait pas, et qui ne savait rien de lui. Il se montre, il est acclamé, on le fait roi, semi-roi *vassal chrétien du Calife de l'Islam.* Ce qui l'aida, je dois en convenir, c'est qu'il avait les millions de sa maman dans son jeu, et l'aide de François-Joseph d'Autriche, Empereur. Ce sont là de belles cartes. Installé dans sa simili-royauté, Ferdinand, se mit à gouverner son peuple suivant sa conception d'un gouvernement civilisé. Stambouloff faisait assassiner Panitza, les amis de Panitza assassinaient Stambouloff. Une moitié des Bulgares disaient: « *Oh! le vilain Stambouloff!* » et l'autre moitié: « *Oh! le méchant Panitza!* » et toute la Bulgarie, en chœur, criait: « *Vive Ferdinand!* »

Ainsi fait-on le bonheur de l'humanité. L'empereur d'Autriche était content d'avoir à ses portes un bon ami. L'empereur de Russie, non. C'est d'autant plus fâcheux que, sans l'amitié du tsar, on a toutes sortes d'ennuis à Sofia, témoin le prédécesseur, Battenberg, qui dut subitement quitter son trône de chrysocale, un beau matin. Un petit-fils de Louis-Philippe est de naissance préparé à de tels malheurs. Cependant, par amour du genre humain il préfère rester roi.

Le métropolite Clément — toute la Bulgarie est de religion grecque — est allé consulter à Pétersbourg. On ne l'a point mal reçu. Seulement, le Russe a mis des conditions à son amitié, parmi lesquelles j'ai le regret de le dire, figure celle-ci: « Aux Bulgares grecs orthodoxes, il faut un souverain grec orthodoxe. » Par indulgence grande, on n'exige point l'abjuration de Ferdinand, qui pourrait cependant s'inspirer de l'illustre exemple de son aïeul. Mais il faut, en revanche, que le petit Boris se convertisse sans retard. Qu'en penses-tu, petit enfant? La bonne nourrice, entre deux tétées, l'interroge de l'œil, et, changeant les couches souillées de Monseigneur, se demande si c'est odeur de Grec orthodoxe ou de catholique romain. Le papa, qui s'en fiche, ferait plutôt Boris turc que de lâcher la couronne. A Carlsbad, il s'est montré au théâtre le soir même de l'assassinat de Stambouloff, le promoteur de sa candidature au trône. C'est un homme de sens et, pour tout dire, un politique.

Tout l'ennui vient de la princesse, catholique intransigeante. Elle n'a épousé Ferdinand qu'à la condition expresse que sa lignée serait catholique. Les Bulgares, pas méchants, ont même modifié la Constitution pour permettre au petit Boris d'être papalin. Et voilà le tsar qui ne veut pas. Les Bulgares maintenant disent comme le tsar pour avoir la paix, et Ferdinand dit comme les Bulgares pour rester Altesse. Seule, la maman du petit Boris ne veut entendre à rien, et son refus suffit pour tenir l'Europe en émoi.

Il n'y a rien de si risible que les discours de Ferdinand à son bon peuple sur ce point délicat. Voici sa dernière production oratoire:

« Le sacrifice qu'on me demande, à savoir de faire procéder immédiatement au baptême orthodoxe du prince Boris, est un sacrifice douloureux pour un catholique convaincu. Pénétré de l'importance de cet acte d'État, je me rendrai à ce vœu aussitôt que j'aurai réussi à écarter les grandes difficultés actuelles. Je suis d'ailleurs convaincu que cet acte s'accomplira sous peu. »

Tout cet amphigouri pour mettre la nièce du comte de Chambord dans l'obligation de faire pis que de renier le drapeau blanc. Abjurer au nom de son fils la foi qui seule peut le sauver, le vouer aux tortures d'éternité, c'est assez grave, en effet. Dieu, incertain, tient ses balances en suspens, attendant, pour décider de Boris, ce que résoudra sa maman. Je la plains, cette infortunée maman, la supposant sincèrement croyante. Mais dès que la vulgaire ambition de la couronne sera victorieuse de la foi dans son âme, je ne la plaindrai plus.

Son noble époux se donne, je suppose, beaucoup de mal pour pervertir cette conscience. Il allègue la protestante Dagmar se convertissant à la religion grecque pour devenir impératrice de Russie, la princesse de Hesse suivant cet illustre exemple sous l'inspiration même de son pasteur, anxieux de voir son élève ceindre l'impériale couronne. Ce sont là jeux de princes. Le *catholique convaincu* que se dit Ferdinand, n'est pas si *convaincu* qu'il n'ait pu se faire une *conviction contraire*. L'Église n'ordonne-t-elle pas que la femme suive son époux ? On a consulté le Pape, paraît-il. Sa réponse doit être curieuse. Je ne vois guère qu'un seul être qui n'ait pas été consulté dans toute cette affaire, c'est le petit Boris, et pour cause. C'est lui, pourtant, qui devra abjurer *sa foi* en cérémonie. Comment s'y prendra-t-il ? S'il pouvait parler, le malheureux, il ferait sans doute, en se tortillant, cette simple réponse à toutes les questions sur le dogme : « Tenez-moi le ventre libre et laissez-moi téter en paix. » Grande parole de raison qui ne sera pas entendue.

Boris sera-t-il voué à l'enfer par les orthodoxes grecs comme catholique romain, ou par les catholiques romains comme orthodoxe grec ? Cruelle alternative. Qu'en pense le créateur des mondes, et à quelle confession appartient-il lui-même ? Voilà ce qu'il faudrait savoir, voilà précisément ce que nous ne saurons jamais. Pauvre petit Boris!

On vous montre un enfant dans un berceau. Un enfant de quelques jours ou de quelques semaines. Sous les dentelles et les rubans, une petite face plissée, rougeaude, toute en bouche criante, sans menton, avec des yeux mi-clos qui ne voient ni ne pensent. Par une lente évolution, ce sera quelque jour un échantillon d'humanité peut-être. Mais que de changements d'ici là! Pour le moment, c'est un amas insuffisamment coordonné de possibilités d'organes, vivant de douleurs et de joies sensiblement égales à celles des existences primitives. S'emplir gloutonnement l'estomac, et se vider l'intestin avec moins de précautions que le plus vulgaire mammifère, voilà toute la vie — purement bestiale — de cet homme naissant. Un jour sans doute, il saura, pensera, aura une opinion à lui d'où il fera sortir un acte de volonté. Aujourd'hui, c'est l'embryon purement animal d'une idéalité qui n'est pas.

Eh! bien cet être vagissant, bavant, macéré dans

son eau, embrené de vert ou de jaune, à peine le ciseau l'a-t-il séparé de sa mère qu'il a déjà pris parti, par l'intermédiaire de ceux qui l'ont engendré, dans le discord religieux de l'humanité morte ou vivante. Il n'a connaissance de rien de ce qui l'entoure, il n'a qu'une confuse perception du monde extérieur, il est hors d'état de proférer un son articulé, de manifester un rudiment de pensée, et déjà il a accepté une doctrine religieuse, ou on l'a acceptée pour lui, ce qui est tout un, nous dit-on, aux yeux de Dieu. Nous ririons bien si nous apprenions que les animacules qui s'agitent dans une goutte d'eau ont la prétention de nous *contraindre*, moyennant certains gestes, à des résolutions déterminées. Et pourtant ce n'est pas de beaucoup aussi drôle qu'un ridicule humain, perdu sur sa goutte de boue, faisant comparaître à son gré le maître de l'Univers, lui dictant ses arrêts, l'obligeant à sauver qui prononce telle formule, ou à condamner qui s'y refuse.

Quoi qu'il en soit, le marmot pleurard, qui ne peut rien savoir des choses sur lesquelles tous les hommes sont d'accord, se trouve subitement jeté à son insu dans l'une des cases religieuses entre lesquelles se partage l'humanité discordante. Sera-t-il chrétien, mahométan, juif, parsi, bouddhiste ou païen? C'est une affaire de chance. Les dernières statistiques comptent 485 millions de chrétiens, 170 millions de mahométans, 7 millions de juifs et 850 millions de bouddhistes, de polythéistes, et de fétichistes ensemble. A ce compte, il y aurait plus d'un milliard de non-chrétiens contre un demi-milliard de chrétiens seulement. Tout enfant qui naît sur la terre a donc deux chances contre une d'échapper à la loi du Christ. Singulier effet des vues de la divinité sur l'espèce humaine. Ce n'est pas tout. Les chrétiens ne sont pas d'accord entre eux : leur sanglante histoire le proclame assez haut. Après s'être exterminés d'une divine fureur, ils s'excommunient et se damnent encore libéralement. On compte 240 millions de catholiques, 150 millions de protestants et 95 millions de Grecs orthodoxes. C'est-à-dire qu'il y a un chrétien sur trois enfants qui naissent, et un catholique sur six. Combien là-dessus seront sauvés, c'est un calcul que je n'ose entreprendre. Je ne puis cependant m'empêcher de frémir quand je pense aux effroyables chances d'éternel enfer accumulées par une Providence miséricordieuse contre l'immense majorité des hommes.

Ferdinand sans doute a médité là-dessus, et désespérant de mettre une parcelle de raison en cette affaire, il a politiquement résolu de jouer à pile ou face le salut de son enfant. S'il avait un atome de foi, il aurait repoussé, dès le premier jour, avec horreur l'idée de l'abjuration qu'il a eu l'audace de soumettre à l'approbation du Saint-Siège. Mais la croyance des peuples s'enfuit, et les maîtres du monde, qui s'épuisent en simagrées de foi, se montrent prêts à quitter pour le bois doré d'un trône la religion dont se parait, la veille, leur hypocrisie gouvernante. On parle des prédications d'incroyance des francs-maçons, des libres-penseurs. Quelle plus éclatante leçon d'incrédulité que le spectacle de ces rois trafiquant de leur prétendue foi religieuse en vue de la domination d'un jour ! Peuples candides, apprenez à connaître vos maîtres : et ceux qui sont sortis de vous, athées agenouillés devant le Dieu qu'ils renient, et ceux qui vous gouvernent de par l'autorité du Dieu qu'ils mettent à l'encan.

TABLE

	Pages.
Au fil des jours.	I

PAR LES ROUTES

I.	— La roulotte.	3
II.	— Mademoiselle Stéphanie.	14
III.	— Joseph Huguet.	23
IV.	— Au bord de l'eau.	31
V.	— Le buisson qui marche	38
VI.	— Un sauvage.	44
VII.	— Joyeuse rupture	53
VIII.	— Les étrennes des petits bâtards	62

PAR LES RUES

I.	— Le rayonnement de Paris.	73
II.	— L'Empire d'Allemagne tombe.	78
III.	— Un pendu.	86
IV.	— Monsieur Chandeleur	94
V.	— A une qui s'ennuie.	102
VI.	— Le pain de Mme X...	109
VII.	— Cheval de retour	116
VIII.	— Accidents de Justice.	122
IX.	— Je suis là.	129
X.	— Un Congrès d'anthropologie criminelle. .	140
XI.	— Le droit de grâce	148
XII.	— Histoire d'un pioupiou.	156
XIII.	— Les deux patries.	163
XIV.	— Pour les gueux	169
XV.	— Un banquet qui n'a pas lieu.	176
XVI.	— Esprit de classe.	184
XVII.	— L'Enfermé	193
XVIII.	— Constantin Meunier	202
XIX.	— « Les mauvais bergers »	211
XX.	— Des bêtes.	220

PAR MONTS ET PAR VAUX

		Pages.
I.	— Notes de voyage.	229
II.	— A Carlsbad.	237
III.	— Pensées d'un buveur.	245
IV.	— Une âme à lunettes.	255
V.	— L'Evolution.	263
VI.	— Le Pithécanthrope.	272
VII.	— L'homme à queue.	280
VIII.	— L'étoile noire.	288
IX.	— Le mousse de la *Baucis*.	295
X.	— Les amants de Venise.	303
XI.	— Ici l'on danse.	312
XII.	— Hong-Tjyong-Ou.	320
XIII.	— Massacreurs et massacrés.	328
XIV.	— Guillaume Tell.	337
XV.	— Du patriotisme.	344
XVI.	— Pour un mort.	350
XVII.	— Bismarck.	357

PAR LES CHEMINS DU CIEL

I.	— Un chrétien.	379
II.	— A une croyante.	390
III.	— Pour un sou.	397
IV.	— La pieuse éventration.	405
V.	— Saint Joseph de Roussas.	413
VI.	— Le miracle.	420
VII.	— Les derniers miracles.	426
VIII.	— Miracles d'Amérique.	432
IX.	— Les sorcières de Toul.	441
X.	— La sorcière.	451
XI.	— Les galères du roi.	458
XII.	— A Emile Bergerat.	465
XIII.	— Chez Pousset.	473
XIV.	— Religion des peuples et des rois.	482

PARIS. — IMP. FERD. IMBERT, 7. RUE DES CANETTES.

www.ingramcontent.com/pod-product-compliance
Lightning Source LLC
Chambersburg PA
CBHW071717230426
43670CB00008B/1038